轻松成为"字多星"

qingsong chengwei "ziduoxing"

顾俊 著

江苏人民出版社

图书在版编目(CIP)数据

轻松成为"字多星"/顾俊著.—南京:江苏人民出版社,2020.1
ISBN 978-7-214-24636-3

Ⅰ.①轻… Ⅱ.①顾… Ⅲ.①汉字—通俗读物 Ⅳ.①H12-49

中国版本图书馆 CIP 数据核字(2020)第 025284 号

书　　名	轻松成为"字多星"
著　　者	顾　俊
责任编辑	卞清波
责任校对	康海源
装帧设计	刘莘莘
出版发行	江苏人民出版社
出版社地址	南京市湖南路1号A楼,邮编:210009
出版社网址	http://www.jspph.com
照　　排	江苏凤凰制版有限公司
印　　刷	江苏凤凰数码印务有限公司
开　　本	652毫米×960毫米　1/16
印　　张	31　插页2
字　　数	399千字
版　　次	2020年4月第1版　2020年4月第1次印刷
标准书号	ISBN 978-7-214-24636-3
定　　价	68.00元

(江苏人民出版社图书凡印装错误可向承印厂调换)

序

读书必先识字。汉字,是世界上最古老的文字之一,是中华文化的基石,是中华民族信息交流与文化传承的重要载体和情感纽带。掌握汉字的多寡,运用汉字能力的强弱,是中国人人文素养最基本的表现。

汉字集形象、声音和辞义于一体,气质独特,意蕴深厚,且有着极强的生命力,但汉字的难学也是举世公认的。氤氲、苤莒、襁褓、旖旎、觊觎、踟躇、侘傺、绸缪、迤逦、睥睨、圭臬、龃龉、嗳嚅、纨绔、耄耋、饕餮、颟顸……它们就像一幢楼内的邻居,既熟悉又陌生。不管你是初中生、高中生,还是大学生、研究生;不管你是演员、"网红",还是教授、主持人;不管你是职工、群众,还是校长、省长,在作文、考试、讲话、阅读书籍、浏览网页时,都会邂逅不会读或不会写的生字。错字、别字,让我们失分、失态,甚至损失威信,让人讥笑诟病。因此,很多人都在思考尝试,如何才能多识字、快识字。也有不少有心人收集归纳了许多生僻字,但效果并不理想,往往是甫一放下,依然是它不认识我、我不认识它。这其中的原因主要有三:一是这些字太生僻,日常用的少;二是缺乏内在逻辑,不符合记忆规律;三是没有语境,没有趣味,无法留下深刻印象。我一直都在想,能不能有这么一本普及读物,它系统地梳理目前通用的比较生疏的规范汉字,熔科学性、知识性、趣味性、实用性于一炉,让读者在一个较短的时间内使自己的识字能力有一个大的飞跃、识字数量有一个大的提升,进而对阅读和写作有一个大的补益?心动不如行动。经过数载爬罗剔抉、刮垢磨光,几番字斟句酌、探骊获珠,《轻松成为"字多星"》终于面世。

本书不是识字启蒙教材,它适合具有初中以上文化程度的读者;不是字典、词典,它是助力快识字、多识字的通俗普及读物。它以《通用规范汉字表》为依据,以识读一级字表即满足基础教育和文化普及的3500个常用字为起点,以使用度较高但不太常见的二级字表中的全部3000个汉字为主体,兼及少量一级字表中的较生僻字和三级字表中的较常用字,力图系统完整涵盖有活力的"生字"。

本书通过角色对话的形式,用日常生活中最熟悉的文字,比如数目、方位、天干、地支、生肖等,将生字像珍珠一样串起来,进行归类联想记忆,以期获得事半功倍的效果;通过同音字、近音字组合,进行打包记忆;通过正形声字、准形声字、非形声字的分门别类,突出识记的重点和难点,集中力量进行攻坚;通过广泛采撷名人名著名篇中的或精辟或隽永或有画面感的例句,自然导入语境,强化记忆,活学活用;通过互动、谜语、顺口溜等增强趣味,以熟带生,化难为易、化抽象为形象。一言以蔽之,动用诸多手段技巧的唯一目的,就是力求在一个较短的时间内帮你做到:轻松记生字,倍增识字量。

应用和普及是本书的初衷,让汉字成为更多人的挚友是本书的初心。朋友多了路好走,让我们跟着汉字在中华文化的家园里,或驰骋、或悠游、或诗意地栖息。

人物表

女儿:某普通中学的初中毕业生,语文成绩一般。
爸爸:某出版社资深编辑。

开场白

女儿:这次中考我语文没考好。

爸爸:什么情况?

女儿:有的字不会读,有的字不会写,有的字不理解意思,写作文词汇量不够,没用上多少好词,干巴巴的。

爸爸:这根子在识字量不够。我可以抽点时间给你补一补。

女儿:太好啦,谢谢爸爸!从什么时候开始?

爸爸:别急。正式上课之前,我先问你,什么叫形声字?

女儿:形声字是由表示意义的形旁和表示声音的声旁组成的字。比如:"铃","令"是它的声旁,"钅"是它的形旁。

爸爸:对。形声字的形旁和声旁结合的方式是多种多样的。有的形旁在左,声旁在右,如:材。有的形旁在右,声旁在左,如:功。有的形旁在上,声旁在下,如:露。有的形旁在下,声旁在上,如:斧。有的形旁在外,声旁在内,如:固。有的形旁在内,声旁在外,如:闷。懂得形声字的这些特点,可以帮助我们识记汉字。外国人说汉字像密码,很难学,并非言过其实。因为汉字的结构比较复杂,有些字比较生僻,死记硬背很困难。如果是形声字,只要知道它是由什么形旁和什么声旁组成的,记起来就方便多了。

女儿:但有些形声字按声旁读读音是不准的。

爸爸:说得对。本来形声字的声旁是表示字音的,但由于时代变迁、语音变化,有一部分形声字的声旁已经不能准确地表示现代的字音。所以,学习汉字不能过分依赖形旁和声旁。阅读中遇到不会读的字,还是要多查字典,多请教别人。

女儿：那么知不知道形声字对于识字无关紧要。

爸爸：不，利用形声字的特点对于识字很有帮助。有人统计过，东汉许慎编纂的《说文解字》收录汉字 9353 个，其中的形声字就占了 82%；南宋郑樵对 23000 多个汉字进行了分析，形声字占 90%。在现代通用汉字中，形声字也占 80% 以上，其中形声字声旁的有效表音率近 40%。这就意味着，遇到现代通用汉字，利用形声字的声旁正确识读有三成以上把握，猜个八九不离十的概率更高。

女儿：一字读半边，不会错上天？

爸爸：虽不尽然，也不无道理。我有个独门绝技你可以试试。为了便于记忆，我们不妨把汉字进行全新分类：跟声旁的声母、韵母、声调完全一致的叫正形声字，跟声旁的声母韵母一样但声调不一样的叫准形声字，其他跟声旁声母韵母相异的形声字和以象形、指事、会意、转注、假借等造字方法构成的字叫非形声字。

女儿：你这种分类方法有点简单粗暴。

爸爸：虽然简单粗暴，但方便实用。对于正形声字，我们在其下划"〰〰"，看一眼就会读，不花大力气；对于准形声字，我们在其下划"———"，要稍微留心，注意其与声旁声调的区别；对于非形声字，我们在其下划"＿＿"，要集中精力，各个击破。

女儿：这个方法听起来不错，可行吗？

爸爸：实践是检验真理的唯一标准。我们就充分利用这个方法，结合其他记忆技巧，让你生字轻松记，快则一月，慢则半载，倍增识字量，成为"字多星"。

女儿：我充满期待。

凡 例

1. 本书所收生字以《通用规范汉字表》为依据,以识读一级字表中的 3500 个常用字为起点,以使用度较高的二级字表中的全部 3000 个次常用字为主体,兼及少量一级字表中的较生僻字和三级字表中的较常用字,共 3018 字,适合初中以上文化程度读者阅读。

2. 本书用日常生活中最熟悉的名称,比如数目、方位、天干、地支、生肖等,将生字依读音归类成 24 篇,以便进行联想记忆,详见目录。

3. 本书通过同音字、近音字组合,将生字按读音分成 160 课,如第一课《零》,专题学习棂、囹、苓、瓴、蛉、翎、泠、绫、裬、鲮、棱、酃、呤、霖、啉、麟、辚、䗲、嶙、遴、璘、粦、廪、檁、躏、膦,以便以熟带生。

4. 每课将同音字集中在一起进行注音学习,如棂 líng、囹 líng、苓 líng、瓴 líng、蛉 líng、翎 líng、泠 líng、绫 líng、裬 líng、鲮 líng,以利打包记忆。

5. 本书将同声旁的声母、韵母、声调完全一致的形声字叫正形声字,如霖;同声旁的声母韵母一样但声调不一样的形声字叫准形声字,如噫;其他同声旁声母韵母相异的形声字和以象形、指事、会意、转注、假借等造字方法构成的字叫非形声字,如猗。对于正形声字,在其下划"﹏﹏",轻松识记,如霖 lín;对于准形声字,在其下划"___",稍加留意,如噫 yī;对于非形声字,在其下划"___",作为记忆重点,如猗 yī。

6. 对于少量不便归类的生字,利用一字多音顺势导入,如:《左》课中的撮 zuǒ,又读 cuō,借学习 zuǒ 音时一并延伸学习与 cuō 同音或近音的字。或通过谜语等形式进行趣味识记,如:这边交现金,那边给票据——镖。

7. 本书释义以常用义项为主,不详列所有义项。如:蛉,一种小飞虫。螟蛉之子,义子的代称。

8. 本书通过广泛采撷名人名著名篇中的例句,自然导入语境,以便强化生字记忆,增强写作运用能力。如蛉,罗贯中《三国演义》:"兄长既有子,何必用螟蛉?后必生乱。"

9. 对于生字中的所有非形声字,均通过顺口溜进行归纳梳理,以利强化记忆。如:老媪 ǎo 展翅翱 áo 翔,据守敖 áo 仓,鏖 áo 战山坳 ào。

10. 本书每五课将所学生字进行全面复习,以巩固记忆成果。

11. 为方便阅读,减少查字典之烦,本书对引文中较为生疏的字均予以注音。

12. 为排版紧凑、节省篇幅,本书生字注音不加括号,生字之间不用顿号。

目　录

序 ·· 1
人物表 ·· 1
开场白 ·· 1
凡例 ·· 1

一、数量篇

第一课　零 líng ·· 1
第二课　一 yī ·· 4
第三课　二 èr ·· 7
第四课　三 sān ·· 9
第五课　四 sì ··· 12
第六课　五 wǔ ·· 14
第七课　六 liù, lù ··· 17
第八课　七 qī ··· 20
第九课　八 bā ·· 23
第十课　九 jiǔ ·· 27
第十一课　个 gě, gè ·· 30
第十二课　十 shí ··· 34
第十三课　百 bǎi ··· 36
第十四课　千 qiān ·· 39
第十五课　万 wàn, mò ······································· 43

二、时间篇

第十六课　年 nián ·· 46

第十七课　月 yuè ·················· 50

第十八课　旬 xún ·················· 52

第十九课　周 zhōu ················· 54

第二十课　日 rì ··················· 57

第二十一课　时 shí ················ 60

第二十二课　刻 kè ················· 63

第二十三课　分 fēn, fèn ············ 66

第二十四课　秒 miǎo ··············· 69

三、方位篇

第二十五课　东 dōng ··············· 71

第二十六课　南 nán, nā ············ 74

第二十七课　西 xī ················· 78

第二十八课　北 běi ················ 80

第二十九课　中 zhōng, zhòng ······· 83

第三十课　上 shàng, shǎng ········· 86

第三十一课　下 xià ················ 88

第三十二课　左 zuǒ ················ 91

第三十三课　右 yòu ················ 94

四、长度篇

第三十四课　里 lǐ ················· 97

第三十五课　丈 zhàng ·············· 99

第三十六课　尺 chǐ, chě ··········· 101

第三十七课　寸 cùn ················ 104

第三十八课　厘 lí ················· 106

第三十九课　毫 háo ················ 109

五、天干篇

第四十课　甲 jiǎ ·················· 111

第四十一课　乙 yǐ …… 115
第四十二课　丙 bǐng …… 118
第四十三课　丁 dīng …… 121
第四十四课　戊 wù …… 124
第四十五课　己 jǐ …… 127
第四十六课　庚 gēng …… 131
第四十七课　辛 xīn …… 135
第四十八课　壬 rén …… 137
第四十九课　癸 guǐ …… 140

六、地支篇

第五十课　子 zǐ …… 144
第五十一课　丑 chǒu …… 146
第五十二课　寅 yín …… 149
第五十三课　卯 mǎo …… 152
第五十四课　辰 chén …… 154
第五十五课　巳 sì …… 156
第五十六课　午 wǔ …… 158
第五十七课　未 wèi …… 161
第五十八课　申 shēn …… 164
第五十九课　酉 yǒu …… 167
第六十课　戌 xū …… 169
第六十一课　亥 hài …… 171

七、生肖篇

第六十二课　鼠 shǔ …… 175
第六十三课　牛 niú …… 177
第六十四课　虎 hǔ …… 179
第六十五课　兔 tù …… 182
第六十六课　龙 lóng …… 186

第六十七课　蛇 shé ·················· 189
第六十八课　马 mǎ ·················· 191
第六十九课　羊 yáng ················· 193
第七十课　　猴 hóu ················· 195
第七十一课　鸡 jī ··················· 198
第七十二课　狗 gǒu ················· 201
第七十三课　猪 zhū ················· 203

八、四君子篇

第七十四课　梅 méi ················· 206
第七十五课　兰 lán ················· 208
第七十六课　竹 zhú ················· 210
第七十七课　菊 jú ··················· 214

九、四季篇

第七十八课　春 chūn ················ 217
第七十九课　夏 xià ················· 219
第八十课　　秋 qiū ················· 222
第八十一课　冬 dōng ················ 225

十、文房四艺篇

第八十二课　琴 qín ················· 228
第八十三课　棋 qí ··················· 230
第八十四课　书 shū ················· 233
第八十五课　画 huà ················· 235

十一、文房四宝篇

第八十六课　笔 bǐ ··················· 237
第八十七课　墨 mò ················· 240
第八十八课　纸 zhǐ ················· 243

第八十九课　砚 yàn ·············· 245

十二、四则篇

　　第九十课　加 jiā ·············· 248
　　第九十一课　减 jiǎn ·············· 250
　　第九十二课　乘 chéng ·············· 254
　　第九十三课　除 chú ·············· 256

十三、五常篇

　　第九十四课　礼 lǐ ·············· 258
　　第九十五课　义 yì ·············· 261
　　第九十六课　仁 rén ·············· 265
　　第九十七课　智 zhì ·············· 268
　　第九十八课　信 xìn ·············· 271

十四、五谷篇

　　第九十九课　稻 dào ·············· 275
　　第一百课　黍 shǔ ·············· 279
　　第一百〇一课　稷 jì ·············· 282
　　第一百〇二课　麦 mài ·············· 287
　　第一百〇三课　豆 dòu ·············· 289

十五、五官篇

　　第一百〇四课　耳 ěr ·············· 291
　　第一百〇五课　眼 yǎn ·············· 294
　　第一百〇六课　鼻 bí ·············· 296
　　第一百〇七课　口 kǒu ·············· 300
　　第一百〇八课　身 shēn ·············· 302

十六、五金篇

　　第一百〇九课　金 jīn ·············· 305

第一百一十课　银 yín ·········· 307
第一百一十一课　铜 tóng ·········· 311
第一百一十二课　铁 tiě ·········· 314
第一百一十三课　锡 xī ·········· 316

十七、五味篇

第一百一十四课　甜 tián ·········· 319
第一百一十五课　酸 suān ·········· 322
第一百一十六课　苦 kǔ ·········· 324
第一百一十七课　辣 là ·········· 328
第一百一十八课　咸 xián ·········· 331

十八、五行篇

第一百一十九课　木 mù ·········· 334
第一百二十课　水 shuǐ ·········· 336
第一百二十一课　火 huǒ ·········· 338
第一百二十二课　土 tǔ ·········· 341

十九、五音篇

第一百二十三课　宫 gōng ·········· 343
第一百二十四课　商 shāng ·········· 346
第一百二十五课　角 jué, jiǎo ·········· 349
第一百二十六课　徵 zhǐ ·········· 351
第一百二十七课　羽 yǔ ·········· 355

二十、五脏篇

第一百二十八课　心 xīn ·········· 360
第一百二十九课　肝 gān ·········· 362
第一百三十课　脾 pí ·········· 365
第一百三十一课　肺 fèi ·········· 369

第一百三十二课　肾 shèn ·················· 374

二十一、六亲篇

第一百三十三课　父 fù ·················· 375
第一百三十四课　母 mǔ ·················· 380
第一百三十五课　兄 xiōng ················ 382
第一百三十六课　弟 dì ·················· 384
第一百三十七课　妻 qī ·················· 387
第一百三十八课　子 zǐ ·················· 390

二十二、七色篇

第一百三十九课　赤 chì ·················· 392
第一百四十课　橙 chéng ················ 395
第一百四十一课　黄 huáng ················ 397
第一百四十二课　绿 lǜ,lù ················ 401
第一百四十三课　蓝 lán ·················· 405
第一百四十四课　青 qīng ················ 407
第一百四十五课　紫 zǐ ·················· 409

二十三、开门七件事篇

第一百四十六课　柴 chái ················ 411
第一百四十七课　米 mǐ ·················· 414
第一百四十八课　油 yóu ················ 417
第一百四十九课　盐 yán ················ 419
第一百五十课　酱 jiàng ················ 421
第一百五十一课　醋 cù ·················· 423
第一百五十二课　茶 chá ················ 425

二十四、八卦篇

第一百五十三课　乾 qián ················ 428

第一百五十四课　兑 duì ………………………………… 431

第一百五十五课　离 lí …………………………………… 435

第一百五十六课　震 zhèn ………………………………… 437

第一百五十七课　巽 xùn ………………………………… 441

第一百五十八课　坎 kǎn ………………………………… 443

第一百五十九课　艮 gèn,gěn …………………………… 445

第一百六十课　　坤 kūn ………………………………… 447

二级通用规范汉字检字表 ………………………………… 450

一、数量篇

第一课　零 líng

（晚饭后。华灯初上。桌旁。茶香袅袅。）

爸爸：今天我们正式上课。由熟到生，由浅入深，从零开始。

女儿：从零开始？

爸爸：对。今天只学与零同音或近音的字。现在你先说一说与零同音的字。

女儿：这不简单？灵。

爸爸：不错。还有令、夌。我再写几组与灵、令、夌读音相同的正形声字你认认：棂 líng 囹 líng 苓 líng 瓴 líng 蛉 líng 翎 líng 泠 líng 绫 líng 梭 líng 鲮 líng 棱 líng，lēng。

怎么样，一看到都能读出吧？提醒一下，令有三种读音，这里读 líng，令狐。

棂，窗格，窗棂。例如石玉昆《三侠五义》："只听'拍'，早有一枝湾箭钉在窗棂之上。"

囹，囹圄 yǔ，监狱。例如王仲修《宫词》："囹圄空虚入颂歌，雪霜风雨四时和。"

苓，茯苓，一种药草。例如蔡东藩 fān《元史演义》："老病复发，虽有参苓，也难收效！"

瓴，古代一种盛水的瓶子。高屋建瓴，本指把瓶子里的水从高屋顶

1

上倾倒,比喻居高临下,现指对事物把握全面。例如二月河《雍正皇帝》:"皇上高屋建瓴,深谋远虑,使臣等顿开茅塞。"

泠,清凉,清越。例如辛弃疾《贺新郎·柳暗凌波路》:"听湘娥、泠泠曲罢,为谁情苦。"

绫,一种很薄的丝织品:绫罗绸缎。例如《三国演义》:"又备绫锦及金银器皿相送。"

祾,福。例如《明史》:"十七年,改陵殿曰祾恩殿,门曰祾恩门。"

鲮,鲮鱼。古代传说中腹背有刺、能够吞舟的大鱼。例如刘基《漫成》:"鲮鱼风起鲸鲵涌,青鸟何由海上来。"

棱,穆棱,地名,在黑龙江省,东与俄罗斯接壤。另读 léng,物体上的条状突起,或不同方向的两个平面相连接的部分:棱角。瓦棱。

另外,与零同音的酃 líng,是非形声字,需要反复识读。酃县,地名,在湖南省,现称炎陵县。毛泽东、朱德第一次会面就是在酃县,中国工农红军的两支部队由此胜利会合,并随后东上井冈山在宁冈砻 lóng 市举行了会师大会。

女儿:长知识了,老爸您真厉害。

爸爸:过奖了。我是提前做了功课。我再问你,与零近音的字有哪些?

女儿:还有读另的呤 lìng,这是准形声字,如嘌呤。

爸爸:很好,还有吗?

女儿:当然有!林 lín 蔺 lìn。

爸爸:与这两个字同音的还有不少,我分别再教你一些。与林同音的正形声字有:霖 lín 啉 lín;

女儿:霖,久下不停的雨。例如《三国演义》:"不想自秋至冬,并无霖雨,淮水不泛。"

爸爸:啉,译音用字,如:喹 kuí 啉,一种有机化合物。

与蔺同音的正形声字有:躏 lìn;准形声字有:膦 lìn。

女儿:躏,蹂 róu 躏,践踏,比喻用暴力欺压、侮辱、侵害。曹禺《日出》:"翠喜,大约有三十岁左右,一个已经受尽欺凌和蹂躏的女人。"

爸爸:膦,一类有机化合物的总称。另外,据《山海经》传说,有一种野兽,形状像普通的猪,却是黄色的身子、白色的脑袋、白色的尾巴,名字叫闻膦,一出现天下就会刮起大风。

还有粦 lín,它是非形声字。粦,"磷"的异体字,鬼火;野火,常见于人名:姚士粦。

与粦同音的正形声字有:麟 lín 辚 lín 潾 lín 嶙 lín 遴 lín 璘 lín。

麟,我国传统祥瑞之兽,雄性称麒,雌性称麟。例如杜甫《丽人行》:"绣罗衣裳照暮春,蹙 cù 金孔雀银麒麟。"

辚,象声词,车行走时的声音。例如孟郊《寄张籍》:"辚辚车声辗 niǎn 冰玉,南郊坛上礼百神。"

潾,形容水流清澈。例如曹勋 xūn《山居杂诗九十首》:"梢梢岸上柳,潾潾岸下波。"

嶙,一层层的重叠不平。例如辛弃疾《水龙吟》:"石髓千年,已垂未落,嶙岣 xún 冰柱。"

遴,挑选。施耐庵《水浒传》:"外有二十六员,都是遴选之将,亦皆悍 hàn 勇。"

璘,指玉的光彩。常见于人名:吴璘。

再认几个与零近音的字:读凛的廪 lǐn 檩 lǐn,它们是非形声字,识读时要用心。

廪,米仓,泛指粮食仓库。例如欧阳修《读书》:"官荣日清近,廪给亦丰羡 xiàn。"

檩,架在房梁上托住椽 chuán 子的横木。例如二月河《乾隆皇帝》:"世上最靠不住的就是举人秀才,宁跟光棍隔檩,不跟秀才隔院。"

女儿:真有意思。

爸爸:为了巩固记忆,你可以在课后复习时将本课学的非形声字作为重点编成顺口溜,下一课我考你。

女儿:得令——

第二课　一 yī

爸爸：先将上节课作业说来听听。

女儿：据姚士粦 lín 记载：炎陵檁 lín 条粗，鄗 líng 县仓廪 lǐn 实。

爸爸：还行。今天我们学习与一同音或近音的字。一在传统文化中，被赋予了万物之始的意义。"道生一，一生二，二生三，三生万物。"一的含义非常丰富，清文学家陈沆 hàng 有首《一字诗》："一帆一桨一渔舟，一个渔翁一钓钩。一俯一仰一场笑，一江明月一江秋。"全诗用了十个"一"字，每个"一"都具有鲜明的形象，有"独""一""满""全"等多种意思，十分有趣。

女儿：的确生动形象，很有诗情画意。

爸爸：现在你先说一些与一同音的字。

女儿：比如衣、伊……

爸爸：对，我再写几组与衣、伊同音的字你认认。正形声字：<u>铱 yī 咿 yī</u>，这组字一看便知。准形声字：<u>噫 yī</u>，这组字在声调上要稍加留意。非形声字：<u>揖 yī 猗 yī 黟 yī 袆 yī 漪 yī</u>，这组字要重点识记。

铱，一种金属元素。

咿，咿咿哑哑，象声词。例如施耐庵《水浒传》："只见两个渔人放下酒碗，摇着一只小渔艇，咿咿哑哑摇近岸来。"

噫，叹词，表示感慨、悲痛、叹息。例如《三国演义》："先主顿足曰：'噫！三弟休矣！'及至览表，果报张飞凶信。"

揖，古代的拱手礼。例如《三国演义》："布揖曰：'久不相见，今居何处？'"

猗，美好盛大的样子。猗兰，汉族古琴名曲《猗兰操》的省称。例如曹雪芹《红楼梦》:"又将琴谱翻出,借他猗兰思贤两'操',合成音韵,与自己做的配齐了,然后写出,以备送与宝钗。"

黟,黟县,在安徽省。乌黑。欧阳修《秋声赋》:"宜其渥然丹者为槁木,黟然黑者为星星。"

祎,一种美玉的古称。美好。多用于人名,如费祎。

漪,水波纹:涟漪。例如二月河《雍正皇帝》:"现在他望着外头的海子,老柳树还是那样的绿,水面上还是碧波涟漪。"

女儿:后面这组字常常不敢认,一读就错。

爸爸:对这些非形声字,关键就是反复记忆就行了。你再说些与一近音的字。

女儿:有夷 yí 疑 yí 怡 yí ……

爸爸:与这三个字同音的正形声字有:<u>咦 yí 痍 yí 嶷 yí</u>。

咦,叹词,表示感叹,惊讶等。例如吴承恩《西游记》:"咦,只怕他又请救兵来也,快开门,等我去看他请谁。"

痍,伤,创伤,疮痍。例如褚 chǔ 人获《隋唐演义》:"杀得血透重袍,疮痍遍体,部下十不存一。"

嶷,九嶷,山名,又名苍梧山,在湖南省宁远县境内。毛泽东《七律·答友人》:"九嶷山上白云飞,帝子乘风下翠微。"

与这三字同音的非形声字有:<u>诒 yí 饴 yí 盱 yí 沂 yí 颐 yí 彝 yí 圯 yí 匜 yí 迤 yí,yǐ</u>,它们也是本课学习的重点。

诒,给与,传给。例如蔡东藩《后汉演义》:"故篡魏者晋,实则魏自诒之也。"

饴,糖稀:饴糖。例如《后汉演义》:"我庶可含饴弄孙,不再预闻政事了!"

女儿:盱,盱眙,地名,在江苏省,小龙虾很有名。

爸爸:沂,沂河,源出山东省,至江苏入海。《三国演义》:"莫非决沂、泗之水乎?"

颐,面颊,腮:颐指气使。休养,保养:颐养。例如《三国演义》:"孙权生得方颐大口,碧眼紫髯rán。"

女儿:彝,彝族,我国少数民族,主要分布于四川省、云南省和贵川省。

爸爸:圯,桥。例如蔡东藩《前汉演义》:"良尝从高祖至谷城,取得山下黄石,视作圯上老人的化身,设座供奉。"

匜,古代一种盛水用具。例如蔡东藩《明史演义》:"王宫人乃走入外室,奉匜沃水,呈进神宗。"

女儿:迤,我认识。它有两种读音。逶迤yí,道路蜿蜒曲折。例如毛泽东《长征》:"五岭逶迤腾细浪,乌蒙磅礴走泥丸。"另读yǐ,迤逦lǐ,曲折连绵,也指歌声或鸟鸣声悠扬圆转。

爸爸:完全正确,看样子你课前功夫下了不少,我们教学相长。这次作业要求和上次一样。

女儿:好的。

第三课 二 èr

爸爸:先交作业。

女儿:说费祎 yī,由黟 yī 县,到盱眙 yí,过沂 yí 水,下桥圯 yí,长路逶迤 yí,碧波涟漪 yī;遇彝 yí 胞,长作揖 yī,递水匜 yí,奏猗 yī 兰,诒 yí 赠饴 yí 糖,大快朵颐 yí。

爸爸:不错不错,有点意思。今天我们学与二同音或近音的字。

女儿:与二同音的字很少,我就想到一个贰。

爸爸:的确是这样,我再教你一个:刵 èr,是准形声字。刵,古代割去耳朵的刑罚。例如钟毓 yù 龙《上古秘史》:"一项叫作劓 yì,是割去他的鼻子;一项叫作刵,是割去他的耳朵。"

女儿:这个字不常用吧?

爸爸:对,我们再认一些与二读音相近的字:读傲的准形声字:骜 ào 鏊 ào,非形声字:坳 ào。

骜,骏马。桀 jié 骜不驯,喻傲慢,不驯顺。例如蔡东藩《清史演义》:"故为种种桀骜狂肆之行,以激朕怒。"

鏊,一种铁制的烙饼的炊具,平面圆形,中间稍凸。《水浒传》:"范全在那里叫苦叫屈,如热鏊上蚂蚁,没走一头处。"

坳,低凹的地方。山坳:山间的平地。杜甫《茅屋为秋风所破歌》:"下者飘转沉塘坳。"

还有读熬的非形声字:敖 áo 翱 áo 麌 áo 和正形声字:遨 áo 嗷 áo 聱 áo 鳌 áo 獒 áo 璈 áo 鏖 áo。

敖,粮仓。游玩。姓氏。例如《三国演义》:"诸将固守成皋 gāo,据敖仓。"

女儿：下面三字我认识：翱，展开翅膀在天空回旋地飞：翱翔。陈山《旅顺口》："春天来到了北地,桃花烧红了碧海,白鸥在上下翱翔。"

鏖，激烈地战斗：鏖战。秦牧《土地》："到了近代，又有多少人民的军队为了从封建地主阶级手里把土地夺回来，和帝国主义的军队、剥削者的军队在这上面鏖战过。"

遨，游逛：遨游。例如《三国演义》："飞步凌云遍九州,独凭遁甲自遨游。"

爸爸：很好。嗷，象声词，嘈杂声。例如陈子昂《晚次乐乡县》："如何此时恨,嗷嗷夜猿鸣。"

聱，不听取他人的意见。聱牙，参差不齐或文词艰涩。例如苏辙《石径》："聱牙石齿乱,纷薄黄叶委。"

螯，螃蟹等节肢动物变形的第一对脚，形状像钳子。例如荀子《劝学》："蟹六跪而二螯。"

獒，一种凶猛的狗，能帮助人打猎。华岳《田家十绝》："村獒奋迅出篱笆,欲吠 fèi 还休唤可拿。"

璈，古代乐器名。例如李百川《绿野仙踪》："至酉时初刻,猛听得半空中云璈齐奏,笙箫和鸣。"

女儿：鳌，传说中海里的大龟或大鳖。独占鳌头：比喻占首位或取得第一名。刘兰芳《杨家将》："大辽国开武科场,骑马射箭,较力摔跤,韩昌独占鳌头。"

爸爸：正确。还有一个与二读音相近的非形声字：媪 ǎo，读袄，老妇人的通称。例如蔡东藩《元史演义》："帖木真拭目一看,方认得是与妻偕行的老媪。"

女儿：过去我读半边,完全错了。

爸爸：读错的人太多了。今天的作业照旧。

女儿：哈哈,你不说我也知道。

一、数量篇

第四课　三 sān

爸爸:我们先复习上一课难记的非形声字吧。

女儿:老媪 ǎo 展翅翱 áo 翔,据守敖 áo 仓,鏖 áo 战山坳 ào。

爸爸:不错,这老太很厉害呀,挺有动感的。现在我们学习与三同音或近音的字。

女儿:我就记得叁 sān。

爸爸:与三近音的呢?

女儿:伞、散。

爸爸:与这两字同音的有馓 sǎn,它是正形声字。糁 sǎn,非形声字。

馓,馓子,一种油炸的食品。《水浒传》:"自从武松搬将家里来,取些银子与武大,教买饼馓茶果,请邻舍吃茶。"

糁,以米和羹 gēng。糁还读 shēn,谷类制成的小渣:玉米糁儿。东山云中道人《唐钟馗平鬼传》:"钟馗 kuí 抬头一看,只见那穷鬼头戴一顶愁帽,身披一领破蓑 suō 衣,手里拿着一块麻糁,心广却是体瘦。"

女儿:与三近音的还有吗?

爸爸:多的是。比如,读山的正形声字:舢 shān;非形声字:跚 shān 姗 shān 芟 shān 膻 shān 潸 shān 苫 shān,shàn。

舢,舢舨。用桨划的小船。吴趼 jiǎn 人《二十年目睹之怪现状》:"于是各兵船都放了舢舨,到那岛上去。"

跚,蹒 pán 跚。二月河《乾隆皇帝》:"二人在炭盆子旁坐定,国泰已蹒跚着脚步进来。"

女儿:姗,走路缓缓从容:姗姗来迟。二月河《康熙大帝》:"不料,今

9

天集合时,还有一百多人姗姗来迟。"

爸爸:芟,割草,引申为除去:芟夷。《三国演义》:"今操芟除大难,略已平矣。"

膻,像羊肉的气味:膻气。凌濛 méng 初《初刻拍案惊奇》:"入门一阵腥膻气,案上原少佳肴 yáo"。

潸,流泪:潸然。《三国演义》:"相与对饮。酒酣,表忽潸然泪下。"

苫,草帘子,草垫子:草苫子。另读苫 shàn,用席、布等遮盖。《西游记》:"你那衣服,半边苫身,半边露臂,能值多少物,敢称宝贝!"

还有读善的正形声字:缮 shàn 膳 shàn 鳝 shàn 蟮 shàn 鄯 shàn 骟 shàn;准形声字:讪 shàn 汕 shàn 疝 shàn;非形声字:嬗 shàn 剡 shàn。

缮,修补,整治:修缮。抄写:缮写。《康熙大帝》:"这里原是前明永历故宫,吴三桂接手之后又煞费苦心大加修缮。"

女儿:膳,饭食:膳宿。《三国演义》:"关公允诺。次日早膳毕,请二嫂上车。"

鳝,鳝鱼,形状像蛇,身体黄色有黑斑,生活在水边泥洞里,肉可食,也叫"黄鳝"。荀子《劝学》:"蟹六跪而二螯,非蛇鳝之穴无可寄托者,用心躁也。"

蟮,蚯蚓的别名,又名"曲蟮"。例如:地里的曲蟮——成不了龙。

爸爸:说得好。鄯,鄯善,在新疆维吾尔自治区。

骟,割去牲畜的睾丸或卵巢:骟马。蔡东藩《元史演义》:"二使献上名鹰,并白骟马、黑貂鼠等,成吉思汗大悦,殷勤款待。"

讪,讥笑:讪笑。不好意思,难为情的样子:讪讪。搭讪,为把尴尬局面敷衍 yǎn 过去而找话说。冯梦龙《醒世恒言》:"那些亲眷 juàn 们一向讪笑杜子春这个败子。"

女儿:汕,汕头,在广东省东部、韩江三角洲南端,濒临南海。

爸爸:疝,疝气,亦称"小肠串气"。冯梦龙《喻世明言》:"原来沈秀有一件病在身上,叫做'主心馄饨',一名'小肠疝气',每常一发一个小死。"

嬗,更替,变迁:嬗变。蔡东藩《前汉演义》:"到了岁时递嬗,也遣使入朝汉廷。"

剡,剡溪,水名,在浙江省,历史上早有"剡溪九曲"胜景。另读眼 yǎn,尖,锐利。削,刮。

女儿:仨和三有区别吗?

爸爸:区别不小。仨读 sā,三个:哥儿仨。与仨同音的有挲 sā,摩 mā 挲,用手轻轻按着一下一下地移动。它是非形声字。另读 suō,摩 mó 挲,抚摸。蔡东藩《前汉演义》:"始皇把璧取视,璧上也没有甚么怪异,一面摩挲,一面思量"。

与仨近音的有读洒的非形声字:靸 sǎ,靸鞋:把鞋后帮踩在脚后跟下。《红楼梦》:"次早天明时,便披衣靸鞋往黛玉房中来"。

还有非形声字:卅 sà 飒 sà。卅,三十。毛泽东《和周世钊同志》:"莫叹韶华容易逝,卅年仍到赫曦 hè xī 台。"

飒,形容风声:秋风飒飒。李商隐《无题》:"飒飒东风细雨来,芙蓉塘外有轻雷。"

作业照旧。

轻松成为"字多星"

第五课　四 sì

女儿：上次作业伤了我不少脑细胞。你看：年卅 sà 晚，岁时递嬗 shàn，飒 sà 飒风中，曹操靸 sǎ 着鞋，苫 shàn 着草苫 shān 子，摩挲 sā 着战袍，浑身膻 shān 气，姗 shān 姗来迟，赶到剡 shàn 溪，用糁 shēn 子糁 sǎn 羹充饥，看他脚步蹒跚 shān，还欲芟 shān 除大难，不禁令人潸 shān 然泪下。

爸爸：很好，你这样编一下对于巩固生字很有帮助。

女儿：的确。编好了，我也全记得了。

爸爸：要的就是这个效果。不过，以后，可根据读音分成几条编写，就容易多了。这次我们学与四同音或近音的字。

女儿：与四同音的有寺、伺，还有正形声字驷 sì 泗 sì。

爸爸：对。驷，古代同驾一辆车的四匹马，或套着四匹马的车。罗懋 mào 登《三宝太监下西洋记》："大丈夫一言既出，驷马难追。莫说我们上界天仙，岂可失信于你。"

泗，泗河，水名，在山东省。鼻涕 tì：涕泗。《三宝太监下西洋记》："一驾祥云，竟到南膳部洲凤阳府泗州地界上。"

与四近音的有读丝的正形声字：厮 sī 澌 sī 锶 sī 缌 sī 鸶 sī 咝 sī；准形声字：蛳 sī。

女儿：厮，古代干粗杂活的男性奴隶或小役：小厮。古代对人的不敬称呼。《三国演义》："若不杀这厮，反要在他部下听令，其实不甘！"

爸爸：澌，尽；澌灭。蔡东藩《民国演义》："宪政精神，澌灭已尽。"

锶，一种金属元素，银白色结晶。

缌，细的麻布：缌麻服，古代一种丧服。《全晋文》："郑云服缌三月。"

鸶，鹭 lù 鸶，即白鹭。《乾隆皇帝》："这米店林老板平素是个鹭鸶腿上劈肉,臭虫皮上刮漆的角色,哪里肯结这个善缘?"

女儿:咝,象声词。魏巍《东方》:"这时敌我双方的炮火都比较岑cén寂,只偶尔有一两发炮弹咝咝地叫着落在山顶。"

螄,螺螄,可供食用。金松岑、曾朴《孽海花》:"不如死守着这螺蛳壳公使馆,永不出头。"

爸爸:伺不仅读 sì,还读伺 cì,伺候。与伺 cì 近音的字有准形声字:疵 cī 呲 cī 跐 cī。

疵,毛病:吹毛求疵。《水浒传》:"此处有块美石,白赛霜雪,一毫瑕疵儿也没有。"

呲,申斥,斥责。咧嘴露出牙齿。《七侠五义》:"只打得皮开肉绽,呲牙咧嘴,哀声不绝。"

跐,脚下滑动:登跐了。另读 cǐ,踩,踏:脚跐两只船。《乾隆皇帝》:"互相顾盼着拉衣襟跐脚尖挤眉弄眼的,甚不安生。"

还有读词的正形声字:糍 cí 鹚 cí;准形声字:茨 cí。

女儿:糍、鹚为什么是正形声字?

爸爸:问得好。兹是多音字,一读 zī,现在。年:今兹,来兹。又读 cí,龟兹 qiū cí,古代西域国名。所以,糍、鹚就应是正形声字了。当然,这样区分最终还是为了记忆,这种情形今后还会碰到。

糍,一种用糯米做成的食品:糍粑。孟元老《东京梦华录》:"是月卖糍糕,鹑 chún 兔方盛。"

鹚,鸬鹚,俗称鱼鹰,善潜水捕鱼。陶宗仪《南村辍 chuò 耕录》:"鸬鹚白鹭得鱼不税。"

茨,用茅或苇覆盖房子:茅茨。徐枕亚《玉梨魂》:"而今此事几迁移,尔何依旧守茅茨。"

女儿:这课很轻松,没有非形声字,也不用划重点了。

爸爸:也没作业了。

轻松成为"字多星"

第六课　五 wǔ

爸爸：从这一课开始，我们每隔五课复习一下前面学习的生字，以巩固记忆。

女儿：温故而知新。

爸爸：对。现在开始。第一课？

女儿：正形声字有：棂 líng 囹 líng 苓 líng 瓴 líng 蛉 líng 翎 líng 泠 líng 绫 líng 裬 líng 鲮 líng 棱 líng(lēng) 霖 lín 啉 lín 麟 lín 辚 lín 粼 lín 嶙 lín 遴 lín 璘 lín 蹸 lìn；

准形声字有：呤 lìng 膦 lìn；

非形声字有：酃 líng 粦 lín 廪 lǐn 檩 lǐn。

爸爸：第二课？

女儿：正形声字有：铱 yī 咿 yī 姨 yí 痍 yí 嶷 yí；

准形声字有：噫 yī；

非形声字有：揖 yī 猗 yī 黟 yī 袆 yī 漪 yī 诒 yí 饴 yí 眙 yí 沂 yí 颐 yí 彝 yí 圯 yí 匜 yí 迤 yí, yǐ。

爸爸：第三课？

女儿：正形声字有：遨 áo 嗷 áo 謷 áo 鳌 áo 獒 áo 璈 áo 鏊 áo；

准形声字有：聑 èr 骜 ào 鏊 ào；

非形声字有：坳 ào 敖 áo 翱 áo 鏖 áo 媪 ǎo。

爸爸：第四课？

女儿：正形声字有：糁 sǎn 舢 shān 缮 shàn 膳 shàn 鳝 shàn 蟮 shàn 鄯 shàn 骟 shàn；

准形声字有：讪 shàn 汕 shàn 疝 shàn；

14

非形声字有:糁 sǎn 跚 shān 姗 shān 芟 shān 膻 shān 潸 shān 苫 shān,shàn 嬗 shàn 剡 shàn 挲 sā 卅 sà 飒 sà。

爸爸:第五课?

女儿:正形声字有:驷 sì 泗 sì 厮 sī 澌 sī 锶 sī 缌 sī 鸶 sī 咝 sī 糍 cí 鹚 cí;

准形声字有:蛳 sī 疵 cī 呲 cī 龇 cī 茨 cí。

爸爸:很好。本课学认与五同音或近音的字。

女儿:比如妩 wǔ,女子、花木等姿态美好可爱:妩媚。辛弃疾《贺新郎·甚矣吾衰矣》:"我见青山多妩媚,料青山见我应如是。"

爸爸:对,与五同音的还有正形声字:仵 wǔ 迕 wǔ 忤 wǔ,准形声字:怃 wǔ 庑 wǔ。

仵,对等,相匹敌。仵作:旧时官府中检验命案死尸的人。《三刻拍案惊奇》:"厚贿那仵作,重伤报轻伤。"

迕,相遇:相迕。违背,相抵触:违迕。《聊斋志异》:"寄宿无妨,倘小有迕犯,幸勿滞怀。"

女儿:忤,逆,不顺从:忤逆。《三国演义》:"徐母触忤丞相者,欲求死也。"

爸爸:怃,怅然失意的样子:怃然不乐。张廷玉《明史》:"崇焕怃然自失。"

庑,堂下周围的走廊、廊屋:廊庑。《元史演义》:"忽然狂风大起,卷入殿中,两庑烛尽吹灭。"

与五近音的有读乌的正形声字:钨 wū 邬 wū,非形声字:圬 wū。

女儿:钨,一种金属元素,可以制成很细的丝和特种合金钢:钨丝。

爸爸:邬,古地名。姓:邬思道。

圬,泥瓦工人用的抹子,抹墙。宣鼎《夜雨秋灯录》:"一日,重新殿壁,始加圬垩 è,皎洁如银。"

与五读音相近的还有读窝的准形声字:莴 wō 涡 wō,guō;非形声

字:倭 wō 踒 wō 喔 wō 挝 wō。

女儿:莴,莴苣 jù。杜甫《种莴苣》。

爸爸:涡,水流旋转形成中间低洼的地方:旋涡,亦作漩涡。《雍正皇帝》:"滚滚波涛,在这里形成了一个巨大的漩涡。"另读 guō,涡河,水名,源于河南省,流入安徽省。

倭,古代对日作战时称日本为倭:倭寇。陆人龙《三刻拍案惊奇》:"沿途闻得浙西南直都有倭寇。"

踒,扭伤:踒足。《韩非子》:"此其为马也,踒肩而肿膝。"

女儿:喔,叹词,表示惊讶、痛苦,理解、省悟。如:"喔唷,打得好痛!"

挝,老挝,国名,在东南亚。

爸爸:还有读卧的非形声字:幄 wò 龌 wò 渥 wò 斡 wò 肟 wò。

幄,帐幕:帷幄。《三宝太监下西洋记》:"真好元帅,运筹帷幄之中,决胜千里之外。"

龌,肮脏,喻人的品质卑劣:龌龊 chuò。《三刻拍案惊奇》:"那唐学究不知,把个女儿送入这龌龊人家。"

渥,沾湿,沾润。浓,厚:优渥。熊大木《杨家将》:"君恩优渥,将帅威仪,较前兄妹私行,真有天渊之隔矣。"

斡,转,旋:斡旋,调解。《三宝太监下西洋记》:"华夷不同地,故此一东一西,全仗天师道力斡旋一番。"

肟,有机化合物的一类。

女儿:今天的作业看样子不容易。

爸爸:相信你能行。为增添趣味,我们以后隔三岔五猜些字谜好不好?

女儿:太好了!我最喜欢猜字谜啦。

爸爸:好的。今天的谜面是"兔子耳朵"。

一、数量篇

第七课 六 liù，lù

爸爸：把作业报上来。

女儿：一名倭 wō 寇，家境优渥 wò，运筹帷幄 wò，侵略老挝 wō，行为龌 wò 龊，用肟 wò 坞 wū 墙，不听斡 wò 旋，蹉 wō 了双脚，喔 wō 喔直叫，怃 wǔ 然不乐。

爸爸：还可以，算你通过。这课我们学与六同音或近音的字。你先说。

女儿：与六同音有准形声字：遛 liù。

爸爸：还有准形声字：镏 liù，liú。

遛，散步，随便走走：遛跶 dá。牵着牲畜或带着鸟慢慢走：遛马、遛鸟。《大唐狄公案》："他决定独自出城外去遛遛马，借此散散郁闷，以便让自己的头脑清醒清醒。"

镏，镏子：戒指。另读 liú，镏金，一种镀金方法，把溶解在水银里的金子涂刷在银胎或铜胎器物上。陈汝衡《说唐》："照马的身躯，叫匠人打一副镏金鞍辔 pèi 并踏镫。"

女儿：与六近音的有读溜的准形声字：熘 liū，一种烹调方法，跟炒相似，作料里掺淀粉。如：熘鱼片。

爸爸：有读留的正形声字：鎏 liú 骝 liú，非形声字：旒 liú 镠 liú。

鎏，成色好的黄金。《康熙大帝》："鳌拜抬头看了看殿角的鎏金大钟。"

骝，黑鬃黑尾巴的红马。《三国演义》："一将手执大斧，飞骤骅 huá 骝，直取崔勇。"

旒，古代旌旗下边或边缘上悬垂的装饰品。古代帝王礼帽前后悬

17

垂的玉串。《三国演义》："操乃拜命受魏王之爵,冕miǎn十二旒,乘金根车,驾六马,用天子车服銮luán仪。"

镏,含金量高的金子,多见于人名,如钱镏。

女儿:还有读柳的非形声字:绺liǔ,如一绺头发。

爸爸:六还读lù,六安,地名,在安徽省。六合,地名,在江苏省。现在我们换个话题,上次谜语猜出没有?

女儿:我想应该是聊。

爸爸:正确。猜谜语时,十二生肖往往对应十二地支,这里是兔对卯。现在我们来认识一些与聊同音的字。先认识寮liáo,古同"僚",也作姓氏。正形声字:寮liáo 獠liáo 燎liáo 鹩liáo 潦liáo,lǎo,lào。

寮,小屋:茅寮。《醒世恒言》:"水阁遥通行坞wù,风轩斜透松寮。"

獠,面貌凶恶:獠面。獠牙,露在嘴外面的长牙。冯梦龙《醒世恒言》:"那獠牙就如刀锯一般锋利,遍体咬伤,流血满地。"

女儿:燎,延烧:燎荒。烫:燎泡。毛泽东《星星之火,可以燎原》;另读liǎo,挨近火而烧焦:把头发燎了。

爸爸:鹩,鹪jiāo鹩,鸟,背赤褐色,腹灰褐色,尾短,捕食小虫,亦称"巧妇"。鹩哥,又叫秦吉了。烟霞散人《钟馗斩鬼传》:"俺的原身是田间鼹yǎn鼠,曾与鹪鹩赌赛。"

潦,潦河,水名,在河南省西南部。潦草,草率,不工整。潦倒,落拓不羁jī,失意。《雍正皇帝》:"潦倒异乡望门投止而不遇,难怪他要在这里发牢骚了。"另读lǎo,雨水大。路上的流水,积水:潦水。又读lào,雨水过多,水淹。

与聊近音的有读了的非形声字:蓼liǎo,正形声字:钌liǎo。

蓼,一年生草本植物,叶披针形,亦称"水蓼"。陆游《好事近·湓pén口放船归》:"两岸白蘋红蓼,映一蓑suō新绿。"

钌,一种金属元素,质坚而脆。另读liào,钌铞diào儿,钉在门窗上可以把门窗扣住的东西。《刘墉传奇》:"慌忙把刘大人推进去,扣上钌锦用锁封。"

有准形声字：蹽 liāo，快走，跑。溜走。如：趁警察不注意，这小子抬屁股蹽了。

还有读料的准形声字：镣 liào，非形声字：尥 liào 廖 liào 撂 liào。

镣，套在脚腕上使不能跑的刑具：脚镣。安遥时《包公案》："包公吩咐取面长枷，枷镣锁肘，送下死囚牢去。"

尥，骡马等跳起来用后腿向后踢：尥蹶子。《乾隆皇帝》："几年没骑这畜牲，直犯生分尥蹶子，颠得腿疼。"

女儿：廖，姓。如：廖仲恺。

撂，放，搁：撂下饭碗。弄倒：撂跤。丢，抛弃：撂荒。《雍正皇帝》："看在我的薄面上，把这事撂开算了。"

爸爸：作业照旧。今天的谜面是"帘上残红月西厢"。谜底你下次告诉我。

第八课　七 qī

爸爸：先交作业。

女儿：用钱镠 liú 的一绺 liǔ 头发做旌旗垂旒 liú。

老廖 liào 撂荒 liào 长水蓼 liǎo，小寮 liáo 骑马尥 liào 蹶子。

爸爸：都是奇人奇事，算你及格吧。今天我们重点学与七同音或近音的字。读七的正形声字：喊 qī；准形声字：桤 qī；非形声字：沏 qī 蹊 qī，xī。

喊，喊喊喳喳，象声词，形容细碎的说话声。《康熙大帝》："伍次友听得窗外喊喊喳喳的人声，便住琴息香，站起身推开窗户。"

桤，落叶乔木。落魄道人《常言道》："壁间摆一架桤楮 chǔ 木围屏，名曰'桤屏'。"

女儿：沏，用开水冲：沏茶。《红楼梦》："又酽酽 yàn 的沏上茶来，大家吃了。"

蹊，蹊跷 qiao，奇怪，可疑。郭小亭《济公全传》："少时就验尸，你说这事多蹊跷？"另读 xī，小路：桃李不言，下自成蹊。

爸爸：与七近音的字有读企的准形声字：绮 qǐ；非形声字：杞 qǐ 芑 qǐ 屺 qǐ。

绮，有文彩的丝织品：绮罗。美丽：绮丽。《三国演义》："刘璋大喜，收拾金珠锦绮，为进献之物，遣张松为使。"

女儿：绮字我经常读错。杞，周代诸侯国名，在今河南省杞县一带。《雍正皇帝》："你的折子我拜读了，我觉得你这是杞人忧天。"

爸爸：芑，粱、黍一类的农作物。类似苦菜的一种草本植物。孔颖达《毛诗正义》："丰水有芑，武王岂不仕？"

屺,没有草木的山。《海公案》:"屺岊山对景称奇,梅花海引人入胜。"

现在我们换个话题,上次谜语猜出没有?

女儿:没有。

爸爸:"帘上残红月西厢",是"腔"。猜字谜时,上对应北、下对应南、左对应西、右对应东。你看是不是月在西边,加上帘的上面和红的一部分。

女儿:对,这个谜语制作得真精巧。

爸爸:与腔同音的有正形声字:蜣 qiāng;准形声字:镪 qiāng;非形声字:锵 qiāng 羌 qiāng 戕 qiāng 戗 qiāng,qiàng。

蜣,蜣螂,昆虫,俗称"屎壳郎"。道世《法苑珠林》:"如牛啖 dàn 草,蜣螂逐粪,不知饱足。"

镪,钱串,引申为成串的钱。后多指银子或银锭。《聊斋志异》:"女探入,出白镪近五十两许。"

锵,形容撞击金属器物的声音,如"锣鼓锵锵"。《三宝太监下西洋记》:"天花飞舞,瑞气缤纷,异香馥 fù 郁,仙乐铿锵。"

女儿:羌,羌族,少数民族,主要分布于四川省。

爸爸:戕,杀害:戕害。《三国演义》:"丞相总统大军,岂可自戕?"

戗,逆,反方向:戗水。言语冲突:两个人说戗了。另读 qiàng,填:戗金。支撑,支持:用木头戗住这堵墙。够戗,形容很严重,难以支持。《水浒传》:"墙里望见两间小巧楼屋,侧首是一根戗柱。"

女儿:还有读墙的非形声字:蔷 qiáng 嫱 qiáng 樯 qiáng。

蔷,蔷薇,落叶灌木,多刺,夏初开花。《红楼梦》:"再一细看,原来就是那日蔷薇花下划'蔷'字的那一个。"

爸爸:嫱,古代宫廷里的女官名。《后汉演义》:"就令吏士强取入宫,列作嫔 pín 嫱,宠幸无比。"

樯,帆船上挂风帆的桅杆,引申为帆船或帆。吴趼 jiǎn 人《恨海》:

"只见帆樯林立,好不热闹,船便泊定了。"

还有准形声字:襁 qiǎng;非形声字:羟 qiǎng。它们与抢夺的抢同音。

襁,襁褓,包婴儿的被、毯等。《醒世恒言》:"两个儿女,方在襁褓中,孙恒就亡过了。"

羟,羟基,化学名词。

女儿:还有吗?

爸爸:有非形声字:炝 qiàng 跄 qiàng。

炝,将菜放在沸水或热油中略煮后取出加作料拌:炝芹菜。云间天赘 zhuì 生《商界现形记》:"拿起笔来写:炒虾圆、芥末鸡丝、炝腰片,写了三样。"

跄,踉 liàng 跄,走路不稳。《雍正皇帝》:"弘历和刘统勋站不稳脚步,踉踉跄跄地几乎摔倒。"另读 qiāng,跄跄,形容行走合乎礼节。

作业照旧。今天的谜面有两个,一是"扁舟几度又飞来",二是"这边交现金,那边给票据"。

一、数量篇

第九课　八 bā

爸爸：先交作业。

女儿：圯 qǐ 山有芑 qǐ,实在蹊 qī 跷,杞 qǐ 人忧天,忘了沏 qī 茶。

锣鼓锵 qiāng 锵, 帆樯 qiáng 林立, 羌 qiāng 族嫱 qiáng,被人用羟 qiǎng 基戕 qiāng 害,几度戗 qiāng 水,步伐跄踉 qiàng,如同蔷 qiáng 薇遭油炝 qiàng。

爸爸：不错,挺生动的。今天我们着重学与八同音或近音的字。

女儿：与八同音的有正形声字：笆 bā 粑 bā 扒 bā。

笆,用竹子、柳条、荆条等编成的像席箔那样的东西：竹篾笆。《三刻拍案惊奇》："私室庙堂般,朽竹笆每行搁瓦儿几片。"

粑,饼类食物：糍粑。《乾隆皇帝》："把家里所有的糍粑都烤了给我们吃,一边流泪,一边指着北方,叽哩哇啦越说越有劲。"

扒,抓住,把着：扒车。刨开,挖：扒坑。剥,脱：扒皮。拨动：扒拉。扒又读 pá,聚拢：扒草。炖烂,煨烂：扒羊肉。

爸爸：很好。与八近音的有正形声字：魃 bá,读拔,传说中造成旱灾的鬼怪,旱魃。《乾隆皇帝》："何地屠宰杀生太多,引出旱魃。"

准形声字：钯 bǎ,读靶,一种金属元素,银白色,富延展性。

还有读爸的正形声字：灞 bà；准形声字：鲅 bà 耙 bà。

灞,灞水,水名,在陕西省,是渭河的支流。古地名,故址在今陕西省西安市东。唐李白《忆秦娥》："秦楼月,年年柳色,灞陵伤别。"

鲅,鲅鱼,生活在海洋中,亦称"马鲛鱼"。

女儿：杷,碎土、平地的农具。如：杷头。又读爬 pá,枇杷,常绿乔木。《三侠五义》："有棵枇杷树,两个大槎 chá 桠。未结黄金果,先开白

23

玉花。"

爸爸：与其同音有非形声字：琶 pá 筢 pá。

女儿：琶，琵琶。

爸爸：筢，筢子，搂柴草的竹制器具。张杰鑫《三侠剑》："接着又抄起家什，扫帚疙瘩，擀面杖，掏灰筢，大马勺，就下了毒手了。"

女儿：还有读趴的非形声字：葩 pā，花，引申为华美，如"奇葩异草"。《西游记》："长老携着那怪，步赏花园，看不尽的奇葩异卉。"

爸爸：不错。上次的谜语猜出没有？

女儿："扁舟几度又飞来"的谜底是般。

爸爸：对。与其同音的正形声字有：瘢 bān 癍 bān。

瘢，斑点状皮肤病的通称。清溪道人《禅真逸史》："左手背上有三点寿瘢，右脚面上有一颗黑痣。"

癍，疮痕，疤瘌，斑点：雀癍。《三宝太监下西洋记》："三太子的六般兵器都使尽了，并不曾看见有半点癍痕，并不曾看见有半毫凹凸。"

与其近音的有读板的非形声字：钣 bǎn 阪 bǎn 坂 bǎn。

钣，金属板：钢钣。

阪，崎岖硗 qiāo 薄的地方：阪田。《林公案》："记得前面是周家阪小村落，不知有无客店。"

坂，山坡，斜坡：坂上走丸，喻迅速。《元史演义》："仿佛似刘先主之走长坂坡。"

还有读办的正形声字：梊 bàn，盘子。大块的木柴。《聊斋志异》："及门，倾水出鱼，索梊而进之。"

读棒的非形声字：蒡 bàng，牛蒡，二年生草本植物，根多肉，根和嫩叶可食。

女儿：还有读帮的非形声字：浜 bāng，小河沟，多用于地名，如沙家浜。

爸爸：还有一个谜语猜出没有？

女儿："这边交现金,那边给票据"的谜底是<u>镖 biāo</u>,旧时投掷用的武器,形状像长枪的头,如飞镖。《雍正皇帝》:"邢家兄弟则装扮成走镖的,腰悬宝刀,臂挽硬弓,也骑着马跟在后边。"

爸爸:很好。与镖同音的有正形声字:<u>飚 biāo</u>;非形声字有:<u>猋 biāo 膘 biāo 骠 biāo,piào 飑 biāo 镳 biāo 杓 biāo,sháo</u>。

飚,暴风:狂飚。《元史演义》:"霎时间狂飚大作,天地为昏,滴滴沥沥的雨声也逐渐下来了!"

猋,迅速,古通"飙"。神兽。赵尔巽 xùn《清史稿》:"绕道长驱,骑寇虽猋骋,遇战辄披靡 mǐ。"

女儿:膘,肥肉:膘肥。钱彩、金丰《说岳全传》:"我的马落了膘了!要到湖广去不知有多少路,这便怎么处!"

骠,黄骠马,黄毛夹杂着白点子的马。《三国演义》:"使一口截头大刀,骑一匹黄骠马,来取王平。"另读 piào,骁勇:骠骑。

爸爸:飑,气象学上指风向突然改变,风速急剧增大的天气现象。萧统《昭明文选》:"游说之徒,风飑电激,并起而救之。"

镳,马嚼子两端露出嘴外的部分:分道扬镳。《三宝太监下西洋记》:"每日间一个内相、两个尚书,联镳并辔 pèi,奔着厂里而来。"

杓,古代指北斗第五、六、七颗星,亦称"斗柄"。另读 sháo,同"勺"。《江湖奇侠传》:"店主人添了几杓,只是添不满一盂。"

与其读音相近的有读表的正形声字:<u>婊 biāo 裱 biāo</u>。

女儿:婊,婊子,妓女。《民国演义》:"因为做了一篇欢迎孙传芳的文章,顿时大受攻击,都骂为婊子式的日报。"

裱,用纸或丝织物把书、画等衬托粘糊起来:装裱、裱糊。《大唐狄公案》:"我正是广州来的裱褙匠,未知那林先生可有些古画字屏的要揭裱。"

爸爸:还有非形声字:<u>鳔 biāo 摽 biāo</u>;准形声字:<u>俵 biāo</u>。

鳔,某些鱼类体内可以涨缩的气囊,鱼借以沉浮,俗称"鱼泡"。常杰淼 miǎo《雍正剑侠图》:"把它熬开了之后,把这十根皮条疙瘩放到鱼鳔锅里,让鱼鳔给它粘了。"

摽,紧紧地捆绑物体使其相连。比如:摽着劲干。俞万春《荡寇志》:"此时傅玉已隐在牙旗边,右手倒提着那颗流星飞锤,眼睁睁只摽着关胜。"

俵,方言,把东西分给人。熊大木《杨家将传》:"六使得赐缎匹羊酒,尽俵分部下。"

作业以后我就不叮嘱了。

女儿:放心。

爸爸:今天的谜面是"捐弃一半要一半"。

一、数量篇

第十课　九 jiǔ

爸爸：先交作业。

女儿：掏灰笊 pá,作琵琶 pá,真是奇葩 pā。

长坂 bǎn 坡,有阪 bǎn 田,贫瘠如钢钣 bǎn。

沙家浜 bāng,种牛蒡 bàng。

时值北斗杓 biāo 移,两匹黄骠 biāo 马,膘 biāo 肥体壮,联镳 biāo 并辔,忽中飞镖 biāo,立刻猋 biāo 腾如风飑 biāo,一驰而过。

摽 biào 着劲撕开鱼鳔 biào。

爸爸：很好。今天我们重点学与九同音或近音的字。

女儿：灸 jiǔ,烧。中医的一种医疗方法:针灸。

爸爸：与九近音的有读纠的正形声字:赳 jiū；准形声字:鸠 jiū；非形声字:丩 jiū 髻 jiū 啾 jiū 阄 jiū。

女儿：赳,赳赳,雄壮威武的样子。如:雄赳赳,气昂昂,跨过鸭绿江。

爸爸：鸠,鸟,鸠鸽科部分种类的统称。聚集:鸠合。《三国演义》："操乘马正行,忽田中惊起一鸠。"

丩,古同"纠"。这字比较生僻,认识它的目的主要是为了通过它认读更多的形声字。

髻,头发盘成的结。《三刻拍案惊奇》："复身到城里,寻了原媒张篦 bì 娘,是会篦头绞脸、卖髻髽 jì 花粉的一个老娘婆。"

女儿：啾,啾啾,象声词,形容动物细小的叫声。《木兰诗》："燕山胡骑鸣啾啾。"

阄,为了赌输赢或决定事情,预先在纸上做好记号揉成纸卷或纸

27

团,然后每人抓去一个,打开看,按纸卷或纸团上定的行事。这种做法称"抓阄儿"。

爸爸:有读旧的正形声字:柏 jiù 鹫 jiù;准形声字:柩 jiù;非形声字:咎 jiù 厩 jiù。

柏,乌桕,落叶乔木。《乾隆皇帝》:"一片开阔地中野树成林,松楸柏桕之间溪水纵横。"

鹫,一种猛禽,体大雄壮,嘴呈钩状,视力很强,捕食野兔、小羊等,亦称"雕"。道世《法苑珠林》:"有大鹫飞来,牛便惊散。"

柩,装着尸体的棺材:灵柩。《三国演义》:"孙策换回黄祖,迎接灵柩,罢战回江东,葬父于曲阿之原。"

女儿:咎,过失,罪过:负咎。怪罪,处分:既往不咎。丁玲《自杀日记》:"我又不好十分拒绝他,只好不给他一种机会,看到他失意的又走回去,真觉得很负咎。"

厩,马棚,泛指牲口棚:马厩。《雍正皇帝》:"雍正不再问话,却和朱轼一前一后来到了后院马厩。"

爸爸:上次的谜底是什么?

女儿:娟。

爸爸:对。读娟的有准形声字:镌 juān;非形声字:涓 juān 蠲 juān。

镌,雕刻,凿:镌刻。《元史演义》:"嗣 sì 复给黄金双龙符,镌文曰:'广宣忠义正节振武佐运功臣。'"

女儿:涓,细小的流水:涓滴。《三国演义》:"若彼在,朕涓滴不能下咽也。"

爸爸:蠲,除去,免除:蠲除。姜清《姜氏秘史》:"自洪武三十一年以前拖欠盐课,尽行蠲免。"

与其音近的有正形声字:錈 juǎn,刀剑的刃卷曲。吕不韦《吕氏春秋》:"又柔则錈,坚则折。剑折且錈,焉得为利剑?"

还有读绢的非形声字:鄄 juàn 狷 juàn。

鄄,鄄城,地名,在山东省。《三国演义》:"曹操因军中粮尽,引兵回鄄城暂住。"

狷,胸襟狭窄,性情急躁:狷狭。洁身自好,性情耿直:狷介。《后汉演义》:"臣闻忠不隐讳,直不避害,不胜愚狷,昧死自表。"

今天的谜面是"官居左相"。

第十一课　个 gě,gè

爸爸:现在复习前面的生字。第六课?

女儿:正形声字有:仵 wǔ 迕 wǔ 忤 wǔ 钨 wū 邬 wū;

准形声字有:怃 wǔ 庑 wǔ 莴 wō 涡 wō(guō);

非形声字有:圬 wū 倭 wō 踒 wō 喔 wō 挝 wō 幄 wò 龌 wò 渥 wò 斡 wò 肟 wò。

爸爸:第七课?

女儿:正形声字有:鎏 liú 骝 liú 寮 liáo 獠 liáo 燎 liáo 鹩 liáo 潦 liáo(lǎo,lào)钌 liǎo;

准形声字有:遛 liù 镏 liù,liú 熘 liū 蹽 liāo 镣 liào;

非形声字有:旒 liú 鹨 liú 绺 liǔ 寥 liáo 蓼 liǎo 尥 liào 廖 liào 撂 liào。

爸爸:第八课?

女儿:正形声字有:嘁 qī 蜣 qiāng;

准形声字有:桤 qī 绮 qǐ 锖 qiāng 襁 qiǎng;

非形声字有:沏 qī 蹊 qī,xī 杞 qǐ 芑 qǐ 屺 qǐ 锵 qiāng 羌 qiāng 戕 qiāng 戗 qiāng,qiàng 蔷 qiáng 嫱 qiáng 樯 qiáng 羟 qiǎng 炝 qiàng 跄 qiàng。

爸爸:第九课?

女儿:正形声字有:笆 bā 粑 bā 扒 bā 魃 bá 灞 bà 癍 bān 瘢 bān 桦 bàn 飙 biāo 婊 biāo 裱 biāo;

准形声字有:钯 bǎ 鲅 bà 耙 bà 俵 biào;

非形声字有:琶 pá 筢 pá 葩 pā 钣 bǎn 阪 bǎn 坂 bǎn 蒡 bàng 浜

bāng 镖 biāo 猋 biāo 膘 biāo 骠 biāo，piào 飙 biāo 镳 biāo 杓 biāo，sháo 鳔 biào 摽 biào。

爸爸：第十课？

女儿：正形声字有：赳 jiū 柏 jiù 鹫 jiù 锩 juǎn；

准形声字有：鸠 jiū 枢 jiù 镌 juān；

非形声字有：鬏 jiū 啾 jiū 阄 jiū 咎 jiù 厩 jiù 涓 juān 蠲 juān 鄄 juàn 獧 juàn。

爸爸：很好。上次作业？

女儿：小鸟啾 jiū 啾，落上发鬏 jiū，看人抓阄 jiū，关到马厩 jiù，以彰其咎 jiù。

鄄 juàn 城好官，个性獧 juàn 介，涓 juān 滴不取，债务全蠲 juān。

爸爸：可以。今天我们重点学与个同音或近音的字。个 gè，量词。另读 gě，自个儿，自己。与个同音的有正形声字：硌 gè 铬 gè；非形声字：虼 gè。

硌，凸起的硬东西跟身体接触，使身体感到难受或受到损伤：硌牙。《乾隆皇帝》："小巴特尔骑在光屁股马上，起初被他颠得东倒西歪，两腿股间硌得生疼。"

铬，一种金属元素，质硬而脆，抗腐蚀性强，用于电镀和制造特种钢。

女儿：虼，虼蚤，寄生在人畜身体上的小昆虫，亦称"跳蚤"。《红楼梦》："这些大东西有阴阳也罢了，难道那些蚊子、虼蚤、蠓 měng 虫儿、花儿、草儿、瓦片儿、砖头儿，也有阴阳不成？"

爸爸：与其近音的有读革的准形声字：骼 gé；正形声字：镉 gé 嗝 gé 膈 gé；非形声字：鬲 gé，lì。

女儿：骼，骨头：骨骼。《大唐狄公案》："狄公见那宋秀才是一个骨骼宽大但瘦削清癯 qú 的年轻人。"

镉，一种金属元素。

嗝,胃里的气体从嘴里出来而发出的声音:打嗝儿。《康熙大帝》:"高士奇打着酒嗝,满心不情愿地回到明珠府上。"

爸爸: 膈,人或哺乳动物体腔中分隔胸腹两腔的膜状肌肉,亦称"膈膜"。

鬲,鬲津河,古水名,今漳卫新河,是河北、山东两省的界河。通"隔",阻隔。《喻世明言》:"门如败寺,屋似破窑。窗鬲离披,一任风声开闭;厨房冷落,绝无烟气蒸腾。"另读鬲 lì,古代炊器。用于烧煮或烹炒的锅。

女儿: 还有非形声字:舸 gě,大船:百舸争流。《沁园春·长沙》:"独立寒秋,湘江北去,橘子洲头。看万山红遍,层林尽染;漫江碧透,百舸争流。"

爸爸: 有读哥的非形声字:圪 gē 纥 gē,hé 仡 gē,yì;准形声字:咯 gē,kǎ 饹 gē,le。

圪,圪垯 dà,小球形或块状的东西,如"泥圪垯"。《小五义》:"切条,赶条,拉条;揪圪塔,削圪塔,把拉圪塔。"

纥,纥繨 da,同"疙瘩",纱线绳等打成的结、小球形或块状物。另读 hé,回纥,古代民族名。《元史演义》:"联合回纥诸部,成一大国。"

仡,仡佬族,我国少数民族,主要分布在贵州省。《喻世明言》:"僚蛮仡佬,只服薛尉司约束。"另读仡 yì,勇猛雄壮的样子:仡仡。

女儿: 咯,象声词:咯咯笑。另读 kǎ,用力使东西从食道或气管里出来:咯痰。《雍正皇帝》:"给父皇上了个奏折,说他身子不好,像是肺气上出了毛病,还咯血!"又读 luò,吡咯。还读 lo,助词,相当于"了(le)"。

爸爸: 饹,饹馇 zha,一种食品,用豆面做成,是唐山的名食之一。另见饸饹 héle,北方的一种面食,用荞麦面或高粱面轧成长条,煮着吃。

上次的谜底是什么?

女儿: 很容易。棺。

爸爸:对。与棺同音的有正形声字:倌 guān;非形声字:鳏 guān 纶 guān,lún。

倌,农村中专管饲养某些家畜的人:羊倌儿。旧时称服杂役的人:堂倌儿。《施公案》:"说着,出来一个堂倌,便将君召的包裹接过。"

鳏,无妻或丧妻的男人:鳏夫。《西游记》:"我自幼失父,与母鳏居,更无家业,止靠着打柴为生。"

女儿:纶,纶巾,古代配有青丝带的头巾。《三国演义》:"玄德出船头视之,见一人纶巾道服,坐在船头上,乃孔明也。"另读 lún,古代官吏系印用的青丝带。现用作某些合成纤维的名称:锦纶、涤纶。钓鱼用的线:垂纶。

爸爸:与其近音的有读馆的准形声字:琯 guǎn,古代管乐器,用玉制成,像笛,六孔。《上古秘史》:"衣冠之中,还裹着一个白玉琯,是西王母所赐,帝舜常带在身边的。"

有读贯的正形声字:掼 guàn 瓘 guàn 鹳 guàn;准形声字:涫 guàn;非形声字:萑 guàn 盥 guàn。

女儿:掼,扔,掷:掼手榴弹。《西游记》:"是师兄掼了他一掼,他就弄风儿,把师父摄去了。"

爸爸:瓘,古代的一种玉器。常见于人名:陈瓘。

鹳,鸟,嘴长而直,形似白鹤。《隋唐演义》:"于村于店,见异己者即攻;为鹳为鹅,与同类者争胜。"

涫,沸滚:涫沸。周邦彦《晚憩 qì 杜桥馆》:"嗟 jiē 予齿发非故物,念此内热如涫汤。"

萑,古同"鹳"。芄兰,一种草。

女儿:盥,洗:盥洗。《醒世恒言》:"盥漱过了,头也不梳,假意靠在桌上。"

第十二课　十 shí

爸爸：先交作业。

女儿：亿 gē 佬族,怕虼 gè 蚤,百舸 gě 争流渡滆 gé 河,线纥 gē 缝,土圪 gē 垯,统统带走全不留。

鳏 guān 夫在绘有白鹳 guàn 图案的盆里盥 guàn 洗纶 guān 巾。

爸爸：通过。今天我们重点学与十同音或近音的字。与十同音的有正形声字：<u>炻 shí</u>；准形声字：<u>湜 shí</u>。

炻,炻器,介于陶器和瓷器之间的一种陶瓷制品。

湜,形容水清见底,多见于人名。如：崔湜。

与十近音的有读shì的正形声字：<u>仕 shì 弑 shì 轼 shì 噬 shì 贳 shì 铈 shì 舐 shì</u>；非形声字：<u>筮 shì 奭 shì 螫 shì 峙 shì,zhì 谥 shì</u>。

女儿：仕,做官：出仕。如：学而优则仕。

弑,封建时代称臣杀君、子杀父母：弑君。《三国演义》："遂命李儒带武士十人,入宫弑帝。"

爸爸：轼,古代车厢前面用作扶手的横木：凭轼致敬。《全后周文》："凭轼下齐,凌江入楚。"

噬,咬,吞。《三国演义》："养将军譬如养虎,当饱其肉,不饱则将噬人。"

贳,出租,出借：贳器店。赊 shē 欠：赊贳。荀悦《前汉纪》："尝从王媪武负贳酒。每饮醉留寝其家。"

铈,一种金属元素,是优良的还原剂,可用来制合金。

舐,舔：舐犊情深。陆人龙《型世言》："舐犊心空切,扶危计莫筹,可怜薄命妾,魂绕画梁头。"

筮，古代用蓍 shī 草占卦。《元史演义》："素精骑射，好畋 tián 猎，只酷信卜筮，不无缺点，庙号宪宗。"

奭，盛大的样子，多见于人名，如：孙奭。

螫，有毒腺的虫子刺人或动物。《民国演义》："毒蛇螫手，壮士断腕。"

峙，繁峙，地名，在山西省。另读至 zhì，直立，耸立：对峙。《雍正皇帝》："只要发生了对峙，带兵的将官们兴许就有人会变心！"

女儿：谥，古代帝王或大官死后评给的称号：谥号。《三国演义》："谥曹操曰武王，葬于邺郡高陵。"

爸爸：对。今天的谜面是"一口否定"。

第十三课　百 bǎi

爸爸：先交作业。

女儿：宋孙奭 shì，善卜筮 shì，到繁峙 shì，被蛇螫 shì，谥 shì 号"宣"。

爸爸：你这是虚虚实实，算通过。今天我们重点学与百同音或近音的字。与百同音的有正形声字：<u>佰 bǎi</u>；非形声字：<u>捭 bǎi</u>。

女儿：佰，"百"的大写。

爸爸：捭，分开：捭阖，指用手段分化或拉拢。《民国演义》："欲效战国策士之行，为纵横捭阖之谋。"

与百近音的有读败的非形声字：<u>稗 bài</u>，一年生草本植物，长在稻田里或低湿的地方，形状像稻，是稻田的害草。喻微小的、琐碎的：稗史。《三宝太监下西洋记》："后因五谷不熟，不如草稗，却到我本县去纳一个前程。"

女儿：还有伯 bǎi，丈夫的大哥：大伯子。另读驳 bó，兄弟排行次序：伯仲。父亲的哥哥：伯伯。

爸爸：读伯 bó 的还有正形声字：<u>礴 bó</u>；准形声字：<u>鹁 bó</u>；非形声字：<u>帛 bó 钹 bó 铂 bó 箔 bó 僰 bó 亳 bó</u>。

礴，冲击，水流撞击。磅礴，气势盛大。《乾隆皇帝》："不但清雅，而且是典雅堂皇，正气磅礴之中又寓着春风拂心。"

鹁，鹁鸪 gū，鸟，羽毛黑褐色，俗称"水鸪鸪"。苏轼《望江南·暮春》："百舌无言桃李尽，柘 zhè 林深处鹁鸪鸣。"

女儿：帛，丝织品的总称：布帛。《三国演义》："选民间少年美女八百人实其中，金玉、彩帛、珍珠堆积不知其数。"

爸爸：钹，铜质圆形的打击乐器，两个圆铜片，中心鼓起成半球形，正中有孔，可以穿绸条等用以持握，两片相击作声。《儒林外史》："没的吃用，把老和尚的铙 náo、钹、叮当都当了。"

铂，一种金属元素，可制坩埚、蒸发皿。

箔，用苇子、秫秸等做成的帘子：苇箔。金属薄片：金箔。高罗佩《大唐狄公案》："御座的绸缎软垫四边镶着金箔；垂下金黄色整齐流苏。"

僰，我国古代西南地区的一少数民族。天然痴叟《石点头》："韦皋 gāo 在镇，屡破吐蕃，建立大功，泸僰归心，西南向附。"

女儿：亳，亳州，地名，在安徽省，享有药都的美誉。

爸爸：与其近音的有非形声字：擘 bò 檗 bò。

擘，大拇指：擘画。巨擘，喻杰出的人物。阿阁主人《梅兰佳话》："生得姿容艳丽，倒是西泠巨擘。若论才情，却只平平技量。"

檗，黄檗，落叶乔木，木材坚硬。李渔《十二楼》："别了众人，抱了孩子，夫妇二人且到黄檗树下弹琴去了。"

女儿：有准形声字：啵 bo，助词，用法与"吧"大致相同。嘚啵，说话没完没了，絮絮叨叨。如：《社长嘚啵嘚》。

还有读波的非形声字：钵 bō 蕃 bō；准形声字：饽 bō。

钵，洗涤或盛放东西的陶制的器具：钵子。《三宝太监下西洋记》："取过钵盂水来，轻轻的吸了一口。"

蕃，吐蕃。又读 fán，草木茂盛：蕃茂。苏轼《地黄》："移栽附沃壤，蕃茂争新春。"

饽，饽饽，馒头或其他块状的面食。《乾隆皇帝》："晚膳只用了一块饽饽，一小碗粳米莲子粥，水萝卜凉拌王瓜丁儿。"

爸爸：上次谜底是什么？

女儿："一口否定"的谜底是不。

爸爸：对，与不同音的有正形声字：钚 bù；非形声字：瓿 bù。

轻松成为"字多星"

钚，一种放射性元素，是原子能工业的重要原料。

瓿，小瓮，圆口，深腹，圈足，用以盛物。复瓿，覆盖酱罐，形容著作无价值。《二十年目睹之怪现状》："倘使不遇我辈，岂不是徒供鼠啮 niè 虫伤，终于复瓿！"

与不近音的有非形声字：<u>逋 bū 晡 bū</u>。

逋，逃亡：逋逃。拖欠：逋租。《包公案》："廖某逋欠主人钱钞，脱逃负累，决杖七十，配二千里。"

晡，申时，即午后三点至五点。古人最初是根据天色的变化将一昼夜划分为十二个时辰，它们的名称是：夜半、鸡鸣、平旦、日出、食时、隅 yú 中、日中、日昳 dié、晡 bū 时、日入、黄昏、人定。

女儿：长知识了。

爸爸：还有读晡的正形声字：<u>卟 bǔ</u>，卟吩，一种有机化合物。

今天的谜面有两个，一是"有人来相告，轿车不要了"；二是"半边窝窝头"。

一、数量篇

第十四课　千 qiān

爸爸：先交作业。

女儿：纵横捭 bǎi 阖,稗 bài 史留芳。

亳 bó 州有蘗 bó 人,善擘 bò 画,常敲铍 bó,家有吐蕃 bō 产的金箔 bó 玉帛 bó 和铂 bó 金钵 bō 盂,曾植黄檗 bò 树,引来鹁 bó 鸪鸟。

有人偷瓿 bù 瓮逋 bū 逃,晡 bū 时被捕。

爸爸：还行。今天我们重点学与千同音或近音的字。与千同音的字比较多,主要有正形声字:仟 qiān 阡 qiān 扦 qiān 芊 qiān 钎 qiān;非形声字:搴 qiān 褰 qiān 骞 qiān 悭 qiān 佥 qiān 悭 qiān 鹐 qiān。

女儿：仟,"千"的大写。

阡,田间的小路:阡陌 mò。《三刻拍案惊奇》:"家里田连阡陌,广有金银,呼奴使婢 bì,极其富足。"

爸爸：扦,扦子,金属、竹等制成的针状物或主要部分是针状的器物。如:牙扦。插入,修剪:扦插。《三宝太监下西洋记》:"况兼说个会钉锚,又扦到他的心坎儿上。"

芊,芊芊,草木茂盛。钟毓 yù 龙《上古秘史》:"譬如原上的草儿,虽则野火烧尽,一遇春风,又芊芊绵绵的长起来了。"

钎,钎子,一头尖的长钢棍,多用来在岩石上打洞。《大唐狄公案》:"一个个均袒胸露臂,手执钢钎,拨火烤肉。"

搴,拔取:斩将搴旗。《三宝太监下西洋记》:"须索是斩将搴旗,争先陷阵,旗开取胜,马到成功,才不羞辱了朝命。"

褰,撩起。《历代游记选》:"以手褰衣,去地尺徐行,至一巨石上坐眺。"

轻松成为"字多星"

搴,高举,飞起:搴举。陆人龙《丹忠录》:"今朝得遇孙阳识,万里云霄任远搴。"

愆,罪过,过失:罪愆。耽误:愆期。《三国演义》:"此乃我之罪愆也。"

佥,全,都。众人,大家。古同"签"。安遥时《包公案》:"次日侵早升堂,佥押以罢。"

悭,小气,吝啬,缺欠:悭吝。吴敬梓《儒林外史》:"只为缘悭分浅,遇不着一个知己,所以对月伤怀,临风洒泪!"

鹐,鸟禽啄东西。张杰鑫《三侠剑》:"终日打雁,叫雁把我眼鹐了。"

女儿:与千读音相近的有准形声字:拤 qiá,用双手掐住:拤脖子。鲁光《中国姑娘》:"她用手使劲拤着受伤的部位,疼得头上冒出了汗水。"

爸爸:还有读掐的非形声字:袷 qiā,袷袢 pàn,无领大衣;维吾尔和塔吉克等民族的对襟长袍。《儒林外史》:"此时正是九月初五,天气亢爽,各人都穿着袷衣,啜 chuò 茗闲谈。"

读恰的非形声字:骼 qià,骼骨,腰部下面腹部两侧的骨,亦称"肠骨"。

上次谜语猜出没有?

女儿:"有人来相告,轿车不要了"的谜底是"侨"。

爸爸:正确。读侨的有正形声字:荞 qiáo 鞒 qiáo;非形声字:谯 qiáo 樵 qiáo。

荞,荞麦,一年生草本植物,籽实磨成面粉可供食用。李海观《歧路灯》:"原是我家当家的卖过荞麦面窝窝,人就说我是薛窝窝家。"

鞒,马鞍拱起的地方。《七侠五义》:"包兴见此马比自己骑的马胜强百倍,而且鞍鞒鲜明。"

谯,谯楼,古代城门上建的楼,可以瞭望。《醒世恒言》:"听得谯楼三鼓将阑 lán,构思不就,愈加慌迫。"

女儿：樵，柴，散木。打柴：樵夫。《三国演义》："白发渔樵江渚上，惯看秋月春风。"

爸爸：与侨近音的有读敲的非形声字：<u>劁 qiāo 橇 qiāo 硗 qiāo 缲 qiāo</u>。

劁，割去牲畜的生殖器，骟，如：劁猪。王文山《劁猪匠》："明太祖朱元璋还专门为劁猪匠写过一副对联：'双手劈开生死路，一刀割断是非根。'"

橇，古代人在泥路上行走所乘的东西。在冰雪上滑行的工具：雪橇。萧绎《金楼子》："陆行乘车，水行乘舟，泥行乘橇。"

硗，地坚硬不肥沃：硗薄。玄奘 zàng《大唐西域记》："南方草木荣茂。西方土地硗确。"

缲，做衣服边儿或带子时藏着针脚的缝法：缲边儿。同"缫"。《醒世恒言》："缲成万缕千丝长，大筐小筐随络床。"

有读巧的非形声字：<u>愀 qiǎo</u>，脸色改变，多指悲伤、严肃：愀怆。《大唐狄公案》："老者对远客如此漠然相待，狄公心中自是愀然不乐。"

女儿：还有读俏的非形声字：<u>诮 qiào</u>，责备：讥诮。《三刻拍案惊奇》："掌珠自没了阿婆，又把这污名去讥诮丈夫，越没些忌惮了。"

爸爸：半边窝窝头的谜底是？

女儿：穷。

爸爸：对。与穷同音的非形声字：<u>邛 qióng 穹 qióng 茕 qióng 蛩 qióng</u>；正形声字：<u>筇 qióng</u>。

邛，邛崃，地名，在四川省。山名，在四川省。《前汉演义》："又因文君性耽 dān 曲蘗 niè，特向邛崃县东，购得一井，井水甘美，酿酒甚佳，特号为文君井。"

穹，隆起：穹隆。天空：苍穹。《元史演义》："试看飓风江上卷，怒威我已仰穹苍。"

茕，忧愁。没有兄弟，孤独：茕茕孑 jié 立。徐枕亚《玉梨魂》："茕茕孤影,与兄嫂相依,乃天祸吾宗。"

蛩,蝗虫。蟋蟀。《红楼梦》:"西风乍紧,初罢莺啼。暖日当暄,又添蛩语。"

筇,古书上说的一种竹子,可以做手杖。周密《武林旧事》:"满山皆棕榈。旧有江月庵、筇筠 yún 亭子。"

一、数量篇

第十五课 万 wàn，mò

爸爸：先交作业。

女儿：张骞 qiān 缘悭 qiān 分浅,本想以手搴 qiān 衣,斩将搴 qiān 旗,那料被雁鹐 qiān 了眼,愆 qiān 了行期,终被佥押 qiān 在案。

穿袷 qiā 袢,护骼 qià 骨。

有个樵 qiáo 夫,仅有一点硗 qiāo 薄土地,夏天到谯 qiáo 楼帮人缲 qiāo 边儿,冬天坐雪橇 qiāo 帮人劁 qiāo 猪,常被人讥诮 qiào,颇感愀 qiǎo 然不乐。

邛 qióng 崃客,听蛩 qióng 鸣,茕 qióng 茕孑立望苍穹 qióng。

爸爸：这次作业较难,完成得不错。今天我们重点学与万同音或近音的字。万一般读 wàn,读复姓时为万俟 mòqí。

女儿：与万同音的有准形声字：腕 wàn,手腕。扼腕,表示惋惜。张溥 pǔ《五人墓碑记》:"安能屈豪杰之流,扼腕墓道,发其志士之悲哉?"

爸爸：与万近音的有读弯的准形声字：剜 wān 塆 wān 蜿 wān。

剜,挖削:剜肉补疮。《三国演义》:"陶谦杀吾一家,誓当摘胆剜心,以雪吾恨!"

塆,山沟里的小块平地,多用于地名。克非《春潮急》:"到这乡边上,一晃半打半年了,连好些干部住在哪条塆,哪个沟,都还不知道呢!"

女儿：蜿,蜿蜒,弯弯曲曲地延伸。冰心《斯人独憔悴》:"忽然一缕黑烟,津浦路的晚车,从地平线边蜿蜒而来。"

爸爸：有读完的正形声字：芄 wán 纨 wán 烷 wán。

芄,芄兰,多年蔓生草本植物。薛能《洛下寓怀》:"唯有报恩心未剖,退居犹欲佩芄兰。"

43

纨,细的丝织品:纨素。纨绔,指富家子弟。苏轼《浣溪沙》:"轻汗微微透碧纨,明朝端午浴芳兰。"

女儿:烷,一类有机化合物。

爸爸:有读晚的正形声字:<u>琬 wǎn</u> <u>畹 wǎn</u> <u>蒝 wǎn</u>;准形声字:<u>脘 wǎn</u> <u>莞 wǎn</u>;非形声字:<u>绾 wǎn</u>。

琬,没有棱角的圭:琬圭。常用作人名:蒋琬。

畹,古代称三十亩地为畹。地名。左思《魏都赋》:"右则疏圃 pǔ 曲池,下畹高堂。"

蒝,草木茂盛的样子。紫蒝,多年生草本植物。宣鼎《夜雨秋灯录》:"不思天生万物,蒝枯递嬗,各擅胜于一时。"

脘,胃的内部:胃脘。《素问·评热病论》:"食不下者,胃脘隔也。"

女儿:莞,莞尔,形容微笑。《大唐狄公案》:"女子莞尔一笑,只是摇头,原来她不懂汉话。"另读莞 guān,指水葱一类的植物。又读 guǎn,东莞,地名,在广东省。

爸爸:绾,卷:绾起袖子。把长的东西盘绕起来打成结:绾起头发。《三刻拍案惊奇》:"那妇人已洗完,左手绾着衣服,右手提着槌 chuí 棒,将去到一大宅人家。"

女儿:还有读文的正形声字:<u>雯 wén</u>,成花纹的云彩。常用于人名,晴雯。

读吻的非形声字:<u>刎 wěn</u>,抹脖子:自刎。刎颈之交,旧称同生死共患难的朋友。《三国演义》:"董重知事急,自刎于后堂。"

爸爸:还有读问的非形声字:<u>璺 wèn</u>;准形声字:<u>汶 wèn</u>。

璺,裂纹:打破沙锅璺到底。李海观《歧路灯》:"即夏鼎有寻缝觅璺的手段,早已疏不间亲矣。"

女儿:汶,水名,在山东省。汶川,在四川省,2008 年大地震震中。

爸爸:还有读翁的正形声字:<u>滃 wēng</u>,滃江,水名,在广东省。又读 wěng,形容水盛;形容云起:滃郁。纪昀 yún《阅微草堂笔记》:"俄云气滃郁,遂不复睹。"

还有准形声字:**蓊** wěng,草木茂盛:蓊郁。《醒世恒言》:"但见树木蓊郁,百鸟嘤鸣,甚是可爱。"

女儿:有非形声字:**瓮** wèng,一种盛水或酒等的陶器:水瓮。《三国演义》:"成都佳酿极多,可将五十瓮作三车装,送到军前与张将军饮。"

爸爸:还有读网的非形声字:**罔** wǎng;正形声字:**惘** wǎng **辋** wǎng **魍** wǎng。

罔,蒙蔽,诬:欺罔。无,没有:置若罔闻。《三国演义》:"其祸皆由十常侍卖官害民,欺君罔上。"

惘,不得意:怅惘,迷惘。《雍正皇帝》:"对这一路上的蹊跷事,又是迷惑又是怅惘。"

辋,旧式车轮周围的框子。王世贞《艳异编》:"车皆镂 lòu 金为轮辋,丹画其毂 gǔ 轭 è。"

魍,魍魉,传说中的一种怪物,如"魑魅魍魉 chīmèiwǎngliǎng",喻各种各样的坏人。《雍正皇帝》:"所以臣以为,不把这些魑魅魍魉全部扫荡,万岁的改革只能是一句空话!"

二、时间篇

第十六课 年 nián

爸爸:现在复习前面的生字。第十一课?

女儿:正形声字有:硌 gè 铬 gè 镉 gé 嗝 gé 膈 gé 倌 guān 掼 guàn 瓘 guàn 鹳 guàn;

准形声字有:骼 gé 咯 gē,kǎ 饹 gē(le) 琯 guǎn 涫 guàn;

非形声字有:虼 gè 鬲 gé,lì 舸 gě 圪 gē 纥 gē,hé 仡 gē,yì 鳏 guān 纶 guān,lún 盥 guàn。

爸爸:第十二课?

女儿:正形声字有:炻 shí 仕 shì 弑 shì 轼 shì 噬 shì 贳 shì 铈 shì 舐 shì;

准形声字有:湜 shí;

非形声字有:筮 shì 奭 shì 螫 shì 峙 shì,zhì 谥 shì。

爸爸:第十三课?

女儿:正形声字有:佰 bǎi 礴 bó 钚 bù 卟 bǔ;

准形声字有:啵 bo 饽 bō 鹁 bó;

非形声字有:捭 bǎi 稗 bài 帛 bó 铍 bó 铂 bó 箔 bó 僰 bó 亳 bó 擘 bò 檗 bò 钵 bō 蕃 bō 瓿 bù 逋 bū 晡 bū。

爸爸:第十四课?

女儿:正形声字有:仟 qiān 阡 qiān 扦 qiān 芊 qiān 钎 qiān 荞 qiáo

鞒 qiáo 筇 qióng；

准形声字有：抙 qiá；

非形声字有：寨 qiān 褰 qiān 搴 qiān 慳 qiān 佥 qiān 悭 qiān 鹐 qiān 袷 qiā 髂 qià 谯 qiáo 樵 qiáo 劁 qiāo 橇 qiāo 硗 qiāo 缲 qiāo 愀 qiǎo 诮 qiào 邛 qióng 穹 qióng 茕 qióng 蛩 qióng。

爸爸：第十五课？

女儿：正形声字有：芄 wán 纨 wán 烷 wán 琬 wǎn 畹 wǎn 菀 wǎn 雯 wén 滃 wēng 惘 wǎng 辋 wǎng 魍 wǎng；

准形声字有：腕 wàn 剜 wān 塆 wān 蜿 wān 脘 wǎn 莞 wǎn 汶 wèn 蓊 wěng；

非形声字有：绾 wǎn 刎 wěn 璺 wèn 瓮 wèng 冈 wǎng。

爸爸：很好。上次作业？

女儿：小汪失手摔了酒瓮 wèng，裂了几条缝璺 wèn，他冈 wǎng 顾别人劝告，绾 wǎn 起袖子就要自刎 wěn。

爸爸：可以。今天我们重点学与年同音或近音的字。读年的有非形声字：<u>黏 nián 鲇 nián</u>。

黏，像胶或糨糊的性质：黏性。《大八义》："你将那个耳朵快去找来，趁着它血热，还能黏的上。"

鲇，鲇鱼，头大嘴宽，皮有黏质，无鳞，上下颌 hé 有四根须，肉可食。油瓮里捉鲇鱼，比喻枉费气力。

女儿：与年近音的有哪些？

爸爸：非形声字：<u>拈 niān 蔫 niān</u>。

女儿：拈，用手指搓捏或拿东西：拈轻怕重。毛泽东《纪念白求恩》："不少人对工作不负责任，拈轻怕重，把重担子推给人家，自己挑轻的。"

蔫，植物失去水分而萎缩：花蔫了。精神不振，不活泼：蔫头耷脑。《乾隆皇帝》："别整日霜打蔫了儿似的，又没有死了老子娘，振作一点。"

爸爸：有读撵的非形声字：<u>辇 niǎn</u>，古代用人拉着走的车子，后多指天子或王室坐的车子:帝辇。《三国演义》:"乃太师应绍汉禅,弃旧换新,将乘玉辇金鞍之兆也。"

有读念的正形声字:埝 niàn;非形声字:廿 niàn。

埝,用土筑成的小堤或副堤,土埂。刘鹗 è《老残游记》:"一路走着,不知不觉已出了城门,便是那黄河的堤埝了。"

女儿:廿,二十。林觉民《与妻书》:"三月廿六。"

爸爸:有读尼的正形声字:霓 ní 鲵 ní 倪 ní 坭 ní 铌 ní 怩 ní。

霓,虹的一种,亦称"副虹"。《三刻拍案惊奇》:"卷帘中坐一人,如妃主,侧绕以霓裳羽衣女流数十人。"

鲵,大鲵,两栖动物,身体长而扁,生在山溪中,肉鲜美可食,俗称"娃娃鱼"。陆人龙《三刻拍案惊奇》:"每日大小鱼船出海,管什大鲸、小鲵,一罟 gǔ 打来货卖。"

倪,端,边际:端倪。《三宝太监下西洋记》:"这个兵器千变万化,不可端倪。"

坭,同"泥":红毛坭,方言水泥。地名用字:白坭,在广东省佛山市。

铌,一种金属元素。

女儿:怩,忸怩:不大方或不好意思的样子。《乾隆皇帝》:"黄莺儿多少有点忸怩,轻轻打断了母亲的话。"

爸爸:还有读你的准形声字:旎 nǐ,旖 yǐ 旎,旌旗随风飘扬的样子,引申为柔和美好。《乾隆皇帝》:"有田畴 chóu、有林木、有小桥流水、有苍藤古藓……真个清芬杂错,极为旖旎。"

读泥的准形声字:睨 nì 昵 nì。

睨,斜着眼睛看:睥 bì 睨。《元史演义》:"帝师傲睨自若,不过略略合掌,便算答礼。"

女儿:昵,亲近:亲昵。《元史演义》:"生死同行,可谓亲昵。"

爸爸:还有读聂的非形声字:涅 niè 啮 niè 臬 niè 蘖 niè;正形声字:镍 niè 镊 niè 嗫 niè 颞 niè 蹑 niè。

涅，可做黑色染料的矾石：涅石。涅槃，佛教指超脱生死的最高境界。释慧皎《高僧传》："禅师即授以树皮涅槃经本。"

啮，咬：啮齿动物。杨尔增《两晋秘史》："至夜，梦见故赵王石虎啮其臂。"

臬，箭靶子。古代测日影的标杆。标准，法式：圭 guī 臬。《元史演义》："谢枋 fāng 得为宋尽忠，气节不亚文山，足为后人圭臬。"

蘖，树木砍去后从残存茎根上长出的新芽，泛指植物近根处长出的分枝：蘖枝、分蘖。张廷玉《明史》："即使人才甚乏，奈何使不忠不孝者连苞引蘖，种其不祥以秽 huì 天下乎？"

女儿：镍，一种金属元素，可用来制造货币等。

镊，夹取毛发、细刺及其他细小东西的器具，一般用金属制成，通称"镊子"。

爸爸：嗫，嗫嚅 rú，口动，吞吞吐吐，想说又停止。《大唐狄公案》："他刹住了话头，飞快看了柯元良一眼，转而嗫嚅道：'老爷，近来公务想来很忙。'"

颞，颞颥 rú，头颅两侧靠近耳朵的部分。王叔和《脉经》："宜服麻黄汤发汗，针眉冲、颞，摩治伤寒膏。"

蹑，踩，踏。跟随。轻步行走：蹑手蹑脚。郭小亭《济公全传》："济颠在大殿里探头出来，往各处偷瞧了多时，后又进去一看，蹑足潜踪出来。"

女儿：还有读狞的正形声字：咛 níng，叮咛，一再嘱咐。《红楼梦》："平儿等不免叮咛了好些话。只有巧姐儿惨伤的了不得。"

爸爸：再记一个。读泞的非形声字：佞 nìng，有才智，旧时谦称：不佞。善辩，巧言谄媚：奸佞。《三国演义》："方今国运衰微，朝政错乱，不可令佞臣执笔于幼主左右，使吾等蒙其讪 shàn 议也。"

第十七课　月 yuè

爸爸：先交作业。

女儿：小皇帝,不足廿 niàn 岁,性格像鲇 niàn 鱼一样黏 nián 滑,玩则玉辇 niǎn 金鞍,兴致十足,遇事则拈 niān 轻怕重,蔫 niān 头耷脑。

啮 niè 齿动物,如不吃刚分蘖 niè 的枝条,就可以涅 niè 槃,这足为后人圭臬 niè。

若做奸佞 nìng,必陷泥泞。

爸爸：有点牵强,算你通过。今天我们重点学与月同音或近音的字。读月的正形声字：<u>刖 yuè 玥 yuè 樾 yuè</u>;非形声字：<u>钺 yuè 龠 yuè</u>。

刖,古代的一种酷刑,把脚砍掉。《三国演义》："倘得黥 qíng 首刖足,使续成汉史,以赎 shú 其辜,邕 yōng 之幸也。"

玥,古代传说中的一种神珠。常见于姓名：孙玥。

樾,路旁遮阴的树。樾荫,借指别人的庇护。陈朗《雪月梅》："将来俱在二位高贤樾荫之下,念老朽预期拜托,幸勿遐弃。"

钺,古代兵器,像斧。《三国演义》："次日筑台三层,遍列五方旗帜,上建白旄 máo 黄钺,兵符将印,请绍登坛。"

龠,古代乐器,形状像笛。李延寿《南史》："衡阳王畅为卫尉,掌管龠。"

女儿：与月近音的有哪些?

爸爸：有读云的非形声字：<u>郧 yún 鋆 yún</u>;正形声字：<u>昀 yún 芸 yún 纭 yún</u>。

郧,古国名,在今湖北省安陆市。古地名,在今江苏省如皋市。《林公案》："那汉水自陕入楚,由郧县至汉阳,计历十三州县,始出汉口,在长江汇合。"

鋆,金子。玉花堂主人《雷峰塔奇传》:"遂将银两收藏在身,用匣收鋆。"

昀,日光。常见于人名:纪昀。

芸,香草名。芸苔,二年生草本植物,又叫"油菜"。芸豆,菜豆的通称。芸芸,形容众多。《全唐文》:"万灵蠢蠢,皆有其本;万物芸芸,各归其根。"

女儿:纭,多而杂乱:纷纭。柳青《铜墙铁壁》:"村里村外,河沟里和山坡上,一片纷纭嘈杂。"

爸爸:有非形声字:氲 yūn 赟 yūn。

氲,氤 yīn 氲,指气或光色混和动荡的样子。《三宝太监下西洋记》:"出了灵山道场,香风渺渺,瑞气氤氲。"

赟,美好。该字因其由"文""武""贝"三字组成,含义文武全才,而且还有钱,多用于人名:王赟。

有读允的非形声字:殒 yǔn;正形声字:狁 yǔn。

女儿:殒,死:殒命。《三国演义》:"玉可碎而不可改其白,竹可焚而不可毁其节,身虽殒,名可垂于竹帛也。"

爸爸:狁,猃 Xiǎn 狁,我国北方的一个民族。

还有读运的非形声字:韫 yùn 愠 yùn 恽 yùn 郓 yùn。

韫,收藏,蕴藏,包含。《全唐文》:"伏以山镇地心,洞开天目,含藏烟雨,韫蓄风雷。"

愠,怒,怨恨:愠色。素庵主人《锦香亭》:"节度公为何满面愠气?此来必有缘故。"

女儿:恽,重,厚。姓。如:恽代英。

郓,郓城,在山东省。素有"梁山一百单八将,七十二名在郓城"之说。

第十八课　旬 xún

爸爸：先交作业。

女儿：斧钺 yuè 不动,管龠 yuè 常听。

郧 yún 地人恽 yùn 赟 yūn,到郓 yùn 城收筼 yún,见瑞气氤氲 yūn,风雷韫 yùn 蓄,不喜反愠 yùn,气急殒 yǔn 命。

爸爸：有点拗口,算通过。今天我们重点学与旬同音或近音的字。与旬同音的有很多,正形声字:荀 xún 峋 xún 洵 xún 恂 xún 珣 xún 浔 xún 鲟 xún。

荀,传说中的一种香草。姓:荀子。

峋,嶙峋,锯齿状的,像犬牙那样参差不齐的,多指山石。《乾隆皇帝》:"有的地方乱石嶙峋,飞湍 tuān 流急。"

洵,诚实,实在:洵美。流泪:洵涕。富察敦 dūn 崇《燕京岁时记》:"赋诗饮酒,烤肉分糕,洵一时之快事也。"

恂,相信。畅通:恂达。担心的样子,谦恭谨慎的样子。恐惧,惶急:恂惧。《大唐狄公案》:"狄公从容对答,恂恂有礼。"

鲟,鲟鱼,体呈纺锤形,背面青黄色,为大型经济鱼类。《红楼梦》:"他不知那里寻了来的这么粗这么长粉脆的鲜藕,这么大的大西瓜,这么长一尾新鲜的鲟鱼,这么大的一个暹 xiān 罗国进贡的灵柏香熏的暹猪。"

女儿：浔,水边深处:江浔。江西省九江市的别称。白居易《琵琶行》:"浔阳江头夜送客,枫叶荻花秋瑟瑟。"

爸爸：与旬近音的有读宣的正形声字:喧 xuān 煊 xuān 瑄 xuān 萱 xuān;非形声字:暖 xuān。

暄,温暖:暄妍。松软,松散:暄土,馒头很暄。晏几道《浣溪沙》:"卧鸭池头小苑开,暄风吹尽北枝梅。"

烜,煊赫 hè,形容名声很大,声势很盛。《大唐狄公案》:"门首也悬挂着四个巨大的灯笼,照得周围煊同白昼。"

瑄,古代祭天用的大璧。常见于人名:陈敬瑄。

萱,萱草,多年生草本植物,叶条状披针形,亦称"金针菜"。萱椿,指父母。翁桂《明月台》:"碧梧翠竹,古柏苍松,琪树萱草,奇花异葩,四时不谢之花,八节长春之景。"

谖,欺诈,欺骗。忘记:永矢弗谖。赵尔巽 xùn《清史稿》:"两国和谊,载在盟府,永矢弗谖。"

女儿:有读玄的正形声字:璇 xuán 漩 xuán。

璇,美玉:璇宫。《三国演义》:"桀 jié 作璇室、象廊,纣为倾宫、鹿台,以丧其社稷 jì。"

漩,回旋的水流:漩涡。刘白羽《长江三日》:"峡窄江陡,江面布满大大小小漩涡。"

爸爸:还有读选的非形声字:烜 xuǎn,盛大,显著:烜赫。《后汉演义》:"王圣算是正使,高坐车中,威仪烜赫。"

读炫的准形声字:楦 xuàn 泫 xuàn 铉 xuàn 眩 xuàn。

楦,做鞋用的模型:鞋楦。拿东西把物体中空的部分填满使物体鼓起来:鞋楦楦鞋。《醒世恒言》:"止无过皮儿染皂的,线儿扣缝的,蓝布吊里的,加上楦头,喷口水儿,弄得紧绷绷好看的。"

泫,水珠下滴:泫然流涕。《大唐狄公案》:"丁秀才说到此处泫然泪下,趴在地上连叩响头。"

铉,古代举鼎器具,状如钩,铜制,用以提鼎两耳。李百川《绿野仙踪》:"几上摆列着宝鉴金铉珊瑚树、楠榴盘等物。"

女儿:眩,眼睛昏花看不清楚:眩晕。迷惑,迷乱:眩于名利。《雍正皇帝》:"年羹尧看到这里,不禁心慌意乱,觉得头晕目眩,支持不住。"

爸爸:很好。

第十九课　周 zhōu

爸爸：先交作业。

女儿：威仪烜 xuǎn 赫，永矢弗谖 xuān。

爸爸：倒也干脆。今天我们重点学与周同音或近音的字。与周同音的有正形声字：啁 zhōu；非形声字：诌 zhōu。

啁，啁啾 jiū，形容鸟叫声。李昉 fǎng《太平广记》："其雌者为猫所搏食之，雄者啁啾，久之方去。"

诌，胡编乱造：胡诌。毛泽东《唯心历史观的破产》："中国人之所以应当感谢艾奇逊 xùn，还因为艾奇逊胡诌了一大篇中国近代史。"

与周近音的有非形声字：碡 zhóu 妯 zhóu。

碡，碌 liù 碡，用来碾谷脱粒或平整场地的农具，圆柱形，石制或木制。柳青《创业史》："生宝他妈趴在街门外土场上的碌碡上，放声大哭。"

女儿：妯，妯娌，兄和弟的妻子合称或互称。冰心《寄小读者》："因看你丰满红润的面庞，使我在姊妹妯娌群中，起了骄傲。"

爸爸：有读宙的非形声字：㤙 zhòu 绉 zhòu 纣 zhòu 胄 zhòu 籀 zhòu；正形声字：荮 zhòu。

㤙，固执，难以劝说。㤙手，方言，表示脾气执拗。如：阿丁《㤙人志》。

绉，一种皱纹的丝织品：湖绉。贪梦道人《施公案》："头戴绣花白绒湖绉缠头，当中一朵英雄结，身穿箭袖玄色短袄，脚下花脑头战靴，绿洒花兜裆衩裤。"

女儿：纣，商代最后的君主，暴君。《三国演义》"明公家世虽贵，未若有周之盛;汉室虽微,未若殷纣之暴也。"

胄,盔,古代战士戴的帽子:甲胄。帝王或贵族的子孙:贵胄。《三国演义》:"刘玄德仁义布于四海,况又汉室之胄,汝既事之,得其主矣。"

爸爸:籀,籀文,古代的一种字体。春秋战国时流行于秦国,亦称"大篆 zhuàn"。周必大《文忠集》:"而太常博士杨南仲能读古文篆籀,为余以今文写之,而阙 quē 其疑者。"

苞,古书上说的一种草。用草包裹。《酉阳杂俎 zǔ》:"竹,竹花曰䔰。死曰苞。"

还有非形声字:诹 zōu 陬 zōu 邹 zōu。

诹,在一起商量事情,询问:咨诹。《南北史演义》:"玄象垂诫,荧惑屡现,未能谘 zī 诹善道,修布德政。"

陬,隅,角落:陬见,粗浅的见识。农历正月的别称:陬月。《乾隆皇帝》:"话音未落,黄天霸在暗陬里连发两枚飞镖如两道黑线疾射而来。"

女儿:邹,周代诸侯国名,在今山东省邹城市东南。姓,邹容。

爸爸:啁又读招 zhāo,啁哳 zhā,形容声音杂乱细碎。韩愈《桃源图》:"夜半金鸡啁哳鸣,火轮飞出客心惊。"

与其同音的有非形声字:钊 zhāo,勉励;远;佐钊,襄助。常用于人名,李大钊。

与其近音的有读照的非形声字:棹 zhào;准形声字:笊 zhào;正形声字:诏 zhào。

棹,划船的一种工具,形状和桨差不多。欧阳修《蝶恋花·越女采莲秋水畔》:"隐隐歌声归棹远,离愁引著江南岸。"

笊,笊篱,用竹篾、柳条、铅丝等编成的一种杓形用具,能漏水,可以在汤水里捞东西。《西游记》:"不然,就送你个皮笊篱,一捞个罄尽。"

女儿:诏,告诉,告诫。帝王所发的文书命令:诏书。《三国演义》:"吾将归乡里,发矫诏,召天下诸侯兴兵共诛董卓。"

爸爸:还有读早的非形声字:璪 zǎo,古代刻在玉上或画在衣裳上的水藻花纹。垂在冕上用以穿玉的五彩丝绦。常见于人名：张璪。

读皂的正形声字：唣 zào，罗唣，吵闹。《三侠五义》："凡事有个先来后到，就是叫人家腾挪也要好说，不可如此的罗唣。"

今天的谜语有两个，一是"残花败絮"，二是"触火即燃"。

二、时间篇

第二十课　日 rì

爸爸：先交作业。

女儿：邹 zōu 县有妯 zhóu 娌俩,生性都很怄 zhòu 手,好穿湖绉 zhòu 衣,更好在碌碡 zhóu 旁胡诌 zhōu,说纣 zhòu 王谄谄 zōu 善道,发明籀 zhòu 文,不思甲胄 zhòu,完全是谬论陬 zōu 见。

李大钊 zhāo 身着璪 zǎo 纹衣衫,在湖上划棹 zhào。

爸爸：可以,通过。今天我们重点学与日同音或近音的字。与日同音或近音的字极少。只有正形声字：驲 rì,古代驿站专用的车,后亦指驿马。《晏子春秋》："景公闻之,大骇,乘驲而自追晏子,及之国郊,请而反之。"

女儿：这么少！也许是因为太阳只有一个？

爸爸：哈哈,有道理。上次谜语猜得怎样？

女儿：简单。"残花败絮"是茹。

爸爸：对。茹 rú,吃,引申为忍受：茹素。茅盾《一个女性》："他想起母亲十多年来含辛茹苦的生活所指望者,就是他,然而时下她将不再看见他的儿子了。"

与其同音的有正形声字：铷 rú；非形声字：嚅 rú 薷 rú 襦 rú 孺 rú 濡 rú。

铷,一种金属元素,化学性质活泼。

嚅,欲言：嗫嚅,说话吞吞吐吐的样子。沙汀《兽道》："老婆子嗫嚅着,没有回答出来。"

薷,香薷,一年生或多年生草本植物,茎和叶可以提取芳香油。《红楼梦》："心里一烦恼,方才吃的香薷饮解暑汤便承受不住,哇的一声,都吐了出来。"

褕,短衣,短袄:珠褕。幼儿的围嘴儿。褚人获《隋唐演义》:"那老夫人年可五十余,缘裙素褕,举止端雅,立于堂上。"

女儿:孺,小孩子,幼儿:孺子。鲁迅《自嘲》:"横眉冷对千夫指,俯首甘为孺子牛。"

爸爸:濡,沾湿,润泽:濡染。《元史演义》:"迨 dài 我先皇帝至仁厚德,涵濡群生,君临万国,十年于兹。"

有读入的准形声字:溽 rù 缛 rù 蓐 rù 洳 rù。

溽,湿润;闷热:溽暑。《清史演义》:"溽暑已过,正值秋凉。"

缛,繁密的彩饰。繁多,繁重,繁琐:繁文缛节。《元史演义》:"太皇太后及皇太后,递受诸王百官朝贺,说不尽的繁文缛节。"

蓐,陈草复生,引申为草垫子,草席:蓐妇,产妇。坐蓐,临产。《三刻拍案惊奇》:"又有一个卖青果男子,忽然肚大似怀孕般,后边就坐蓐,生一小儿。"

洳,低湿的地方。水名,通称"洳河",源出北京市密云区,南流至河北省三河市入泃 Jū 河。陶宗仪《南村辍 chuò 耕录》:"或泉或潦,水沮 jù 洳散涣,方可七八十里,且泥淖溺,不胜人迹。"

女儿:还有读软的非形声字:阮 ruǎn,阮咸,一种弦乐器。姓,阮小二。

爸爸:"触火即燃"的谜底是什么?

女儿:然。与其同音的有准形声字:髯 rán,两腮的胡子,亦泛指胡子:美髯。《三国演义》:"忽门外一人,面如重枣,丹凤眼,卧蚕眉,飘三缕美髯,绿袍金铠,按剑而入。"

爸爸:与其近音的有读冉的正形声字:苒 rǎn,苒苒,草木茂盛的样子。荏苒,指时间渐渐过去,形容时光易逝。《三刻拍案惊奇》:"荏苒半年,正值靖难兵起。"

有读瓤的非形声字:禳 ráng 穰 ráng。

禳,祈祷消除灾殃:禳灾。《元史演义》:"怎奈莲座无灵,杨枝乏力,任你每日祷禳,那西天相隔很远,何从见闻。"

穰,稻、麦等的秆:穰草。庄稼丰熟。《水浒传》:"高康州城池虽小,人物稠穰,军广粮多,不可轻敌。"

还有读壤的非形声字:攘 rǎng,侵夺,偷窃:攘夺。推,排斥:攘夷。烦乱:攘攘。《六韬》:"天下攘攘,皆为利往;天下熙熙,皆为利来。"

今天的谜面是"闲来出门遇老公"。

轻松成为"字多星"

第二十一课　时 shí

爸爸:现在复习前面的生字。第十六课?

女儿:正形声字有:埝 niàn 薿 ní 鲵 ní 倪 ní 坭 ní 铌 ní 怩 ní 狞 níng;

准形声字有:旎 nǐ 昵 nì 眤 nì 镍 niè 镊 niè 嗫 niè 颞 niè 蹑 niè;

非形声字有:黏 nián 鲇 nián 拈 niān 蔫 niān 辇 niǎn 廿 niàn 涅 niè 啮 niè 臬 niè 蘖 niè 佞 nìng。

爸爸:第十七课?

女儿:正形声字有:刖 yuè 玥 yuè 樾 yuè 昀 yún 芸 yún 纭 yún 狁 yǔn;

非形声字有:钺 yuè 龠 yuè 郧 yún 鋆 yún 氲 yūn 赟 yūn 殒 yǔn 韫 yùn 愠 yùn 恽 yùn 郓 yùn。

爸爸:第十八课?

女儿:正形声字有:荀 xún 峋 xún 洵 xún 恂 xún 珣 xún 浔 xún 鲟 xún 暄 xuān 煊 xuān 瑄 xuān 萱 xuān 璇 xuán 漩 xuán;

准形声字有:楦 xuàn 泫 xuàn 铉 xuàn 眩 xuàn;

非形声字有:谖 xuān 烜 xuǎn。

爸爸:第十九课?

女儿:正形声字有:啁 zhōu 荮 zhòu 诏 zhào 唣 zào;

准形声字有:笊 zhào;

非形声字有:诌 zhōu 碡 zhóu 妯 zhóu 㤺 zhòu 绉 zhòu 纣 zhòu 胄 zhòu 籀 zhòu 诹 zōu 陬 zōu 邹 zōu 钊 zhāo 棹 zhào 璪 zǎo。

爸爸:第二十课?

女儿：正形声字有：驲 rì 茹 rú 铷 rú 苒 rǎn；

准形声字有：溽 rù 缛 rù 蓐 rù 洳 rù 髯 rán；

非形声字有：嚅 rú 薷 rú 襦 rú 孺 rú 濡 rú 阮 ruǎn 禳 ráng 穰 ráng 攘 rǎng。

爸爸：很好。上次作业？

女儿：孺 rú 子尚幼，言语嗫嚅 rú，喝着香薷 rú 饮，濡 rú 湿了短襦 rú。
阮 ruǎn 小二，不服软。
用穰 ráng 草禳 ráng 灾的人熙熙攘攘 rǎng。

爸爸：可以。今天我们重点学与时同音或近音的字。与时同音的有正形声字：鲥 shí 埘 shí 莳 shí，shì。

鲥，鲥鱼，背黑绿色，鳞下多脂肪，是名贵的食用鱼。《儒林外史》："那礼是一尾鲥鱼，两只烧鸭，一百个粽子，二斤洋糖，拜匣里四两银子。"

埘，古代称墙壁上挖洞做成的鸡窝。李海观《歧路灯》："那栖埘栖桀的鸡儿，早已高唱起来。"

莳，莳萝，多年生草本植物，果实椭圆形，可做香料，亦称"小茴香"。另读 shì，移植：莳田。栽种：莳花。富察敦崇《燕京岁时记》："土近泉宜花，居人以莳花为业。"

与时近音的有读师的非形声字：蓍 shī 虱 shī。

蓍，蓍草，多年生草本植物，全草可入药，茎、叶可制香料，通称"蚰蜒 yán 草"。古代用其茎占卜。《乾隆皇帝》："起身看时，乾隆正在用蓍草布卦。"

女儿：虱，寄生在人、畜身上的一种小虫，吸食血液，能传染疾病：虱子。《警世通言》："东阁下排着筵席，原来李克用吃虱子留后腿的人，因见白娘子容貌，设此一计，大排筵席。"

还有非形声字：豕 shǐ，猪：狼奔豕突。例：敌军顿时全线动摇，狼奔豕突乱窜。

爸爸:上次"闲来出门遇老公"的谜底是什么?

女儿:松。

爸爸:对。与松同音的有正形声字:淞 sōng 菘 sōng 凇 sōng;非形声字:忪 sōng,zhōng 嵩 sōng。

淞,淞江,水名,发源于太湖,东流至上海市与黄浦江合流入海,亦称"苏州河"。《醒世恒言》:"这湖东连吴淞江,西通震泽,南接庞山湖。"

菘,菘菜,即"白菜"。周楫《西湖二集》:"遂于纸上画一只白鹭,用水一喷,变成真白鹭一只,飞入他菜畦 qí 之中,长一嘴,短一嘴,啄那菘菜。"

凇,在地表或地面物体上,云雾或雨滴以及除霜、露外的水汽凝结成的冰晶:雾凇。曾巩《冬夜即事》:"香清一榻氍毹 qúshū 暖,月淡千门雾凇寒。"

忪,惺 xīng 忪,因刚睡醒而眼睛模糊不清。无垢道人《八仙得道》:"钟离权听了,睁开两只惺忪的醉眼,呵呵地笑道。"另读 zhōng,心跳。惊恐。

女儿:嵩,嵩山,山名,在河南省。高:嵩峦。孟郊《洛桥晚望》:"榆柳萧疏楼阁闲,月明直见嵩山雪。"

爸爸:与松近音的有读耸的非形声字:竦 sǒng 悚 sǒng 㧐 sǒng 怂 sǒng。

竦,伸长脖子,提起脚跟站着:竦立。恭敬,肃敬。《三宝太监下西洋记》:"西岳崚嶒 céng 竦处尊,中峰罗列似儿孙。"

悚,害怕,恐惧:毛骨悚然。冯梦龙《东周列国志》:"秦王闻之,不觉毛骨悚然。"

㧐,推。挺立。挺起:㧐身。杜牧《念昔游》:"曾奉郊宫为近侍,分明㧐㧐羽林枪。"

女儿:怂,怂恿。鼓动别人去做某事。《儒林外史》:"秦老在旁,再三怂恿。王冕屈不过秦老的情,只得应诺了。"

爸爸:今天的谜面是"藏头露尾真罕见"。

二、时间篇

第二十二课　刻 kè

爸爸：先交作业。

女儿：据说用蓍 shī 草可以防豕 shǐ 身上的虱 shī 子。

他受人怂 sǒng 恿,醉眼惺忪 sōng 地爬上竦 sǒng 立的嵩 sōng 山,揪 sǒng 身一看,不禁毛骨悚 sǒng 然。

爸爸：好的。今天我们重点学与刻同音或近音的字。与刻同音的有正形声字:氪 kè;非形声字:锞 kè 骒 kè 缂 kè 溘 kè 恪 kè。

氪,一种气体元素,无色、无臭,可用来填充灯泡。

锞,锞子,小块的金锭或银锭。《红楼梦》："额外赏了两匹宫缎,两个荷包,并金银锞子食物之类。"

骒,雌,专指马和骡:骒马。安遥时《包公案》："有一大户姓富名仁,家有上等骒马一匹。"

缂,缂丝,我国特有的一种丝织工艺品。《乾隆皇帝》："腰间系着斋戒牌,袍外套着一件石青缂丝单金龙褂,脚下青缎凉里皂靴也是新的。"

溘,溘溘,水声。寒冷的样子。忽然,突然:溘逝。《民国演义》："本大总统患难与共,夙资匡辅,骤闻溘逝,震悼尤深。"

女儿：恪,恭敬,谨慎:恪守。例："不忘初心,牢记使命,恪尽职守,砥砺前行。"

爸爸：与刻近音的有读科的准形声字:轲 kē 柯 kē 疴 kē 珂 kē 蚵 kē;非形声字:稞 kē 髁 kē 窠 kē 颏 kē,ké 嗑 kē,kè 瞌 kē。

轲,本为具有两木相接车轴的车,后多见于人名:孟轲。

柯,斧子的柄:斧柯。草木的枝茎:交柯错叶。南柯一梦。《三国演义》："霎时觉来,乃南柯一梦,口中犹骂'操贼'不止。"

疴，病：沉疴。《三侠五义》："小女多亏贤契救拔，如今沉疴已愈，实为奇异。"

珂，玉名：鸣珂。杜甫《春宿左省》："不寝听金钥，因风想玉珂。"

牁，本意是"柯"，系船的木桩。牂牁 zāngkē，古水名和古地名。白居易《郡中春宴，因赠诸客》："身骑牂牁马，口食涂江鳞。"

稞，青稞，麦子的一种，主要产在西藏、青海等地，是藏族人民的主要食品糌 zān 粑的原料，又可酿酒，亦称"元麦"。《乾隆皇帝》："密林间野花儿盛开，青稞酒飘散着醉人的醇香。"

髁，骨头上的突起，多长在骨头的两端，亦指大腿骨或膝盖骨。膝髁，膝盖。石玉昆《小五义》："艾虎过去用髁膝盖点住，众打手往上一趋。"

窠，昆虫、鸟兽的巢穴：窠巢。窠臼，指文章所依据的老套子、陈旧的格调。《醒世恒言》："那狗子见个生人跳过墙来，从草窠里爬出来便叫。"

颏，脸的最下部分，在两腮和嘴的下面。通称"下巴颏儿"。另读 ké，鸟名，如：红点颏。《乾隆皇帝》："他极力按捺着自己，下颏向回收着，像是齿缝间向外艰难地吐字。"

嗑，方言，话：唠嗑儿。《乾隆皇帝》："我进去办完事回来，叫几个戏子，边吃酒边听戏唠嗑儿，我们一醉方休！"另读 kè，用上下门牙咬有壳的或硬的东西：嗑瓜子儿。

女儿：瞌，瞌睡，困倦要睡。《西游记》："原来瞌睡虫到了人脸上，往鼻孔里爬；爬进孔中，即瞌睡了。"

爸爸：有读柯的正形声字：岢 kě，岢岚，地名，在山西省，有华北最大的高山草甸。

上次"藏头露尾真罕见"的谜底是什么？

女儿：想不出。

爸爸：空，你看，空藏了头再露出尾，是不是罕？

女儿：这个谜语制作得太狡猾了。

爸爸：这是高明。与空同音的有正形声字：崆 kōng 箜 kōng。

崆，崆峒 tóng，山名，在甘肃省；岛名，在山东省。《林公案》："得知北关环秀庵中老尼五空，乃是精通内外功的崆峒派高手。"

女儿：箜，箜篌，古代弦乐器，像瑟而比较小。《孔雀东南飞》："十三能织素，十四学裁衣。十五弹箜篌，十六诵诗书。"

爸爸：与空近音的有读孔的准形声字：倥 kǒng，倥偬 zǒng，事情迫促。《杨家将》："值国事倥偬，音问不通，今既部兵来应，还当迎接。"

今天的谜面是"一人一杆枪，出征去打仗"。

轻松成为"字多星"

第二十三课　分 fēn，fèn

爸爸：先交作业。

女儿：他一边唠嗑 kē 儿，一边嗑 kè 瓜子儿，说年轻时曾在草窠 kē 里，捡着一只缂 kè 丝袋子，内有不少金银锞 kè 子，便用这钱买了一匹骒 kè 马和一些青稞 kē 饲料，讲完这恪 kè 守多年的秘密，只见他下巴颏 kē 儿前倾，髁 kē 膝盖发抖，打起瞌 kē 睡来，不久就溘 kè 然长逝。

爸爸：很好，故事很连贯。今天我们重点学与分同音或近音的字。分 fēn，时间、角度、长度、货币等单位，区分。另读 fèn，名位、职责、权利的限度：分内。与分同音的有正形声字：棻 fēn 酚 fēn。

棻，有香味的木头。卫宗武《水调歌头·风雨卷春去》："杨柳垂垂飘絮，桑柘 zhè 阴阴成幄，殷绿正棻敷 fū。"

酚，有机化合物，特指"苯酚"，亦称"石炭酸"，是医药上常用的防腐杀菌剂。

与分近音的有读坟的准形声字：棻 fén 鼢 fén 汾 fén。

棻，纷乱：治丝益棻，整理丝不找头绪，越理越乱；喻做事没有条理。陆游《寓叹》："俗心浪自作棻丝，世事元知似弈棋。"

鼢，鼢鼠，哺乳动物，在地下打洞，损害农作物的根及牧草，甚至危害河堤。

女儿：汾，汾河，水名，在山西省，为黄河第二大支流。《康熙大帝》："只用闻闻就知道，这个味儿甜里透着醇香，汾河哪来这么好的水！"

爸爸：有读奋的非形声字：鲼 fèn 偾 fèn。

鲼，鲼鱼，身体扁平，呈菱形，尾细长，分布于热带和亚热带海洋。鲼有着鱼类中最大的大脑。

偾,败坏,破坏,仆倒:偾军之将。《后汉演义》:"丞相视谡 sù 如子,谡亦视丞相如父,今自知偾事,罪该万死。"

女儿:还有吗?

爸爸:有读丰的正形声字:沣 fēng 渢 fēng 砜 fēng 葑 fēng;非形声字:酆 fēng 烽 fēng。

沣,沣水,水名,在陕西省。张九龄《咏史》:"沣水虽复清,鱼鳖岂游此。"

渢,渢渢,形容水声;乐声宛转悠扬。弥坚堂主人《终须梦》:"鸣一声,哀一声。渢渢然,若弹瑟琴愁漏水,哓哓 xiāo 然,诉衷泣怨东风。"

砜,有机化合物:二甲砜。

葑,古书上指"蔓菁""芜菁"。葑菲,为有一德可取之谦辞。闲斋氏《夜谭随录》:"是知石而不知韫玉也,请偕归,幸勿以葑菲见弃!"

酆,酆都,迷信传说指阴间。《大唐狄公案》:"好让小人酆都苦炼,投胎转世做个好人。"

女儿:烽,古代边防报警的烟火:烽火。杜甫《春望》:"烽火连三月,家书抵万金。"

爸爸:还有正形声字:俸 fèng,官员等所得的薪金:俸禄。白居易《寒食》:"有官供禄俸,无事劳心力。但恐优稳多,微躬销不得。"

上次谜底是什么?

女儿:"一人一杆枪,出征去打仗"的谜底是伐。

爸爸:正确。与伐同音的有正形声字:垡 fá,耕地,把土翻起来:耕垡。翻起来的地块:晒垡。韩愈《送文畅师北游》:"余期报恩后,谢病老耕垡。"

与伐近音的有非形声字:珐 fà,珐琅,用硼砂、玻璃粉、石英等加铅、锡的氧化物烧制而成的像釉子似的涂料,涂在金属表面作为装饰,可防锈,亦称"法蓝"。《红楼梦》:"宝玉便揭翻盒扇,里面有西洋珐琅的黄发赤身女子,两肋又有肉翅。"

女儿:还有读法的非形声字:砝 fǎ,砝码,天平上作为重量标准的东西,用金属制成。例:高考是社会公平的重要砝码。

爸爸:今天的谜面是"起风即飘"。

第二十四课　秒 miǎo

爸爸：先交作业。

女儿：烽 fēng 烟滚滚全不顾，贪吃鲼 fèn 鱼废军务，偾 fèn 军之将不可恕，酆 fēng 都城里去凑数。

用珐 fà 琅做砝 fǎ 码。

爸爸：好，有意思。今天我们重点学与秒同音或近音的字。与秒同音的有非形声字：杪 miǎo 眇 miǎo 邈 miǎo；正形声字：缈 miǎo。

杪，树枝的细梢。指年月或四季的末尾：岁杪，月杪。阿阁主人《梅兰佳话》："时值初旬，斜月半圭，犹挂树杪。"

眇，瞎了一只眼，后亦指两眼俱瞎。细小，微小：眇小。《三宝太监下西洋记》："虽智者之莫觉，亦安能眇视而追寻。"

邈，遥远：邈远。吴均《与宋元思书》："负势竞上，互相轩邈，争高直指，千百成峰。"

女儿：缈，缥缈，隐隐约约，若有若无。白居易《长恨歌》："忽闻海上有仙山，山在虚无缥缈间。"

爸爸：与秒近音的有准形声字：喵 miāo，象声词，形容猫的叫声。

有读苗的正形声字：鹋 miáo，鸸 ér 鹋，鸟名。形似鸵鸟而较小，以擅长奔跑而著名，是澳洲的特产，是世界上第二大的鸟类。

读庙的非形声字：缪 miào，姓。另见缪 miù，纰 pī 缪；错误。又读谋 móu，绸缪：缠绕，缠绵。常杰淼 miǎo《雍正剑侠图》："宜未雨而绸缪，毋临渴而掘井。"

上次"起风即飘"的谜底是什么？

女儿：票。

爸爸:对。与票同音的有正形声字:嘌 piào,嘌呤,有机化合物。

与票近音的有读飘的准形声字:螵 piāo 剽 piāo 缥 piāo,piǎo。

螵,螵蛸 xiāo,螳螂的卵块。乌贼鱼骨。《三刻拍案惊奇》:"可带海螵蛸骨进去,遇差错可以擦去。"

剽,抢劫,掠夺:剽掠。轻捷:剽悍。《三宝太监下西洋记》:"洪武年间,遭遇海贼剽掠,全家徙移在这里。"

女儿:缥,缥缈,形容隐隐约约,若有若无。李白《天门山》:"参差远天际,缥缈晴霞外。"另读 piǎo,青白色,淡青。

爸爸:还有读瓢的准形声字:嫖 piáo,玩弄娼妓的堕落行为。《大唐狄公案》:"林藩却是个不务正业的浪荡子弟。吃喝嫖赌,无一不嗜。"

还有非形声字:殍 piǎo,准形声字:瞟 piǎo。

殍,饿死,饿死的人。《隋唐两朝志传》:"百姓流殍,无所控诉,所在相聚为盗。"

女儿:瞟,斜着眼睛看。《雍正皇帝》:"用极其轻蔑的眼神瞟了一下图里琛 chēn。"

爸爸:今天的谜面一是"遇水则清,遇火则明";二是"有口无手,一世不露头"。

女儿:好的。

三、方位篇

第二十五课　东 dōng

爸爸：先交作业。

女儿：老缪 miào 眇 miǎo 了双目，无法看清树杪 miǎo，更不用说邈 miǎo 远的景色。

瞟了一眼饿殍 piǎo。

爸爸：通过。今天我们重点学与东同音或近音的字。与东同音的有正形声字：<u>鸫 dōng</u>，鸟类的一科，嘴细长而侧扁，叫声好听。如：艾青《鸫》。

与东近音的有读动的准形声字：<u>胨 dòng</u>；非形声字：<u>胴 dòng 侗 dòng 峒 dòng 恫 dòng , tōng 垌 dòng, tóng 峒 dòng, tóng</u>。

胨，蛋白胨，有机化合物，医学上用作细菌的培养基，又可治病。

胴，大肠。躯干，整个身体除去头部、四肢和内脏余下的部分：胴体。曹绣君《古今情海》："兰英、蕙英两姐妹在窗缝中望见他的胴体，不禁春心荡漾，便从楼上扔下一对荔枝。"

女儿：侗，我国少数民族，主要分布于贵州、湖南等省和广西壮族自治区：侗族。

爸爸：峒，山洞，窑洞，矿坑。魏秀仁《花月痕》："云过荒台原是梦，舟寻古峒转疑仙。"

恫，恐惧：恫胁，恫骇。恫吓，扬言灾祸或苦难就要来临，以此威胁他人。《民国演义》:"榻前会议忍辱陈词,最后通牒恃威恫吓。"另读 tōng,悲痛;伤心:恫悔。

垌,田地:田垌。地名用字:儒垌,在广东省。合伞垌,在贵州省。白居易《早祭风伯,因怀李十一舍人》:"导骑与从吏,引我出东垌。"另读 tóng,垌冢,地名,在湖北省汉川市。

峒,山洞,多用于地名。峒室,矿井巷道。陆人龙《三刻拍案惊奇》:"在家住得不上五七日,又道各峒熟苗累年拖欠粮未完,着他到峒征收。"另见峒 tóng,崆峒。

上次谜语猜得怎样?

女儿:"遇水则清,遇火则明"的谜底是登。

爸爸:正确。与登同音的有正形声字:<u>噔 dēng</u>,象声词,重物落地或撞击物体声。《红楼梦》:"贾瑞侧耳听着,半日不见人来,忽听咯噔一声,东边的门也倒关了。"

与登近音的有读等的非形声字:<u>戥 děng</u>,一种小型的秤,用来称金、银、药品等分量小的东西,称"戥子"。《乾隆皇帝》:"让太监买个金镯子还要亲自戥一戥分量。"

读邓的准形声字:<u>嶝 dèng 磴 dèng 镫 dèng</u>。

嶝,山上可攀登的小路。陆心源《唐文拾遗》:"嶝道崎岖,一夫荷戈,万人莫上。"

磴,石头台阶:磴道,山上有台阶的石径。《后汉演义》:"此外尚有崇台高阁,上触云霄,飞梁石磴,下跨水道,差不多与秦朝阿房宫相似。"

镫,挂在马鞍两旁的铁制脚踏:马镫。《大八义》:"二人甩镫离鞍下了马,拉马匹来到兴顺镖行。"

女儿:"有口无手,一世不露头"的谜底是喋。

爸爸:正确。与喋同音的有非形声字:<u>牒 dié 蹀 dié 堞 dié 鲽 dié 耋 dié 垤 dié 喋 dié</u>,zhá。

牒,文书,证件:通牒。《三国演义》:"接得青州太守龚景牒文,言黄巾贼围城将陷,乞赐救援。"

蹀,顿足,踏:蹀足。蹀躞 xiè。《聊斋志异》:"自念无以见祖母,蹀躞内外,进退维谷。"

堞,城上如齿状的矮墙:城堞。《元史演义》:"早已广浚城濠,增筑城堞,安排着强弓毒矢,秣马以待。"

鲽,比目鱼的一种,体型侧扁,生活在浅海中。韩婴《韩诗外传》:"东海之鱼,名曰鲽,比目而行,不相得,不能达。"

耋,年老,七八十岁的年纪:耋 mào 耋之年。南岳道人《蝴蝶媒》:"老先生无子而有子,将来乐地神仙,寿登大耋,凶无半点。"

垤,蚂蚁做窝时堆在洞口的土:蚁垤。华岳《翠微北征录》:"丘垤险易,污池深浅,罔不遍历,罔不周知。"

女儿:喋,喋喋,啰唆,语言烦琐,如"喋喋不休"。喋血,血流满地。《民国演义》:"奈何名为民国,权归武人,垄断富贵之不足,甚至互相仇杀,喋血不休,贫弱如中国,何堪屡乱?"

爸爸:喋还读 zhá,喋呷 xiā,形容成群的鱼、水鸟吃东西的声音。《乾隆皇帝》:"他似乎有心事,望站水面游鱼喋呷,多少有点不经意。"

今天的谜面有两个,一是"一大二小",二是"鸿雁离江"。

轻松成为"字多星"

第二十六课　南 nán,nā

爸爸:现在复习前面的生字。第二十一课?

女儿:正形声字有:鲥 shí 埘 shí 莳 shí,shì 凇 sōng 菘 sōng 淞 sōng;

非形声字有:蓍 shī 虱 shī 豕 shǐ 忪 sōng,zhōng 嵩 sōng 竦 sǒng 悚 sǒng 扨 sǒng 怂 sǒng。

爸爸:第二十二课?

女儿:正形声字有:氪 kè 岢 kě 崆 kōng 箜 kōng;

准形声字有:轲 kē 柯 kē 疴 kē 珂 kē 牁 kē 侴 kǒng;

非形声字有:锞 kè 骒 kè 缂 kè 溘 kè 恪 kè 稞 kē 髁 kē 窠 kē 颏 kē,ké 嗑 kē,kè 瞌 kē。

爸爸:第二十三课?

女儿:正形声字有:菜 fēn 酚 fēn 沣 fēng 沨 fēng 砜 fēng 葑 fēng 垡 fá;

准形声字有:棼 fén 翂 fén 汾 fén;

非形声字有:鲼 fèn 偾 fèn 鄷 fēng 烽 fēng 珐 fà 砝 fǎ。

爸爸:第二十四课?

女儿:正形声字有:缈 miǎo 鹋 miáo 嘌 piào;

准形声字有:喵 miāo 螵 piāo 剽 piāo 缥 piāo,piāo 嫖 piáo 瞟 piǎo;

非形声字有:杪 miǎo 眇 miǎo 邈 miǎo 缪 miào 殍 piǎo。

爸爸:第二十五课?

女儿:正形声字有:鸫 dōng 噔 dēng;

准形声字有:胨 dòng 嶝 dèng 磴 dèng 镫 dèng;

非形声字有:胴 dòng 侗 dòng 硐 dòng 恫 dòng,tōng 垌 dòng,tóng 峒 dòng,tóng 戙 děng 牒 dié 踩 dié 堞 dié 鲽 dié 耋 dié 垤 dié 喋 dié,zhá。

爸爸:很好。上次作业?

女儿:侗 dòng 族小伙,不怕恫 dòng 吓,光着胴 dòng 体,经田垌 dòng,进峒 dòng 室,寻古硐 dòng。

戙 děng 一戙不是等一等。

一位耄耋 dié 老人,不顾通牒 dié,手提鲽 dié 鱼,踩 dié 足城堞 dié,侦察蚁垤 dié,终至喋 dié 血城门。

爸爸:这一老一少,行为有点怪异嘛,算你通过。今天我们重点学与南同音或近音的字。与南同音的有正形声字:喃 nán 楠 nán。

喃,喃喃,象声词,连续不断地小声唠叨的声音。《雍正皇帝》:"他不停地在地上来回走着,口中还喃喃地说。"

女儿:楠,楠木,常绿乔木,木质坚固,是贵重的木材。白居易《早蝉》:"石楠深叶里,薄暮两三声。"

爸爸:与南近音的有非形声字:囡 nān,方言,小孩儿:小囡。天虚我生《泪珠缘》:"你不记小时候捧着玩的洋囡囡么?可有这孩子的讨人喜欢吗?"

有准形声字:腩 nǎn 蝻 nǎn;非形声字:赧 nǎn。

腩,方言,称牛肚上和近肋处的松软肌肉,亦指用这种肉做成的菜肴。例:来一份红烧牛腩。

蝻,蝗的幼虫。周必大《文忠集》:"幸岁丰盗息,民事亦稀,蝗蝻不多,随时扑灭。"

赧,因羞惭而脸红:赧然。《三国演义》:"南阳野人,疏懒性成,屡蒙将军枉临,不胜愧赧。"

女儿:还有正形声字:囔 nāng,囔囔,小声说话。《红楼梦》:"便点头叹惜一回,向宝玉脸上用指头画了几画,口内嘟嘟囔囔的又持诵了一回。"

爸爸:正形声字:馕 náng,一种烤制的面饼,维吾尔、哈萨克等民族当作主食。另读 nǎng,拼命地往嘴里塞食物。《西游记》:"行者道:'这个馕糠,好道撞着饿鬼了!'"

准形声字:攮 nǎng;非形声字:曩 nǎng。

攮,一种短而尖的刀,称"攮子"。用攮子或刀刺。吴璿 xuán《飞龙全传》:"攮刀子的瘟畜生!我皇帝骑在你身上,也该走动走动,怎么的只是呆呆地立着?"

曩,以往,从前:曩日。《三国演义》:"曩日猎于许田时,若从吾意,可无今日之患。"

准形声字:齉 nàng,鼻子不通气,发音不清:齉鼻子。

南有另一个读音,你知道吗?

女儿:南无 nāmó,佛教用语。《西游记》:"众人都在岸上,焚香叩头,都念南无阿弥陀佛,这正是真罗汉临凡,活菩萨出现。"

爸爸:对。与其近音的有读呐的非形声字:衲 nà,僧衣。僧人:老衲。贪梦道人《施公案》:"蛮和尚头戴束发紫金箍,身穿百衲衫;手使铁禅杖,十八菩提珠,百发百中。"

与其近音的有非形声字:讷 nè,语言迟钝:木讷。《雍正皇帝》:"他硕身玉立,一表堂堂,为人也十分忠厚朴讷。"

有读嫩的非形声字:恁 nèn,那么,那样,如此,这样:恁高。那:恁时节。《三国演义》:"超大惊曰:'如何变得恁的!'"

上次谜语猜出没有?

女儿:"一大二小"的谜底是奈。

爸爸:对。与奈同音的有正形声字:萘 nài,准形声字:鼐 nài,非形声字:奈 nài。

萘,一种有机化合物,无色结晶,有特殊气味,可以驱虫,常用于制造卫生球。

鼐,大鼎。《三国演义》:"桓灵季业火德衰,奸臣贼子调鼎鼐。"

柰,苹果的一种,通称"柰子";亦称"沙果"。

女儿:与柰近音的还有芾 nǎi 氖 nǎi,它们是正形声字。

芾,俗称"芋奶""芋头"。在东南沿海一带,有中秋吃芋芾的习俗。

氖,一种气体元素,无色无臭,常被用来制霓虹灯和指示灯。

爸爸:对。另一个谜底是什么?

女儿:"鸿雁离江"的谜底是鸟。

爸爸:对。与鸟同音的有正形声字:茑 niǎo 袅 niǎo。

茑,落叶小乔木,茎攀缘树上。闲斋氏《夜谭随录》:"人谓茑萝不能独生,必托乔木。"

女儿:袅,柔弱,缭绕。袅娜。袅袅。朱自清《荷塘月色》:"层层的叶子中间,零星地点缀着些白花,有袅娜地开着的,有羞涩地打着朵儿的。"

爸爸:与鸟近音的有正形声字:脲 niào,尿素,有机化合物。最主要的用途是作肥料。

第二十七课　西 xī

爸爸：先交作业。

女儿：曩 nǎng 日，囡囡 nān 穿百衲 nà 衫，吃奈 nài 子，并不感到羞赧 nǎn。

如何变得恁 nèn 的木讷 nè？

爸爸：还行。今天我们重点学与西同音或近音的字。与西同音的字很多，有非形声字：羲 xī；正形声字：曦 xī 恓 xī 粞 xī 硒 xī 淅 xī 蜥 xī 暳 xī 唏 xī 稀 xī 烯 xī 郗 xī 晞 xī 浠 xī；准形声字：熹 xī 僖 xī 嬉 xī。

羲，伏羲，我国神话中人类的始祖，和"女娲""神农"并称太古的三皇。《封神演义》："每日闭门待罪，将伏羲八卦变为八八六十四卦，重为三百八十四爻 yáo，内按阴阳消息之机，周天划度之妙，后为《周易》。"

曦，多指早晨的阳光：曦微。《大唐狄公案》："普慈寺的殿宇楼阁沐浴在晨曦里，群雀噪晴，吱吱喳喳，绕飞盘桓。"

恓，恓恓，忙碌不安。恓惶，烦恼。《红楼梦》："今日各自进去，孤孤恓恓，举目无亲，须要自己保重。"

粞，碎米：糠粞。徐渭《英烈传》："把五人扮做乡间大户人家，籴来粞麦，挑进城内糖坊里用。"

硒，一种非金属元素，可用来制作半导体晶体管和光电管。

淅，淅淅，象声词，形容轻微的风雨声。淅沥，象声词，形容雨雪声、落叶声、风声。《醒世恒言》："云昏地黑，阴风淅淅，不知是什么所在，却都是废冢荒丘。"

蜥，蜥蜴，爬行动物，尾巴很长，容易断，生活在草丛里，捕食昆虫和其他小动物，通称"四脚蛇"。《喻世明言》："钱公自外而来，遥见一条大蜥蜴,在自家屋上蜿蜒而下,头垂及地,约长丈余,两目熠熠 yì 有光。"

女儿:皙,皮肤白。李白《越女词其二》:"吴儿多白皙。好为荡舟剧。"

爸爸:唏,叹词,表示惊叹。叹息。《后汉演义》:"正唏嘘间,探马报刘表将邓济,进据湖阳,为绣声援。"

豨,猪,野猪。豨莶 xiān,一年生草本植物。《尔雅》:豕,猪也;江东呼为豨。

烯,一类有机化合物:乙烯。

郗,古地名,在今河南省沁阳市。姓:郗超。

晞,干,干燥:晨露未晞。破晓:东方未晞。《隋唐演义》:"勉强支撑,终是将晓的月光,半晞的露水,那禁得十分熬炼?"

浠,浠水,水名,在湖北省;地名,在湖北省,是闻一多的故乡。

熹,光明:熹微。《大唐狄公案》:"东方微熹,天蒙蒙亮,狄公便起身盥梳。"

僖,喜乐。常见于名号:唐僖宗。

女儿:嬉,游戏,玩耍:嬉戏。《孔雀东南飞》:"初七及下九,嬉戏莫相忘。"

爸爸:与西近音的有读习的非形声字:觋 xí 隰 xí 檄 xí。

觋,男巫:巫觋。《南北史演义》:"又尝迷信巫觋,每出必先占利害。"

隰,低湿的地方。《三国演义》:"包原隰险阻而结营,此兵家之大忌。"

女儿:檄,古代官府用以征召或声讨的文书:檄文。《三国演义》:"曹操拥众百万,屯于汉上,昨传檄文至此,欲请主公会猎于江夏。"

轻松成为"字多星"

第二十八课　北 běi

爸爸：先交作业。

女儿：伏羲 xī 曾在隰 xí 州，发檄 xí 文禁止巫觋 xí。

爸爸：纯属虚构，通过。今天我们重点学与北同音或近音的字。北没有同音字。与北近音的有读贝的非形声字：錍 bèi 孛 bèi 碚 bèi 焙 bèi 鞴 bèi；准形声字：邶 bèi；正形声字：蓓 bèi 褙 bèi 钡 bèi。

錍，在布、皮、石头等物上把刀反复摩擦几下，使锋利：錍刀。王梦沂《剃头匠与錍刀布》："剃头匠先要将錍刀布拉直绷紧，剃刀从上至下来回錍几下，把刀刃磨利了，然后开始剃头。"

孛，草木茂盛的样子。古书上指彗星。《两晋秘史》："昨夜三月并出，孛星入太微，东升自去。"又读 bó，同"勃"。

碚，北碚，地名，在重庆市，素有"嘉陵江畔明珠""重庆都市花园"的美誉。

焙，用微火烘烤：焙干。《三侠五义》："用红锦一张，阴阳瓦焙了，无灰老酒冲服，最是安胎活血的。"

鞴，把鞍辔 pèi 等套在马身上。《刘公案》："举人叫家丁把小人的骡子鞴上，搭上行李，拉出门外。"

邶，周代诸侯国名，在今河南省汤阴县东南。邶风：《诗经·国风》中的内容，主题非常丰富。

女儿：蓓，蓓蕾，花骨朵儿，含苞待放的花。《乾隆皇帝》："胭脂似的花朵上，没有绽开的蓓蕾上，都挂着蜡霜，风雪里瓣芯挺铮寒香袭人，看去倍觉精神。"

褙，褙子：披风，霞帔 pèi。把布或纸一层一层地粘在一起：裱褙。

《大唐狄公案》:"我正是广州来的裱褙匠,未知那林先生可有些古画字屏的要揭裱。"

女儿:钡,一种金属元素,银白色。钡餐,诊断某些食管、胃肠道疾患的检查方法。

爸爸:有准形声字:呗 bei,助词,表示"罢了,不过如此"的意思,或表示同意、命令等语气。《乾隆皇帝》:"咱们就是吃这碗饭的,打呗!"

有读杯的非形声字:陂 bēi,山坡;斜坡。池塘。湖泊。边际;旁边。刘勰 xié《文心雕龙》:"视之无端,察之无涯,日出东沼,入乎西陂。"另读 pí,黄陂,地名,在湖北。又读 pō,陂陀,倾斜,不平坦。

与其同音的有读坡的非形声字:钋 pō 钷 pō。

钋,一种金属。

钷,一种放射性金属元素。

与其近音的有读婆的非形声字:皤 pó 鄱 pó。

皤,形容白色:白发皤然。《红楼梦》:"又另派家中旧有曾演学过歌唱的女人们——如今皆已皤然老妪了——着他们带领管理。"

女儿:鄱,鄱阳湖,湖名,在江西省,是中国第一大淡水湖,也是仅次于青海湖的第二大湖。

爸爸:还有非形声字:叵 pǒ;正形声字:笸 pǒ。

女儿:叵,不可。居心叵测。例:他巧言令色,居心叵测。

爸爸:笸,笸箩,用柳条或篾条编成的器具。《乾隆皇帝》:"转眼间用小笸箩盛着几个雪白的包子隔门栅塞过来。"

还有读破的非形声字:珀 pò 粕 pò。

珀,琥珀,松柏树脂的化石。《施公案》:"飞云子便趁此纵上正梁,将铁箱取下,把琥珀夜光杯端在手中,揣入怀内。"

女儿:粕,米渣滓:糟粕。毛泽东《新民主主义论》:"一切外国的东西,如同我们对于食物一样,必须经过自己的口腔咀嚼和胃肠运动,送进唾液胃液肠液,把它分解为精华和糟粕两部分,然后排泄其糟粕,吸收其精华,才能对我们的身体有益,决不能生吞活剥地毫无批判地吸收。"

爸爸:读扑的准形声字:噗 pū,象声词。《儿女英雄传》:"只听得噗的一声,咕咚倒了一个。"

读菩的非形声字:匍 pú 莆 pú;正形声字:璞 pú 濮 pú。

女儿:匍,匍匐,爬,手足并行:匍匐前进。《三侠五义》:"说罢,眼泪汪汪,匍匐在地。"

莆,莆田,地名,在福建省,是著名的侨乡。

爸爸:璞,未雕琢过的玉石,或指包藏着玉的石头:璞玉浑金,喻天然美质,未加修饰。喻人的天真状态,质朴,淳朴:返璞归真。吕熊《女仙外史》:"美玉原是石髓所结,是以璞在石中。"

濮,濮阳,地名,在河南省,是中华民族重要发祥地之一,还是中国姓氏的重要起源地。

还有读浦的正形声字:氆 pǔ;准形声字:蹼 pǔ;非形声字:溥 pǔ 埔 pǔ,bù。

氆,氆氇 lu,我国藏族地区出产的一种羊毛织品。

蹼,鸭、青蛙等某些两栖动物、爬行动物、鸟类脚趾中间的薄膜,洑 fú 水时拨水之用。

溥,广大:溥博。普遍:溥天之下,莫非王土。脱脱《金史》:"圣主溥爱天下,子育万国,不宜有分别。"

女儿:埔,黄埔,地名,在广东省广州市,有著名的黄埔军校旧址。另见大埔 bù,地名,在广东省。

第二十九课　中 zhōng，zhòng

爸爸：先交作业。

女儿：他焙 bèi 干衣物,錾 bèi 利大刀,鞴 bèi 好鞍鞯,像一道孛 bèi 星划过,冲下西陂 bēi,赶往重庆北碚 bèi。

鄱 pó 阳湖有一白发皤 pó 然的老太婆,故意把鏺 pō 当成钋 pō,就好似把琥珀 pò 当糟粕 pò,实在是居心叵 pǒ 测。

莆 pú 田人,到黄埔 pǔ 军校,既学溥 pǔ 爱大众,又学匍 pú 匐前进。

爸爸：像那么回事,通过。今天我们重点学与中同音或近音的字。与中同音的有非形声字：<u>螽 zhōng</u>；正形声字：<u>盅 zhōng</u>。

螽,螽斯,昆虫,身体绿色或褐色,善跳跃,对农作物有害。《警世通言》："有化作螽斯,在麦陇上逼逼剥剥跳的。"

女儿：盅,饮酒或喝茶用的没有把儿的杯子：酒盅。《大唐狄公案》："桌上两个空茶盅套叠着,正对着茶壶嘴。"

爸爸：与中近音的有读肿的准形声字：<u>踵 zhǒng</u>；非形声字：<u>冢 zhǒng</u>。

踵,脚后跟：接踵而至。《两晋秘史》："雄武之度,虽有愧于前王；勤俭之德,足追踵于往烈矣。"

女儿：冢,坟墓：荒冢。《康熙大帝》："他们就在这断墙残壁之中,乱石荒冢之旁,这里看看,那里瞧瞧。"

爸爸：有读宗的非形声字：<u>枞 zōng,cōng</u>；正形声字：<u>鬃 zōng</u>。

枞,枞阳,地名,在安徽省,是桐城派的故乡,在清代享有"文章甲天下,冠盖满京华"的盛誉。

女儿：鬃,马、猪等畜类颈上的长毛：鬃毛。《三国演义》："孙坚披烂银铠,裹赤帻 zé,横古锭刀,骑花鬃马。"

爸爸:有读总的非形声字:偬 zǒng,倥偬,事情迫促,如"戎马倥偬"。《三国演义》:"备自别仙颜,因军务倥偬,有失拜访。今得光降,大慰仰慕之私。"

读纵的非形声字:疭 zòng;准形声字:粽 zòng。

疭,瘛 chì 疭,指手脚痉挛、口斜眼歪的症状,也叫"抽风"。《神农本草经》:"主治惊痫瘛疭,寒热邪气,癫疾。"

女儿:粽,粽子,用箬 ruò 叶或苇叶裹糯米做成的多角形的食品。民间传说吃粽子是为了纪念屈原,是中国历史文化积淀最深厚的传统食品之一。

爸爸:枞,又读 cōng,枞树,常绿乔木,茎高大,树皮灰色,小枝红褐色。亦称"冷杉"。《尔雅》:松叶柏身曰枞。

与其同音的有准形声字:苁 cōng;正形声字:璁 cōng 骢 cōng 熜 cōng。

苁,苁蓉,寄生植物"草苁蓉"和"肉苁蓉"的统称。《三宝太监下西洋记》:"脸玄明粉的白,手肉苁蓉的红。"

璁,璁珑,明亮光洁的样子。璁珵 chēng,玉声。白居易《夜归》:"半醉闲行湖岸东,马鞭敲镫辔珑璁。万株松树青山上,十里沙堤明月中。"

骢,青白色的马。黄淦 gàn《锋剑春秋》:"旗脚下一匹青骢马,上坐大将,青盔青甲。"

熜,古同"囱",烟囱。常见于人名:朱厚熜。

女儿:有读从的非形声字:淙 cóng 琮 cóng。

淙,水声,水流:淙淙。《西游记》:"漠漠浓云,蒙蒙黑雾。雷车轰轰,闪电灼灼。滚滚狂风,淙淙骤雨。"

爸爸:琮,古代一种玉器,外边八角,中间圆形,常用作祭地的礼器。吕祖谦《游赤松山记》:"望赤松山,积霭横翠,蔚然深明,而水声琤琮,如环珮之相击相应。"

还有读充的非形声字:<u>忡 chōng 艟 chōng 舂 chōng 憧 chōng</u>。

女儿:忡,忡忡,忧虑不安的样子。《雍正皇帝》:"年羹尧忧心忡忡,疑虑万分。"

爸爸:艟,一种船的船名。艨艟,古代战船。《南北史演义》:"据有西阳、武昌,拥着艨艟大舰,逆流前来。"

舂,把东西放在石臼或乳钵里捣掉皮壳或捣碎:舂米。杜纲《北史演义》:"我无宿舂之粮,彼有奔命之劳,一二年中,必自离叛。"

女儿:憧,憧憧,往来不定,摇曳不定,如"人影憧憧"。憧憬,向往。魏巍《东方》:"悲苦的回忆与幸福的憧憬交织在一起,真是苦辣酸甜一齐兜上心头。"

爸爸:还有准形声字:<u>铳 chòng</u>,旧时指枪一类的火器:鸟铳。《三刻拍案惊奇》:"又将神机铳、佛狼机随火势施放,大败北兵。"

第三十课　上 shàng，shǎng

爸爸：先交作业。

女儿：传说有一枞 zōng 阳人，戎马倥偬 zǒng，突患瘯疭 zòng，葬身荒冢 zhǒng，后化作螽 zhōng 斯。

刘璁 cóng 一边看人舂 chōng 米，一边听流水淙淙 cóng，正憧 chōng 憬着天下太平，急见艨艟 chōng 大舰隐约而来，不由得忧心忡忡 chōng。

爸爸：通过。今天我们重点学与上同音或近音的字。与上同音的有正形声字：绱 shàng，将鞋帮与鞋底缝合：绱鞋。

与上近音的有读晌的非形声字：垧 shǎng，我国计算土地面积的单位，各地不同，东北地区一垧一般合十五亩，西北地区一垧合三亩或五亩。《乾隆皇帝》："起落扫荡间，成垧成顷的谷子霎时间就被吃得一棵不剩。"

有读嗓的准形声字：颡 sǎng 搡 sǎng。

颡，额，脑门儿。杨尔增《两晋秘史》："是年六岁，弱而能言，目有光耀，广颡大耳。"

女儿：搡，用力推：推推搡搡。《儒林外史》："提着郭孝子的领子，一路推搡出门，便关了门进去，再也叫不应。"

爸爸：有准形声字：裳 shang，衣裳，衣服。另读裳 cháng，裳裳，光明。古代指遮蔽下体的衣裙。李白《清平调》："云想衣裳花想容，春风拂槛 jiàn 露华浓。"

与其同音的有正形声字：苌 cháng 嫦 cháng；非形声字：徜 cháng。

苌，苌楚，古书上说的一种植物。苌弘，字叔。相传因苌弘死得悲壮、死得冤屈，其血三年化为碧玉。后常用"苌弘化碧"比喻千古奇冤。

关汉卿《窦娥冤》:"等他四下里皆瞧见,这就是咱苌弘化碧,望帝啼鹃。"

女儿:嫦,嫦娥,神话中住在月亮里的仙女。李商隐《嫦娥》:"嫦娥应悔偷灵药,碧海青天夜夜心。"

徜,徜徉 yáng,徘徊,自由自在来回地走。《乾隆皇帝》:"东北边老城隍庙一带各色灯火照得一片通明,川流不息的游人在夜市上随意徜徉。"

爸爸:与其近音的有读昌的正形声字:阊 chāng 菖 chāng 娼 chāng 鲳 chāng;准形声字:伥 chāng。

阊,阊阖 hé,传说中的天门,皇宫的正门。阊风,指西风,秋风。《三国演义》:"韩当引军直杀到阊门下,贼退入城里去了。"

菖,菖蒲,多年生草本植物,生在水边,叶子形状像剑,花穗像棍棒。《三刻拍案惊奇》:"侧边小桌上,是一盆细叶菖蒲,中列太湖石。"

娼,妓女:娼妓。《三刻拍案惊奇》:"奶奶,这也不是娼妓,是个仙女。孩儿在庄上遇的,与孩儿结成夫妇。"

鲳,鲳鱼,体侧扁而高,鳞细,肉味鲜美。《三刻拍案惊奇》:"还又有石首、鲳鱼、鳓 lè 鱼、呼鱼、鳗鲡各样,可以做鲞 xiǎng。"

女儿:伥,伥伥,迷茫不知所措的样子。古代传说中被老虎咬死的人变成鬼又助虎伤人:为虎作伥。《民国演义》:"铁路权,让给日本,人言啧啧 zé,已说他为虎作伥,讨好东邻。"

爸爸:有读厂的正形声字:氅 chǎng;非形声字:惝 chǎng 昶 chǎng。

氅,大衣,外套:大氅。《大八义》:"外罩紫缎色通氅,上绣万福云。"

惝,惝恍,失意;不愉快。模糊不清;恍惚。《聊斋志异》:"生意出非望,神惝恍而无着。"

昶,白天时间长。舒畅,畅通。常见于人名:孟昶。

女儿:还有读倡的准形声字:怅 chàng,失意,不痛快:怅然若失。《三国演义》:"玄德惆怅不已。"

爸爸:今天的谜面是"一字多两点"。

87

轻松成为"字多星"

第三十一课　下 xià

爸爸：现在复习前面的生字。第二十六课？

女儿：正形声字有：喃 nán 楠 nán 囔 nāng 馕 náng 萘 nài 艿 nǎi 氖 nǎi 茑 niǎo 裊 niǎo 脲 niào；

准形声字有：腩 nǎn 蝻 nǎn 攮 nǎng 齉 nàng 鼐 nài；

非形声字有：困 nān 赧 nǎn 囊 nǎng 衲 nà 讷 nè 恁 nèn 奈 nài。

爸爸：第二十七课？

女儿：正形声字有：曦 xī 恓 xī 栖 xī 硒 xī 淅 xī 蜥 xī 晳 xī 晞 xī 豨 xī 烯 xī 郗 xī 晱 xī 浠 xī；

准形声字有：熹 xī 僖 xī 嬉 xī；

非形声字有：羲 xī 觋 xí 隰 xí 檄 xí。

爸爸：第二十八课？

女儿：正形声字有：蓓 bèi 褙 bèi 鈰 bèi 箁 pǒ 璞 pú 濮 pú 氆 pǔ；

准形声字有：邶 bèi 呗 bei 噗 pū 蹼 pǔ；

非形声字有：鐾 bèi 孛 bèi 碚 bèi 焙 bèi 鞴 bèi 陂 bēi 铍 pō 钋 pō 皤 pó 鄱 pó 叵 pǒ 珀 pò 粕 pò 匍 pú 莆 pú 溥 pǔ 埔 pǔ，bù。

爸爸：第二十九课？

女儿：正形声字有：盅 zhōng 鬃 zōng 璁 cōng 骢 cōng 熜 cōng；

准形声字有：踵 zhǒng 粽 zòng 苁 cōng 铳 chòng；

非形声字有：螽 zhōng 冢 zhǒng 枞 zōng（cōng）偬 zǒng 疭 zòng 淙 cóng 琮 cóng 忡 chōng 艟 chōng 舂 chōng 憧 chōng。

爸爸：第三十课？

女儿：正形声字有：绱 shàng 苌 cháng 嫦 cháng 阊 chāng 菖

chāng 娼 chāng 鲳 chāng 氅 chǎng；

准形声字有：颡 sǎng 搡 sǎng 裳 shang 伥 chāng 怅 chàng；

非形声字有：坰 shǎng 徜 cháng 惝 chǎng 昶 chǎng。

爸爸：很好。上次作业？

女儿：晌午犁了一坰 shǎng 地。

孟昶 chǎng 降宋，神情惝 chǎng 恍，整天徜 cháng 徉于荒野。

爸爸：可以。今天我们重点学与下同音或近音的字。与下同音有非形声字：罅 xià，缝隙，裂缝：石罅。《大唐狄公案》："狄公将洪参军扶到边沿下的罅隙处，让他好好透透气。"

与下近音的有读侠的非形声字：狎 xiá 柙 xiá 黠 xiá 硖 xiá；正形声字：瑕 xiá 遐 xiá。

狎，亲近而态度不庄重：狎弄。《醒世恒言》："池边芙蓉千百株，颜色或深或浅，绿水红葩，高下相映，鸳鸯凫 fú 鸭之类，戏狎其下。"

柙，关闭猛兽的笼槛，亦指押解犯人的囚笼或囚车。《南北史演义》："赵王招见胄勇武，不敢与抗，眼见是纵虎出柙，自恨不先下手，因致迟误。"

黠，聪明而狡猾：狡黠。《元史演义》："狡黠相似，而凶暴尤过之。"

硖，硖石，地名，在浙江省海宁市。山名，一在安徽省寿县西北，一在浙江省海宁市东。《两晋演义》："率领流民数百家，出保河阴的硖石，有时掠得谷麦，献入宫廷。"

女儿：瑕，玉上面的斑点，喻缺点或过失：瑕疵。《三国演义》："于是提剑挥鼓，发命东夏，收罗英雄，弃瑕取用。"

遐，远：遐迩。《三国演义》："备惧无德忝 tiǎn 帝位，询于庶民，外及遐荒君长。"

爸爸：上次谜底是什么？

女儿："一字多两点"的谜底是学。

爸爸：正确。与学同音的有正形声字：茓 xué；非形声字：噱 xué

89

噱 xué。

䒾,做囤 dùn 用的狭而长的席称"䒾子"。梁尚端《䒾子》:"用䒾子储藏粮食,效果较好,上有囤盖,下有囤底,不但防雨防潮,还通风透光。"

趐,折回,旋转:趐来趐去。《三国演义》:"洪用拖刀背砍计,转身一趐,砍中何曼,再复一刀杀死。"

噱,笑:噱头。另读决 jué,大笑。《清史演义》:"所造经咒,尤足令人一噱。"

还有读雪的正形声字:鳕 xuě,鳕鱼,下颌有一条大须,口大吻突,肉洁白如雪,生活在寒冷的深海中,通称"大头鱼"。鳕鱼肉味甘美,营养丰富,肉中蛋白质比三文鱼、鲳鱼、鲥鱼、带鱼都高。

女儿:还有非形声字:谑 xuè,开玩笑:戏谑。《三国演义》:"祢衡戏谑主公,何不杀之?"

第三十二课　左 zuǒ

爸爸：先交作业。

女儿：硖 xiá 石山的罅 xià 隙中，有一老虎异常狡黠 xiá，曾多次袭击官府柙 xiá 笼，狎 xiá 弄捕快。

他踅 xué 来踅去，不住地弄噱 xué 头，戏谑 xuè 别人。

爸爸：通过。今天我们重点学与左同音或近音的字。与左同音的有非形声字：撮 zuǒ；正形声字：佐 zuǒ。

撮，量词，用于成丛的毛发：一撮头发。《梼杌 táo wù 萃编》："把这三个人的辫子全行剃去，却在右偏留了一撮头发，同那小孩子留的歪桃子似的。"

女儿：佐，辅助，帮助：佐餐。处于辅助地位的人：僚佐。《三国演义》："大将军辅佐新君，不行仁慈，专务杀伐。"

爸爸：与左近音的有非形声字：嘬 zuō，聚缩嘴唇而吸取：嘬奶。《乾隆皇帝》："他嘬吮着嘴唇仰身出一阵子神，又提笔疾书。"

有读昨的非形声字：捽 zuó，方言，揪；抓：捽着不放。《西游记》："车辆是老孙运转双关穿夹脊，捽碎了，那两个妖道也是老孙打死了。"

读坐的非形声字：怍 zuò 胙 zuò 祚 zuò 酢 zuò；正形声字：唑 zuò。

怍，惭愧，惭怍：愧怍。《三侠五义》："不想大人如此厚待，使小人愧怍无地。"

胙，古代祭祀时供的肉。《儒林外史》："后来进了学，老师送了丁祭的胙肉来。"

祚，福，赐福：天祚。皇位。祚命：赐予皇位。《三国演义》："吾遍观孙氏兄弟，虽各才气秀达，然皆禄祚不终。"

酢,客人用酒回敬主人:酬酢。《醒世恒言》:"满座芳香,馥馥 fù 袭人。宾主酬酢,杯觥 gōng 交杂。"

女儿:唑,有机化合物译音字。

爸爸:撮又读 cuō,聚起,多指用簸箕状的器具铲起东西:撮土。取,摘取:撮要。《醒世恒言》:"老汉只管撮合,哪有拍开之理?"

与其同音的有非形声字:磋 cuō 蹉 cuō。

磋,仔细商量:切磋,磋商。不题撰人《林公案》:"磋商了几次,方由濮 pú 鼎查定出相约八条。"

女儿:蹉,蹉跎,把时光白耽误过去,如"日月蹉跎"。《儒林外史》:"长兄年力鼎盛,万不可蹉跎自误。"

爸爸:与其近音的有非形声字:痤 cuó 嵯 cuó 矬 cuó。

痤,痤疮,一种皮肤病,俗称"粉刺"。道世《法苑珠林》:"有人而状痤丑所言险暴。"

嵯,嵯峨,山势高峻的样子。安遥时《包公案》:"幽林深谷,崖石嵯峨,人迹不到,多出精灵怪异。"

女儿:矬,身材矮:矬个子。萧军《初秋的风》:"他的个子矬得太不成样子了!"

爸爸:有读挫的非形声字:厝 cuò 锉 cuò。

厝,安置:厝火积薪。停柩,把棺材停放待葬:暂厝。《大唐狄公案》:"当即令仵作验了,便移去太乙观暂厝。"

女儿:锉,用钢制成的磨钢、铁、竹、木等的工具:锉刀。《西游记》:"这厮锉吾锐气,推出斩之。"

爸爸:有读戳的非形声字:踔 chuō,跳,跳跃:踔厉,喻精神振奋。平江不肖生《江湖奇侠传》:"一见有人走到身前,即四足腾踔,显着不受羁绊的样子。"

还有非形声字:龊 chuò 辍 chuò 啜 chuò,chuài。

龊,龌龊,器量局促,狭小。肮脏。卑鄙,丑恶。《醒世恒言》:"我看陆公所为,是个有肝胆的豪杰,不比那龌龊贪利的小辈。"

女儿:辍,中止,停止:辍学。《史记·陈涉世家》:"陈涉少时,尝与人佣耕,辍耕之垄上,怅恨久之。"

爸爸:啜,饮,吃:啜茶。哭泣时抽噎的样子:啜泣。《儒林外史》:"众客散坐,或凭栏看水,或啜茗闲谈,或据案观书,或箕踞自适,各随其便。"又读 chuài,姓。

女儿:与其同音的有非形声字:踹 chuài,脚底用力猛踢:把门踹开。《雍正皇帝》:"就势又在他们腿窝里踹了一脚,他们一个个乖乖地跪了下来。"

爸爸:还有读垂的非形声字:槌 chuí;正形声字:棰 chuí 陲 chuí。

槌,敲打用具:棒槌。《雍正皇帝》:"响鼓不用重槌,朕也没什么要向你们多说的。"

棰,短木棍。用棍子打,杖刑。鞭子,鞭打。《后汉演义》:"大胆弥衡,敢在营门外面,用杖棰地,呼号叫骂,语多狂悖 bèi,请收案治罪。"

女儿:陲,边疆,国境:边陲。《雍正皇帝》:"云南地处边陲,苗谣杂处,弄不好是要出大乱子的。"

轻松成为"字多星"

第三十三课 右 yòu

爸爸：先交作业。

女儿：宾主酬酢 zuò,本想表示福祚 zuò 绵绵,那料为了一块胙 zuò 肉,竟使出嗾 zuō 奶的力气,捽 zuó 着对方的一撮 zuǒ 头发不放,实在令人愧怍 zuò 无地。

小矬 cuó 子患了痤 cuó 疮,不想蹉 cuō 跎岁月,便上了嵯 cuó 峨高山,要与人切磋 cuō 锉 cuò 刀,实在是厝 cuò 火积薪,荒谬至极。

小小少年,本该踔 chuō 厉奋发,却辍 chuò 学混世,行为龌龊 chuò,让人啜 chuò 泣。

他怀揣 chuāi 利刃,踹 chuài 门而入。

响鼓不用重槌 chuí,誓死保卫边陲。

爸爸：很好。今天我们重点学与右同音或近音的字。与右同音的有正形声字:蚴 yòu;准形声字:囿 yòu 侑 yòu 宥 yòu 柚 yòu,yóu 鼬 yòu 釉 yòu。

蚴,绦虫、血吸虫等的幼体:毛蚴。

囿,养动物的园子:园囿。局限,被限制:囿于成见。《雍正皇帝》："廷玉你内掣于议政亲王的权威之下,外囿于年大将军的重兵之中,请问,你将何以自处?"

侑,相助。在筵席旁助兴,劝人吃喝:侑食。《三刻拍案惊奇》："此会不可复得矣,妾当歌以为诸君侑觞 shāng。"

宥,宽容,饶恕,原谅:宥罪。《三国演义》："何进谋反,已伏诛矣!其余胁从,尽皆赦 shè 宥。"

柚,常绿乔木,果实称柚子。《红楼梦》："那大姐儿因抱着个大柚子顽的,忽见板儿抱着个佛手,便也要佛手。"又读柚 yóu,柚木,落叶乔木,木材坚硬耐腐蚀。

鼬,黄鼬,哺乳动物,毛黄褐色,常捕食家禽,毛可制狼毫笔。俗称"黄鼠狼"。储仁逊《罗锅轶事》:"鸡怕黄鼬猫吃鼠,花怕狂风草怕霜。"

女儿:釉,覆盖在陶瓷、搪瓷表面的玻璃质薄层:釉彩。《大唐狄公案》:"洪参军端上了四个彩釉瓷盆,瓷盆里盛着美味爽口的冰镇梨片。"

爸爸:与右近音的有读优的非形声字:攸 yōu;准形声字:呦 yōu。

攸,所:性命攸关。疾走的样子:攸然而逝。《两晋秘史》:"吾与元规,休戚是同,攸攸之谈,宜绝智者之口。"

女儿:呦,叹词,表示惊异。象声词,鹿叫声,亦形容哭声。《红楼梦》:"一时睡下,梦中作痛,由不得'嗳呦'之声,从睡中哼出。"

爸爸:有非形声字:唷 yō,叹词,表示惊讶或疑问。《大唐狄公案》:"'哎唷——'玉三像杀猪一样惨号起来昏厥倒地。"

有读庸的非形声字:雍 yōng 邕 yōng;正形声字:饔 yōng 臃 yōng 壅 yōng 镛 yōng 鳙 yōng 慵 yōng 墉 yōng;准形声字:痈 yōng。

雍,和谐。雍容,文雅大方,从容不迫的样子。《醒世恒言》:"新奇藻丽,是其所长;含蓄雍容,是其所短。"

邕,古同"雍",和睦,和谐。邕江,水名,在广西壮族自治区。《三国演义》:"此人姓顾,名雍,字元叹,乃中郎蔡邕之徒。"

饔,熟食。早饭:饔飧 sūn 不继,指吃了上顿没有下顿。《三侠五义》:"今既饔飧不济,我这里有白银十两,暂且拿去使用。"

女儿:臃,臃肿,过于肥胖,以致行动不灵便。喻机构庞大,运转不灵,妨碍工作。《康熙大帝》:"胖胖的身体略嫌臃肿,细眉大眼,厚嘴唇,一眼看去极是忠厚朴拙。"

爸爸:壅,堵塞:壅蔽。用土或肥料培在植物的根部:壅肥。刘勰《文心雕龙》:"夫心险如山,口壅若川,怨怒之情不一,欢谑之言无方。"

镛,大钟,古代的一种乐器。欧阳询《艺文类聚》:"高宴皓天台,置酒迎风观,笙 shēng 镛礼百神,钟石动云汉。"

鳙,鳙鱼,身体暗黑色,头很大,生活在淡水中,俗称"胖头鱼"。它是中国主要淡水鱼类养殖对象,分布于我国各大水系。

慵,困倦,懒得动:慵懒。《三国演义》:"吾等皆山野慵懒之徒,不省治国安民之事,不劳下问。"

墉,城墙:墉垣 yuán。《明史演义》:"不如以山为墉,以壑为堑,蓄利器,饱士马,与他久持,看他如何胜我?"

女儿:痈,一种皮肤和皮下组织的化脓性炎症,常伴有畏寒、发热等全身症状:痈疽 jū。《三国演义》:"臣闻扬汤止沸,不如去薪;溃痈虽痛,胜于养毒。"

爸爸:有非形声字:颙 yóng 喁 yóng,yú。

颙,肃敬的样子,景仰的样子,波涛汹涌的样子。颙鸟,大旱的前兆。仰望:颙望。李绛《李相国论事集》:"三军颙俟圣旨。"

喁,鱼口向上露出水面,仰望期待的样子。《民国演义》:"中外人士,统以为和平在即,喁喁望治。"另读喁 yú,应和的声音。

有读永的非形声字:甬 yǒng;正形声字:俑 yǒng 恿 yǒng 蛹 yǒng。

甬,浙江省宁波市的别称。花蓓蕾的样子:花木甬然。甬道,院落或墓地中用砖石砌成的路;高楼之间带有顶棚的通道,走廊,两边有墙的通道。《刘公案》:"绕过照壁是甬道,里边款式不寻常。"

女儿:俑,古代殉葬用的木制或陶制的偶人:兵马俑。《喻世明言》:"谁作俑?陈伯大附势专权!"

爸爸:恿,怂恿,煽动,鼓动。《元史演义》:"仁宗既受权奸的怂恿,复承母后的劝告。"

蛹,昆虫从幼虫过渡到成虫时的一种形态:蚕蛹。

四、长度篇

第三十四课　里 lǐ

爸爸：先交作业。

女儿：哎唷 yō 嗳呦,性命攸 yōu 关。

颙 yóng 鸟远遁,邕 yōng 江雍 yōng 容, 水中群鱼喁 yóng 喁,两岸花木甬 yǒng 然。

爸爸：有点勉强,算你及格。今天我们重点学与里同音或近音的字。与里同音的有正形声字：锂 lǐ 俚 lǐ 娌 lǐ。

锂,一种金属元素,在金属中比重最轻。

俚,民间的,通俗的：俚俗。《雍正皇帝》："他给臣来信中说了个笑话,全是民间俚语,十分粗俗。"

女儿：娌,妯娌,兄弟之妻的合称。《红楼梦》："让他们小妯娌伏侍,你在那里坐了,说说话儿。"

爸爸：与里近音的有读雷的非形声字：<u>羸 léi</u>；正形声字：<u>嫘 léi</u> <u>缧 léi</u> <u>镭 léi</u>。

羸,瘦弱：羸弱。《三国演义》："现今面色羸瘦,气喘呕血,不过半年,其人必死。"

嫘,嫘祖,传说是黄帝的妃,发明养蚕。吕安世《二十四史通俗演义》："命元妃西陵氏之女嫘祖,教民育蚕。"

缧,缧绁 xiè,捆绑犯人的绳索。南岳道人《蝴蝶媒》："孩儿请明日便去,令爹爹早脱缧绁。"

女儿:镭,一种化学元素,具有很强的放射性。

爸爸:有读垒的非形声字:耒 lěi 儡 lěi;正形声字:诔 lěi。

耒,耒耜 sì,古代指耕地用的农具。壮者《扫迷帚》:"届时无不女罢织机,男抛耒耜,废时失业,相习成风。"

女儿:儡,傀 kuǐ 儡,原指木偶,借指受人操纵、没有自主权的人或事物,如傀儡政府。《大唐狄公案》:"这些软骨头见钱牟 móu 财大气粗,炙手可热,也就趋炎附势,曲意逢迎,做了傀儡。"

爸爸:诔,古代叙述死者生平,多用于上对下表示哀悼:诔文。许嵩《建康实录》:"权闻之惊起,哀不自胜,使张承作诔致祭。"

还有读泪的非形声字:酹 lèi,把酒洒在地上表示祭奠或起誓。《三国演义》:"佗大喜,即时酹酒为誓。"

女儿:准形声字:嘞 lei,助词。如"好嘞,别说嘞!"

爸爸:有非形声字:叻 lè 仂 lè 泐 lè 勒 lè,lēi;正形声字:鳓 lè。

叻,石叻,侨民称新加坡。

仂,余数。仂语,词组。仂句,指长句子中包含的短句,现多称主谓词组。鲁迅《"硬译"与"文学的阶级性"》:"倘将仂句拆下来呢,又失了原来的语气。"

泐,石头被水冲激而成的纹理。手泐,犹手书。薛福成《答袁户部书》:"手泐布达,敬颂台安。"

女儿:勒,套在牲畜上带帽子的笼头:马勒。收住缰绳不使前进:悬崖勒马。强制:勒索。统率:勒兵。雕刻:勒碑。另读 lēi,用绳子等捆住和套住,然后用力拉紧:勒紧。《三国演义》:"次日,督邮先提县吏去,勒令指称县尉害民。"

爸爸:鳓,鳓鱼,生活在海中,亦称"白鳞鱼"。味鲜肉细,营养价值极高,具有降低胆固醇的作用,对防止血管硬化、高血压和冠心病等有益处。

今天的谜面是"蛮横一酋长,独据一村庄"。

第三十五课　丈 zhàng

爸爸：先交作业。

女儿：他身材羸 léi 弱，不堪耒 lěi 耜，但志向远大，曾酹 lèi 酒为誓，不当傀儡 lěi。

从石叻 lè 寄来一手泐 lè，满篇仂 lè 句，语多勒 lè 索。

爸爸：可以。今天我们重点学与丈同音或近音的字。与丈同音的有准形声字：幛 zhàng 瘴 zhàng 嶂 zhàng。

幛，上面题有词句的整幅绸布，用作庆贺或吊唁的礼物：挽幛。《乾隆皇帝》："门口一带灵幡 fān 素幔 màn 布得白汪汪一片，沿墙棕榈上也连绵挂起挽幛。"

瘴，瘴气，热带山林中的湿热蒸郁致人疾病的气。《雍正皇帝》："可那里的瘴气毒雾厉害，派去的人常常十去九不回。"

女儿：嶂，形容高险像屏障的山：层峦叠嶂。《西游记》："山草发，野花开，悬崖峭嶂；薜 bì 萝生，佳木丽，峻岭平岗。"

爸爸：与丈近音的有读章的正形声字：漳 zhāng 獐 zhāng 璋 zhāng 蟑 zhāng。

漳，漳河，水名，源出山西省，流至河北省入卫河。漳江，水名，在福建省。《三国演义》："乃即日破土断木，烧瓦磨砖，筑铜雀台于漳河之上。"

獐，哺乳动物，形状像鹿，毛较粗，头上无角。《儒林外史》："众猎户拿出些干粮来，和獐子、鹿肉，让郭孝子吃了一饱。"

璋，古代的一种玉器，形状像半个圭：圭璋。弄璋，旧时称生男孩。《三宝太监下西洋记》："乃知士为国之金宝，金乃世之常物；将士重于珪璋，视金轻于沙砾。"

女儿:蟑,蟑螂,昆虫,体扁平,能发臭气,常在夜里偷吃食物,咬坏衣物,传染疾病。

爸爸:还有非形声字:<u>仉 zhǎng</u>,同"掌"。姓。《新元史》:"麟旗第十八,执者一人,护者二人,后屏五人,巾服执仉同西岳旗。"

上次谜底是什么?

女儿:"蛮横一酋长,独据一村庄"的谜底是樽。

爸爸:对。<u>樽 zūn</u>,古代盛酒的器具。《三国演义》:"老夫家无好酒,容往西村沽一樽来相待。"

与樽同音的有正形声字:<u>鳟 zūn</u>。

鳟,鳟鱼,形略似鲑鱼,全身有显著的黑点。鳟鱼的营养十分丰富,含有各种维生素及人体所需的营养元素,且热量较低。

与樽近音的有准形声字:<u>撙 zǔn</u>,裁减,节省:撙节。《元史演义》:"臣窃以为此时此景,正应勉力撙节,不宜妄费。"

非形声字:<u>躜 zuān</u>,向上或向前冲:跳跳躜躜。《乾隆皇帝》:"驿道右临长江左倚江淮平原,浩浩渺渺孤帆远影,而或青郁连绵落花似锦,也都无心观赏留连,只一路催骑躜行。"

非形声字:<u>缵 zuǎn</u> <u>纂 zuǎn</u>。

缵,继承:载缵武功。《元史演义》:"朕既缵承祖统,应思效法祖功。"

女儿:纂,搜集材料编书:纂修。孙文《黄花岗七十二烈士事略·序》:"十年,始有事略之编纂。"

爸爸:有准形声字:<u>攥 zuàn</u>,握:攥拳头。《三侠五义》:"谁知树上之人趁着这一声,便攥住树梢,将身悠起,趁势落在耳房上面。"

女儿:还有读谆的非形声字:<u>肫 zhūn</u>,禽类的胃:鸡肫。《大唐狄公案》:"吐尔贝端上一大碗鸡汁粥,上面还堆着两条鸡腿,粥里又埋了半个鸡肫。"

爸爸:今天的谜面是"一边转一边停,递消息快又灵"。

四、长度篇

第三十六课　尺 chǐ,chě

爸爸:现在复习前面的生字。第三十一课?

女儿:正形声字有:瑕 xiá 遐 xiá 茓 xué 鳕 xuě;

非形声字有:罅 xià 狎 xiá 柙 xiá 黠 xiá 硤 xiá 暶 xué 噱 xué。

爸爸:第三十二课?

女儿:正形声字有:佐 zuǒ 唑 zuò 棰 chuí 陲 chuí;

非形声字有:撮 zuǒ 嘬 zuō 捽 zuó 怍 zuò 胙 zuò 祚 zuò 酢 zuò 磋 cuō 蹉 cuō 痤 cuó 嵯 cuó 矬 cuó 厝 cuò 锉 cuò 踔 chuō 龊 chuò 辍 chuò 啜 chuò,chuài 踹 chuài 槌 chuí。

爸爸:第三十三课?

女儿:正形声字有:蚴 yòu 饔 yōng 臃 yōng 壅 yōng 镛 yōng 鳙 yōng 慵 yōng 墉 yōng 俑 yǒng 恿 yǒng 蛹 yǒng;

准形声字有:囿 yòu 侑 yòu 宥 yòu 柚 yòu,yóu 鼬 yòu 釉 yòu 呦 yōu 痈 yōng;

非形声字有:攸 yōu 唷 yō 雍 yōng 邕 yōng 颙 yóng 喁 yóng(yú) 甬 yǒng。

爸爸:第三十四课?

女儿:正形声字有:锂 lǐ 俚 lǐ 娌 lǐ 嫘 léi 缧 léi 镭 léi 诔 lěi 鳓 lè;

准形声字有:嘞 lei;

非形声字有:羸 léi 耒 lěi 儡 lěi 酹 lèi 叻 lè 仂 lè 泐 lè 勒 lè,lēi。

爸爸:第三十五课?

女儿:正形声字有:漳 zhāng 獐 zhāng 璋 zhāng 蟑 zhāng 鳟 zūn;

准形声字有:嶂 zhàng 瘴 zhàng 嶂 zhàng 撙 zǔn 攥 zuàn;

101

非形声字有：仉 zhǎng 躜 zuān 缵 zuǎn 纂 zuǎn 肫 zhūn。

爸爸：很好。上次作业？

女儿：老仉 zhǎng 的手掌。

他日夜躜 zuān 路，不为载缵 zuǎn 武功，而为纂 zuǎn 修典籍。

谆谆告诫，少吃鸡肫 zhūn。

爸爸：通过。今天我们重点学与尺同音或近音的字。与尺同音的有非形声字：豉 chǐ 褫 chǐ。

豉，豆豉，一种用熟的黄豆或黑豆经发酵后制成的食品。西周生《醒世姻缘传》："二人从酱斗内取出的豆豉腌鸡，盛了两碟，斟上酒。"

褫，剥夺：褫夺。《元史演义》："遂将贺巴延褫职，下五府杂治。"

与尺近音的有读池的非形声字：茌 chí 墀 chí 篪 chí 坻 chí，dǐ 踟 chí。

茌，茌平，地名，在山东省，中国民间剪纸艺术之乡。

墀，台阶上的空地，亦指台阶：丹墀，用红漆涂的台阶。《三国演义》："玄德具朝服拜于丹墀。"

篪，古书上说的一种竹。古代一种用竹管制成像笛子一样的乐器，有八孔。《三宝太监下西洋记》："天空万籁起，为奏埙 xūn 与篪。"

坻，水中的小洲或高地。《诗经》："溯游从之，宛在水中坻。"另读坻 dǐ，山坡，地名用字。天津市有宝坻区。

女儿：踟，踟蹰，心里犹豫，要走不走的样子。《聊斋志异》："踟蹰四顾，并不知其何所。"

爸爸：尺又读 chě，我国古代乐谱的记音符号，相当于简谱的"2"。

与其近音的有正形声字：砗 chē，砗磲 qú，软体动物，比蛤蜊大，肉可食。《乾隆皇帝》："见一个女人戴着镂花金座命妇朝冠，砗磲旋钮上饰着一颗小蓝宝石。"

有读彻的非形声字：坼 chè 掣 chè。

坼，裂开：干坼。《初刻拍案惊奇》："自春至夏，四五个月内并无半点雨泽。但见:田中纹坼,井底尘生。"

女儿:搋,拉,拽:搋肘。抽:搋签。《三国演义》:"刘玄德搋双股剑,骤黄鬃马,刺斜里也来助战。"

爸爸:上次"一边转一边停,递消息快又灵"的谜底是什么?

女儿:传。

爸爸:对。与传同音的有非形声字:遄 chuán 椽 chuán。

遄,往来频繁。快,迅速:遄疾。徐枕亚《玉梨魂》:"此则口讲指画,逸兴遄飞,彼则疾首蹙 cù 额,神情萧索。"

女儿:椽,放在檩上架着屋顶的木条:椽子。椽笔。《三刻拍案惊奇》:"只是破屋数椽,瘠田数亩,仅可支持,不能充给。"

爸爸:与其近音的有读川的正形声字:氚 chuān,氢的同位素之一。

有读喘的非形声字:舛 chuǎn,错误,错乱:命途多舛。违背:舛迕。伦常乖舛。《三宝太监下西洋记》:"在下也曾连赴几度科场,争奈命途多舛,科场没分。"

有读串的准形声字:钏 chuàn,用珠子或玉石等穿起来做成的镯子:金钏。《型世言》:"女子出钗钏相谢,他不受。"

还有非形声字:怆 chuàng,悲伤:悲怆。怆痛。《元史演义》:"小子走笔至此,也觉满腹凄怆。"

第三十七课　寸 cùn

爸爸：先交作业。

女儿：他跪倒丹墀 chí，被褫 chǐ 夺在 chí 平县令，从此踟 chí 蹰在沙洲小坻 chí，日食豆豉 chǐ，夜吹埙篪 chí。

二人在干坼 chè 的田野上掣 chè 剑厮杀。

他虽命途多舛 chuǎn，只有破屋数椽 chuán，仍然豁达开朗、逸兴遄 chuán 飞。

创纪录的过程很悲怆 chuàng。

爸爸：可以。今天我们重点学与寸同音或近音的字。与寸同音的没有，与寸近音的有读村的非形声字：皴 cūn，皮肤因受冻或受风吹而干裂：皴裂。中国画技法之一，涂出物体纹理或阴阳向背：皴笔。《醒世恒言》："肉色焦枯，皮毛皴裂。"

女儿：有准形声字：忖 cǔn，揣度，思量：忖度。《三国演义》："忖量未定，隐几而卧。"

爸爸：还有非形声字：蹲 cún，腿、脚猛然落地，因震动而受伤。如：蹲了腿。另读 dūn，两腿尽量弯曲，像坐的样子，但臀部不着地：蹲下。蹲苗，在一定时期内控制施肥和灌水，使幼苗根部下扎，生长健壮。呆着或闲居：蹲班房。《元史演义》："帖木真，你为何蹲在水内？"

与其同音的有正形声字：墩 dūn 礅 dūn 镦 dūn；非形声字：惇 dūn。

蹾，猛地往下放，着地很重：易碎物品，勿蹾！《雍正剑侠图》："这篮子又有分量，用力一蹾，案板一颤，茶水溅了王三虎一脸。"

礅，厚而粗重的整块石头：石礅。《施公案》："张七坐在石礅子上面，看着众人钓鱼。"

镦,冲压加工金属板。阉割,如:镦鸡。《上古秘史》:"猪有阉猪,鸡有镦鸡,狗有善狗,猫有净猫。"

惇,敦厚:惇厚。劝勉,勤勉:惇学。推崇,尊重:惇信明义。清溪道人《禅真逸史》:"为人惇厚,家资巨富。"

女儿:还有吗?

爸爸:有读吨的非形声字:<u>趸 dǔn</u>,整,整数:趸卖。整批地买进:现趸现卖。《红楼梦》:"不过每年四节大趸送礼,那是一定的年例。"

有读钝的非形声字:<u>炖 dùn 砘 dùn 沌 dùn, zhuàn</u>;正形声字:<u>遁 dùn</u>。

女儿:炖,煨煮食品使烂:清炖鸡。《红楼梦》:"早起我说那一碗火腿炖肘子很烂,正好给妈妈吃。"

爸爸:砘,播种后把松土压实的农具,用石头做成:砘子。用砘子轧地:砘地。丁明烨《砘地》:"种麦有许多工序,犁地,耙地,修陇,播种,最后一道工序就是砘地。"

沌,愚昧无知。《三国演义》:"昔混沌既分,阴阳剖判;轻清者上浮而为天,重浊者下凝而为地。"另读 zhuàn,沌河,水名,在湖北省。

女儿:遁,逃避,躲闪:遁辞。隐,消失:遁迹。《三国演义》:"见操兵少,疑操遁去,俱引兵入险击之。"

轻松成为"字多星"

第三十八课　厘 lí

爸爸：先交作业。

女儿：天寒地冻,他手也皲 cūn 了,腿也蹲 cún 了。

他性格惇 dūn 厚,脑子甚至有点混沌 dùn,人家都在忙砘 dùn 地,他却现趸 dǔn 现卖起清炖 dùn 鸡来了。

爸爸：通过。今天我们重点学与厘同音或近音的字。与厘同音的有非形声字：<u>嫠 lí 罹 lí 蠡 lí</u>;正形声字：<u>喱 lí</u>;准形声字：<u>蜊 lí</u>。

嫠,寡妇:嫠妇。《元史演义》:"目今嗣 sì 子已亡,大势一变,剩我嫠妇数人,备尝苦况,也是够了,还要移居何处?"

罹,遭受苦难或不幸:罹病。忧患;苦难。《三国演义》:"江东六郡,生灵无限;若罹兵革之祸,必有归怨于我,故决计请降耳。"

蠡,瓢 hù 瓢,用葫芦做的瓢:以蠡测海。金松岑、曾朴《孽海花》:"富强大计,条目繁多,弟辈蠡测,哪里能尽!"另读蠡 lí,虫蛀木,引申为器物久磨将断的样子。

女儿：喱,美英重量单位 grain 的旧译,等于 0.0648 克。咖喱。调味品名,味香且辣:咖喱鸡。

爸爸：蜊,蛤蜊。李昉 fǎng《太平广记》:"接着又有几十个蛟龙和大蛤蜊,从东方游来。"

与厘近音的有读力的非形声字：<u>戾 lì 詈 lì 栎 lì,yuè 跞 lì,luò</u>;正形声字：<u>唳 lì 猁 lì 郦 lì 俪 lì</u>。

戾,暴恶:暴戾。罪过,乖张:乖戾。至:鸢 yuān 飞戾天。《三国演义》:"汝乃妄出怨言,自取罪戾!"

詈,骂,责骂:詈言。《元史演义》:"这王妃既遭殴辱,复闻讥詈,自然不肯干休,遣使奏闻。"

栎,落叶乔木,叶子长椭圆形,木材坚硬,亦称"麻栎""橡",通称"柞树"。另读栎 yuè,栎阳,古地名,在今陕西省。

跞,走动,跨越。另读跞 luò,卓跞,超绝。《三国演义》:"窃见处士平原祢衡:年二十四,字正平,淑质贞亮,英才卓跞。"

唳,鹤、雁等鸟高亢的鸣叫:风声鹤唳。《三刻拍案惊奇》:"路上风声鹤唳。才到东,又道东边倭子来了,急奔到西。"

猁,猞猁,体型似猫,但较大,善爬树,毛皮珍贵。《红楼梦》:"贾珍看着收拾完备供器,靸着鞋,披着猞猁狲大裘。"

女儿:郦,姓:郦道元。

爸爸:俪,相并,对偶:俪词。指夫妇:伉俪。《清史演义》:"只这位道光帝伉俪情深,时常哀戚。"

与卓跞的跞同音的有非形声字:<u>珞 luò 骆 luò 泺 luò 荦 luò 漯 luò 摞 luò</u>。

珞,璎珞,古代用珠玉串成的装饰品,多用为颈饰。珞巴族,我国少数民族之一,分布在西藏。《红楼梦》:"从里面大红袄上将那珠宝晶莹黄金灿烂的璎珞掏将出来。"

骆,古书上指白鬣 liè 的黑马。姓。古地名,西汉时置为骆县,今址四川省广汉市北。《三国演义》:"可连夜遣兵屯骆县,塞住咽喉之路。"

泺,泺水,古水名,在今山东省。趵突泉是古泺水的源头。

荦,杂色牛,引申为杂色。特出,明显:荦荦,分明,明显。《儒林外史》:"风流高会,江南又见奇踪;卓荦英姿,海内都传雅韵。"

漯,漯河,地名,在河南省,位于华北平原西南边缘地带,是中国地形上第二第三阶梯的接合部位。又读 tà,漯河,水名,在山东。

女儿:摞,把东西重叠地往上放。量词。《乾隆皇帝》:"当日正是纪昀当值,习惯成自然地把一高摞子各地奏折分门别类捡看着。"

爸爸:还有读裸的非形声字:<u>瘰 luǒ</u>,瘰疬,中医指结核菌侵入淋巴结,发生核块的病,多在颈部,俗称"老鼠疮"。《三刻拍案惊奇》:"初时累累然是些红瘰儿,到后都起了脓头儿。"

读罗的正形声字:椤 luó 猡 luó。

椤,桫 suō 椤,蕨 jué 类植物,茎含淀粉,可食用。

女儿:猡,猪猡,方言,猪。《乾隆皇帝》:"再尊贵的人没钱了瞧着也是猪猡一样。"

四、长度篇

第三十九课　毫 háo

爸爸：先交作业。

女儿：有一嫠 lí 妇,性格乖戾 lì,好蠡 lí 测时事,曾效骐骥腾踔 lí,不慎撞上栎 lì 树,于是詈 lì 骂不止,终至罹 lí 患重病。

他不顾身患瘰 luǒ 疬,担着一摞 luò 子璎珞 luò,从雒 luò 县到洛 luò 水过漯 luò 河,风尘仆仆,英姿卓荦 luò。

爸爸：可以。今天我们重点学与毫同音或近音的字。与毫同音的有非形声字：蚝 háo 嗥 háo 貉 háo；正形声字：壕 háo 濠 háo。

蚝,即"牡蛎"：蚝油。刘恂《岭表录异》："蚝即牡蛎也。其初生海岛边,如拳而四面渐长,有高一二丈者,巉 chán 岩如山。"

嗥,野兽吼叫：狼嗥。《老残游记》："这是狼嗥,虎那有这么多呢？虎的声音长,狼的声音短,所以虎名为'啸',狼名为'嗥'。"

貉,用于"貉子""貉绒"。另读 hé,哺乳动物,外形像狐,穴居河谷、山边和田野间,皮很珍贵。《民国演义》："是故有皖直之交战于北,便有桂粤之互哄于南,有安福之专欲横行,便有政学之操纵不法,是真一丘之貉,无庸轩轾 zhì 其间。"

女儿：壕,护城河：城壕。沟：壕沟。壕堑。《三国演义》："兵临城下,将至壕边,岂可束手待毙!"

爸爸：濠,濠水,古水名,在今安徽省。据说,庄子的鱼乐之辩的故事发生在此。

与毫近音的有非形声字：蒿 hāo 薅 hāo；正形声字：嚆 hāo。

蒿,二年生草本植物,开黄绿色小花,可入药,亦称"青蒿"：蒿莱,杂草,喻草野百姓。《三刻拍案惊奇》："游魂渺何许？清夜泣蒿黎。"

109

薅，揪。拔除：薅草。扬雄《法言义疏》："善治田者，薅其藜、莠，而养其稻、粱。"

嚆，呼叫：嚆短，响箭射出后，声音先到而箭后至，喻发生在先的事物或事物的开端。《林公案》："英政府许之以后，即派律劳卑来粤，名叫主务监督，这是领事的嚆矢。"

女儿：有非形声字：郝 hǎo，古地名，在今陕西省西安市鄠邑区和周至县。姓：郝梦龄。

爸爸：有读浩的非形声字：颢 hào 昊 hào；正形声字：灏 hào。

颢，白的样子：颢气，洁白清新之气。《水浒传》："江湖驰誉望，京国颢英雄。"

昊，大：昊天，广大的天。喻父母的恩情深重。《三国演义》："昊天昏暗，三军怆然；主为哀泣；友为泪涟。"

灏，水势大。广大。安遥时《包公案》："灏气乘风扫净室，炎蒸忽入秋光里。"

五、天干篇

第四十课　甲 jiǎ

爸爸：先交作业。

女儿：老郝 hǎo 到农田薅 hāo 青蒿 hāo。

他大义凛然，颢 hào 气冲昊 hào 天。

他因无意洒了蚝 háo 油，污了皇上的貉 háo 绒，被打得鬼哭狼嗥 háo。

爸爸：好。今天我们重点学与甲同音或近音的字。与甲同音有正形声字：岬 jiǎ 胛 jiǎ；非形声字：贾 jiǎ，gǔ。

岬，两山之间：山岬。突入海中的陆地：岬角。《孽海花》："那是两个山岬中间的急流溪，在两崖巅冲下象银龙般的一大条瀑布。"

胛，肩胛，背脊上部跟两胳膊接连的部分。肩胛骨，肩胛上部左右两块三角形的扁平骨头。《乾隆皇帝》："接着又一阵风，竟是微微带着寒意，傅恒不禁抚了一下肩胛。"

女儿：贾，姓：贾宝玉。

爸爸：与甲近音的有正形声字：铗 jiá 郏 jiá 荚 jiá 蛱 jiá；非形声字：戛 jiá，gā。

铗，剑。冶铸用的钳：铁铗子。《三刻拍案惊奇》："弹铗江皋一放歌，哭君清泪惹衣罗。"

郏，郏县，地名，在河南省，是仰韶文化、龙山文化等的发祥地之一。

荚,豆科植物的长形果实:豆荚。《豆棚闲话》:"西风发起,那豆花越觉开得热闹,结的豆荚俱鼓钉相似。"

蛱,蛱蝶,蝴蝶的一类,成虫赤黄色,对农作物有害。《三国演义》:"青龙宝刀灿霜雪,鹦鹉战袍飞蛱蝶。"

女儿:戛,长矛。敲,敲打。象声词。《雍正皇帝》:"汪景祺滔滔不绝地说到此处,却戛然止住,偌大的书房里变得一片死寂!"另读 gā,戛纳。

爸爸:贾,另读 gǔ,做买卖。商人。古时候称行商为"商",坐商为"贾"。后泛指商人。《西游记》:"你看那长安城里,行商坐贾、公子王孙、墨客文人、大男小女,无不争看夸奖。"

与其同音的有非形声字:<u>汩 gǔ 榖 gǔ 毂 gǔ 蛊 gǔ 鹄 gǔ,hú</u>;正形声字:<u>钴 gǔ 诂 gǔ 牯 gǔ 罟 gǔ 瞽 gǔ 臌 gǔ 鹘 gǔ,hú</u>。

女儿:汩,水流的样子:汩汩。《大唐狄公案》:"一层轻轻的晨雾悬浮在平静的运河中,浊浪击拍堤岸汩汩有声。"

爸爸:榖,落叶乔木,树皮纤维可造纸。亦称"构"。刘珍《东观汉记校注》:"用故麻造者谓之麻纸,用木皮名榖纸,用故鱼网名网纸。"

毂,车轮中心,有洞可以插轴的部分,借指车轮或车。《元史演义》:"愈宽愈坏,辇毂之下,尚无王法,外省更不必论了。"

蛊,传说中的一种人工培养的毒虫,专用来害人:蛊惑。《两晋秘史》:"中常侍温皓希旨,告段氏为巫蛊毒后。"

鹄,箭靶的中心,目标,目的,如:鹄子,箭靶。《施公案》:"又派人将鹄子取来,就在庙内宽阔之处,量准步数,将鹄安置停妥。"另读 hú,水鸟,形状像鹅,体较鹅大,鸣声宏亮,善飞,亦称"天鹅":鹄立。《三国演义》:"燕雀安知鸿鹄志哉!汝既拿住我,便当解去请赏。何必多问!"

女儿:钴,一种金属元素,具放射性。

爸爸:诂,用通行的话解释古代语言文字或方言字义:训诂。吴趼人《新石头记》:"被那一孔之儒见了,又要以意臆度,字训句诂,胡说乱道,反失了真。"

牯,母牛;亦指阉割后的公牛;亦泛指牛。《江湖奇侠传》:"生得矮,身体和牯牛一般壮实。"

罟,鱼网。亦指法网。《三刻拍案惊奇》:"纵饶探囊取物似英雄,只怕插翅也难逃网罟。"

瞽,盲人,瞎子。不达事理;没有见识。《明史演义》:"自成即被射中左目,伤瞳成瞽,世人因称为独眼龙。"

臌,中医指肚子膨胀的病,有"水臌""气臌"两种,通称"臌胀"。《济公全传》:"陆炳文在堂上坐着,好好的忽然肚中臌起来,臌得有犬皮鼓相似,自己两只手够不着肚脐。"

鹘,鹘鸼 zhōu,古书上说的一种鸟。另读 hú,鸷 zhì 鸟名,即隼 sǔn。《元史演义》:"末后一结,兔起鹘落,益令人匪夷所思。"

女儿:还有吗?

爸爸:有读gū的正形声字:<u>菇 gū</u>;准形声字:<u>鸪 gū 牯 gū 蛄 gū 酤 gū</u>;非形声字:<u>觚 gū 箍 gū 呱 gū,guā,guǎ</u>。

菰,多年生草本植物,生在浅水里,嫩茎称"茭白"。徐枕亚《玉梨魂》:"计抵东之期,当在菰叶搏青,蒲芽悬绿时矣。"

鸪,鹧 zhè 鸪,鸟,背部和腹部黑白两色相杂,雄的有翅,雌的无翅。《西游记》:"黄鹂飞舞,百舌调音,鹧鸪鸣,紫燕语。"

女儿:牯,牯辘,车轮;滚动,转动。《乾隆皇帝》:"一步一踱跫向东书房,一路走着心里绞盘牯辘思量。"

蛄,蝼蛄,节肢动物,生活在泥土中,昼伏夜出,吃农作物嫩茎,通称"蜡蜡là蛄",有的地方叫"土狗子"。

爸爸:酤,买酒。卖酒。《南北史演义》:"阅武堂,种杨柳,至尊屠肉,潘妃酤酒。"

觚,古代酒器,青铜制,喇叭形口,细腰,高圈足。《九云记》:"右边几上,摆着汝窑美人觚,里面插着时鲜花草。"

箍,用竹篾或金属条束紧,用带子之类勒住:箍桶。《施公案》:"自己除下了金箍,打了发辫,改扮买卖人模样。"

女儿:呱,呱呱,指小儿哭声,如"呱呱坠地"。另读 guā,呱呱,声音响亮;形容好,如"呱呱叫""顶呱呱"。《三侠五义》:"将手一张,只听金蟾在掌中呱呱的乱叫。"又读 guǎ,拉呱儿。

爸爸:有读固的正形声字:<u>崮 gù 锢 gù 鲴 gù 痼 gù</u>;非形声字:<u>梏 gù</u>。

崮,四周陡峭、山顶较平的山,多用于地名:孟良崮。

锢,禁闭:禁锢。《三国演义》:"桓帝禁锢善类,崇信宦官。"

鲴,鱼类的一属,体长而侧扁,银白带黄色。

痼,经久难治愈的病:痼疾。长期养成的不易克服的癖好、习惯:痼弊。《醒世恒言》:"医家都说是个痼疾,医不得的了。"

女儿:梏,古代拘手的刑具:桎梏。《孽海花》:"冲决种种网罗,打破种种桎梏。"

第四十一课　乙 yǐ

爸爸：现在复习前面的生字。第三十六课？

女儿：正形声字有：钏 chuàn；

非形声字有：玼 chǐ 褫 chǐ 茌 chí 墀 chí 篪 chí 坻 chí,dǐ 跢 chí 坼 chè 掣 chè 遄 chuán 椽 chuán 舛 chuǎn 怆 chuàng。

爸爸：第三十七课？

女儿：正形声字有：蹾 dūn 礅 dūn 镦 dūn 遁 dùn；

准形声字有：忖 cǔn；

非形声字有：皴 cūn 蹲 cún,dūn 惇 dūn 趸 dǔn 炖 dùn 砘 dùn 沌 dùn,zhuàn。

爸爸：第三十八课？

女儿：正形声字有：喱 lí 唳 lì 猁 lì 郦 lì 俪 lì 椤 luó 猡 luó；

准形声字有：蜊 lí；

非形声字有：嫠 lí 罹 lí 蠡 lí,lǐ 戾 lì 詈 lì 栎 lì,yuè 跞 lì,luò 珞 luò 雒 luò 泺 luò 荦 luò 漯 luò 摞 luò 濼 luǒ。

爸爸：第三十九课？

女儿：正形声字有：壕 háo 濠 háo 嚆 hāo 灏 hào；

非形声字有：蚝 háo 嗥 háo 貉 háo 蒿 hāo 薅 hāo 郝 hǎo 颢 hào 昊 hào。

爸爸：第四十课？

女儿：正形声字有：岬 jiǎ 胛 jiǎ 铗 jiá 郏 jiá 荚 jiá 蛱 jiá 钴 gǔ 诂 gǔ 牯 gǔ 罟 gǔ 馨 gǔ 臌 gǔ 鹄 gǔ,hú 蓇 gū 崮 gù 锢 gù 鲴 gù 痼 gù；

准形声字有：鸪 gū 牯 gū 蛄 gū 酤 gū；

非形声字有：贾 jiǎ,gǔ 戛 jiá,gā 汩 gǔ 榖 gǔ 觳 gǔ 蛊 gǔ 鹄 gǔ,hú 觚 gū 箍 gū 呱 gū,guā,guǎ 梏 gù。

爸爸：很好。上次作业？

女儿：贾 jiǎ 宝玉说到这里戛 jiá 然而止。

他因失手打碎了金箍 gū 美人觚 gū，被打得呱 gū 呱直哭，还惨遭桎梏 gù。

他受人蛊 gǔ 惑，将轮榖 gǔ 吊在榖 gǔ 树上，以其为鹄 gǔ 的练习射箭，结果箭矢反弹伤了面门，鲜血汩 gǔ 汩而下。

爸爸：煞有介事，通过。今天我们重点学与乙同音或近音的字。与乙同音的有正形声字：钇 yǐ 苡 yǐ；非形声字：旖 yǐ。

钇，一种金属元素，稀土金属。可制特种玻璃和合金。

苡，薏 yì 苡，多年生草本植物，颖果卵形，灰白色，像珍珠，可食用、药用，称"薏米"。《后汉演义》："因南方薏苡，颗粒较大，因收买数斛 hú，载回家中。"

旖，旖旎，旌旗随风飘扬的样子；柔和美丽。《乾隆皇帝》："和当阿哥的乾隆有过一段旖旎缠绵，被太后发觉后赐绫缢死。"

女儿：与乙近音的有非形声字：冶 yě，熔炼金属：冶金。过分的装饰打扮：妖冶。《醒世恒言》："面庞白皙如玉，天然艳冶，韵格非凡。"

爸爸：有读椰的非形声字：噎 yē 耶 yē,yé；准形声字；掖 yē,yè。

噎，食物塞住了嗓子：因噎废食。说话顶撞人，使人无话可答。《三侠五义》："一句话把个谈月噎的倒抽了一口气。"

耶，耶稣，基督教的创始人。另读 yé，文言疑问词，相当于"呢"或"吗"。

掖，把东西塞在衣袋或夹缝里。另读 yè，用手扶着别人的胳膊：扶掖。扶持别人：奖掖。《济公全传》："只见由里面出来一个穷和尚，破僧衣，短袖缺领，僧帽在左边腰里掖着。"

女儿：有读爷的准形声字：揶 yé，揶揄，耍笑，嘲弄。《乾隆皇帝》：

"他连揶揄带挖苦,跟来的几个兵都哈哈大笑。"

爸爸:有读叶的非形声字:<u>曳 yè 烨 yè 靥 yè 谒 yè</u>;正形声字:<u>邺 yè</u>。

曳,拉,牵引:曳引。《醒世恒言》:"岂知那老者却从背后一把曳住袖子。"

烨,火光,日光,光辉灿烂:烨烨。《西游记》:"用此扇,扇此火,煌煌烨烨,就如电掣红绡。"

靥,酒窝儿,嘴两旁的小圆窝儿:笑靥。《三刻拍案惊奇》:"桃靥笑开,盈盈两点秋波澄夜月。"

谒,拜见:谒见。说明,陈述。请求:谒医。《三国演义》:"玄德即日将来奉谒,望公勿推阻,即展平生之大才以辅之,幸甚!"

女儿:邺,古地名,在今河北省临漳县西。杜甫《石壕吏》:"听妇前致词,三男邺城戍。"

轻松成为"字多星"

第四十二课　丙 bǐng

爸爸：先交作业。

女儿：倚门而望，风光旖 yǐ 旎。

她虽信奉耶 yē 稣，并不因噎 yē 废食。

她拜谒 yè 客人时，打扮妖冶 yě，长裙曳 yè 地，笑靥 yè 迷人，光彩烨烨 yè。

爸爸：可以。今天我们重点学与丙同音或近音的字。与丙同音的有正形声字：邴 bǐng 炳 bǐng；准形声字：屏 bǐng。

邴，古地名，在今山东省费县。姓：邴原。

炳，光明，显著：彪炳。点，燃：炳烛。孔平仲《娘子军》："才德兼备，彪炳史册，都从教学二字出来。"

屏，除去，排除：屏弃。抑止：屏息。《三国演义》："孔明索纸笔，屏退左右，密书十六字曰：'欲破曹公，宜用火攻；万事俱备，只欠东风。'"

女儿：与丙近音的有读兵的正形声字：槟 bīng，槟榔，常绿乔木，生长在热带，果实可食。另读 bīn，槟子，苹果属中的一种，比苹果小，熟的时候紫红色，味酸甜。

读病的准形声字：摒 bìng，摒挡，排除：摒弃。《民国演义》："今后政客更有飞短流长，为府院间者，愿我大总统我总理立予摒斥。"

爸爸：有读宾的非形声字：豳 bīn 邠 bīn，fēn；正形声字：傧 bīn 镔 bīn。

豳，古地名，在今陕西省旬邑县西南。《隋唐演义》："贤弟，战争劳苦，当俟吾儿世民豳州回来，与贤弟共平东都，以雪弟仇。"

邠，玉的纹理。一剖为二的玉器。多见于人名。另读 fēn，赛璐玢，玻璃纸的一种,无色透明,有光泽。

镔,镔铁,精炼的铁。《三国演义》:"又赠金银五百两,镔铁一千斤,以资器用。"

女儿:傧,接引宾客:傧相。《初刻拍案惊奇》:"他怕人知道,也不用傧相,也不动乐人。"

爸爸:有读鬓的准形声字:髌 bìn 摈 bìn 膑 bìn 殡 bìn。

髌,膝盖骨。古代除去膝盖骨的酷刑。刘向《说苑》:"司马喜髌脚于宋,而卒相中山。"

摈,排除,抛弃:摈弃。《明史演义》:"瑾以大权在手,索性将老成正士,一古脑儿目为奸党,尽行摈斥,免得他来反对。"

膑,同"髌"。荀悦《前汉纪》:"昔西伯拘而演周易。仲尼厄而作春秋。屈原放逐,乃赋离骚。左丘失明,厥有国语。孙子膑足,兵法修列。"

女儿:殡,停放灵柩或把灵柩送到墓地去:殡葬。《三国演义》:"令大小官员送殡,操自拜祭,赠为荆王,差官守墓。"

爸爸:屏,又读 píng,遮挡:屏风。屏蔽。字画的条幅,通常以四幅或八幅为一组:画屏。《三国演义》:"只见两从者从屏风后扶出刘琦。"

与其同音的有正形声字:枰 píng 鲆 píng。

枰,棋盘:棋枰。《聊斋志异》:"使杨治棋枰,购琵琶。每夜教杨手谈。"

鲆,鱼的一科,生活在浅海中,两眼都在身体的左侧,常见的有"牙鲆""斑鲆"等。

女儿:有非形声字:娉 pīng,娉婷,形容女子姿态美好。《大唐狄公案》:"狄公见魏掌柜身旁还站着一个娉婷的女子,约十七八岁光景。"

有读拼的非形声字:姘 pīn,非夫妻而同居的不正当的男女关系:姘居。

爸爸:还有读频的非形声字:嫔 pín 玭 pín;正形声字:颦 pín。

嫔，古代皇宫里的女官，皇帝的妾，侍从：妃嫔。《三国演义》："郭汜sì领兵入官，尽抢掳宫嫔采女入营，放火烧宫殿。"

毗，珍珠：毗珠。戴德《大戴礼记》："上有双衡，下有双璜、冲牙、毗珠以纳其间。"

女儿：颦，皱眉：一颦一笑。《大唐狄公案》："狄公浓眉紧颦，低头慢慢踱步，陷入了沉思之中。"

爸爸：还有读聘的非形声字：牝 pìn，雌性的鸟或兽，与"牡"相对：牝牛。《三刻拍案惊奇》："故牝鸡鸣而唐亡，男子产而宋覆。"

今天的谜面是：隶属辽东。

第四十三课　丁 dīng

爸爸：先交作业。

女儿：贵宾在豳 bīn 州分手，各持一玢 bīn。

与他姘 pīn 居的原是宫中一妃嫔 pín，身材娉 pīng 婷，常挂玭 pín 珠，好坐牝 pìn 马。

爸爸：可以。今天我们重点学与丁同音或近音的字。与丁同音的有正形声字：疔 dīng 玎 dīng 町 dīng 酊 dīng，dǐng 仃 dīng。

疔，中医学指病理变化急骤并有全身症状的恶性小疮：疔疮。《水浒传》："今后但吃时，舌头上生碗来大疔疮！"

玎，玎玲，象声词，多形容玉石撞击声。玎当，象声词，形容金属、磁器等撞击声。《红楼梦》："以手扣之，玎珰如金玉。"

町，畹 wǎn 町，地名，在云南省德宏傣族景颇族自治州西南部。另读 tǐng，町町，平坦的样子。田间小路：町畦 qí。干宝《搜神记》："臣在斋中坐，其宅内有一町筋竹。"

酊，医药上用酒精和药物配制而成的液剂：酊剂。另读 dǐng，酩 mǐng 酊，形容大醉。《三刻拍案惊奇》："这两个邻舍自家要吃，把他灌上几盅，已是酩酊。"

女儿：仃，伶仃，孤独。《西游记》："弱体瘦伶仃，脸如枯菜叶。"

爸爸：与丁近音的有读定的正形声字：啶 dìng 碇 dìng 锭 dìng 腚 dìng；非形声字：铤 dìng，tǐng。

啶，有机化合物中的一种。

碇，系船的石墩：起碇，开船。《江湖奇侠传》："停船启碇，以及经过甚麽码头，全不顾问。"

女儿：锭，纺车或纺纱机上绕纱的机件：锭子。金属或药物等制成的块状物：金锭。量词，用于金银锭及墨：一锭金。《醒世恒言》："包中又有三四层纸，裹着光光两锭雪花样的大银，每锭有十两重。"

腚，臀部：光腚。《康熙侠义传》："我马成龙飞檐走壁，一蹦就二尺多高，闹一个腚沟占地。"

爸爸：铤，古代称未经冶铸的铜铁。箭头装入箭干的部分。另读 tǐng，快走的样子：铤而走险。《大唐狄公案》："如此情景，免不得心如火燎，铤而走险了。"

与其同音的有准形声字：梃 tǐng，棍棒。《民国演义》："他们即伸出如梃的手臂，似钵的拳头，向议员面前，猛击过来。"另读 tìng，杀猪后，在猪腿上划一个口子，用铁棍贴着腿皮往里捅，然后往里吹气，使猪皮绷紧，以便去毛：梃猪。

与其近音的有读厅的非形声字：汀 tīng 烃 tīng。

汀，水边平地，小洲：绿汀。《玉梨魂》："而江花汀草，点缀闲情，鸥港渔矶，别饶野趣。"

女儿：烃，有机化学上碳氢化合物的总称。

爸爸：有读亭的正形声字：莛 tíng 葶 tíng 婷 tíng 霆 tíng。

莛，草本植物的茎：麦莛儿。萧绎《金楼子》："斯盖以莛撞钟，以蠡测海也。"

葶，葶苈 lì，一年生草本植物，果实椭圆形。称"葶苈子"。严可均《全上古三代文》："葶苈子熟时可种禾豆，夏至时可种黍麻。"

女儿：婷，婷婷，形容人或花木美好。《三侠五义》："穿着件翠森森的衫儿，系着条青簇簇的裙儿，真是娇娇娜娜，袅袅婷婷，虽是布裙荆钗，胜过珠围翠绕。"

霆，霹雷，霹雳：雷霆万钧。震动。《三国演义》："但当速发雷霆，行权立断，则天人顺之。"

爸爸：上次"隶属辽东"的谜底是什么？

女儿:逮。

爸爸:对。与逮同音的有非形声字:傣 dǎi,傣族,我国少数民族,主要分布于云南省。

与逮近音的有读代的正形声字:玳 dài 岱 dài 黛 dài;非形声字:迨 dài 骀 dài 埭 dài 殆 dài。

玳,玳瑁,海中像大龟的爬行动物。《三宝太监下西洋记》:"戴上三山金花玲珑冠,披上洁白银花手巾布,穿上玳瑁朝履,束上八宝方带。"

岱,泰山的别称。亦称"岱宗"。杜甫《望岳》:"岱宗夫如何,齐鲁青未了。"

黛,青黑色的颜料,古代女子用来画眉:粉黛。《三国演义》:"眉黛促成游子恨,脸容初断故人肠。"

迨,等到,达到。洪楩《清平山堂话本》:"迨夜,如常入直,遂潜伏里门。"

骀,疲钝。如:骀骀,疲钝的样子。舒缓放荡,常作"骀荡"。另读 tái,劣马。《聊斋志异》:"倘不以驽骀见斥,愿拜门墙。"

埭,土坝。石埭,在安徽省。钟埭,在浙江省。温庭筠《雉 zhì 场歌》:"茭叶萋萋接烟曙,鸡鸣埭上梨花露。"

女儿:殆,危:危殆。大概,几乎:伤亡殆尽。《三国演义》:"军士乘势掘官民坟冢殆尽。"

爸爸:有非形声字:嘚 dēi,嘚儿,赶驴、骡前进的吆喝声。嘚啵,说话絮絮叨叨。文康《儿女英雄传》:"好个小金凤儿!难道连你也要合我嘚啵嘚啵不成?"另读 dē,象声词,形容马蹄踏地的声音。

与其近音的有读德的非形声字:锝 dé,一种放射性元素,是良好的超导体。

轻松成为"字多星"

第四十四课　戊 wù

爸爸：先交作业。

女儿：在汀 tīng 江运输烯烃 tīng 很安全,并非铤 tǐng 而走险。

迨 dài 夜,春风骀 dài 荡,傣 dǎi 族青年在埭 dài 坝上尽情歌舞,星光殆 dài 尽方归。

谁都知德和锝 dé 音同义不同,你还啑 dēi 啵啑啵啥?

爸爸：通过。今天我们重点学与戊同音或近音的字。与戊同音的有非形声字：鋈 wù 兀 wù；准形声字：坞 wù 焐 wù 痦 wù 晤 wù 寤 wù；正形声字：婺 wù 鹜 wù 杌 wù 靰 wù 鹙 wù。

鋈,白色金属。镀。《新元史》:"大德三年,封定远王,赐鋈金银印龟纽。"

兀,高而上平,形容秃山,泛指秃：兀鹫。突然：突兀。径自；还；仍然：兀自。《三国演义》:"韦身无片甲,上下被数十枪,兀自死战。"

坞,四面高中间凹下的地方：山坞。水边建筑的停船或修造船只的地方：船坞。《三国演义》:"可教徐荣伏军荥 xíng 阳城外山坞之旁,若有兵追来,可竟放过。"

焐,用热的东西接触凉的东西,使它变暖：用热水袋焐手。《二十年目睹之怪现状》:"等到老爷再要用时,已是焐得暖暖儿的了。"

痦,痦子,人身上长出的突起的痣。《太平广记》:"这时有一个眉间长痦子身穿古人衣服的人来拜见。"

女儿：晤,遇,见面：晤面。《三国演义》:"连日不晤君颜,何期贵体不安!"

寤,睡醒：寤寐以求。《诗经·关雎》:"窈窕淑女,寤寐求之。"

爸爸：婺，婺水，水名，在江西省。《醒世恒言》："赵完，也是个大富之家，原是浮梁县人户，却住在婺源县地方。"

骛，乱跑，奔驰：骛望，放眼远望。《乾隆皇帝》："纪昀心无旁骛在旁边侍候，要回应乾隆问话，还要左顾右盼观望风色。"

杌，小凳：杌子。杌陧 niè，局势、局面、心情等不安。《民国演义》："惟眷念国家杌陧之形，默察商民颠连之状。"

靰，靰鞡，东北地区冬天穿的一种用皮革做的鞋，里面垫着乌拉草。《乾隆皇帝》："张若澄捧着一双靰拉草木履，轻轻地放在地上。"

女儿：鹜，鸭子：趋之若鹜，喻很多人争着去。王勃《滕王阁序》："落霞与孤鹜齐飞，秋水共长天一色。"

爸爸：还有这个恶 wù，讨厌，憎恨：可恶。厌恶。另读 è，不好：恶果。凶狠：恶霸。犯罪的事，极坏的行为：恶贯满盈。又读 ě，恶心，要呕吐的感觉；亦指对人和事的厌恶态度。

与其同音的有非形声字：<u>厄 è 咢 è 垩 è</u>；正形声字：呃 è 轭 è 谔 è 萼 è 腭 è 锷 è 鹗 è 颚 è。

厄，困苦、灾难：厄运。阻塞：阻厄。险要的地方：险厄。《三国演义》："惟先生开其愚而拯其厄，实为万幸！"

咢，击鼓。屋檐的棱。惊讶。梁章钜 jù 等《楹联丛话全编》："惟风雪苦寒不能出户时，但于枕上闻千百人履声及笑语歌咢，不绝于耳。"

垩，白土，泛指可用来涂饰的土：白垩。吴趼人《新石头记》："这房里与客座又不相同，虽然四壁粉垩洁净，却是一无陈设，只当中摆了几把椅子。"

呃，气逆上冲作声：呃逆。《乾隆皇帝》："更有奇的说象是'洛神洗澡''玉环捧心''西施打呃'的，胡乱用典糟蹋成语。"又读 e，用在句末，表示赞叹或惊异的语气。

轭，驾车时搁在牛马颈上的曲木。《后汉演义》："即使左右揪住规妻发髻，系住车轭，横加鞭挞。"

谔,正直的说话:忠谔。《隋唐演义》:"亏得朝中有刚正大臣,如姚崇、宋璟辈侃侃谔谔,不畏强御。"

萼,在花瓣下部的一圈叶状绿色小片:花萼。《三刻拍案惊奇》:"雪里梅英作额,露中桃萼成腮。"

腭,口腔的上膛,前面部分,称"硬腭";后面部分是结缔组织和肌肉构成的,称"软腭"。张杰鑫《三侠剑》:"右手托住水蛟的上腭,左手支住它的下腭,两条腿一分,蹬住水蛟的牙膛。"

锷,刀剑的刃:剑锷。《隋唐演义》:"锋藏锷敛,真未遇之公卿;善武能文,乃将来之英俊。"

鹗,鸟,性凶猛,常在水面上飞翔,捕食鱼类,通称"鱼鹰"。《三国演义》:"鸷鸟累百,不如一鹗;使衡立朝,必有可观。"

女儿:颚,某些节肢动物摄取食物的器官。《大唐狄公案》:"瞅着王三一个破绽,一脚飞去正中下颚,王三顿时口涌鲜血,吐出三四颗牙齿来,栽倒在地上不动弹了。"

爸爸:与其近音的有正形声字:婀ē屙ē。

女儿:婀,婀娜,柔美的样子。《三侠五义》:"只见他羞羞惭惭,扭扭捏捏,走上堂来,临跪时先用手扶地,仿佛婀娜的了不得。"

屙,排泄大小便:屙屎。《乾隆皇帝》:"我不能屙金尿银,火耗又归公,只能从年成上打主意,有八分年成我报五分。"

爸爸:读讹的非形声字:锇é莪é。

锇,一种金属元素,是金属中比重最大的。

莪,莪蒿,多年生草本植物。蓼 lù 莪,《小雅》篇名,此诗表达了子女追慕双亲抚养之德的情思,后因以"蓼莪"指对亡亲的悼念。孔鲋 fù《孔丛子》:"于节南山,见忠臣之忧世也。于蓼莪,见孝子之思养也。"

第四十五课 己 jǐ

爸爸：先交作业。

女儿：被赐鋈 wù 金银印,他感到很突兀 wù。

垩 è 涂墙壁,并无险厄 è,且来歌咢 è。

鹅吃莪 é 蒿,体内残留了俄 é。

爸爸：可以。今天我们重点学与己同音或近音的字。与己同音的有正形声字:<u>麂 jǐ</u> <u>虮 jǐ</u>;非形声字:<u>戟 jǐ</u>。

麂,哺乳动物的一属,像鹿,腿细而有力,善于跳跃,皮很软可以制革,通称"麂子"。《三宝太监下西洋记》:"猿、猴、鹿、麂之类,各随其性,纵之使去。"

虮,虮子,虱的卵。《前汉演义》:"古谚有言,当搏牛虻,不当破虮虱,虻大虮小,我等应从大处下手,方得大功。"

女儿:戟,古代一种合戈、矛为一体的长柄兵器:钩戟。《三国演义》:"生得器宇轩昂,威风凛凛,手执方天画戟,怒目而视。"

爸爸:与己近音的有读及的非形声字:<u>戢 jí</u> <u>楫 jí</u> <u>亟 jí,qì</u>;正形声字:<u>岌 jí</u> <u>汲 jí</u> <u>笈 jí</u> <u>蕺 jí</u> <u>殛 jí</u> <u>佶 jí</u> <u>蒺 jí</u>;准形声字:<u>嵴 jí</u> <u>瘠 jí</u>。

戢,收敛,收藏:戢翼。止,停止:戢怒。《元史演义》:"朕即位之后,深以戢兵为念,故前年遣使于宋,以通和好。"

楫,划船用具:舟楫。《三国演义》:"此道秋夏间有水,浅不通车马,深不载舟楫,最难行动。"

女儿:亟,急切:亟待。《三国演义》:"兖州有失,使吾无家可归矣,不可不亟图之!"另读 qì,屡次:亟来问讯。

岌,岌岌,山耸起的样子;亦喻危险,如"岌岌可危"。《三国演义》:

"忽见帐下大旗为风所吹,岌岌欲倒,众军士挟持不定。"

汲,从井里打水:汲水。汲汲,形容心情急切、努力追求,如"汲汲于富贵"。《醒世恒言》:"每日清晨起来,扫净花底落叶,汲水逐一灌溉,到晚上又浇一番。"

爸爸:笈,书箱:负笈从师。《江湖奇侠传》:"也有负笈远来,从他学艺的,镜清又来者不拒,一律收录,竟成了一位广大教主了。"

蕺,蕺菜,多年生草本植物,茎上有节,亦称"鱼腥草"。《东周列国志》:"越王自尝粪之后,常患口臭,范蠡ǐ知城北有山,出蔬菜一种,其名曰蕺,可食,而微有气息,乃使人采蕺,举朝食之,以乱其气,后人因名其山曰蕺山。"

殛,杀死:雷殛。《雍正皇帝》:"李卫先是愣了一会儿,最后竟像是遭到雷殛似的,呆站在那里一动也不动了。"

佶,健壮。正。佶屈聱牙,语言晦涩难解,不通顺畅达。吴楚材《古文观止》:"周诰殷盘,佶屈聱牙。春秋谨严,左氏浮夸。"

蒺,蒺藜,一年生草本植物,有刺。《大八义》:"不想南房上,砖、瓦、镖、袖箭、铁蒺藜、飞篁石等暗器,一齐打了下来。"

嶍,山脊。李延寿《南史》:"遇潮涸 hé 不得去,众叛都尽,门生载以小船,窜于山嶍村。"

女儿:瘠,瘦弱:瘦瘠。土地不肥沃:瘠薄。《雍正皇帝》:"云贵对于中原,虽有茶盐之利,但那里的贫瘠和缺粮也是人所共知的。"

爸爸:与己近音的有非形声字:藉 jí,践踏,凌辱:狼藉。《三国演义》:"瑜和衣卧倒,呕吐狼藉。"另读 jiè,垫在下面的东西。衬垫:枕藉。抚慰:慰藉。含蓄:蕴藉。假设,假使。同"借"。《三国演义》:"孙策藉父之名,非英雄也。"

有读介的正形声字:蚧 jiè 玠 jiè 疥 jiè。

蚧,蛤 gé 蚧,爬行动物,壁虎科。《乾隆皇帝》:"对着镜子相了相,梳梳辫子又抹了点蛤蚧油。"

玠,大的圭,古代的一种礼器。常见于人名:毛玠。

女儿:疥,一种传染性皮肤病,非常刺痒,是疥虫寄生而引起的,通常称"疥疮"。《雍正皇帝》:"癣疥之疾不足虑,心腹之患不可留!"

爸爸:有读接的正形声字:喈 jiē;非形声字:疖 jiē 嗟 jiē。

喈,喈喈,声音和谐,鸟声。《大唐狄公案》:"只闻出声有如金钟初击,悠韵喈喈,萦 yíng 耳不绝;又如丝竹停奏,余音缭绕,似有若无。"

疖,一种局限性皮肤和皮下组织化脓性炎症。俗称"疖子"。《康熙侠义传》:"从此头顶上就有钱大的一个疤疖。"

女儿:嗟,文言叹词:嗟乎。《三国演义》:"不意二人纵兵掠民,人人嗟怨。"

爸爸:有读杰的非形声字:碣 jié 羯 jié 孑 jié 讦 jié 桀 jié 婕 jié 颉 jié,xié 劼 jié 诘 jié 拮 jié。

碣,山高耸的;高大的。《三国演义》:"忽见道傍有一石碣,上刻:'丞相诸葛武侯题'。"

羯,公羊,特指骟过的:羯羊。我国古代北方的民族,匈奴的一个分支:羯族。《隋唐演义》:"刚才拿住这两个羯奴,留在营中不妥。"

孑,单独,孤单:茕 qióng 茕孑立。孑孓,蚊的幼虫。通称"跟头虫"。《元史演义》:"只有一个目光灼 zhuó 灼的少年,形色仓皇,孑身立着。"

讦,揭发别人的隐私或攻击别人的短处:攻讦。《雍正皇帝》:"年羹尧一倒,趁热攻讦的人要多少就有多少。"

桀,凶暴:桀骜不驯。俞万春《荡寇志》:"宋江有桀骜之才,与新莽、黄巢仿佛,不肯居人之下。"

婕,婕妤 yú,汉代宫中女官名。《后汉演义》:"尹邢两婕妤,皆武帝时宫妃。"

颉,仓颉。《雍正皇帝》:"昔日仓颉造字而鬼哭,因为鬼不识字。"另读 xié,颉颃 háng,鸟上下飞,泛指不相上下。

劼,慎重。稳固。勤勉。劼毖 bì,谨慎。徐元杰《馆中分韵钱李大著出守上饶》:"赋别无佳言,劼毖有真祷。"

女儿:诘,追问:反诘。谴责,问罪:诘难。《三国演义》:"吾奉丞相钧命,镇守此地,专一盘诘往来奸细。"

拮,拮据,经济境况不好,缺少钱,困窘。《乾隆皇帝》:"园用内廷开支也不至于太过拮据。"

第四十六课　庚 gēng

爸爸：现在复习前面的生字。第四十一课？

女儿：正形声字有：钇 yǐ 苡 yǐ 邺 yè；

准形声字有：掖 yē, yè 揶 yé；

非形声字有：旖 yǐ 冶 yě 噎 yē 耶 yē, yé 曳 yè 烨 yè 靥 yè 谒 yè。

爸爸：第四十二课？

女儿：正形声字有：邴 bǐng 炳 bǐng 槟 bīng 傧 bīn 镔 bīn 枰 píng 鲆 píng 颦 pín；

准形声字有：屏 bǐng 摒 bìng 髌 bìn 摈 bìn 膑 bìn 殡 bìn；

非形声字有：豳 bīn 汾 bīn, fēn 娉 pīng 姘 pīn 嫔 pín 仳 pǐn 牝 pìn。

爸爸：第四十三课？

女儿：正形声字有：疔 dīng 玎 dīng 町 dīng 酊 dīng, dǐng 仃 dīng 啶 dìng 碇 dìng 锭 dìng 腚 dìng 莛 tíng 葶 tíng 婷 tíng 霆 tíng 玳 dài 岱 dài 黛 dài；

准形声字有：梃 tǐng；

非形声字有：铤 dìng, tǐng 汀 tīng 烃 tīng 傣 dǎi 迨 dài 骀 dài 埭 dài 殆 dài 嘚 dēi 锝 dé。

爸爸：第四十四课？

女儿：正形声字有：婺 wù 鹜 wù 杌 wù 靰 wù 鹙 wù 呃 è 轭 è 谔 è 萼 è 腭 è 锷 è 鹗 è 颚 è 婀 ē 屙 ē；

准形声字有：坞 wù 焐 wù 痦 wù 晤 wù 寤 wù；

非形声字有：鋈 wù 兀 wù 厄 è 咢 è 垩 è 俄 é 莪 é。

爸爸：第四十五课？

女儿：正形声字有：麂 jí 虮 jǐ 戔 jí 汲 jí 笈 jí 戢 jí 殛 jí 佶 jí 蒺 jí 蚧 jiè 玠 jiè 疥 jiè 喈 jiē；

准形声字有：崨 jí 瘠 jí；

非形声字有：戟 jí 戢 jí 楫 jí 亟 jí, qì 藉 jí 疖 jiē 嗟 jiē 碣 jié 羯 jié 孑 jié 讦 jié 桀 jié 婕 jié 颉 jié, xié 劼 jié 诘 jié 拮 jié。

爸爸：很好。上次作业？

女儿：此役惨败，一片狼藉 jí, 亟 jí 待止钩戟 jǐ, 废舟楫 jí, 戢 jí 兵休战。

仓颉 jié 一向勤勉劼 jié 悊，虽好茕茕孑 jié 立，但从不桀 jié 骜不驯，生活拮 jié 据，生了疖 jiē 子也不嗟 jiē 怨。曾诘 jié 难婕 jié 好贪吃羯 jié 羊，受到小人攻讦 jié，后被命令在碣 jié 石上造字。

爸爸：可以。今天我们重点学与庚同音或近音的字。与庚同音的有正形声字：赓 gēng，连续，继续。《民国演义》："以为今后之革命，当赓续辛亥未完之绪，而力矫其失。"

与庚近音的有读耿的准形声字：绠 gěng 哽 gěng 鲠 gěng；非形声字：颈 gěng, jǐng。

绠，汲水用的绳子：绠短汲深，喻才力不能胜任，多用作谦辞。陈朗《雪月梅》："只恐绠短汲深，不能胜任，还求老师指示周行。"

哽，声气阻塞：哽咽。《三刻拍案惊奇》："盛氏见了两泪交流，哽咽不语。"

鲠，鱼骨：骨鲠在喉。直：骨鲠。鲠直，同"耿直"。《雍正皇帝》："我有一言如骨鲠在喉，想劝劝文镜兄。"

女儿：颈，脖颈子，口语指脖子。另读 jǐng，头和躯干相连接的部分，即"脖子"，亦指事物像颈的部分：颈联，指律诗的第三联。《三国演义》："贼臣董卓，敢为欺天之谋，吾当以颈血溅之！"

爸爸：与其同音的有：正形声字：景 jǐng 肼 jǐng 憬 jǐng 阱 jǐng；准形声字：儆 jǐng；非形声字：刭 jǐng。

璟,玉的光彩。常见于人名:宋璟。

肼,有机化合物的一类,用来制药,亦作火箭燃料。

女儿:憬,醒悟:憬悟。《大唐狄公案》:"狄公恍然憬悟,跑到窗轩前拉起湘妃竹帘,脸上露出惊讶的神色。"

阱,捕野兽用的陷坑:陷阱。《三国演义》:"今刘备釜中之鱼,阱中之虎;若不就此时擒捉,如放鱼入海,纵虎归山矣。"

爸爸:儆,使人警醒,不犯过错:儆戒。《元史演义》:"既足以补史阙,复足以儆世人。"

刭,用刀割颈:自刭。《元史演义》:"自知事不可为,引刀自刭。"

与其近音的有读京的非形声字:<u>腈 jīng 菁 jīng 泾 jīng 粳 jīng 旌 jīng</u>。

腈,有机化合物的一类:腈纶。

菁,韭菜的花。华丽。《三宝太监下西洋记》:"禁中枯松复生,枝叶葱菁,宛如新植者。"

泾,泾河,水名,发源于甘肃省,注入陕西省渭水。《醒世恒言》:"真个是人心不同,泾渭各别。"

粳,稻的一种,米粒宽而厚,近圆形,米质黏性强,胀性小:粳米。周必大《文忠集》:"又闻好水土,出粳米、大鱼、梨、栗、甘橘、茶、笋,而县民一二千户,绝无事。"

女儿:旌,古代用羽毛装饰的旗子,又指普通的旗子:旌旗。表扬:旌表。《三国演义》:"车驾行不到数里,忽见旌旗蔽日,尘土遮天,一枝人马到来。"

爸爸:有读径的非形声字:<u>婧 jìng 靓 jìng, liàng 胫 jìng 痉 jìng</u>。

婧,纤弱苗条的样子。婧女,古代对有才的女子书面称呼。《太平广记》:"昔赤帝之女名女婧,往游于东海,溺死而不返,其神化为精卫。"

靓,妆饰艳丽,打扮:靓妆。《孽海花》:"二人坐在一个亭子上,看着出入的短衣硬领、细腰长裙、团扇轻衫、靓妆炫服的中西士女。"另读

liàng，靓女，年轻的漂亮女子。

胫，小腿，从膝盖到脚跟的一段：胫骨。《元史演义》："恼得拖雷性起，命左右斫 zhuó 他足胫，戳 chuō 他面目。"

女儿：痉，痉挛，肌肉收缩，手脚抽搐的现象。俗称"抽筋"。《大唐狄公案》："雷太监变了脸色，气喘吁吁，全身痉挛不止。"

爸爸：今天的谜面是"江边结拜"。

第四十七课　辛 xīn

爸爸：先交作业。

女儿：他引刀自刭 jǐng，颈 jǐng 血四溅。

泾 jīng 河边，䴖 jīng 纶做的旌 jīng 旗招展，一群菁 jīng 英在收割粳 jīng 稻。

他见到如此婧 jìng 女，靓 jìng 妆炫服，胫 jìng 骨白皙，不禁痉 jìng 挛起来。

爸爸：很好。今天我们重点学与辛同音或近音的字。与辛同音的有非形声字：忻 xīn 炘 xīn 昕 xīn。

忻，开导，启发。同"欣"，心喜。《三国演义》："孔明即笑而遣之。获忻然拜谢而去。"

炘，炘炘，火焰炽盛的样子。道世《法苑珠林》："举体皆炘裂，状如火烧。"

昕，太阳将要出来的时候。《清史演义》："也因赞襄机务，昕夕慎勤，得邀特赏。"

与辛近音的有非形声字：镡 xín，宝剑的剑鼻，剑柄和剑身连接处的两旁突出部分。古代兵器，似剑而狭小。蛟镡，指龙剑。许仲琳《封神演义》："子牙大悦，随在帐前令哪吒、武吉在营布起一坛，设下五行方位，当中放一镡，四面八方俱镇压符印，安治停当。"另读 tán，姓。又读 chán，姓。

上次"江边结拜"的谜底是什么？

女儿：湃。

爸爸：对。与湃同音的有非形声字：哌 pài，哌嗪 qín，药名。

与湃近音的有读徘的非形声字：俳 pái，古代指杂戏、滑稽戏。演杂戏的艺人：俳优。诙谐，玩笑，滑稽，幽默：俳文。俳笑，戏笑。《民国演义》："原来揖唐出京时，曾由熊希龄编成一篇俳优词，隐讥揖唐。"

今天的谜面是"桥头相见半矜持"。

第四十八课　壬 rén

爸爸：先交作业。

女儿：无论是朝霞昕 xīn 昕，还是营火炘 xīn 炘，他都蛟镡 xín 在手，忻 xīn 然舞之。

肚疼吃哌 pài 嗪，不应被俳 pái 笑。

爸爸：好的。今天我们重点学与壬同音或近音的字。与壬同音的有仁，与壬近音的有读刃的非形声字：葚 rèn，shèn；准形声字：饪 rèn 纴 rèn 妊 rèn 衽 rèn；正形声字：仞 rèn 轫 rèn。

葚，桑葚儿，桑葚，桑树的果实。又读 shèn，桑树的果实。欧阳修《再至汝阴三绝》："黄栗留鸣桑葚美，紫樱桃熟麦风凉。"

饪，做饭做菜：烹饪。吕安世《二十四史通俗演义》："于是钻木取火，教民烹饪，放于石上，炙而食之。"

纴，织布帛的丝缕。纺织。《三刻拍案惊奇》："少丧父，与寡母相依，织纴自活。"

妊，怀孕：妊娠 shēn。《初刻拍案惊奇》："如是三年，其妻果然有了妊孕。"

衽，衣襟：敛衽。古代睡觉时用的席子：衽席。《三宝太监下西洋记》："身上披一领左衽的衣服，脚下穿一双牦牛皮的皮靴。"

女儿：仞，古代计量单位：山高万仞。《元史演义》："现在余孽在逃，不得不再行进取，为山九仞，功亏一篑，如何使得！"

爸爸：轫，阻止车轮转动的木头，车开动时，则将其抽走：发轫，喻事业开始。黄淦《锋剑春秋》："许多牛头马面推动轫车，车上四面都是枪刀。"

上次"桥头相见半矜持"的谜底是什么？

女儿：不知道。

爸爸：是揉，你看，桥的头，木；矜一半，矛；持一半，扌，合起来，是不是？

女儿：太妙了。

爸爸：与揉同音的有正形声字：糅 róu 鞣 róu。

糅，混杂：杂糅。班固《汉书》："白黑不分，邪正杂糅，忠谗并进。"

鞣，鞣酸，有机化合物。制造皮革时，用栲胶、鱼油等使兽皮柔软：鞣制。《齐民要术校释》："茄子果肉中含有颇多量的鞣酸，鞣酸能与铁化合，生成黑色的鞣酸铁，所以用铁刀切茄子，切面会变黑。"

与揉近音的有读饶的非形声字桡 ráo 娆 ráo。

桡。桡骨，前臂靠大指一侧的骨头。桨，楫。《西游记》："短棹 zhào 分波，轻桡泛浪。"

女儿：娆，娇媚：妖娆。毛泽东《沁园春·雪》："须晴日，看红妆素裹，分外妖娆。"

爸爸：有读若的正形声字：箬 ruò 偌 ruò。

箬，一种竹子，叶大而宽，可编竹笠，又可用来包粽子：箬笠。笋皮。《红楼梦》："只见宝玉头上戴着大箬笠，身上披着蓑衣。"

女儿：偌，这么，那么：偌大年纪。《雍正皇帝》："偌大的广场上，静得掉根针都能听见。"

爸爸：有读挪的非形声字：傩 nuó，行走姿态柔美。古代腊月驱逐疫鬼的仪式：傩舞。周密《武林旧事》："市井迎傩，以锣鼓遍至人家乞求利市。"

读诺的非形声字：搦 nuò 喏 nuò，rě。

搦，握，持，拿着：搦管，执笔。挑惹：搦战，挑战。《三国演义》："张宝遣副将高升出马搦战，玄德使张飞击之。"

女儿：喏，叹词，表示让人注意自己所指示的事物：喏，就是这本书。

另读 rě,古代表示敬意的呼喊:唱喏,对人作揖,同时出声致敬。《三国演义》:"玄德喏喏连声而退。"

爸爸:还有非形声字:耨 nòu,古代锄草的农具。锄草:深耕易耨。《大八义》:"如同养老一个样,在那里耕种锄耨,任他自便。"

轻松成为"字多星"

第四十九课　癸 guǐ

爸爸：先交作业。

女儿：今天的任务是采摘桑葚 rèn 儿。

轻桡 ráo 泛浪，分外妖娆 ráo。

喏 nuò，排练傩 nuó 舞、搦 nuò 管作文、耕种锄耨 nòu，都是你的活儿。

爸爸：通过。今天我们重点学与癸同音或近音的字。与癸同音的有正形声字：匦 guǐ；非形声字：庋 guǐ 簋 guǐ 晷 guǐ。

匦，箱子，小匣子：票匦。《民国演义》："等到开匦检票，自得多数同意，复告政府。"

庋，置放，收藏：庋藏。放器物的架子：板庋。《大唐狄公案》："狄公细看一番，居然是明晃晃寒刃逼人，遂命随后下山时抬去衙署庋藏。"

簋，古代盛食物器具，圆口，双耳。《元史演义》："因此百觥 gōng 不醉，八簋无余。"

女儿：晷，日影。日晷，按照日影测定时刻的仪器。时间：日无暇晷。《元史演义》："累得世祖宵旰 gàn 勤劳，几无暇晷。"

爸爸：与癸近音的有读归的非形声字：圭 guī 妫 guī 皈 guī；正形声字：鲑 guī。

圭，古代帝王或诸侯在举行典礼时拿的一种玉器，上圆下方：圭角，喻锋芒。古代测日影的器具：圭表。圭臬，指标准、法度。《醒世恒言》："况我与你同榻数年，不露一毫圭角，真乃节孝兼全，女人丈夫，可敬可羡！"

妫，妫河，水名，源出北京市延庆区，流入桑干河，人称东方莱茵河。

女儿:皈,皈依,原指佛教的入教仪式,后泛指信奉佛教或参加其他宗教组织。《元史演义》:"文宗的心中,总想皈依佛教,忏 chàn 除一切罪厄。"

爸爸:鲑,鱼类的一科,身体大,常见的有大马哈鱼。钟毓龙《上古秘史》:"北面鸡山下,黑水中,出了一种鲑鱼,其状如鲋,而生彘毛,其音如豚 tún。"

有读贵的非形声字:刿 guì 刽 guì 鳜 guì 桧 guì,huì。

刿,刺伤。老子《道德经》:"是以圣人方而不割,廉而不刿,直而不肆,光而不耀。"

女儿:刽,砍断:刽子手。《西游记》:"飕的把个头砍将下来,又被刽子手一脚踢了去,好似滚西瓜一般,滚有三四十步远近。"

鳜,鳜鱼,性凶猛,生活在淡水中,味鲜美,亦作"桂鱼"。苏轼《浣溪沙》:"西塞山边白鹭飞。散花洲外片帆微。桃花流水鳜鱼肥。"

爸爸:桧,常绿乔木,木材桃红色,有香气,亦称"刺柏"。苏轼《浣溪沙》:"珠桧丝杉冷欲霜,山城歌舞助凄凉。"另读 huì,秦桧,人名,南宋奸臣。

与其同音的有非形声字:恚 huì 喙 huì 彗 huì 哕 huì,yuě;正形声字:荟 huì 烩 huì 蟪 huì 浍 huì,kuài 蕙 huì。

恚,恨,怒:恚恨。《元史演义》:"直鲁克忧恚成病,越岁死了。"

喙,嘴,特指鸟兽的嘴:长喙。借指人的嘴:不容置喙。《大唐狄公案》:"泥巢里三羽雏雀紧紧挤作一堆,正张着宽大的蜡黄喙喳喳惊叫。"

女儿:彗,扫帚:彗星,俗称"扫帚星"。《明史演义》:"既而彗星现东南方,光长竟天。"

爸爸:哕,哕哕,有节奏的铃声,光明的样子。哕骂,唾骂。另读 yuě,呕吐,气逆:干哕,要吐而吐不出东西来。《西游记》:"须臾,药味入腹,便就一齐呕哕,遂吐出毒味,得了性命。"

女儿:荟,草木繁盛,引申为会集:荟萃。《雍正皇帝》:"江南本是人文荟萃之地,居然出了钱名世这等败类。"

烩,烹饪方法,炒菜后加少量的水和芡粉:烩虾仁。把米饭等和荤菜、素菜混在一起加水煮:大杂烩。《乾隆皇帝》:"好就好,不好老子就翻牌,叫刘统勋一锅全他妈烩了!"

爸爸:蟪,蟪蛄,一种小蝉,亦称"伏天儿"。纪昀《阅微草堂笔记》:"朝菌不知晦朔,蟪蛄不知春秋,信哉是言。"

浍,浍河,水名,源于河南省,流入安徽省。另读 kuài,田间水沟:涓浍,小流。《上古秘史》:"将五日以来蒸发的水气积蓄在空中的,统统尽量的降下来,沟浍皆盈,平地几成泽国。"

女儿:蕙,蕙草,即"佩兰"。蕙心,喻女子内心纯美。《红楼梦》:"或孤削如笔,或密聚如林,花吐胭脂,香欺兰蕙,各各称赏。"

爸爸:与其近音的有读灰的非形声字:<u>麾 huī 翚 huī 隳 huī</u>;正形声字:<u>咴 huī 诙 huī</u>。

麾,古代指挥军队的旗子:麾下。指挥:麾军前进。《三国演义》:"玄德军中一齐鸣金,左右两军齐出,玄德麾军回身复杀。"

翚,飞翔,古书上指有五彩羽毛的雉。《三宝太监下西洋记》:"故此这个石鼓,左有山岳翚,右有河海形,燥则河清海晏,润则浪滚涛翻。"

隳,毁坏;崩毁。《三国演义》:"胜负兵家之常,何可自隳其志!"

咴,咴儿,象声词,形容马叫的声音。《雍正剑侠图》:"这马前蹄一绷后蹄一躬,竹签儿的耳朵一立,鬃尾乱乍,'咴儿咴儿'地叫,一声嘶鸣,马得其主。"

女儿:诙,开玩笑,说话富于风趣:诙谐。《济公全传》:"这个人虽系儒雅的相貌,最好诙谐。"

爸爸:有读回的正形声字:<u>洄 huí 蛔 huí 茴 huí</u>。

洄,水回旋而流。刘璋《斩鬼传》:"这咸渊正走得困倦,遂在桥上坐下,消受些轻风飘逸绿水潆洄的光景。"

蛔,蛔虫,寄生在人或其他动物肠子里的一种蠕形动物,像蚯蚓而没有环节。无垢道人《八仙得道》:"采和肚中的蛔虫闻得面香,越发大闹起来。"

女儿:茴,茴香,多年生草本植物,全株有强烈芳香,通称"小茴香"。常绿灌木,果实八角形,可作调料或入药,通称"八角茴香""大料"。《乾隆皇帝》:"整个屋里都弥散着浓烈的肉香和茴香桂皮香味。"

爸爸:有读huǐ的非形声字:虺 huǐ,古书上说的一种毒蛇。《三刻拍案惊奇》:"徐铭奸神鬼蜮,惨毒虺蛇。"

六、地支篇

第五十课　子 zǐ

爸爸：先交作业。

女儿：将日晷 guǐ 和簋 guǐ 器都庋 guǐ 藏好。

皈 guī 依佛门前，他在妫 guī 河一带圭 guī 角毕露。

曹刿 guì 让刽 guì 子手杀鳜 guì 鱼。

秦桧 huì 专权，不容置喙 huì，谁若反对，必遭其恚 huì 恨、哕 huì 骂，时人视其为彗 huì 星。

麾 huī 军直指，敌人辉 huī 散，城郭俱隳 huī。

后悔招惹虺 huǐ 蛇。

爸爸：很好。今天我们重点学与子同音或近音的字。与子同音的有非形声字：秭 zǐ 梓 zǐ。

秭，古代数目名。《诗·颂》："数万至万曰亿，数亿至亿曰秭。"

女儿：梓，落叶乔木。梓器，棺材。梓宫，皇帝的棺材。木头雕刻成印刷用的木板：付梓，把稿件交付排印。故里：桑梓。《三宝太监下西洋记》："况兼贫僧还与关爷爷有个桑梓之情。美不美，乡中水；亲不亲，故乡人。"

爸爸：与子近音的有读咨的非形声字：甾 zī 龇 zī 髭 zī；正形声字：淄 zī 缁 zī 辎 zī 锱 zī 鲻 zī 磁 zī 嗞 zī 孳 zī；准形声字：仔 zī,zǐ,zǎi。

甾，古同"淄"，水名。另读 zāi，有机化合物的一类。

女儿：龇，张开嘴露出牙齿。《大唐狄公案》："门口一对石狮子龇牙咧嘴,令人望而生畏。"

爸爸:髭,嘴上边的胡子:髭须。《三宝太监下西洋记》:"红光里面闪出一位神道,庞眉皎发,美髭髯,面如童少,博带峨冠。"

淄,淄河,水名,在山东省。淄博,临淄,均为地名。《三国演义》:"即令许褚领虎卫军三千,火速至临淄擒曹植等一干人来。"

缁,黑色:缁衣。《醒世恒言》:"削发披缁修道,烧香礼佛心虔。"

辎,辎车,古代一种有帷盖的车。辎重,行军时携带的器械、粮草、营帐、服装、材料等。《三国演义》:"曹操计点败军,折兵五万余人,失去辎重无数。"

锱,古代重量单位,六铢等于一锱,四锱等于一两。锱铢,喻琐碎的事或极少的钱。《聊斋志异》:"月生又天真烂漫,不较锱铢,且好客善饮。"

鲻,鲻鱼,生活在海水和河水交界处,肉味鲜美。《太平广记》:"臣闻獭 tǎ 嗜鲻鱼,乃不避死,可以此诳之。"

崦,崦 yān 嵫,山名,在甘肃。古代指太阳落山的地方。苏曼殊《断鸿零雁记》:"时正崦嵫落日,渔父归舟,海光山色,果然清丽。"

女儿:嗞,象声词。《乾隆皇帝》:"纪昀见他笑,有点莫名其妙,一手握着大烟锅子嗞吧嗞吧猛抽。"

孳,滋生,繁殖:孳生。《明史演义》:"岛中气候极热,不分冬夏,草木蕃盛,禽兽孳生。"

爸爸:仔,仔肩,所担负的职务。《民国演义》:"仔肩既卸,负责有人,当即面陈辞职。"另读 zǐ,仔细,周密,细致。幼小的家畜:仔猪。又读 zǎi,同"崽"。

与其同音的有读宰的非形声字:<u>崽 zǎi</u>,小孩子。幼小的动物:猪崽儿。崽子。《雍正皇帝》:"你不就是在船上的那小兔崽子吗?"

与其近音的有读债的非形声字:<u>瘵 zhài</u>,病。多指痨病。《醒世恒言》:"自此即蓄发娶妻,不上三年,痨瘵而死。"

第五十一课　丑 chǒu

爸爸：现在复习前面的生字。第四十六课？

女儿：正形声字有：赓 gēng 璟 jǐng 胼 jǐng 憬 jǐng 阱 jǐng；

准形声字有：绠 gěng 哽 gěng 鲠 gěng 儆 jǐng；

非形声字有：颈 gěng，jǐng 到 jǐng 睛 jīng 菁 jīng 泾 jīng 粳 jīng 旌 jīng 婧 jìng 靓 jìng，liàng 胫 jìng 痉 jìng。

爸爸：第四十七课？

非形声字有：忻 xīn 炘 xīn 昕 xīn 镡 xín 哌 pài 俳 pái。

爸爸：第四十八课？

女儿：正形声字有：仞 rèn 轫 rèn 糅 róu 鞣 róu 箬 ruò 偌 ruò；

准形声字有：饪 rèn 纴 rèn 妊 rèn 衽 rèn；

非形声字有：葚 rèn，shèn 桡 ráo 娆 ráo 傩 nuó 搦 nuò 喏 nuò，rě 耨 nòu。

爸爸：第四十九课？

女儿：正形声字有：瓴 guī 鲑 guī 荟 huì 烩 huì 蟪 huì 浍 huì，kuài 蕙 huì 哕 huī 诙 huī 洄 huí 蛔 huí 茴 huí；

非形声字有：庋 guǐ 簋 guǐ 晷 guǐ 圭 guī 妫 guī 皈 guī 刿 guì 刽 guì 鳜 guì 桧 guì，huì 恚 huì 喙 huì 彗 huì 哕 huì，yuě 麾 huī 翚 huī 豗 huī 虺 huǐ。

爸爸：第五十课？

女儿：正形声字有：淄 zī 缁 zī 辎 zī 镏 zī 鲻 zī 嵫 zī 嗞 zī 孳 zī；

准形声字有：仔 zī，zǐ，zǎi；

非形声字有：秭 zǐ 梓 zǐ 笛 zī 觜 zī 髭 zī 崽 zǎi 瘵 zhài。

爸爸：很好。上次作业？

女儿：有一秭 zǐ 归人重回桑梓 zǐ，在甾 zī 水边洗髭 zī 须，不慎落水，冻得龇 zī 牙咧嘴。

那猪崽 zǎi 得了瘵 zhài 病。

爸爸：通过。今天我们重点学与丑同音或近音的字。与丑同音的有正形声字：<u>杻 chǒu</u>，古代手铐一类的刑具：杻械。《喻世明言》："取具大枷枷 jiā 了，脚镣手杻钉了，押送死囚牢里，牢固监候。"另读 niǔ，古书上说的一种树。

与丑近音的有读抽的非形声字：<u>瘳 chōu</u>，病愈。损害，减损。《明史演义》："说是帝疾已瘳，着追取前谕，请速缴还。"

有读绸的非形声字：<u>俦 chóu 雠 chóu 踌 chóu 惆 chóu</u>。

俦，同辈，伴侣。《三国演义》："掎角之援，首尾相俦，若存若亡，何虑何忧？"

雠，校对文字：校雠。同"仇"。《三国演义》："酬君重知己，报友化仇雠。"

女儿：踌，踌躇 chú，犹豫，拿不定主意。从容自得，如"踌躇满志"。《三国演义》："四人争论未定，绍躇踌不决。"

惆，失意，伤感：惆怅。悲叹，惋惜：惆怅。《雍正皇帝》："一丝莫名其妙的疑虑、惆怅、愤怒、恐怖一起袭上心头。"

爸爸：有读凑的非形声字：<u>腠 còu 辏 còu</u>。

腠，肌肉的纹理：腠理，中医指皮下肌肉之间的空隙和皮肤的纹理。皮肤。《韩非子》："君有疾在腠理，不治将恐深。"

辏，车轮的辐聚集到中心，引申为聚集：辐辏。《民国演义》："但以东南为财赋之区，又为外商辐辏之地，万一发生战争，必致影响外交。"

另外，臭 chòu，不好闻的气味，与"香"相对。另读 xiù，气味的总称：无声无臭。

与其同音的有非形声字：<u>岫 xiù</u>；正形声字：<u>琇 xiù 溴 xiù</u>。

岫,山洞:岩岫。山:远岫。《绿野仙踪》:"仰首一看,见高峰远岫,集翠流青,云影天光,阴晴万状,实五岳中第一葱秀之山也。"

琇,一种像玉的石。常见于人名:郭琇。

女儿:溴,一种非金属元素,赤褐色的液体,有刺激性气味,有毒。

爸爸:与其近音的有读休的正形声字:庥 xiū 咻 xiū 貅 xiū 髹 xiū 馐 xiū;非形声字:脩 xiū。

庥,庇 bì 荫,保护:庥庇。《民国演义》:"为民生留一分元气,即为国家留一息命脉,庶几危亡可救,感召天庥。"

咻,咻咻,象声词,形容喘气的声音或形容某些动物的叫声。吵,乱说话。《民国演义》:"古人有言,一傅众咻,终归无效。"

貅,貔 pí 貅,古书上说的一种猛兽。比喻勇猛的军队。《三国演义》:"我奉王命,问罪遐荒;大举貔貅,悉除螾蚁。"

髹,用漆涂在器物上。华岳《翠微北征录》:"不若用出山生漆刷髹两重,则雨不能湿,水不能透。"

女儿:馐,美味的食品:珍馐。《大唐狄公案》:"正是食烹异品,果列时新,葡萄美酒,水陆珍馐,齐齐楚楚,琳琅满目。"

爸爸:脩,高、长,可引申为遥远、美好之意。束脩,旧时有指教学的酬金的说法。

有读朽的准形声字:滫 xiǔ,泔水,已酸臭的淘米水。小便。钟惺《夏商野史》:"虽为承滫受溺之婢,亦幸矣!"

第五十二课　寅 yín

爸爸：先交作业。

女儿：同俦 chóu 变雠 chóu 敌，让他分外踌 chóu 躇、惆 chóu 怅，犹如大病未瘳 chōu。

疾在腠 còu 理，多因病菌辐辏 còu。

能眺高峰远岫 xiù，胜过万千束脩 xiū。

爸爸：可以。今天我们重点学与寅同音或近音的字。与寅同音的有非形声字：<u>鄞 yín</u>；正形声字：<u>夤 yín 霪 yín</u>。

鄞，鄞州，地名，在浙江省，著名生物学家童第周的故乡。

夤，深：夤夜。夤缘，攀缘上升，喻拉拢关系，向上巴结。《三国演义》："操便命冯礼引三百壮士，夤夜掘地道而入。"

女儿：霪，连绵不停的过量的雨：霪雨。《说岳全传》："屋漏遭霪雨，船破遇飏 yáng 风。"

爸爸：与寅近音的有读婴的正形声字：<u>缨 yīng 撄 yīng 璎 yīng 嘤 yīng 瑛 yīng</u>；非形声字：<u>罂 yīng 膺 yīng</u>。

女儿：缨，用线或绳等做的装饰品：红缨枪。像缨的东西：萝卜缨子。带子，绳子：长缨。《三国演义》："黄忠在桥上搭箭开弓，弦响箭到，正射在云长盔缨根上。"

爸爸：撄，接触，触犯：撄其锋。扰乱，纠缠。《三国演义》："事势至此，陛下且忍之，不可撄其锋也。"

璎，璎珞，古代一种用珠玉穿成串、戴在颈项上的装饰品。《红楼梦》："原来绣这璎珞的也是个姑苏女子，名唤慧娘。"

嘤，嘤嘤，象声词，形容鸟叫或低而细微的声音。嘤宁，轻声叫唤或哭泣。嘤泣,低声哭泣。《西游记》:"好行者,嘤的一声,飞在唐僧头上。"

瑛,玉的光彩。像玉的美石:琼瑛。常见于人名。刘禹锡《昏镜词》:"饰带以纹绣,装匣以琼瑛。"

女儿:罂,罂粟,二年生草本植物,是制鸦片的原料,果壳可入药。古代大腹小口的酒器。《林公案》:"惟在印度境内,遍地种着罂粟,专门向中国推销,非但赚获厚利,且欲将此毒物,弄得我国百姓个个孱 chán 弱,用心恶毒,无出其右。"

膺,胸:义愤填膺。接受,承当:荣膺。讨伐,打击:膺惩。《三国演义》:"世祖文帝,神文圣武,以膺大统,应天合人,法尧禅舜,处中国以临万邦,岂非天心人意乎?"

爸爸:有读盈的正形声字:<u>楹 yíng 滢 yíng 瀛 yíng</u>;非形声字:<u>鎣 yíng 茔 yíng 嬴 yíng 萦 yíng</u>。

楹,堂屋前部的柱子:楹联。《元史演义》:"并命各处建寺,雕玉为楹,刻金为像,所费以亿万计,毫不知惜。"

滢,清澈。《乾隆皇帝》:"锃 zèng 明噌 cēng 亮白花花光灼灼的台州银元宝,晶晶滢滢闪闪烁烁耀人眼目。"

瀛,海:瀛海。瀛洲,古代神话中仙人居住的山,在海上。《玉梨魂》:"拟会合同志,共赴东瀛,亦劝石痴弃家求学,束装同行。"

鎣,琢磨使光泽。《广弘明集》:"若真金之愈鎣,美玉之载琢。"

茔,坟墓,坟地:坟茔。茔地。祖茔。《醒世恒言》:"重新入殓,迎到祖茔,择日安葬。"

女儿:嬴,姓:秦始皇帝嬴政。

萦,缭绕:萦怀。《元史演义》:"俯视有两河萦带,支流错杂,映着那山林景色,倍觉鲜妍。"

爸爸:有读影的非形声字:<u>颍 yǐng 郢 yǐng</u>;准形声字:<u>瘿 yǐng</u>。

颍,颍河,水名,源于河南省,流经安徽省入淮河。《三国演义》:"此人乃颍川徐庶,字元直。单福乃其托名耳。"

郢,古代楚国的都城,在今湖北省江陵县附近。《三国演义》:"于是乘马引仆从望荆州界上而来,前至郢州界口。"

瘿,中医指多因郁怒忧思过度,气郁痰凝血瘀结于颈部,或生活在山区与水中缺碘有关的病。《聊斋志异》:"未几,割断腐肉,团团然如树上削下之瘿。"

还有读应的非形声字:<u>媵 yìng</u>,古代指随嫁,亦指随嫁的人。古代称姬妾婢女:妾媵。《元史演义》:"他既为部长,年又盛强,料他早有妻子,我如何做他妾媵?"

第五十三课　卯 mǎo

爸爸：先交作业。

女儿：鄞 yín 州不产银。

向中国倾销罂 yīng 粟，让人义愤填膺 yīng。

嬴政 yíng 常萦 yíng 怀在华蓥 yíng 山的祖茔 yíng。

郢 yǐng 州商人让一颍 yǐng 河女子做妾媵 yìng。

爸爸：通过。今天我们重点学与卯同音或近音的字。与卯同音的有正形声字：峁 mǎo 泖 mǎo 昴 mǎo 铆 mǎo。

峁，小山顶，指顶部浑圆、斜坡较陡的黄土丘陵。顾祖禹《读史方舆纪要》："东起广武界八岔堡西之神树梁，西尽老营堡东之地椒峁，为中路之要害。"

泖，水面平静的小湖。《三刻拍案惊奇》："以次散注在淀山湖，又分入三泖入海。"

昴，星名，二十八宿之一。《两晋秘史》："太白入昴，当杀胡王。大王若出，百战百克，不可失也！"

女儿：铆，用钉子把金属物连在一起：铆钉。《雍正剑侠图》："铁三爸推着车子，铆足了劲儿喊了嗓子：'好肥的牛肉哟！'"

爸爸：与卯近音的有读矛的准形声字：茆 máo；正形声字：旄 máo 蟊 máo 蝥 máo 牦 máo 氂 máo。

茆，同"茅"。姓。刘基《诚意伯刘文成公文集》："覆之以茆。"

旄，古代用牦牛尾装饰的旗子。《三国演义》："孤近承帝命，奉词伐罪。旄麾 huī 南指，刘琮束手；荆襄之民，望风归顺。"

蟊，斑蟊，昆虫，腿细长，鞘翅上黄黑色斑纹，成虫危害农作物。同

"蟊"。《江湖奇侠传》:"拐匪离人骨肉,甚至戕害儿童性命,为人类之蟊贼。"

蟊,吃苗根的害虫:蟊贼,喻坏人。《民国演义》:"为国法计,固当诛此罪人,为人道计,亦当去此蟊贼。"

女儿:牦,牦牛,一种牛,全身有长毛,腿短,青藏高原地区出产。《乾隆皇帝》:"渐次已见运粮的牦牛骆驼队铎铃丁冬逶迤向西。"

髦,古代称幼儿垂在前额的短发。时髦,时兴的。《孽海花》:"旁边一个三十来岁、没留须的半少年,穿了一身很时髦的衣帽,面貌清腴,气象华贵。"

爸爸:有读冒的正形声字:瑁 mào;准形声字:耄 mào 芼 mào 眊 mào;非形声字:瞀 mào 懋 mào 袤 mào。

瑁,玳瑁,古代帝王所执的玉器。《三宝太监下西洋记》:"穿上玳瑁朝履,束上八宝方带。"

耄,年老,八九十岁的年纪:耄耋之年。昏乱。《醒世恒言》:"定当位极人臣,寿登耄耋,富贵不可胜言。"

芼,可供食用的水草或野菜。扫取,拔。《诗经》:"参差荇 xìng 菜,左右芼之。窈窕淑女,钟鼓乐之。"

眊,眼睛看不清楚,引申为糊涂:眊聩 kuì。《乾隆皇帝》:"火光冲天,烟瘴弥漫,与漠上沙尘相激,霾雾直接天际,十步之外昏眊不能见人。"

瞀,目眩,眼花:瞀病,头目晕眩的病症。心绪紊乱:瞀乱。《大唐狄公案》:"我已年迈力衰,且又糊涂昏瞀,顶何用处?"

懋,勤奋努力。盛大。勉励,鼓励。美。高兴。《三国演义》:"陈留王协,圣德伟懋,规矩肃然。"

女儿:袤,长度,特指南北距离的长度:广袤。《雍正皇帝》:"昏黄广袤的沙滩上,凄凉的冷风在呼叫着,黄河滩上的尘沙也在他身边无情地翻滚。"

轻松成为"字多星"

第五十四课　辰 chén

爸爸：先交作业。

女儿：在广袤 mào 的领土上建功立业，需要圣德伟懋 mào 的英雄，而不是糊涂昏瞀 mào 的君王。

爸爸：好。今天我们重点学与辰同音或近音的字。与辰同音的有正形声字：宸 chén；非形声字：谌 chén。

宸，屋宇，深邃的房屋。北极星所在，后借指帝王所居，又引申为王位、帝王的代称：宸极。《绿野仙踪》："今晚回去，定连夜草成奏疏，上达宸听。"

谌，相信。诚然，的确。姓。《民国演义》："殷鉴不远，天命难谌，此尤元洪待罪之躯，所为垂涕而道者也。"

与辰近音的有非形声字：琛 chēn 抻 chēn 郴 chēn 瞋 chēn 嗔 chēn。

琛，珍宝：琛宝。弥坚堂主人《终须梦》："春风吐面，诗思满心。肤耀光彩，骨带文琛。"

抻，扯，拉长：抻面。《雍正剑侠图》："老爷子，行啦行啦，您别抻了胳膊！"

郴，郴州，地名，在湖南省。《清史演义》："将军穆占，自郴州发兵来援，因闻伊里布等战殁 mò，不敢前进，只远远的立住营寨。"

女儿：瞋，睁大眼睛瞪人：瞋目。《三国演义》："张飞听了，瞋目大叱曰：'我哥哥是金枝玉叶，你是何等人，敢称我哥哥为贤弟！'"

嗔，怒，生气：嗔怒。对人不满，怪罪：嗔怪。《三国演义》："子远勿嗔，尚容实诉：军中粮实可支三月耳。"

爸爸：有非形声字：硶 chěn，东西里夹杂着沙子：牙硶。丑，难看：寒硶。《乾隆皇帝》："请里边屋里坐，寒硶得很，不要拘束。"

有读衬的非形声字：谶 chèn 齓 chèn。

谶，迷信的人指将要应验的预言、预兆：谶语。《三国演义》："祥瑞图谶，皆虚妄之事；奈何以虚妄之事，而遽 jù 欲朕舍祖宗之基业乎？"

女儿：齓，小孩换牙：童齓。《列子》："邻人京城氏之孀妻有遗男，始齓，跳往助之。"

爸爸：有非形声字：岑 cén；正形声字：涔 cén。

岑，小而高的山。崖岸。寂静，寂寞：岑寂。郭小亭《济公全传》："江声昏惨惨，枯树暗岑岑。"

涔，形容汗、泪、水等不断地流下：涔涔。《大唐狄公案》："狄公只感到一阵阵寒栗，全身汗涔涔。"

女儿：有准形声字：噌 cēng，象声词。《乾隆皇帝》："他'噌'地从腰间拔出一柄解腕匕首，照腕上一刺，那血立刻淋淋漓漓渗出来。"

爸爸：今天的谜面是：兄一半嫂一半。

轻松成为"字多星"

第五十五课　巳 sì

爸爸：先交作业。

女儿：谌 chén 和陈音同姓不同。

一郴 chēn 州人以抻 chēn 面为业,视顾客为琛 chēn 宝,怒不瞋 chēn 目,怨不嗔 chēn 言。

此人童龀 chèn 之年,虽然寒碜 chěn,但谶 chèn 语有言,成年以后必不岑 cén 寂。

爸爸：可以。今天我们重点学与巳同音或近音的字。与巳同音的有正形声字：汜 sì；非形声字：兕 sì 姒 sì 耜 sì；准形声字：笥 sì 嗣 sì。

汜,水决后又流入。汜水,水名,在河南省。《三国演义》："更须一人为先锋,直抵汜水关挑战。"

兕,兕觥,古代一种酒器。古书上所说的雌犀牛。《明史演义》："奈何养虎兕于肘腋间乎?"

姒,古代称丈夫的嫂子或年长之妾：娣 dì 姒。《元史演义》："面上似属通融,意中不无芥蒂。这是娣姒常态。"

耜,原始翻土农具耒耜的下端,形状像今的铁锹和铧,最早是木制的,后用金属制。应劭《风俗演义》："始作耒耜,教民耕种,美其衣食,德浓厚若神,故为神农也。"

笥,盛饭或衣物的方形竹器。《乾隆皇帝》："以他腹笥之广,竟不知娟娟使的是什么套路。"

女儿：嗣,接续,继承：嗣后。子孙：后嗣。《三国演义》："今外患未息,内事不可不早定,吾将议立后嗣。"

爸爸：上次"兄一半嫂一半"的谜底是什么?

女儿：嗖 sōu，象声词，形容迅速通过的声音。《雍正皇帝》："雍正觉得好像是走在一片大沙滩上，冷嗖嗖的风吹得他浑身打战。"

爸爸：与嗖同音的有准形声字：飕 sōu 螋 sōu 溲 sōu 馊 sōu。

飕，风吹。《元史演义》："他就从背后取出短箭，拈弓搭着，飕的一声，将狼射倒。"

螋，蠷 qú 螋，昆虫，多生在潮湿的地方，为害家蚕。李大师、李延寿《北史》："帝及后往视，见大蜘蛛、大蠷螋从枕头出，求之不见。"

溲，大小便，特指小便。《聊斋志异》："离坐起溲，窃作燕子鸣。"

女儿：馊，食物因变质而发出酸臭味：馊饭。《雍正剑侠图》："这老头子，馊主意真多，这招儿挺好。"

爸爸：与嗖近音的有非形声字：薮 sǒu 嗾 sǒu 叟 sǒu 擞 sǒu，sòu。

薮，生长着很多草的湖泽：薮泽。人或物聚集的地方：渊薮。《雍正皇帝》："这些年他的确是干了不少大事，为雍朝清除了许多大盗渊薮。"

嗾，嗾使，教唆、指使别人做坏事。《民国演义》："俄人嗾使外蒙独立，迫我承认。"

女儿：叟，年老的男人：童叟无欺。《三国演义》："此狂叟也，听之何益。"

擞，抖擞。《三国演义》："飞抖擞精神，酣战吕布。"另读 sòu，用通条插到火炉里抖动，使炉灰落下去。

爸爸：今天的谜面是：吐后又吐。

轻松成为"字多星"

第五十六课 午 wǔ

爸爸：现在复习前面的生字。第五十一课？

女儿：正形声字有：杻 chǒu 琇 xiù 潃 xiù 庥 xiū 咻 xiū 貅 xiū 髹 xiū 饈 xiū；

准形声字有：滫 xiǔ；

非形声字有：瘳 chōu 俦 chóu 雠 chóu 踌 chóu 惆 chóu 腠 còu 辏 còu 岫 xiù 脩 xiū。

爸爸：第五十二课？

女儿：正形声字有：夤 yín 霪 yín 缨 yīng 撄 yīng 璎 yīng 嘤 yīng 瑛 yīng 楹 yíng 滢 yíng 瀛 yíng；

准形声字有：瘿 yǐng；

非形声字有：鄞 yín 罂 yīng 膺 yīng 銎 yíng 茔 yíng 赢 yíng 萦 yíng 颍 yǐng 郢 yǐng 媵 yìng。

爸爸：第五十三课？

女儿：正形声字有：峁 mǎo 泖 mǎo 昴 mǎo 铆 mǎo 庬 máo 蝥 máo 蟊 máo 牦 máo 髦 máo 瑁 mào；

准形声字有：茆 máo 耄 mào 芼 mào 眊 mào；

非形声字有：瞀 mào 懋 mào 袤 mào。

爸爸：第五十四课？

女儿：正形声字有：宸 chén 涔 cén；

准形声字有：噌 cēng；

非形声字有：谌 chén 琛 chēn 抻 chēn 郴 chēn 瞋 chēn 嗔 chēn 碜 chěn 谶 chèn 觇 chèn 岑 cén。

爸爸：第五十五课？

女儿：正形声字有：汜 sì；

准形声字有：笥 sì 嗣 sì 嗖 sōu 飕 sōu 螋 sōu 溲 sōu 馊 sōu；

非形声字有：兕 sì 姒 sì 耜 sì 薮 sǒu 嗾 sǒu 叟 sǒu 擞 sǒu，sòu。

爸爸：很好。上次作业？

女儿：褒姒 sì 不知未耜 sì，爱饲虎兕 sì。

受人嗾 sǒu 使，老叟 sǒu 抖擞 sǒu 精神，再入薮 sǒu 泽。

爸爸：好的。今天我们重点学与午同音或近音的字。与午同音的有准形声字：牾 wǔ，逆，不顺，抵触，冲突：抵牾。《大唐狄公案》："这一点与柯元良的性格心理未免抵牾不合。"

与午近音的有读吾的非形声字：毋 wú；正形声字：浯 wú 铻 wú 唔 wú 鼯 wú。

毋，不，不要，不可以：宁缺毋滥。《三国演义》："主公且理会拒敌之策，立嗣之事，毋容多议。"

浯，浯水，水名，在山东省。梁章钜等《楹联丛话全编》："湖南祁阳县对岸四五里，地名浯溪，有石如镜，拭之可以照见对岸。"

铻，锟 kūn 铻，古书上记载的山名，所出铁可造剑，因此宝剑也称"锟铻"。《列子》："西戎献锟铻之剑，火浣 huàn 之布。"

女儿：唔，拟声词，如：唔伊，读书声。《雍正皇帝》："唔，这样恐怕不大好吧。"

爸爸：鼯，鼯鼠，哺乳动物，形似松鼠，昼伏夜出。《明史演义》："鼯鼠技穷，越显出蛟龙厉害。"

上次"吐后又吐"的谜底是什么？

女儿：不知道。

爸爸：吐后是什么？是土，再加一个吐，是哇。

与哇同音的有非形声字：娲 wā，女娲，中国古代神话传说中的女帝王，她曾炼五色石补天。《三宝太监下西洋记》："女娲借一块补了天，秦始皇得一块塞了海。"

　　与哇近音的有正形声字：佤 wǎ，佤族，我国少数民族，主要分布于云南省。

第五十七课　未 wèi

爸爸：先交作业。

女儿：吾等少安毋 wú 躁。

哇,真的是女娲 wā!

爸爸：简单明了,通过。今天我们重点学与未同音或近音的字。与未同音的有正形声字：<u>渭 wèi</u> <u>霨 wèi</u>。

女儿：渭,渭河,水名,源出甘肃省,流入陕西省,会泾水入黄河。白居易《建昌江》:"建昌江水县门前,立马教人唤渡船。忽似妾年归蔡渡,草风沙雨渭河边。"

爸爸：霨,云彩兴起的样子。牟巘 yǎn《次韵程晋辅》:"墨池涨玄云,晴窗蔼微霨。"

与未近音的有读威的正形声字：<u>葳 wēi</u> <u>嵔 wēi</u>;准形声字：<u>隇 wēi</u> <u>煨 wēi</u> <u>逶 wēi</u>。

葳,葳蕤 ruí,草木茂盛,枝叶纷披下垂的样子。《孔雀东南飞》:"妾有绣腰襦,葳蕤自生光。"

嵔,嵔崽,山高的样子。另读 wǎi,山、水弯曲处,多用于地名:海参嵔。脚扭伤:嵔了脚。《红楼梦》:"方才大老爷出去,被石头绊了一下,嵔了腿。"

隇,山水等弯曲的地方:城隇。《七侠五义》:"山下有潭,曲折回环,清水涟漪。水曲之隇有座汉皋 gāo 台。"

煨,在带火的灰里烧熟东西:煨白薯。用微火慢慢地煮:煨牛肉。《儒林外史》:"众人吃了,又是雨水煨的六安毛尖茶,每人一碗。"

女儿：逶,逶迤,形容道路、山脉、河流等弯弯曲曲,延续不绝的样子。毛泽东《七律·长征》:"五岭逶迤腾细浪,乌蒙磅礴走泥丸。"

爸爸:有读违的非形声字:<u>韦 wéi 巍 wéi</u>;正形声字:<u>帏 wéi 潿 wéi 闱 wéi 潍 wéi 沩 wéi</u>;准形声字:<u>桅 wéi</u>。

韦,经去毛加工制成的柔皮。韦编三绝,喻读书刻苦。韦伯,磁通量单位。陆游《病中作》:"床头周易在,端拟绝韦编。"

巍,山高大的样子。《醒世恒言》:"危峰秀拔插青霄,峻岭崔巍横碧汉。"

帏,帐子、幔幕。《三国演义》:"二人即从帏幕中持刀跃出。"

潿,积聚的污水。韩愈《城南联句》:"巨细各乘运,湍潿亦腾声。"

闱,古代宫室两侧的小门。后妃居处:宫闱。父母居室:庭闱。科举时代称试院:春闱。《西游记》:"把那万里之遥,只当庭闱之路,所谓点头径过三千里,扭腰八百有余程。"

潍,潍河,水名,在山东省。潍坊,地名,在山东省。平江不肖生《江湖奇侠传》:"那年到山东潍县,托崇福寺的道因方丈放赈。"

沩,沩水,水名,在湖南省。《上古秘史》:"一条南流,名叫沩水;一条北流,名叫汭 ruì 水,都流到山海中去。"

女儿:桅,竖立于船的甲板上的长杆,用来挂帆悬旗或兼做吊杆柱等:桅樯。《西游记》:"虽是象船,只是没有桅篷,不好使风。"

爸爸:有读伟的非形声字:<u>洧 wěi 鲔 wěi 隗 wěi</u>;准形声字:<u>玮 wěi 炜 wěi 韪 wěi 猥 wěi</u>;正形声字:<u>逶 wěi 痿 wěi 娓 wěi</u>。

洧,洧川,地名,在河南省尉氏县。杜纲《北史演义》:"颍川城低,可以洧水灌之。既可阻援兵之路,城必崩颓。"

鲔,鲔鱼,体呈纺锤形,生活在热带海洋。

隗,高峻的样子。倒塌。姓。《世说新语》:"便引酒进肉,隗然已醉矣。"另读 kuí,姓。

玮,玉名。美好。珍奇,贵重:玮奇。珍爱,珍视。姚思廉《梁书》:"水陆通流,百贾交会,奇玩珍玮,恣心所欲。"

炜，光明。杨尔增《两晋秘史》："及长，白毫生于目角之上，隆准龙颜，目有精耀，顾盼炜如也。"

女儿：followed，是，对。《林公案》："除了穆相，谁敢冒此大不韪，受天下人的唾骂呢？"

猥，众，多。琐碎烦杂。苟且，鄙陋，下流：卑猥。《醒世恒言》："那人生得丑陋鄙猥，粗浊蠢恶，取憎讨厌，龌龊不洁，这便是俗人。"

诿，推托，把责任推给别人：推诿。《雍正皇帝》："他开始时有点推诿，但后来总还是应召回来了嘛。"

娓，娓娓，形容谈话不倦或说话具有吸引力，如"娓娓动听"。《乾隆皇帝》："纪昀向乾隆娓娓陈述弘昼阿桂的奏疏。"

爸爸：痿，身体某部分萎缩或失去机能的病。《林公案》："肺病则痰涎 xián 并生，心病则痿软自汗。"

第五十八课　申 shēn

爸爸:先交作业。

女儿:郭隗 wěi 在韦 wéi 编三绝之余,走下崔嵬 wéi 峻岭,来到洧 wěi 川钓鲔 wěi 鱼。

爸爸:可以。今天我们重点学与申同音或近音的字。与申同音的有正形声字:砷 shēn;非形声字:诜 shēn 参 shēn,cēn,cān。

砷,一种非金属元素,灰白色,质脆有毒。

诜,众多的样子。萧统《昭明文选》:"诜诜众贤,千载一遇。"

参,星名,二十八宿之一:参商。中药名:人参。党参。另读 cēn,参差,长短不齐。又读 cān,加入在内:参与。相间,夹杂:参半。检验,用其他有关材料来研究,考证某事物:参考。探究,领悟:参悟。旧指下级进见上级:参拜。弹劾,向皇帝告状:参奏。

与其同音的有读餐的正形声字:骖 cān,古代驾在车前两侧的马。熊大木《杨家将》:"投降敌国胆生寒,圣主驱随驾两骖。"

与其近音的有读惨的准形声字:黪 cǎn,昏暗。灰黑色。《康熙侠义传》:"面如白玉,黑黪黪两道英雄眉斜飞入鬓。"

有读灿的正形声字:璨 càn;非形声字:粲 càn 孱 càn,chán。

女儿:璨,美玉。《聊斋志异》:"牡丹高丈余,花时璀璨似锦。"

爸爸:粲,鲜明。粲然。美:粲花,形容言谈之美。笑:以博一粲。苏曼殊《断鸿零雁记》:"岂敢,岂敢,此画固不值阿姊一粲。"

孱,孱头,软弱无能的人。另读 chán,软弱,弱小:孱弱。《林公案》:"可怜尤氏是个孱弱妇人,哪里经得起六七堂的大刑。"

有非形声字:觇 chān,看,偷偷地察看:觇望。《三宝太监下西洋记》:"往来巡哨,觇视敌兵来否、远近,号笛报知中军。"

与其近音的有读蝉的非形声字:巉 chán 镵 chán 廛 chán 澶 chán 蟾 chán 婵 chán 潺 chán 谗 chán。

巉,山势高峻:巉岩。《聊斋志异》:"日暮失道,入大山中,绝壑巉岩,不可得出。"

镵,锐器:镵石,治病用的石针。古代的一种犁头,又是一种挖草药的器具:长镵。《聊斋志异》:"会有一道士在门,手握小镵,长裁尺许。"

廛,古代城市平民的房地:市廛,集市。《大唐狄公案》:"桥对面的市廛上灯彩闪耀,一派光明。"

澶,澶渊,古湖名,故址在今河南省濮阳市西;古地名,在今安徽省萧县一带。水流平静:澶湉 tián。《喻世明言》:"宰相寇准有澶渊退虏之功,却被奸臣丁谓所潛 zèn,贬为雷州司户。"

女儿:蟾,蟾蜍,两栖动物,皮上有许多疙瘩,内有毒腺,形状像蛙,俗称"癞蛤蟆"。蟾宫折桂,旧喻科举考试登科。《三刻拍案惊奇》:"闷盈怀,何日独把蟾宫桂,和根折得来。"

婵,婵娟,姿态美好,指美女,亦指月亮。婵媛,牵连,引申为亲族。苏轼《水调歌头·明月几时有》:"但愿人长久,千里共婵娟。"

潺,潺潺,水缓流的样子;象声词,溪水、泉水流动的声音。潺湲 yuán,河水慢慢流的样子。李煜 yù《浪淘沙·帘外雨潺潺》:"帘外雨潺潺,春意阑珊。"

谗,在别人面前说陷害某人的坏话:谗言。《三国演义》:"而将军却听谗言,不发粮草,致坚败绩,将军何安?"

爸爸:有读产的准形声字:骣 chǎn;非形声字:谄 chǎn。

骣,骑马不加鞍辔:骣骑。文康《儿女英雄传》:"那个把边套掳绳搭在骡子上,骑上那头骣骡子,一直的向北去了。"

女儿:谄,奉承,巴结:谄媚。《三国演义》:"吾生为袁氏臣,死为袁氏鬼,不似汝辈谗谄阿谀之贼!"

有读颤的非形声字：羼 chàn 忏 chàn。

羼，掺杂：羼入。《清史演义》："著书人据事叙录，未尝羼入谬论，存其实也。"

女儿：忏，佛教指请人容忍宽恕：忏悔。《三侠五义》："但我自知罪孽深重，一生忏悔不来。"

爸爸：今天的谜面是：十一点在厂里集合。

第五十九课　酉 yǒu

爸爸：先交作业。

女儿：为表彰诜 shēn 诜众贤，一人奖一棵人参 shēn。

这个孱 càn 头的表现，足博一粲 càn。

他对自己觇 chān 望店主儳 chàn 杂使假不加劝阻、反而谄 chǎn 媚的行为深为忏 chàn 悔。

蟾 chán 蜍为了救治婵 chán 娟，不听谗 chán 言，手握小镵 chán，远离市廛 chán，渡过流水潺 chán 潺的澶 chán 渊，来到绝壑巉 chán 岩采草药。

爸爸：很好，有画面感。今天我们重点学与酉同音或近音的字。与酉同音的有准形声字：黝 yǒu；非形声字：卣 yǒu 羑 yǒu 莠 yǒu 牖 yǒu。

黝，黑色：黝黑。《大唐狄公案》："门楼里是一个空敞的前院，周围黑黝黝一片并不见人迹。"

卣，古代一种盛酒的器具，口小腹大，有盖和提梁。《诗经·大雅·江汉》："厘尔圭瓒，秬鬯一卣。"意思是："赐你圭柄好玉瓒，黑黍香酒赐一罐。"秬音同"巨"，鬯音同"唱"，卣音同"有"。连起来念就是"厘尔龟赞，巨唱一有"。

羑，羑里，古地名，在今河南省汤阴县北。《二十四史通俗演义》："纣乃囚西伯于羑里，将杀之。"

女儿：莠，一年生草本植物，穗有毛，很像谷子，亦称"狗尾草"。喻品质坏的、不好的人：良莠不齐。《民国演义》："各党中人，往往号召同志，竞争选举，实则良莠不齐，多半口与心违。"

爸爸：牖，窗户：牖户。《雍正剑侠图》："本期埋没于山林，老死于户

167

牖,落个与人无侮,与世无争,也算含笑地下啦。"

上次"十一点在厂里集合"的谜底是什么?

女儿:压。

爸爸:对。与压同音的有准形声字:垭 yā,两山之间的狭窄地方,多用于地名:黄桷 jué 垭,在四川省。魏文中《绣云阁》:"急急转过山垭,向师告曰:'前面村郭遥露,已有宿地矣。'"

与压近音的有读牙的非形声字:睚 yá;正形声字:岈 yá 玡 yá 蚜 yá 伢 yá。

睚,眼角:睚眦,发怒时瞪眼睛,借指极小的仇恨。《红楼梦》:"汝今独得此二字,在闺阁中固可为良友,然于世道中未免迂阔怪诡,百口嘲谤,万目睚眦。"

岈,嵖 Chá 岈,山名,位于河南省中南部,是典型的花岗岩山体,存在着大量的象形石景观,被誉为"中原盆景"。

玡,琅 Láng 玡,山名,在山东省。谢诏《东汉秘史》:"臣闻泰山琅玡郡贼公孙举等作叛,聚众三万余人,侵州扰县,劫库划财。"另读 yà,似玉的骨。

女儿:蚜,蚜虫,昆虫,是农业害虫,亦称"腻 nì 虫"。据说是繁殖最快的昆虫。

伢,方言,小孩儿。

爸爸:有读亚的非形声字:揠 yà;准形声字:迓 yà;正形声字:娅 yà 氩 yà。

揠,拔:揠苗助长。《雍正皇帝》:"揠苗助长,恐怕要事与愿违。"

迓,迎接:迎迓。《儒林外史》:"前日枉顾,有失迎迓。承惠佳作,尚不曾捧读。"

娅,连襟,姊妹二人丈夫的互相称谓:娅婿。《后汉演义》:"操且将爱女嫁彧 yù 长子,联为姻娅,好算是相得益欢了。"

女儿:氩,一种气体元素,无色、无臭,是惰性气体的一种。

第六十课　戌 xū

爸爸：先交作业。

女儿：西伯因拒交虎卣 yǒu，被囚于羑 yǒu 里，户牖 yǒu 下长满了莠 yǒu 草。

睚 yá 眦必报，咬牙切齿。

爸爸：通过。今天我们重点学与戌同音或近音的字。与戌同音的有正形声字：婿 xū 嘘 xū，shī；非形声字：胥 xū 顼 xū 魆 xū 圩 xū，wéi 盱 xū。

婿，古女子人名用字。古代楚人称姐姐为婿。《前汉演义》："那吕婿已经进来，至吕后前哭诉哙冤。"

嘘，慢慢地吐气，呵气：嘘寒问暖。叹气：唏嘘。《元史演义》："免不得独坐神伤，唏嘘终日。"另读 shī，叹词，表示反对、制止等：嘘，别出声！

胥，古代的小官：胥吏。全，都：万事胥备。《荡寇志》："即如你卢俊义，系出良家，不图上进，愿与吏胥妖贼同处下流。"

顼，颛 Zhuān 顼，远古传说中的帝王，号高阳氏。《风俗演义》："黄帝、颛顼、帝喾、帝尧、帝舜是五帝也。"

魆，暗：黑魆魆。《红楼梦》："晴雯走进来，满屋魆黑，并未点灯。"

圩，我国湘、赣、闽、粤等地区称集市：赶圩。另读 wéi，我国江淮低洼地区周围防水的堤：筑圩。有圩围住的地区：圩田。围绕村落四周的障碍物：土圩子。《儒林外史》："我圩里那一宗田，你替我卖给那人罢了。"

盱，张目：盱盱，张目直视。盱眙 yí，地名，在江苏省。

女儿：与戌近音的有读许的非形声字：栩 xǔ 诩 xǔ。

栩,栩栩,形容生动传神的样子。秦牧《虾趣》):"这些画里的虾所以栩栩如生,是由于他深刻观察过真正的虾的生活,笔墨变化、写照已经达到了极高境界的缘故。"

诩,夸耀,说大话:自诩。《雍正皇帝》:"坏了,我办了个大蠢事,我怎么能自诩为诸葛武侯呢?"

爸爸:有读叙的非形声字:洫 xù 勖 xù;正形声字:溆 xù 煦 xù。

洫,田间的水道,沟渠:沟洫。护城河。溢,坏败。《儒林外史》:"沟间有洫,洫间有遂,开得高高低低,仿佛江南的光景。"

勖,古同勉励:勖勉。《三刻拍案惊奇》:"心地清凉,身何秽浊,积此福田,勉哉相勖。"

溆,溆水,古称序水,长江支流沅江的支流,是湖南省溆浦县内最大的河流。水边。《红楼梦》:"一面说着,便向紫菱洲蓼溆一带走来。"

女儿:煦,温暖:春风和煦。恩惠:煦煦为仁。《三刻拍案惊奇》:"问兄的饥,问兄的寒,煦煦似小儿相恤。"

爸爸:还有非形声字:蓿 xu,苜 mù 蓿,豆科。一年或多年生草本,复叶由三片小叶组成,重要牧草和绿肥。《儒林外史》:"我们老弟兄要时常屈你来谈谈,料不嫌我苜蓿风味怠慢你。"

今天的谜面是"一到就享受"。

六、地支篇

第六十一课　亥 hài

爸爸：现在复习前面的生字。第五十六课？

女儿：正形声字有：浯 wú 唔 wú 鼯 wú 铻 wú 瓸 wǎ；

准形声字有：牾 wǔ；

非形声字有：毋 wú 娲 wā。

爸爸：第五十七课？

女儿：正形声字有：渭 wèi 霨 wèi 葳 wēi 崴 wēi 帏 wéi 湋 wéi 闱 wéi 潍 wéi 沩 wéi 诿 wěi 痿 wěi 媙 wěi；

准形声字有：隈 wēi 煨 wēi 逶 wēi 桅 wéi 玮 wěi 炜 wěi 踓 wěi 猥 wěi；

非形声字有：韦 wéi 嵬 wéi 洧 wěi 鲔 wěi 隗 wěi。

爸爸：第五十八课？

女儿：正形声字有：砷 shēn 骖 cān 璨 càn；

准形声字有：黪 cǎn 骣 chǎn；

非形声字有：诜 shēn 参 shēn, cēn, cān 粲 càn 孱 càn, chán 觇 chān 巉 chán 镵 chán 廛 chán 澶 chán 蟾 chán 婵 chán 潺 chán 谗 chán 谄 chǎn 屦 chàn 忏 chàn。

爸爸：第五十九课？

女儿：正形声字有：岈 yá 玡 yá 蚜 yá 伢 yá 娅 yà 氩 yà；

准形声字有：黝 yǒu 垭 yā 迓 yà；

非形声字有：卣 yǒu 羑 yǒu 莠 yǒu 牖 yǒu 睚 yá 揠 yà。

爸爸：第六十课？

女儿：正形声字有：媭 xū 嘘 xū, shī 溆 xù 煦 xù；

非形声字有:胥 xū 顼 xū 魆 xū 圩 xū,wéi 盱 xū 栩 xǔ 诩 xǔ 洫 xù 勖 xù 蓿 xu。

爸爸:很好。上次作业?

女儿:颛顼 xū 对胥 xū 吏在黑魆魆 xū 的深夜,到盱 xū 眙赶圩 xū 很不解。

尽管他画的沟洫 xù 旁的苜蓿 xu 栩 xǔ 栩如生,老师也常加勖 xù 勉,但他从不自诩 xǔ。

爸爸:可以。今天我们重点学与亥同音或近音的字。与亥同音的有正形声字:嗐 hài 氦 hài。

嗐,叹词,表示伤感或惋惜。《三侠五义》:"嗐!你我性命尚且顾不来,还说什么门楣不门楣,报恩不报恩呢。"

女儿:氦,一种气体元素,无色、无臭,可用来填充灯泡和霓虹灯管。

与亥近音的有准形声字:嗨 hāi,象声词。嗨哟,做重体力劳动时集体呼喊的声音。另读 hēi,同"嘿"。《乾隆皇帝》:"哎嗨——油条豆浆,好吃实惠……"

有读孩的准形声字:骸 hái,骨头:骸骨。身体:残骸。《三国演义》:"我军亡在旦夕,我尸骸不知落何处也!"

爸爸:有读海的非形声字:醢 hǎi,用肉、鱼等制成的酱。古代的一种酷刑,把人杀死后剁成肉酱。《水浒传》:"主人岂不闻韩信立下十大功劳,只落得未央宫里斩首,彭越醢为肉酱,英布弓弦药酒?"

有读酣的非形声字:蚶 hān 预 hān 鼾 hān。

蚶,蚶子,软体动物,介壳厚而坚实,生活在浅海泥沙中。肉可食,味鲜美。俗称"瓦楞子"。《孽海花》:"坑子口的蚶螯和蚝螺,样样投合日人的口味。"

预,粗大。如:这树真预。预实,粗大而结实。颟 mān 预,糊涂,不明事理。《清史演义》:"若叶名琛之种种颟预,种种迁延,误粤东,并误中国。"

女儿：鼾，熟睡时粗重的鼻息声；打鼾。《三刻拍案惊奇》："常时在人家猪圈羊棚中，鼾打得雷一般，人还道他是贼。"

爸爸：有读含的正形声字：晗 hán 焓 hán；非形声字：邗 hán 邯 hán。

晗，天将明。常见于人名：吴晗。

焓，物理学上指单位质量的物质所含的全部热能，亦称"热函"。

邗，边境城堡；也指水名，即邗沟。邗江，地名，在江苏省。《雍正剑侠图》："这个地方正处在三岔河口，是邗江、大运河和高邮湖三水交界，水网交错，风景宜人。"

女儿：邯，邯郸，地名，在河北省。《雍正皇帝》："便改骑了马，在一路风雪交加中赶到了邯郸。"

爸爸：有读汉的准形声字：颔 hàn 菡 hàn；正形声字：瀚 hàn。

颔，下巴颏。点头：颔首。《三国演义》："玄德回视其人，身长八尺，豹头环眼，燕颔虎须，声若巨雷，势如奔马。"

菡，菡萏，荷花的别称。《大唐狄公案》："粉墙外的丹桂与粉墙里的菡萏竞香斗艳。"

女儿：瀚，广大：浩瀚。《雍正皇帝》："要过沙漠瀚海，还要绕过青海战场。"

爸爸：还有非形声字：铪 hā，化学元素名。

上次"一到就享受"的谜底是什么？

女儿：容易。亨 hēng，通达，顺利：亨通。《醒世恒言》："纵然巴得日后亨通，难救目前愁困，如之奈何？"

爸爸：与亨近音的有读恒的正形声字：蘅 héng；非形声字：姮 héng 珩 héng 桁 héng 鸻 héng。

蘅，蘅芜，古书上说的一种香草。杜蘅，多年生草本植物，野生在山地。《红楼梦》："那香的是杜若蘅芜，那一种大约是茝 chǎi 兰，这一种大约是清葛。"

姮，姮娥，即"嫦娥"。《聊斋志异》："妾实姮娥被谪，浮沉俗间，其限已满。"

珩，佩玉上面的横玉，形状像磬。刘禹锡《历阳书事七十韵》："心托秦明镜，才非楚白珩。"

桁，檁：桁条。桁杨，古代用于套在囚犯脚或颈的一种枷。《狄公案》："若不察案之由来，事之初起，徒以桁杨刀锯，一味刑求，则虽称快一时，必至沉冤没世。"

鸻，鸟类的一属，体小，嘴短而直，多群居在海滨。

今天的谜面是一边大一边小，一边会跑一会边跳，会跳的吃人，会跑的吃草。

七、生肖篇

第六十二课　鼠 shǔ

爸爸:先交作业。

女儿:海鱼做的醢 hǎi 酱很鲜美。

据说邗 hán 江、邯 hán 郸这两地的蚶 hān 子不能多吃,否则人会打鼾 hān,甚至变得颠顸 hān 糊涂。

哈哈,买到高熔点的铪 hā 合金了。

姮 héng 娥用珩 héng 佩砸桁 héng 条上栖息的鸻 héng 鸟。

爸爸:好的。今天我们重点学与鼠同音或近音的字。与鼠同音的有:数 shǔ,一个一个地计算;查点数目:数不胜数。另读 shù,数目。又读 shuò,屡次:频数。

与其同音的有正形声字:搠 shuò 蒴 shuò 槊 shuò;非形声字:妁 shuò 朔 shuò 铄 shuò。

搠,扎,刺。《三国演义》:"只见张飞圆睁环眼,倒竖虎须,吼声如雷,挥矛向关公便搠。"

蒴,蒴果,干果的一种,如棉花、芝麻、百合等的果实即属"蒴果"。

槊,长矛,古代的一种兵器。《三国演义》:"我持此槊,破黄巾、擒吕布、灭袁术、收袁绍。"

妁,媒人:媒妁。《包公案》:"况你我虽有秦晋之心,奈无媒妁之议,或有碍也。"

175

女儿:朔,农历每月初一:朔日。北方:朔漠,北方沙漠地带。《三国演义》:"今彤云密布,朔风紧急,天将降雪,吾计可施矣。"

铄,熔化金属:众口铄金。消毁,消损。《雍正皇帝》:"他文牍极熟,办事迅速,而且知识渊博,精神矍铄。"

与其近音的有读受的正形声字:绶 shòu;准形声字:狩 shòu。

绶,一种丝质带子,古代常用来拴在印纽上,后用来拴勋章:绶带。《三国演义》:"封布为平东将军,特赐印绶。"

狩,打猎,古代指冬天打猎,亦指放火烧山以围猎:狩猎。《元史演义》:"蒙古人自幼临狩猎,习骑射,所以骑兵尤精。"

爸爸:上次谜语猜得怎样?

女儿:谜底是骚。

爸爸:对。与其同音的有非形声字:缫 sāo,把蚕茧浸在滚水里抽丝:缫丝。《乾隆皇帝》:"从购桑叶、暖蚕子儿、三眠成茧,到缫丝织绸发卖。"

与其近音的有非形声字:埽 sào 瘙 sào。

埽,治河时用来护堤堵口的器材,用树枝、秫秸、石头等捆扎而成。用秫 shú 秸修成的堤坝或护堤。《林公案》:"正值购置料物,赶办春厢埽段时期,亟欲亲往查验。"

女儿:瘙,像长疥疮那样发痒:瘙痒。《聊斋志异》:"数日,遍体瘙痒,皮尽脱。"

爸爸:今天的谜面是"门市部"。

七、生肖篇

第六十三课　牛 niú

爸爸:先交作业。

女儿:朔 shuò 风一吹,媒妁 shuò 更显得精神矍铄 shuò。
在堖 sào 岸上缫 sāo 丝常让人瘙 sào 痒。

爸爸:勉强通过。今天我们重点学与牛同音或近音的字。没有与牛同音的字,与牛近音的有非形声字:妞 niū,小女孩:大妞。《雍正皇帝》:"你要是能把这小妞救过来,不光是十四爷高兴,也是咱们积了阴德了。"

女儿:有读扭的非形声字:忸 niǔ,忸怩,不好意思,惭愧或不大方的样子。《乾隆皇帝》:"黄莺儿多少有点忸怩,轻轻打断了母亲的话。"

爸爸:有读女的正形声字:钕 nǚ,一种金属元素,色微黄,稀土金属。
有非形声字:衄 nǜ,鼻出血:鼻衄。损伤,挫败:败衄。《三国演义》:"至乃愚佻 tiāo 短略,轻进易退,伤夷折衄,数丧师徒。"

有读奴的正形声字:帑 nú 孥 nú。

帑,子女,亦指妻子和儿女:妻帑。《三国演义》:"身首被枭悬之诛,妻帑受灰灭之咎。"

女儿:驽,劣马,走不快的马。喻愚钝无能:驽钝。《三国演义》:"将军乃社稷之臣,不可固辞。老臣虽驽钝,愿随将军一往。"

爸爸:有读努的准形声字:胬 nǔ 弩 nǔ。

胬,胬肉,一种眼病。禁胬,喻某人专有的,不希望有任何人染指的东西。《元史演义》:"你道这禁胬是什么东西?就是前回说起的汪罕女子亦巴合。"

女儿:弩,一种用机械力量射箭的弓,泛指弓:弩机。《三国演义》:

"操令强弓硬弩射住,令典韦出马。"

爸爸:上次"门市部"的谜底是什么?

女儿:闹。

爸爸:正确。与闹同音的有非形声字:<u>淖 nào</u>,烂泥,泥沼:泥淖。《元史演义》:"那马足陷入泥淖中,竟将乃颜掀翻地下。"

女儿:与闹近音的有非形声字:<u>孬 nāo</u>,怯懦:孬种。《乾隆皇帝》:"我们准备十天的粮,先装孬孙缩着,粮食一齐就全军打出去!"

爸爸:有读挠的非形声字:<u>呶 náo 硇 náo 铙 náo 蛲 náo 猱 náo</u>。

呶,喧哗:呶呶,说话唠叨,含有使人讨厌的意思。《民国演义》:"顿时懊恼异常,口中呶呶不已。"

硇,硇沙,矿物。《醒世姻缘传》:"巴豆霜去油六钱,硼砂一钱,真番硇一钱,共为细末。"

铙,铜质圆形的打击乐器,比钹大。素庵主人《锦香亭》:"拨琵琶,吹笙管,挝 zhuā 花鼓,击金铙,细细粗粗,一派声音嘹亮。"

蛲,蛲虫,寄生在大肠里的一种蠕形动物,长约一厘米,白色。

猱,古书上说的一种猴。曹植《白马篇》:"仰手接飞猱,俯身散马蹄。"

第六十四课　虎 hǔ

爸爸：先交作业。

女儿：小妞 niū 鼻衄 nù 不适,举止有点忸 niǔ 怩。

自陷泥淖 nào,不是英雄是孬 nāo 种。

猱 náo 猴因肚里有蛲 náo 虫痛得呶呶 náo 直叫,医生用金铙 náo 研硇 náo 沙治疗效果很好。

爸爸：通过。今天我们重点学与虎同音或近音的字。与虎同音的有非形声字：浒 hǔ,xǔ；正形声字：琥 hǔ。

浒,水边：水浒。另读 xǔ,浒墅关、浒浦,均为地名,都在江苏省。

女儿：琥,琥珀,黄褐色透明体,是古代松柏树脂落入地下所成的化石,可做香料及装饰品,亦可入药。《大唐狄公案》："狄公见他们一色黄贡缎袈裟,项下挂着琥珀佛珠,很是阔绰。"

爸爸：与虎近音的有读忽的正形声字：烀 hū 滹 hū 唿 hū 惚 hū。

烀,半蒸半煮,把食物弄熟：烀白薯。《型世言》："看罐中是一罐烂烀狗肉。"

滹,滹沱河,水名,源出山西省,流入河北省。《明史演义》："朱能率敢死士后追,至滹沱河,炳文众尚数万,复列阵向能。"

唿,唿哨,用手指放在嘴里吹出的高尖音,如"打唿哨"。《西游记》："遂把净瓶扳倒,唿喇喇倾出水来,就如雷响。"

女儿：惚,恍惚,神志不清；精神不集中,(记得、听得、看得)不真切；不清楚。《雍正皇帝》："不过,姚捷的神色看来却有些恍惚。"

爸爸：有读胡的非形声字：囫 hú 斛 hú 觳 hú 縠 hú；正形声字：槲 hú 猢 hú 鹕 hú 醐 hú 瑚 hú 煳 hú。

女儿:囫,囫囵,整个的、完全不缺,如"囫囵吞枣"。《乾隆皇帝》:"死的死伤的伤,囫囵的也都有事。"

爸爸:斛,我国旧量器名,亦是容量单位,一斛本为十斗,后来改为五斗。《三国演义》:"关东一境,每谷一斛,直钱五十贯,人民相食。"

觳,觳觫 sù,恐惧颤抖的样子。《元史演义》:"那女子更觳觫万状,抖做一团,勉强说了饶命二字。"

縠,有皱纹的纱:绮罗绫縠。《后汉演义》:"诸姬入朝,见后袍衣粗疏,反疑是绮縠制成。"

槲,即柞栎,落叶乔木。材质坚硬。槲寄生,常绿小灌木,茎柔软,有节。张预《十七史百将传》:"高山不推自崩,槲木不扶自举。"

女儿:猢,猢狲 sūn,猕猴的一种,产在中国北部的山林中,能耐寒。亦泛指猴。《西游记》:"泼猢狲,不达时务!看枪!"

爸爸:鹕,鹈 tí 鹕,水鸟,体长可达二米,翼大,嘴长,尖端弯曲,嘴下有一个皮质的囊,羽毛灰白色,善于游泳和捕鱼,捕得的鱼存在皮囊中。多群居在热带或亚热带沿海。辛弃疾《哨遍·池上主人》:"有网罟如云,鹈鹕成阵,过而留泣计应非。"

醐,醍 tí 醐,古时指从牛奶中提炼出来的精华,佛教比喻最高的佛法。《儒林外史》:"少卿妙论,令我闻之如饮醍醐。"

瑚,瑚琏,古代盛黍稷的祭器,用以喻人有立朝执政的才能。珊瑚,由珊瑚虫的外骨骼聚集而成。《济公全传》:"水晶猫儿眼,整枝珊瑚树,古玩等货。"

女儿:煳,烧得焦黑。《乾隆皇帝》:"葱椒鸭子、炒鸡丝、炖海带丝、羊肉丝、煳猪肉各一盘。"

爸爸:有读户的非形声字:怙 hù 祜 hù 笏 hù 瓠 hù;正形声字:戽 hù 扈 hù。

怙,依靠,仗恃:怙势。《醒世恒言》:"臣幼失怙恃,承兄武教训,兢兢自守,耕耘诵读之外,别无他长。"

祜,福:受天之祜。郑玄《仪礼注疏》:"祭此嘉爵,承天之祜。"

笏,古代大臣上朝拿着的手板,用玉、象牙或竹片制成,上面可以记事:朝笏。《明史演义》:"各举象笏,没前没后的乱击,把他打得头破血流。"

瓠,瓠子,一年生草本植物,茎蔓生,夏天开白花,果实长圆形,嫩时可食。瓠犀,瓠瓜的子,因排列整齐,色泽洁白,所以常用来比喻美女的牙齿。《警世通言》:"眉如翠羽,肌如凝脂,齿如瓠犀,手如柔荑。"

戽,灌田汲水用的旧式农具,亦称"戽斗"。用戽汲水。《三宝太监西洋记》:"故此小神们都在南天门外戽水。"

女儿:扈,随从:扈从。姓。《三国演义》:"而公恣其跋扈,如不听闻,岂报国效忠之臣哉?"

爸爸:今天的谜面是"鸵鸟不见了"。

轻松成为"字多星"

第六十五课　兔 tù

爸爸：先交作业。

女儿：水浒 hǔ 里面老虎多。

那女子觳 hú 觫万状,为了囫 hú 囵活命,用随身的绮罗绫縠 hú 换了一斛 hú 粮食。

他幼失怙 hù 恃,但身材俊朗,齿如瓠 hù 犀。长大后受天之祜 hù,每日执笏 hù 上朝。

爸爸：可以。今天我们重点学与兔同音或近音的字。与兔同音的有正形声字：堍 tù 菟 tù。

堍,桥两头靠近平地的地方：桥堍。《大唐狄公案》："过了西城那条由南向北流的小河,下桥堍便是迷津一般又狭窄又幽暗的半月街了。"

菟,菟丝子,一年生草本植物,茎细长,常缠绕在豆科植物上,对农作物有害。於菟,古时楚国人对"虎"的称呼。《后汉演义》："宋贵人偶然得病,欲求生菟为药饵,菟即药品中菟丝子。"

女儿：与兔近音的有读途的非形声字：荼 tú,古书上说的一种苦菜：荼毒。古书上指茅草的白花：如火如荼。《元史演义》："民也何辜,遭此荼毒。"

爸爸：有读驼的非形声字：鼍 tuó 橐 tuó 柁 tuó 沱 tuó 酡 tuó 佗 tuó 坨 tuó 陀 tuó 跎 tuó 砣 tuó。

鼍,爬行动物,体长二米多,背部、尾部均有麟甲,亦称"扬子鳄"。汪寄《海国春秋》："曾闻鼍龙蟒蛇鲤鱼,皆可乘雾而游。"

橐,口袋：负书担橐。《元史演义》："所得金钱,都入一班狗官的橐橐。"

柁,房架前后两个柱子之间的大横梁:房柁。《三侠五义》:"这三间却是通柁,灯光照耀真切。"

沱,可以停船的水湾,多用于地名:石盘沱;金钢沱,均在四川省。滂沱,形容雨、泪或血等流得多。《雍正皇帝》:"这天夜里,北京城大雨滂沱,一片漆黑。"

酡,饮酒后脸色变红:酡颜。《乾隆皇帝》:"纪昀虽能吃肉,却不能豪饮,已是酡颜欲颓,不禁击案叫道:'今夕何夕,得此仙乐!'"

佗,负荷。常见于人名:华佗。

坨,成块或成堆的:泥坨子。《三宝太监西洋记》:"一百个张天师,一百口七星宝剑,混杀做一坨儿,也不见个高低,也不分个胜负。"

女儿:陀,陀螺,一种儿童玩具,呈圆锥形,用绳绕上,然后一拉,使其在地上旋转起来,用鞭抽打旋转不停。《康熙大帝》:"有的翻个儿打滚,有的陀螺般旋转,过了好一会儿才都平静地躺下了。"

跎,背负。驼背,伛偻 yǔlǔ。蹉跎,光阴虚度。《儒林外史》:"长兄年力鼎盛,万不可蹉跎自误。"

爸爸:砣,碾子上的碌碡:碾砣。秤锤:秤砣。《雍正皇帝》:"他姓田的已是王八吃秤砣铁了心,此时再争还有什么用。"

有读妥的非形声字:庹 tuǒ,我国一种约略计算长度的单位,以成人两臂左右伸直的长度为标准,约合五市尺。

有读唾的非形声字:柝 tuò 拓 tuò。

女儿:柝,古代打更用的梆子。《木兰辞》:"朔气传金柝,寒光照铁衣。"

拓,开辟、扩充:拓荒。开拓。拓展。落拓,亦作落托,贫困失意,景况凄凉,放浪不羁。《红楼梦》:"忽见那边来了一个跛足道人,疯狂落拓。"另读 tà,在刻铸有文字或图像的器物上,涂上墨,蒙上一层纸,捶打后使凹凸分明,显出文字图像来:拓印。

爸爸：上次"鸵鸟不见了"的谜底是什么？

女儿：太容易了，它。

爸爸：对。与它同音的有正形声字：铊 tā；非形声字：遢 tā 溻 tā 褟 tā 趿 tā。

铊，一种金属元素，用来制造光电管。另读 tuó，秤砣；秤锤。

遢，邋 lā 遢，脏；不整洁：邋里邋遢。《大唐狄公案》："他穿着邋遢，上衣搭褂，钮扣散解，敞着个大肚子。"

溻，出汗把衣服、被褥等弄湿：溻渍。《儿女英雄传》："那条裤子湿漉漉的溻在身上。"

褟，贴身的衣衫：汗褟儿，同汗塌儿。《儿女英雄传》："恰一眼看见大奶奶的汗塌儿袖子上头蹭了块胭脂。"

女儿：趿，趿拉，穿鞋只套上脚尖。拖鞋，只能套着脚尖没有后帮的鞋。《乾隆皇帝》："移时，趿着鞋下炕来悠然踱步。"

爸爸：与它近音的有读塔的非形声字：鳎 tǎ 獭 tǎ。

鳎，鱼类的一科，两眼都在身体的一侧，侧卧在海底的泥沙上，捕食小鱼，通称"鳎目鱼"。《康熙侠义传》："我有一个小小的外号，人称水底金鳎，皆因我在水中能住三天五天的工夫。"

女儿：獭，水獭，毛棕褐色，是珍贵的裘皮。旱獭，前肢发达善掘土，亦称"土拨鼠"。海獭，生活在近岸的海洋中，通称"海龙"。《元史演义》："如鹰驱雀，似獭祭鱼，当锋者死，逃命者生。"

爸爸：有读踏的非形声字：沓 tà 挞 tà 闼 tà 榻 tà。

沓，多，重复：杂沓。《元史演义》："谁料旱荒水荒，虫灾风灾，种种状况，杂沓而来。"另读 dá，量词，用于叠起来的纸张或其他薄的东西：一沓儿纸。

挞，用鞭棍等打人：鞭挞。《雍正皇帝》："那是因为要表示对吴三桂大张挞伐的决心。"

闼，门，小门：排闼直入。《明史演义》："贼众排闼入视，见二人统已气绝,飞报自成。"

女儿:榻,狭长而较矮的床,亦泛指床:竹榻。《三国演义》:"玄德待孔明如师,食则同桌,寝则同榻,终日共论天下之事。"

轻松成为"字多星"

第六十六课　龙 lóng

爸爸：现在复习前面的生字。第六十一课？

女儿：正形声字有：嗐 hài 氦 hài 晗 hán 焓 hán 瀚 hàn 蘅 héng；

准形声字有：嗨 hāi 骸 hái 颔 hàn 菡 hàn；

非形声字有：醢 hǎi 蚶 hān 顸 hān 鼾 hān 邗 hán 邯 hán 铪 hā 姮 héng 珩 héng 桁 héng 鸻 héng。

爸爸：第六十二课？

女儿：正形声字有：槊 shuò 蒴 shuò 榡 shuò 绶 shòu；

准形声字有：狩 shòu；

非形声字有：妁 shuò 朔 shuò 铄 shuò 缫 sāo 埽 sào 瘙 sào。

爸爸：第六十三课？

女儿：正形声字有：孥 nú 驽 nú；

准形声字有：胬 nǔ 弩 nǔ；

非形声字有：妞 niū 忸 niǔ 衄 nù 淖 nào 孬 nāo 呶 náo 硇 náo 铙 náo 蛲 náo 猱 náo。

爸爸：第六十四课？

女儿：正形声字有：琥 hǔ 烀 hū 滹 hū 唿 hū 惚 hū 槲 hú 猢 hú 鹕 hú 醐 hú 瑚 hú 煳 hú 犀 hù 扈 hù；

非形声字有：浒 hǔ(xǔ) 囫 hú 斛 hú 縠 hú 觳 hú 怙 hù 祜 hù 笏 hù 瓠 hù。

爸爸：第六十五课？

女儿：正形声字有：堍 tù 菟 tù 铊 tā；

非形声字有：荼 tú 鼍 tuó 橐 tuó 柁 tuó 沱 tuó 酡 tuó 佗 tuó 坨 tuó

陀 tuó 跎 tuó 砣 tuó 庹 tuǒ 柝 tuò 拓 tuò 遢 tā 溻 tā 褟 tā 趿 tā 鳎 tǎ 獭 tǎ 沓 tà 挞 tà 闼 tà 榻 tà。

爸爸:很好。上次作业？

女儿:革命前途,如火如荼 tú。

大雨滂沱 tuó,鼍 tuó 龙上岸,爬上房柁 tuó,从囊橐 tuó 中拿出酒葫芦便喝,不久酡 tuó 颜上头,缩成一坨 tuó 儿。华佗 tuó 担心它蹉跎 tuó 岁月,砸了它一秤砣 tuó,它立刻像陀 tuó 螺一样旋转着掉了下来。

他落拓 tuò 后,每天用半庹 tuǒ 长的木柝 tuò 打更。

他衣着邋遢 tā,趿 tā 拉着破鞋,汗褟 tā 儿溻 tā 在身上。

水獭 tǎ 擅长捕捉鳎 tǎ 目鱼。

他躺在竹榻 tà 上,杂沓 tà 的鞭挞 tà 声从房闼 tà 外一阵阵传来。

爸爸:很好。今天我们重点学与龙同音或近音的字。与龙同音的有正形声字:<u>栊 lóng 砻 lóng 胧 lóng 癃 lóng 泷 lóng,shuāng 珑 lóng 茏 lóng</u>。

栊,窗棂木,窗,亦借指房舍:帘栊。《大唐狄公案》:"后院一排房栊,似有烛火闪出,月光下分外静谧 mì。"

砻,去掉稻壳的农具。用砻去掉稻壳:砻谷舂 chōng 米。李渔《无声戏》:"不如买下来,自己砻做米,一般好装去卖,省得耽搁工夫。"

胧,蒙胧,眼睛欲闭又开。形容醉态或睡态。模糊,不分明。《聊斋志异》:"既而生归,则暮色蒙胧,不甚可辨。"

癃,癃闭,中医指小便不通或淋沥点滴而出。《后汉演义》:"朝贺以后,即患癃疾,好容易延至五月,禄寿告终。"

泷,泷泷,雨滴的样子。急流的水。徐枕亚《玉梨魂》:"怨征清商,寒泉进泻,非复如第一曲之泷泷入耳矣。"

女儿:珑,玲珑,金玉碰击声。玉色明亮的样子。《三国演义》:"身披兽面吞头连环铠,腰系勒甲玲珑狮蛮带。"

茏,葱茏,草木青翠茂盛。《乾隆皇帝》:"微弱的月光下竹树葱茏,掩着各处殿角飞檐翘翅,都薄薄镀上一层银色的微霭。"

爸爸:与龙近音的有准形声字:陇 lǒng,甘肃省的别称。古地名,在今甘肃省:得陇望蜀。

有读农的正形声字:侬 nóng 秾 nóng 哝 nóng。

侬,方言,你。《儒林外史》:"你看侬妈也韶刀了!难道四老爷家没有好的吃,定要到国公府里才吃着好的?"

秾,花木繁盛:秾艳。《西游记》:"山前有崖峰峭壁,山后有花木秾华。"

哝,哝哝,小声说话,如"唧唧哝哝"。《三侠五义》:"见小姐坐在棺内,闭着双睛,口内尚在咕哝。"

有读荣的正形声字:蝾 róng 狨 róng 嵘 róng。

蝾,蝾螈,两栖动物,形状似蜥蜴。《大唐狄公案》:"一只大蝾螈慢慢露出水面,体长足有五尺,看了令人害怕。"

狨,猿猴类,体矮小,形似松鼠,黄色丝状软毛,尾长,亦称"金线狨"。杜甫《石龛》:"熊罴哮我东,虎豹号我西。我后鬼长啸,我前狨又啼。"

女儿:嵘,峥嵘,山势高峻的样子,引申为不平常。如:峥嵘岁月。毛泽东《沁园春·长沙》:"携来百侣曾游,忆往昔峥嵘岁月稠。恰同学少年,风华正茂;书生意气,挥斥方遒。"

爸爸:泷,另读霜 shuāng,泷水,地名,在广东省。古水名,又称建水、罗田水、南江,即今广东省西江支流罗定江。

与其同音的有正形声字:孀 shuāng,死了丈夫的女人:孀居。《三侠五义》:"姑念年幼无知,释放回家,孝养孀母,上进攻书。"

第六十七课　蛇 shé

爸爸：上次没作业。今天我们重点学与蛇同音或近音的字。与蛇同音的有非形声字：阇 shé 佘 shé。

阇，梵文音译字，佛家语。如：阇王，阿阇世王的略称。阇利，水的异名。阇提，即"金钱花"。阇维，指僧死后加以火化。阇婆隶，饿鬼。阇梨，阿阇梨的略称，义为高僧，泛指僧。《太平广记》："阇梨但行，弟子能致之。"另读 dū，城门上的台：阇城。

女儿：佘，姓氏，佘太君。

爸爸：与蛇近音的有读奢的准形声字：畲 shē 猞 shē 赊 shē。

畲，畲族，我国少数民族，主要分布于福建省、浙江省。播种前，焚烧田地里的草木，用草木灰做肥料下种；刀耕火种。《全三国文》："其山居林泽，有火耕畲种。"

猞，猞猁，哺乳动物，像狸猫，皮毛很珍贵。《康熙大帝》："头上戴了六合一统红绒结顶的缎冠，将一件猞猁猴皮褂子套上。"

女儿：赊，买卖货物时延期付款或收款：赊欠。《儒林外史》："每日赊米买菜和酒吃，一日要吃四五钱银子。"

爸爸：有读社的正形声字：麝 shè；非形声字：厍 shè 歙 shè，xī 慑 shè。

麝，形状像鹿而小，无角。雄的脐部有香腺，能分泌麝香，通称"香獐子"。麝鼠，毛棕黑色，生活在沼泽地带，毛皮可做衣服。麝牛，体形像牛而稍小，皮下有腺体，分泌物有特殊气味，生活在北美洲的极北地区。

厍，方言，村庄。姓：厍均。

歙,歙县,地名,在安徽省。另读 xī,收敛,吸进。王充《论衡》:"口有张歙,声有外内,以定五音宫商之实。"

女儿:慑,恐惧,害怕:慑服。威胁,使恐惧:震慑。《雍正皇帝》:"非如此,不足以震慑奸人,挽回颓风。"

爸爸:有读瑟的非形声字:啬 sè;正形声字:穑 sè 铯 sè。

啬,小气,该用的财物舍不得用:吝啬。《三刻拍案惊奇》:"此人口虽说阔,身边也拿不出什银子,且性极吝啬,不似兄慷慨。"

女儿:穑,收割谷物,亦泛指耕作:稼穑。《醒世恒言》:"那杜子春倚借着父祖资业,那晓得稼穑艰难,且又生性豪侠。"

爸爸:铯,一种金属元素,色白质软,在空气中容易氧化。

今天的谜面是"忘怀一半"。

第六十八课　马 mǎ

爸爸：先交作业。

女儿：佘 shé 太君营救阿阇 shé 梨。

歙 shè 县库 shè 县令震慑 shè 吝啬 sè 的地主。

爸爸：可以。今天我们重点学与马同音或近音的字。与马同音的有正形声字：犸 mǎ，猛犸，长毛象，古哺乳动物，最后一批猛犸象于公元前 1670 年左右灭绝。

与马近音的有准形声字：嫚 mān；非形声字：颟 mān。

嫚，方言，称女孩子：嫚子。又读 màn，轻视，侮辱。《后汉演义》："窦太后正在临朝，听得寿声浪甚高，也嫌他倨嫚无礼。"

颟，颟顸 hān，糊涂，不明事理，漫不经心。《林公案》："况且中国的官吏，都是颟顸东西，全朝像林则徐这样的也找不到几个。"

女儿：有读蛮的准形声字：鳗 mán，鳗鲡鱼，身体细长，前圆后扁，生活在淡水中，到海洋产卵，肉含丰富脂肪，亦称"白鳝"。

有读满的准形声字：螨 mǎn，体形微小，寄居在人或动物体上，吸血液，能染疾病。

爸爸：有读曼的正形声字：墁 màn 缦 màn 镘 màn 澷 màn 幔 màn。

墁，铺饰：花砖墁地。《刘公案》："影壁墙上画着福禄寿三星，磨砖对缝，方砖墁地。"

缦，没有彩色花纹的丝织品。缦立，伫立等待。杜牧《阿房宫赋》："一肌一容，尽态极妍，缦立远视，而望幸焉。"

镘，抹墙用的工具，俗称"抹子"。郑处诲《明皇杂录》："虢 guó 国中堂既成，召匠圬镘。"

谩,欺骗,欺诳,蒙蔽:谩语。《元史演义》:"将帅因败为功,指虚为实,大小相谩,上下相依,其性情不一,而邀功求赏则同。"

女儿:幔,张在屋内的帐幕:幔帐。《三国演义》:"于前厅正中设座,锦绣铺地,内外各设帏幔。"

爸爸:再学两个字。呒ḿ,方言,无;没有。不,不要。《官场现形记》:"耐想俚格人,房子末勿看,铜钱也呒不。"

姆ḿ,表示疑问。《儿女英雄传》:"姆!我要那东西作甚么呀?"又读m,表示答应:姆,我知道了。

上次"忘怀一半"的谜底是什么?

女儿:忙。

爸爸:对。与忙同音的有非形声字:邙 máng;正形声字:硭 máng。

邙,北邙,山名,在河南省。《三国演义》:"张让、段珪劫拥少帝及陈留王,冒烟突火,连夜奔走至北邙山。"

硭,硭硝,一种白色或无色结晶体,成分是硫酸钠。

女儿:与忙近音的有非形声字:牤 māng,牤牛,公牛。周立波《暴风骤雨》:"前边一头大牤子趁着这个空,在地边上吃起苞米苗来了。"

爸爸:有读mǎng的正形声字:漭 mǎng 蟒 mǎng。

漭,漭漭,形容广阔无际。李宝嘉《文明小史》:"望上去烟云缭绕,底下漭腾澎湃,有若雷鸣。"

女儿:蟒,一种无毒的大蛇。《济公全传》:"抬头往北山坡一瞧,原来是一条大蟒。"

第六十九课　羊 yáng

爸爸:先交作业。

女儿:颟 mān 顸的人往往蛮 mán 干。

北邙 máng 山下养牤 māng 牛。

嗨 ḿ,我的笔呢? 呒 ḿ 晓得!

爸爸:通过。今天我们重点学与羊同音或近音的字。与羊同音的有非形声字:旸 yáng 疡 yáng 炀 yáng;正形声字:蛘 yáng 烊 yáng,yàng 佯 yáng 徉 yáng。

旸,太阳升起。晴天。旸谷,古代传说中日出之处。《大唐狄公案》:"翌日,日出旸谷之时,三骑离开了县衙。"

疡,疮、痈、疽、疖等的通称,创伤。溃烂:溃疡。《大唐狄公案》:"癫 diān 皮乞丐一身脓疡,溃破处粘血黄痂一片。"

炀,熔化金属。火旺。烘干,烤火。炀灶,喻佞幸专权,蒙蔽国君。《明史演义》:"盖当炀灶蔽聪之候,正诸君子山林潜迹之时,非必其无爱国心也。"

蛘,生在米里的一种小黑甲虫。

烊,熔化金属:烊铜。溶化:糖烊了。《三刻拍案惊奇》:"可也炼了一夜,便是铜铁可烊,石也做粉。"另读样 yàng,打烊,商店晚上关门停止营业。

女儿:佯,假装:佯装。《三国演义》:"慈见孙策枪法无半点儿渗漏,乃佯输诈败,引孙策赶来。"

徉,徜徉,徘徊,盘旋;自由自在来回地走。假装,诈伪,徉狂。《儒林外史》:"杏花村里,几度徜徉。"

爸爸：与羊近音的有读央的正形声字：鞅 yāng，yàng 泱 yāng。

鞅，古代用马拉车时套在马颈上的皮套子。另读 yàng，牛鞅，牛拉东西时架在脖子上的器具。《三国演义》："刻者为牛齿，立者为牛角，细者为牛鞅，摄者为牛鞦 qiū 轴。"

女儿：泱，泱泱，水深广，气魄弘大。《康熙大帝》："从此，中华泱泱大国，一十八行省，一百兆众生，便归了这八岁的'康熙爷'来掌管。"

爸爸：有准形声字：怏 yàng 恙 yàng。

怏，不服气，不满意：怏然不悦。自大：怏然自足。《三刻拍案惊奇》："看这冬夜春宵，好生悒 yì 怏。"

恙，病：安然无恙。忧。《三国演义》："老夫日来因染微恙，闭门不出，故久未得与将军一见。"

今天的谜面是"口渴缺水"。

第七十课　猴 hóu

爸爸：先交作业。

女儿：日出旸 yáng 谷，天气炀 yáng 和，利于溃疡 yáng 康复。

爸爸：好的。今天我们重点学与猴同音或近音的字。与猴同音的有准形声字：骺 hóu；正形声字：瘊 hóu 箜 hóu。

骺，长形骨的顶端。《黄帝内经》："髑 dú 骺小、短、举者，心下"，意思是胸骨剑突短小高起者，心脏位置偏低。

瘊，瘊子，疣的通称。《聊斋志异》："以蒜白接茅檐雨水，洗瘊赘，其方之一也，良效。"

女儿：箜，箜 kōng 篌，古代拨弦乐器名。有竖式和卧式两种。《孔雀东南飞》："十五弹箜篌，十六诵诗书。"

爸爸：与猴近音的有非形声字：齁 hōu，鼻息声：齁声。吃太咸或太甜的东西后使喉咙不舒服：这菜真齁人。《红楼梦》："袭人听他半日无动静，微微的打齁，料他睡着，便起身拿一领斗篷来替他刚压上。"

有读后的非形声字：鲎 hòu；正形声字：逅 hòu。

鲎，节肢动物，甲壳类，生活在海中，尾坚硬，形状像宝剑。刘恂《岭表录异》："鲎鱼，其壳莹净滑如青瓷碗。"

逅，邂 xiè 逅，不期而会。《儒林外史》："只道闻名不能见面，何图今日邂逅高贤！"

爸爸：上次"口渴缺水"的谜底是什么？

女儿：喝。

爸爸：对。与喝同音的有非形声字：诃 hē；准形声字：嗬 hē。

诃，诃子，常绿乔木，果实像橄榄，可入药。诃责，厉声叱责。《明史演义》:"犹幸严嵩不甚诃责,总算放心归去。"

女儿:嗬,嗬唷,叹词。表示惊讶或轻微的不满。《乾隆皇帝》:"嗬,还有个撑腰子的野道士啊!"

爸爸:有非形声字:劾 hé 阂 hé 曷 hé 盍 hé 翮 hé 涸 hé;正形声字:鞨 hé 饸 hé 颌 hé 盉 hé 菏 hé 阖 hé。

女儿:劾,揭发罪状:弹劾。《三国演义》:"议郎赵彦愤操专横,上疏劾操不奉帝旨、擅收大臣之罪。"

阂,阻隔不通:隔阂。《民国演义》:"而当国是纠纷,群情隔阂之际,犹将竭其忠告,思所以匡持之。"

爸爸:曷,何,什么。怎么,为什么。《三刻拍案惊奇》:"覆辙比比,曷不鉴兹。"

盍,何不,表示反问或疑问。何故,为何。《三国演义》:"可将钱粮移于下邳,倘徐州被围,下邳有粮可救。主公盍早为计?"

翮,鸟翎的茎,翎管。鸟的翅膀:振翮高飞。《绿野仙踪》:"羡奔腾之如电,睹飞翮之凌云。"

涸,水干:干涸。涸辙之鲋,喻处境十分危难、急待救助的人。《元史演义》:"是年国内大旱,河水尽涸,野草自焚,牛马多死亡,民不聊生。"

鞨,鞋子。靺 Mò 鞨,我国东北古代少数民族名。五代时称女真。《二十四史通俗演义》:"靺鞨遣使入贡,时远方诸国来朝者甚众,服装诡异。"

饸,饸饹,一种煮着吃的条状食品,多用荞麦面轧成。

颌,构成口腔上部和下部的骨头与肌肉等组织:上颌。黄庭坚《戏答俞清老道人》:"何为红尘里,颌须欲雪白。"

盉,古代酒器,用青铜制成。《阅微草堂笔记》:"自是日渐衰谢,至盉粥不供,今子孙无孑遗矣。"

女儿:菏,菏泽,地名,古称曹州,位于山东省西南部,鲁苏豫皖四省交界地带。

阖,全,总共:阖家。关闭:阖户。《三国演义》:"如今阖户逢人杀,天理循环报不差。"

爸爸:还有非形声字:<u>壑 hè</u>,坑谷,深沟:沟壑。《三国演义》:"三停人马:一停落后,一停填了沟壑,一停跟随曹操。"

轻松成为"字多星"

第七十一课　鸡 jī

爸爸:现在复习前面的生字。第六十六课?

女儿:正形声字有:栊 lóng 砻 lóng 眬 lóng 癃 lóng 泷 lóng,shuāng 珑 lóng 茏 lóng 侬 nóng 秾 nóng 哝 nóng 蝾 róng 狨 róng 嵘 róng 孀 shuāng;

准形声字有:陇 lǒng。

爸爸:第六十七课?

女儿:正形声字有:麝 shè 穑 sè 铯 sè;

准形声字有:畲 shē 猞 shē 赊 shē;

非形声字有:阇 shé 佘 shé 庫 shè 歙 shè,xī 慑 shè 啬 sè。

爸爸:第六十八课?

女儿:正形声字有:犸 mǎ 墁 màn 缦 màn 镘 màn 谩 màn 幔 màn 硭 máng 漭 mǎng 蟒 mǎng;

准形声字有:嫚 mān 鳗 mán 蟎 mǎn;

非形声字有:颟 mān 邙 máng 牤 māng 呒 ḿ 呣 ḿ,m。

爸爸:第六十九课?

女儿:正形声字有:蛘 yáng 烊 yáng,yàng 佯 yáng 徉 yáng 鞅 yāng,yàng 泱 yāng;

准形声字有:怏 yàng 恙 yàng;

非形声字有:旸 yáng 疡 yáng 炀 yáng。

爸爸:第七十课?

女儿:正形声字有:瘊 hóu 篌 hóu 逅 hòu 鞨 hé 饸 hé 颌 hé 盍 hé 菏 hé 阖 hé;

准形声字有:觳 hóu 嗬 hē;

非形声字有:齁 hōu 鲎 hòu 诃 hē 劾 hé 阂 hé 曷 hé 盍 hé 翮 hé 涸 hé 壑 hè。

爸爸:很好。上次作业?

女儿:这咸鲎 hòu 鱼真齁 hōu 人。

以邻为壑 hè,必受诃 hē 责。

今年天气干涸 hé,狐貉 hé 潜踪,鹰不振翮 hé,曷 hé 不借机灭了回纥 hé。

盍 hé 论有无隔阂 hé 都被弹劾 hé?

爸爸:可以。今天我们重点学与鸡同音或近音的字。与鸡同音的很多,有正形声字:犄 jī 剞 jī 矶 jī 玑 jī;准形声字:芨 jī 屐 jī;非形声字:嵇 jī 羁 jī 虀 jī 墼 jī 畿 jī 笄 jī 赍 jī 乩 jī 姬 jī 跻 jī。

犄,犄角,兽角,棱角,角落。《大八义》:"廊子底下西头,犄角那里有个酒摊。"

剞,剞劂 jué,雕刻用的曲刀,雕版,刻书。《大唐西域记》:"重阁层台制穷剞劂,佛像圣容丽极工思。"

女儿:矶,突出江边的岩石或小石山。《儒林外史》:"船家不敢言语,向别人称完了,开船到了燕子矶。"

玑,不圆的珠子:珠玑。《醒世恒言》:"那官人胸藏锦绣,腹隐珠玑,有经天纬地之才,济世安民之术。"

屐,木头鞋,泛指鞋:木屐。《醒世恒言》:"刘公穿个木屐,出街望了一望,复身进门。"

爸爸:芨,白芨,多年生草本植物,根茎供药用。芨芨草,多年生草本植物,生于碱性草滩上。郭小亭《济公全传》:"拿白芨研浓了朱砂,画了三道灵符。"

嵇,姓。嵇山,在安徽省宿州市以西、亳州市以东。王国维《读史二十首》:"二帝精魂死不孤,嵇山陵庙似苍梧。"

199

羁,马笼头。羁绁,马笼头和缰绳,喻束缚。停留,使停留:羁旅。《三国演义》:"此一行如鱼入大海、鸟上青霄,不受笼网之羁绊也!"

齑,捣碎的姜、蒜、韭菜等。细,碎:齑粉。《三国演义》:"今足下兴兵远征,倘操乘虚而至,江南齑粉矣!"

墼,未烧的砖坯:土墼。《大唐西域记》:"泥以石灰覆以砖墼。"

畿,古代称靠近国都的地方:京畿。《三国演义》:"方畿之内,简练之臣,皆垂头搨 tà 翼,莫所凭恃。"

笄,古代的一种簪子,用来插住挽起的头发,或插住帽子:发笄。古代特指女子十五岁可以盘发插笄的年龄,即成年:及笄。《三国演义》:"闻布妻严氏有一女,年已及笄。"

赍,怀抱着,带着:赍恨。把东西送给别人:赍赏。旅行的人携带衣食等物。《三国演义》:"使者赍书渡江,被防江将士所获,解赴孙策处。"

乩,占卜问疑:扶乩。《二十年目睹之怪现状》:"便一人一面的用指头扶起那乩,憩了半天,乩动起来,却只在乩盘内画大圈子,闹了半夜,不曾写出一个字来。"

女儿:姬,古代对妇女的美称。旧时称妾:姬妾。旧时称以歌舞为业的女子:歌姬。《三国演义》:"皇天将崩兮后土颓,身为帝姬兮命不随。"

跻,登,上升:跻身。《明史演义》:"嵩以青词得幸,骤跻显位,柄政至二十余年,无功于国,专事殃民。"

爸爸:今天的谜面有两个,一是"乘人不备",二是"当在前面,竟在后面"。

第七十二课　狗 gǒu

爸爸：先交作业。

女儿：扶乩 jī 结果暗示：京畿 jī 将失陷，城垣土墼 jī 成齑 jī 粉，嵇 jī 将军受羁 jī 绊，他女儿及笄 jī 之年，将赍 jī 恨跻 jī 身歌姬 jī 行列。

爸爸：很好，说得就像真的。今天我们重点学与狗同音或近音的字。与狗同音的有准形声字：岣 gǒu，岣嵝 lǒu，山名，在湖南省。柳宗元《零陵春望》："日晴潇湘渚，云断岣嵝岑。"

与狗近音的有读沟的非形声字：篝 gōu 韝 gōu 緱 gōu；正形声字：枸 gōu，gǒu，jǔ 佝 gōu。

篝，在野外燃起的一堆一堆的火焰：篝火。《乾隆皇帝》："帐外清兵也点起了篝火，一晃一晃有气无力地烧着。"

韝，臂套。用革制成，用以束衣袖，射箭或操作时用。《醒世恒言》："杜子春到明日绝早，就去买了一匹骏马，一付鞍韝，又做了几件时新衣服。"

緱，刀剑等柄上所缠的绳。姓。《东周列国志》："冯先生贫甚，身无别物，止存一剑，又无剑囊，以蒯 kuǎi 緱系之于腰间。"

枸，盘错的树根，弯曲。另读 jǔ，枸橼 yuán，常绿小乔木或大灌木，有短刺。又读 gǒu，枸杞，落叶小灌木，叶披针形，结小浆果，成熟时红色，称"枸杞子"。枸骨，常绿小乔木或灌木，开小白花，有香气。《乾隆皇帝》："放温了的茶不好，多少兑了点枸杞和枣汁子，能升胃气……"

女儿：佝，佝偻，由于缺乏维生素 D 引起钙、磷代谢障碍导致的骨骼发育不良，俗称"小儿软骨病"。《大唐狄公案》："宽大的黑衣袍里套着一个佝偻的身躯，胡须花白。"

爸爸：有读构的非形声字：<u>彀 gòu 媾 gòu 觏 gòu 诟 gòu</u>。

彀，使劲张弓：入我彀中。《元史演义》："临之以威，动之以情，不怕叛众不入彀中。"

媾，连合，结合，交好：媾和。《民国演义》："临时大总统经参议院之同意，得宣战媾和及缔结条约。"

觏，遇见。罕觏，不常见。《三宝太监西洋记》："今日相逢，颇称奇觏，何苦做出这一段酸子的形状来？"

女儿：诟，耻辱。辱骂：诟病。《三刻拍案惊奇》："掌珠因盛氏诟骂，又怕丈夫回来得知，甚是不快。"

爸爸：上次"乘人不备"的谜底是什么？

女儿：乖。

爸爸：正确。与乖同音的有非形声字：<u>掴 guāi</u>，打耳光。《乾隆皇帝》："很想就这么劈面一掌掴将去打他个满脸花……"

与乖近音的有读怪的非形声字：<u>夬 guài</u>，坚决，果断。韩愈《雨中寄孟刑部几道联句》："何以验高明，柔中有刚夬。"

"当在前面，竟在后面"的谜底是什么？

女儿：光。

爸爸：对。与光同音的有正形声字：<u>胱 guāng 咣 guāng</u>。

胱，膀胱，人和动物体内储存尿液的器官。惜华楼主《皇清秘史》："立起来飞起一脚，那脚不高不低，恰踢在膀胱上。"

女儿：咣，象声词，形容撞击振动的声音。《乾隆皇帝》："只听殿门'咣'的一声，乾隆已经出来。"

爸爸：与光近音的有读广的正形声字：<u>犷 guǎng</u>，粗野：粗犷。《林公案》："粮船水手犷悍成性，往往恃众拒捕。"

第七十三课 猪 zhū

爸爸：先交作业。

女儿：緱 gōu 将军的巾韝 gōu 让篝 gōu 火给烧了。

两个冤家不再诟 gòu 骂,谈得很是入彀 gòu,甚至有媾 gòu 和的迹象,堪称奇觏 gòu。

刚夬 guài 的他忍不住劈面一掌掴 guāi 过去。

爸爸：很生动嘛,通过。今天我们重点学与猪同音或近音的字。与猪同音的有正形声字:铢 zhū 洙 zhū 邾 zhū 茱 zhū 潴 zhū 橥 zhū 侏 zhū 诛 zhū。

铢,古代重量单位。锱铢,喻极微小的数量。《民国演义》:"但因兵饷缺乏,迫令远近商人助饷,各商锱铢必较,怎肯无故出钱。"

洙,洙水,水名,在山东省,泗水的支流。杜纲《北史演义》:"其军大溃,争投洙水,积尸蔽江,江水为之不流。"

邾,古国名,在今山东省邹城市。《三国演义》:"日月逾迈,人生几何,宜自远图。吾当保公为邾县长,自作去就之计。"

茱,茱萸,落叶小乔木,结长椭圆形核果,红色,味酸,可入药,通称"山茱萸"。王维《九月九日忆山东兄弟》:"遥知兄弟登高处,遍插茱萸少一人。"

潴,水积聚:潴积。潴留,医学上指液体聚集停留。《林公案》:"只因境内多山少河,天雨则山水下冲,随地潴积,天晴则各处旱燎,无水灌溉。"

橥,常绿乔木,木材坚硬。《历代游记选》:"其草多竹;其树多枫、橥,多松。"

女儿：侏，侏儒，身材异常矮小的人。《大唐狄公案》："酒店门口的一张桌上坐着个面目可憎的侏儒。"

诛，把罪人杀死：伏诛。责罚：口诛笔伐。《三国演义》："汝罪恶盈天，人人愿得而诛之！"

爸爸：与猪近音的有读注的非形声字：翥 zhù 杼 zhù 箸 zhù；准形声字：炷 zhù；正形声字：苎 zhù 伫 zhù。

翥，鸟向上飞。《大唐狄公案》："这对忘年夫妇虽称不上珠联璧合，龙翔凤翥，却也知疼着热，相敬如宾。"

杼，织布机上的筘 kòu，古代亦指梭：机杼。《大唐狄公案》："题材千篇一律，机杼也很平常，虽非佶屈聱牙，却味同嚼蜡，只是表现手法略有不同。"

女儿：箸，筷子。《三国演义》："玄德闻言，吃了一惊，手中所执匙箸，不觉落于地下。"

爸爸：炷，灯心。烧，燃香：炷香。量词，指燃着的线香：一炷香。《大唐狄公案》："夫妇再在观音大士前敬添几炷香，欢欢喜喜回去。"

苎，苎麻，多年生草本植物，茎皮含纤维质很多，是纺织工业的重要原料。《三刻拍案惊奇》："女人一件千补百衲的苎布衫，一腰苎布裙，苎布裤。"

伫，长时间地站着：伫立。《颜氏家训》："感霜露而相思，伫日月之相望也。"

有读租的非形声字：菹 zū，酸菜，腌菜。瓜菹，腌制的酸瓜。多水草的沼泽地带：菹草。汪寄《海国春秋》："广大向前看时，觉得骑走艰难，却在菹泽之中。"

有读族的正形声字：镞 zú，箭头：箭镞。《元史演义》："更兼毒矢飞来，左右闪避，就使幸免箭镞，也要失足落水。"

有读祖的非形声字：俎 zǔ 诅 zǔ。

俎，古代祭祀时放祭品的器物。切肉或切菜时垫在下面的砧 zhēn

板:刀俎。陈毅《满江红·送周总理赴日内瓦》:"看我公樽俎折强权,期赢获。"

女儿:诅,求神加祸于别人,现泛指咒骂,诅咒。《大唐狄公案》:"高师爷发了急,心里着实诅咒跟前这个丑和尚,口上又不便发作。"

八、四君子篇

第七十四课　梅 méi

爸爸：先交作业。

女儿：夫妻俩不思龙翔凤翥 zhù，安心于放下匙箸 zhù 后能动动机杼 zhù。

当下我是刀俎 zǔ，你是瓜菹 zū，诅 zǔ 咒又有什么用？

爸爸：可以。今天我们重点学与梅同音或近音的字。与梅同音的有正形声字：郿 méi 嵋 méi 湄 méi 楣 méi 鹛 méi；非形声字：麋 méi，mí；准形声字：莓 méi 酶 méi。

郿，郿县，地名，在陕西省，现作"眉县"。郿城，古县名，北周并入周城县。《三国演义》："今必出军斜谷，来取郿城。若取郿城，必分兵两路，一军取箕谷矣。"

嵋，峨嵋，山名，在四川省。《三国演义》："今公大勋已就，威震其主，何不泛舟绝迹，登峨嵋之岭，而从赤松子游乎？"

湄，河岸，水与草交接的地方。《三国演义》："孙郎智勇冠江湄，射猎山中受困危。"

楣，门框上的横木；门楣。《三刻拍案惊奇》："李郎原是宦家，骨气不薄；你又看得他好，毕竟不辱门楣。"

鹛，鸟类的一属，眼周围的羽毛像画的眉毛，叫的声音好听。如"画眉"。

糜,不黏的黍:糜子。另读 mí,粥:肉糜。烂,碎:糜烂。浪费:糜费。《雍正皇帝》:"劳军糜饷,丧师辱国,他岳钟麒还有什么脸来狡辩?"

女儿:莓,草莓,多年生草本植物,果实红色,味酸甜。《乾隆皇帝》:"仍旧一脸是笑,把中间鼻子挤得像个没熟透的大草莓。"

酶,一种有机物质,由蛋白质组成,对于生物化学变化起催化作用。

与梅近音的有正形声字:<u>镁 měi</u>,一种金属元素,银白色略有延展性。

爸爸:有非形声字:<u>袂 mèi 寐 mèi</u>。

袂,衣袖,袖口:联袂,结伴。《元史演义》:"约行里许,愈觉寒风侵袂,景色苍凉。"

女儿:寐,睡,睡着。《三国演义》:"董承览毕,涕泪交流,一夜寝不能寐。"

爸爸:有非形声字:<u>咩 miē 乜 miē,niè</u>。

咩,象声词,羊叫的声音。《三宝太监下西洋记》:"把四只蹄子对着天,口里咩咩叫,做个仰天笑。"

乜,乜斜,眼睛因困倦而眯成一条缝。眼睛略眯而斜着看,多指不满意或看不起的神情。《大唐狄公案》:"葫芦先生又细细乜斜一眼狄公,嘴角浮起一丝不易觉察的微笑。"另读聂 niè,姓。

女儿:有读灭的非形声字:<u>篾 miè</u>,劈成条的竹片。《西游记》:"穿一领黄不黄、红不红的葛布深衣,戴一顶青不青、皂不皂的篾丝凉帽。"

爸爸:今天的谜面是:女来喊妈妈,米来就吃它,狗来变成兽,好得顶呱呱。

第七十五课　兰 lán

爸爸：先交作业。
女儿：姐俩出则联袂 mèi,寝则同寐 mèi,共同种植一片穈 méi 子。山羊透过篾 miè 栅栏,乜 miē 斜着眼,咩 miē 咩地叫。
爸爸：好的。今天我们重点学与兰同音或近音的字。与兰同音的有非形声字：岚 lán 褴 lán。
岚,山间的雾气：晓岚。《明史演义》："水天一色,风日俱清,倒映层岚,云帆绕翠。"
女儿：褴,褴褛,衣服破烂不堪。《大唐狄公案》："她衣衫褴褛,半饥不饱,日夜与狐狸为伴,情景十分惨凄。"
爸爸：与兰近音的有读览的非形声字：罱 lǎn,捕鸟或捞水草、河泥的工具。用罱捞：罱河泥。皮日休《奉和鲁望渔具十五咏·罱》："烟雨晚来好,东塘下罱去。"
有读来的正形声字：崃 lái 涞 lái 徕 lái 铼 lái。
崃,邛 qióng 崃,地名,隶属四川省成都市,自古为"天府南来第一州",位于成都平原西部。邛崃山,在四川省西部岷江和大渡河之间。李石《木兰》："大渡河边瘴雾浓,邛崃关下木兰红。"
涞,涞水,地名,位于河北省中部偏西,太行山东麓北端。张廷玉《明史》："大清兵南下,三路出师：一由涞水攻易,一由新城攻雄,一由定兴攻安肃。"
铼,一种金属元素,熔点高。
女儿：徕,慰劳。招徕,把人招来,沿用指商业上招揽顾客。《大唐狄公案》："来自界河彼岸的商贩,身着异装,均哑着嗓子招徕顾客。"

爸爸：有读赖的准形声字：赉 lài；正形声字：濑 lài 癞 lài 籁 lài。

赉，赐予，给予：赉赏。《三宝太监下西洋记》："元帅又吩咐赏赉三员游击，又吩咐马游击倍加赏赉。"

濑，从沙石上流过的急水。《南村辍耕录》："山下有水潭，谓之濑，画此甚有生意。"

癞，麻风病。癣疥等皮肤病：癞子。《醒世恒言》："这也是癞虾蟆想天鹅肉吃的妄想。"

女儿：籁，古代的一种箫。孔穴里发出的声音，泛指声响：天籁。《林公案》："说罢径飞马到湖边了望，只是人影全无，万籁无声。"

爸爸：上次字谜的谜底是什么？

女儿：良。

爸爸：对。与良同音的有正形声字：踉 liáng，踉踉，跳跃。另读 liàng，踉跄，走路不稳，跌跌撞撞。《大唐狄公案》："那里的人都要喝到半夜醉得踉跄才肯尽兴。"

有非形声字：椋 liáng，古书上说的一种树。椋鸟，鸟类的一科，有的能模仿声音，如"八哥"。

与良近音的有正形声字：魉 liǎng，魍 wǎng 魉，传说中的怪物。《雍正皇帝》："此等魍魉之徒，难逃朕的洞鉴。"

轻松成为"字多星"

第七十六课　竹 zhú

爸爸:现在复习前面的生字。第七十一课?

女儿:正形声字有:掎 jī 剞 jī 矶 jī 玑 jī;

准形声字有:芨 jī 屐 jī;

非形声字有:稘 jī 羁 jī 齑 jī 墼 jī 虀 jī 笄 jī 赍 jī 乩 jī 姬 jī 跻 jī。

爸爸:第七十二课?

女儿:正形声字有:枸 gōu(gǒu,jǔ)佝 gōu 胱 guāng 咣 guāng 犷 guǎng;

准形声字有:岣 gǒu;

非形声字有:篝 gōu 韝 gōu 褑 gōu 彀 gòu 媾 gòu 觏 gòu 诟 gòu 掴 guāi 夬 guài。

爸爸:第七十三课?

女儿:正形声字有:铢 zhū 洙 zhū 邾 zhū 茱 zhū 潴 zhū 槠 zhū 侏 zhū 诛 zhū 苎 zhù 伫 zhù 镞 zú;

准形声字有:炷 zhù;

非形声字有:翥 zhù 杼 zhù 箸 zhù 菹 zū 俎 zǔ 诅 zǔ。

爸爸:第七十四课?

女儿:正形声字有:郿 méi 嵋 méi 湄 méi 楣 méi 鹛 méi 镁 měi;

准形声字有:莓 méi 酶 méi;

非形声字有:糜 méi(mí) 袂 mèi 寐 mèi 咩 miē 乜 miē,niè 篾 miè。

爸爸:第七十五课?

女儿:正形声字有:峡 lái 涞 lái 徕 lái 铼 lái 濑 lài 癞 lài 籁 lài 踉 liáng 魉 liǎng;

准形声字有:赉 lài;

非形声字有:岚 lán 褴 lán 罱 lǎn 椋 liáng。

爸爸:很好。上次作业?

女儿:他在罱 lǎn 河泥,水面倒映着远山晓岚 lán 和他的褴 lán 褛衣衫。

用高粱喂椋 liáng 鸟。

爸爸:很好。今天我们重点学与竹同音或近音的字。与竹同音的有非形声字:躅 zhú 瘃 zhú 竺 zhú。

躅,踯 zhí 躅,徘徊不行。《大唐狄公案》:"马荣遭了几处白眼,心中气恼,又不好发作,只得忍气吞声在街头巷尾踯躅。"

瘃,病名,即"冻疮"。《聊斋志异》:"我迢迢远来,手皲 cūn 瘃,足趾皆穿,亦自谓无负郎君。"

女儿:竺,天竺,印度的古称。姓。《西游记》:"西方佛乃大雷音寺天竺国界,此去有十万八千里路。"

爸爸:与竹近音的有读主的非形声字:麈 zhǔ 渚 zhǔ。

麈,古书上指鹿一类的动物,其尾可做拂尘:麈尾。《儒林外史》:"只是江南鲥鱼、樱、笋,下酒之物,与先生们挥麈清谈。"

女儿:渚,水中小块陆地:洲渚。《临江仙》:"白发渔樵江渚上,惯看秋月春风。"

爸爸:还有著,作显明、显出、写文章解时读 zhù;作执着解时 zhuó。与其同音的有读卓的非形声字:擢 zhuó 濯 zhuó 浞 zhuó 涿 zhuó 斫 zhuó 镯 zhuó。

擢,拔:擢发难数。提拔,提升:擢升。《三国演义》:"文武投降官员,共六十余人,并皆擢用。"

濯,洗:濯足。濯濯,形容山无草木,光秃秃的。《雍正皇帝》:"此时,节令已近重阳,天高气爽,红叶满地,山染丹翠,水濯清波。"

浞,淋,使湿:让雨浞了。寒浞,任有穷氏部落首领后羿的相,后来杀死后羿,夺取有穷氏大权,晚年死于夏后相的遗腹子少康的复国之战中。柳亚子《阙题》:"一成兴夏诛寒浞,三户亡秦忆楚王。"

诼,造谣毁谤:谣诼。《红楼梦》:"背地里你言我语,诡诼 suì 谣诼,布满书房内外。"

斫,大锄;引申为用刀、斧等砍:斫伐。《三国演义》:"策大怒,正欲拔剑斫之,忽然昏倒于地。"

女儿:镯,套在手腕脚腕上的环形装饰品:镯子。《大唐狄公案》:"帐帏微微一掀动,伸出一条圆润的手腕,腕上戴着一只纯白玉手镯。"

爸爸:与其近音的有读桌的准形声字:倬 zhuō 镯 zhuō 焯 zhuō,chāo;非形声字:梲 zhuō 涿 zhuō。

倬,显著,大。左思《三都赋》:"至于山川之倬诡,物产之魁殊。或名奇而见称,或实异而可书。"

镯,用镐刨地或刨茬儿。例:镯玉米。

焯,明白透彻:焯见,同"灼见"。姜清《姜氏秘史》:"以明经起家,擢监察御史,学行焯焯有称。"另读 chāo,把蔬菜放到沸水中略微一煮就捞出来:焯菠菜。

梲,梁上的短柱。木杖。《后汉书·文苑传》:"手持三尺梲仗,坐大营门,以杖捶地大骂。"

涿,涿鹿,涿州,地名,均在河北省。《史记·五帝本纪第一》:"与蚩 chī 尤战于涿鹿之野。"

有读专的非形声字:颛 zhuān;正形声字:肫 zhuān。

颛,愚昧:颛蒙。颛顼,传说中的上古帝王。《封神演义》:"春日太昊,夏日炎帝,秋日少昊,冬日颛顼;中有黄帝轩辕。"

肫,同"胗";鸟类的胃:鸡肫。

有准形声字:啭 zhuàn;非形声字:馔 zhuàn 篆 zhuàn。

女儿:啭,鸟婉转地鸣叫。《西游记》:"粉墙四面,万株杨柳啭黄鹂;闲馆周围,满院海棠飞粉蝶。"

爸爸：馔，饮食，吃喝：馔玉。《三国演义》："即命小童具饮馔相待，马牵入后院喂养。"

女儿：篆，汉字的一种书体：大篆。《三国演义》："上有篆文八字云：'受命于天,既寿永昌。'"

第七十七课　菊 jú

爸爸：先交作业。

女儿：这个天竺 zhú 和尚，双脚全是冻瘃 zhú，走路踯躅 zhú 难行。

白发老道江渚 zhǔ 上，挥麈 zhǔ 清谈。

在他即将擢 zhuó 升之际传来谣诼 zhuó，诬陷他曾砍斫 zhuó 过皇家林木。

他正在江边濯 zhuó 足，不料让雨浞 zhuó 了，慌乱中掉了金手镯 zhuó。

古代涿 zhuō 州小伙子爱持棁 zhuō 杖。

颛 zhuān 顼在饮馔 zhuàn 之余，好写篆 zhuàn 文。

爸爸：可以。今天我们重点学与菊同音或近音的字。与菊同音的有正形声字：焗 jú 锔 jú，jū。

焗，将锅盖严焖煮：盐焗鸡。

锔，一种人造放射性金属元素。另读 jū，用铜铁等制成的两头有钩可以连合器物裂缝的东西，称"锔子"，用锔子连合破裂的器物：锔碗。《大唐西域记》："既设门扉又以铁锔，多有铁铃悬诸户扇。"

与菊近音的有读居的正形声字：狙 jū 疽 jū 苴 jū 雎 jū 琚 jū 裾 jū 椐 jū；非形声字：鞫 jū 掬 jū。

女儿：狙，古书上说的一种猴子。狙击，伺人不备，突然袭击。《大唐狄公案》："我要他假装遇了挡路劫贼，遭暴徒狙击。"

爸爸：疽，中医指一种毒疮：痈疽。《元史演义》："留守萨哈连背上生疽，不能出战，投濠自尽。"

苴，大麻的雌株，开花后能结果实。苞苴，裹鱼用的草包，引申为以财物行贿或行贿的财物。《乾隆皇帝》:"久闻李卫苴苴不受、清廉刚直,果真名下无虚!"

琚,古人佩带的玉:琼琚。《木瓜》:"投我以木瓜兮,报之以琼琚。"

裾,衣服的大襟。《三刻拍案惊奇》:"烟里边的容颜,风吹着的衣裾,好不丰艳飘逸!"

椐,椐椐,相继的样子。古书上说的一种小树,有肿节,可以做手杖。梦花馆主《九尾狐》:"用的全是椐木,设或有几件红木,要算奢华到极点了。"

雎,雎鸠,古书上说的一种鸟。《关雎》:"关关雎鸠,在河之洲。窈窕淑女,君子好逑。"

鞫,审问犯人:鞫讯。《元史演义》:"方召世荣入朝对质,由世祖亲自鞫讯,一一款服,才命正法。"

女儿:掬,用两手捧:笑容可掬。《儒林外史》:"方六老爷笑容可掬,同他站在一处,伏在栏杆上看执事。"

爸爸:有读举的准形声字:咀 jǔ 龃 jǔ;非形声字:莒 jǔ 蒟 jǔ 踽 jǔ;正形声字:榉 jǔ。

女儿:咀,含在嘴里细细玩味:含英咀华,喻读书吸取精华。《雍正皇帝》:"张廷玉的心又沉下去了,他似乎是在咀嚼着方苞的话。"另读 zuǐ,用于地名,如香港尖沙咀。

爸爸:龃,龃龉 yǔ,牙齿上下对不上,喻意见不合。《民国演义》:"他也直遂径行,与段总理时有龃龉,段未免介意。"

莒,古代对"芋"的别称。周代诸侯国名,在今山东省莒县一带。《康熙大帝》:"从正月开始,莒城、宁阳便报灾荒,一直到六月,直隶、山东、陕西、肃州许多地方旱得寸草不生。"

蒟,蒟蒻 ruò,多年生草本植物,地下茎为球状,可食,亦可制淀粉,亦称"魔芋"。

踽,踽踽,形容独自走路孤零零的样子。《林公案》:"守了一会,遥见一人,踽踽而来。"

女儿:榉,山毛榉,落叶乔木,木材坚硬,可做枕木、家具。陆游《小雨》:"榉柳不禁朝暮久,芙蕖犹有二三开。"

爸爸:有读 jù 的准形声字:踞 jù 倨 jù;非形声字:屦 jù 遽 jù;正形声字:犋 jù 讵 jù 苣 jù,qǔ 飓 jù。

女儿:踞,蹲,坐:龙蟠虎踞。占据:盘踞。《三国演义》:"目今黄巾遗孽,扰乱于外;董卓余党,盘踞于内。"

爸爸:倨,傲慢:前倨后恭。《两晋秘史》:"贾谧侍奉东宫,对太子倨傲,甚不为礼。"

屦,古代用麻葛制成的一种鞋。践踏。敛屦,踮起足走路,表示敬肃。《三国演义》:"玄德幼孤,事母至孝;家贫,贩屦织席为业。"

遽,急,仓猝:遽尔。惊惧、慌张:惶遽。《三国演义》:"吾屡战屡胜,取襄阳只在旦夕;岂可因风折旗竿,遽尔罢兵!"

犋,畜力单位,能拉动一辆车、一张犁、一张耙等的一头或几头牲口称一犋。王汶石《风雪之夜》:"一队队犁犋,人畜相间,在田垅间转来转去。"

讵,岂,怎:讵料。《清史演义》:"讵料行未数里,清兵竟漫山蔽野的掩杀过来。"

女儿:苣,莴苣,菜名。另读 qǔ,苣荬菜,多年生草本植物。

爸爸:飓,飓风,发生在大西洋西部和西印度群岛一带海洋上的风暴,风力常达十级以上,常伴有暴雨。《聊斋志异》:"遭飓风,舟将覆;忽飘一虚舟来,急跃登之。"

今天的谜面是:半价出售。

九、四季篇

第七十八课　春 chūn

爸爸：先交作业。

女儿：鞠 jū 讯犯人，不能笑容可掬 jū。

在莒 jǔ 县城门口，看见一老汉捧着一个蒟 jǔ 蒻踽 jǔ 踽而来。

听说老师正在午休，他们遽 jù 尔敛屦 jù 而行。

爸爸：通过。今天我们重点学与春同音或近音的字。与春同音的有正形声字：蝽 chūn，蝽科昆虫的总称，能分泌臭液，在空气中挥发成臭气，又称放屁虫、臭大姐。

与春近音的有正形声字：莼 chún；非形声字：鹑 chún。

莼，莼菜，多年生水草，浮在水面，叶子椭圆形，茎和叶背面都有黏液，可食。《红楼梦》："那些面筋豆腐老太太又不大甚爱吃，只拣了一样椒油莼虀酱来。"

女儿：鹑，鹌鹑。《乾隆皇帝》："再给我弄几只鹌鹑来，信阳府鹌鹑好玩的。"

爸爸：上次"半价出售"的谜底是什么？

女儿：半个价、出、售，是催。

爸爸：对，与催同音的有非形声字：榱 cuī，椽子。《民国演义》："睹邪说暴行之日甚，觉榱崩栋折之堪虞 yú。"

与催近音的有准形声字：璀 cuǐ，璀璨，形容珠玉的光泽。《雍正皇帝》:"只见蓝天如洗,星光璀灿,哪里有一点儿将要下雨的样子?"

有读脆的非形声字:毳 cuì 啐 cuì 淬 cuì 萃 cuì 瘁 cuì。

毳,毳毛,俗称"寒毛"。鸟兽的细毛。《五代史演义》:"契丹兵乘胜进薄城下,声言有众百万人,毡车毳幕,弥漫山泽。"

啐,用力从嘴里吐出来:啐一口痰。唾人以表示鄙斥。《儒林外史》:"被胡屠户一口啐在脸上,骂了一个狗血喷头。"

女儿:淬,把烧红了的铸件往水或油或其他液体里一浸立刻取出来,用以提高合金的硬度和强度:淬火。《西游记》:"日乃太阳真火,落于西海之间,如火淬水,接声滚沸。"

萃,草丛生、茂盛的样子。聚集:荟萃。杜甫《枯楠》:"巨围雷霆坼,万死虫蚁萃。"

瘁,疾病;劳累:心力交瘁。《雍正皇帝》:"已经累得心力交瘁,不可能再有什么新的建树了。"

第七十九课　夏 xià

爸爸：先交作业。

女儿：鹌鹑 chún 喜欢吃莼菜。

榱 cuī 崩栋折意指大厦摧毁。

他对着毳 cuì 毛啐 cuì 了一口痰。

荟萃 cuì 好钢再进行淬 cuì 火，令他心力交瘁 cuì。

爸爸：好的。今天我们重点学与夏同音或近音的字。与夏同音的有正形声字：厦 xià。

女儿：厦，厦门，地名，位于福建省东南部，临台湾海峡，为天然良港，是闽东南经济文化中心。

爸爸：与夏近音的有读虾的非形声字：呷 xiā，小口饮。《大唐狄公案》："马荣点头微笑，只顾呷啜桌上的茶。"另读 gā，鸭叫声，如：呷呷。《上古秘史》："忽而又有几百只黑色的小鸟，飞集在船上，驱之不去，用手捉它亦不去，反呷呷的向人乱叫。"

与其同音的有正形声字：嘎 gā、gá、gǎ；非形声字：伽 gā、jiā、qié 夼 gā。

嘎，嘎嘎，象声词，形容鸭子、大雁等的叫声。象声词，形容短促而响亮的声音。《三宝太监下西洋记》："张开个大口，放出声气来，嘎嘎的大笑三声，哭了三声。"另读 gá，同"尜"。又读 gǎ，乖僻，脾气不好。调皮。

伽 gā，伽马射线，镭和其他一些放射性元素的原子放出的射线。另读 jiā 译音用字，如伽利略。又读 qié，伽南香，沉香。伽蓝，梵语，指僧众所住的园林，后指佛寺，又指寺院护法神。《西游记》："我等是六丁六甲、五方揭谛、四值功曹、一十八位护教伽蓝,各各轮流值日听候。"

女儿:旮,旮旯,角落,如"墙旮旯"。偏僻的地方,如"山旮旯"。《乾隆皇帝》:"抄捡书房时,别的衙役们都趁火打劫,旮旯缝隙地搜细软扑金银。"

爸爸:与其近音的有非形声字:尜 gá 噶 gá。

尜,尜尜,一种儿童玩具,两头尖中间大。张杰鑫《三侠剑》:"瘦得简直都没法再瘦了,皮包着骨头,高颧骨,尖头顶,尖下颏,尜尜脑袋,狗油胡。"

噶,噶伦,我国原西藏地方政府的主要官员。噶厦,即原西藏地方政府,后解散。

有非形声字:尕 gǎ,方言,小:尕娃。

女儿:厦,另读 shà,大屋子:高楼大厦。

爸爸:对。与其同音的有非形声字:嗄 shà 喢 shà 歃 shà。

嗄,嗓音嘶哑。叹词。《红楼梦》:"不是嗄,大凡成仙的人,或是肉身去的,或是脱胎去的。"

喢,喢喋 dié,形容鱼或水鸟吃食的声音,也指鱼或水鸟吃食。《红楼梦》:"宝钗手里拿着一枝桂花玩了一回,俯在窗槛上掐了桂蕊掷向水面,引的游鱼浮上来喢喋。"

歃,歃血,古人盟会时,嘴唇涂上牲畜的血,表示诚意。《三国演义》:"五人对天说誓,歃血为盟,各自归家。"

与其近音的有读杀的正形声字:痧 shā 莎 shā,suō 铩 shā 裟 shā。

痧,痧子,麻疹的俗称。中医指霍乱、中暑、肠炎等急性病:发痧。《官场现形记》:"凑巧那两天天热,不知怎样又忽然发起痧来。"

莎,多用于人名、地名。另读梭 suō,莎草,多年生草本植物,地下的块根称"香附子",可入药。《水浒传》:"见座林子,奔到里面,望着那绿茸茸莎草地上扑地倒了。"

铩,古代一种长矛。摧残,伤残;铩羽,羽毛掉落,喻失意受挫折。《聊斋志异》:"不意时数限人,文章憎命,榜既放,依然铩羽。"

女儿:袈,袈裟,和尚披在外面的一种法衣。岑参《寄青城龙豀奂道人》:"杉风吹袈裟,石壁悬孤灯。"

第八十课　秋 qiū

爸爸:先交作业。

女儿:他从破茶碗的缝罅 xià 中呷 xiā 茶玩。

伽 gā 马射线能照进旮 gā 旯。

噶 gá 伦家的尕 gǎ 娃玩杂 gá 糅。

歃 shà 血为盟后,他们嗄 shà 哑地唱着歌,吓得水里的游鱼停止了唼 shà 喋。

爸爸:通过。今天我们重点学与秋同音或近音的字。与秋同音的有准形声字:鞧 qiū;正形声字:楸 qiū 邱 qiū 鳅 qiū。

鞧,套车时拴在驾辕牲口屁股上的皮带子:后鞧。《荡寇志》:"你这亡人,不是讨打么!肚带、后鞧都好好的,何故撩蹶 jué 子?"

楸,落叶乔木,干高叶大,木材质地致密。《乾隆皇帝》:"一片开阔地中野树成林,松楸柏柏之间溪水纵横,隔三差五的石板桥花径小路相通,布局错落有致。"

女儿:邱,姓:邱少云。

鳅,泥鳅,体圆,尾侧扁,皮上有黏液很滑。常用以喻人的滑头。《西游记》:"我把你这个带角的蚯蚓,有鳞的泥鳅!"

爸爸:与秋近音的有读求的非形声字:犰 qiú 虬 qiú 巯 qiú 酋 qiú;正形声字:遒 qiú 述 qiú 俅 qiú 赇 qiú 裘 qiú 泅 qiú。

犰,犰狳 yú,哺乳动物,身有鳞片,穴居土中,昼伏夜出。《白话山海经》:"山中有一种野兽,形状像一般的兔子却是鸟的嘴,鹞 yào 鹰的眼睛和蛇的尾巴,一看见人就躺下装死,名称是犰狳。"

虬,古代传说中有角的小龙:虬龙。拳曲:虬须。《三国演义》:"两臂有千斤之力,板肋虬髯,形容甚伟。"

巯,有机化合物中含硫和氢的基,亦称"巯基"。

女儿:酋,长官:酋长。《儒林外史》:"那番酋开了北门,舍命一顿混战,只剩了十数骑,溃围逃命去了。"

爸爸:遒,雄健有力:遒劲。《大唐狄公案》:"那些栲栳 kǎo lǎo 般的大字往往六尺见方,笔锋遒劲凝练,飞动洒脱。"

逑,配偶:窈窕淑女,君子好逑。《木兰奇女传》:"夫妻良缘,虽由命定,然淑女可逑,良配可择,妒妇可出。"

俅,俅俅,恭顺的样子。多见于人名:高俅。

赇,贿赂:受赇。《南北史演义》:"内邀恩宠,外受赃赇,家累千金,门外成市。"

女儿:裘,皮衣:集腋成裘。《三宝太监下西洋记》:"千金之裘,非一狐之力;万全之策,非一善之长。"

爸爸:泅,游泳:泅渡。《初刻拍案惊奇》:"幸得生长江边,幼时学得泅水之法,伏在水底下多时。"

有非形声字:糗 qiǔ,干粮,炒熟的米或面等。饭或面食粘连成块状或糊状。糗事,不光彩,难为情的事。出糗,失态,难堪。《醒世恒言》:"那青泥白石,乃仙家粮糗,凡人急切难遇,若有缘的尝一尝,便疾病不能侵,妖怪不能近,虎狼不能伤。"

与秋同音的还有龟 qiū,龟兹 cí,汉代西域国名,在今新疆维吾尔自治区库车市一带。另读 guī,爬行动物的一科,乌龟。又读 jūn,同"皲"。龟裂,田地因天旱而裂开许多缝子。《康熙大帝》:"运内力一按,双手、双膝、双脚着地的六块方砖却已龟裂下陷!"

与其同音的有读军的非形声字:麇 jūn,qún;正形声字:筠 jūn,yún 皲 jūn。

麇,古书上指獐子。另读群 qún,成群:麇集。《民国演义》:"却说关外调人麇集,和平空气,弥漫沈辽。"

筠,筠连,地名,在四川省。另读 yún,竹子的青皮。竹子。《醒世恒言》:"山明水秀,风软云闲。一岩风景如屏,满目松筠似画。"

女儿:皲,皮肤因寒冷或干燥而裂开:皲裂。《初刻拍案惊奇》:"皮未皲,尚有余酸;霜未降,不可多得。"

爸爸:与其近音的有读俊的非形声字:<u>浚 jùn,xùn 隽 jùn,juàn</u>;准形声字:<u>捃 jùn 郡 jùn</u>。

浚,疏通,挖深:疏浚。《三刻拍案惊奇》"因浙直、嘉、湖、苏、松常有水灾,屡旨着有司浚治,都没有功绩。"另读 xùn,浚县,地名,在河南省。

隽,同"俊"。《英烈传》:"太祖在馆,日夕招纳四方英隽。"另读 juàn,鸟肉肥美,味道好,引申为意味深长:隽永。《隋唐演义》:"文章一出才人之口,便觉隽永可爱;但不知所指事实,亦可信否?"

捃,拾取,摘取:捃拾。捃摭 zhí,收集。《三刻拍案惊奇》:"还有一干巧为点缀、工为捃摭、一心附势、只手遮天,要使这起忠良决不能暴白。"

女儿:郡,古代行政区域,秦代以前比县小,从秦代起比县大:郡县。《三国演义》:"绍虎踞冀、青、幽、并诸郡,带甲百万,文官武将极多。"

爸爸:今天的谜面有两个:一是"半口吃了一斤米",二是"势力偏少一点"。

第八十一课 冬 dōng

爸爸：现在复习前面的生字。第七十六课？

女儿：正形声字有：胼 zhuān；

准形声字有：倬 zhuō 镯 zhuō 焯 zhuō(chāo) 啭 zhuàn；

非形声字有：躅 zhú 瘃 zhú 竺 zhú 麈 zhǔ 渚 zhǔ 擢 zhuó 濯 zhuó 浞 zhuó 诼 zhuó 斫 zhuó 镯 zhuó 棁 zhuō 涿 zhuō 颛 zhuān 馔 zhuàn 篆 zhuàn。

爸爸：第七十七课？

女儿：正形声字有：焗 jú 锔 jú(jū) 狙 jū 疽 jū 苴 jū 雎 jū 琚 jū 裾 jū 椐 jū 榉 jǔ 惧 jù 讵 jù 苣 jù(qǔ) 飓 jù；

准形声字有：咀 jǔ 龃 jǔ 踞 jù 倨 jù；

非形声字有：鞠 jū 掬 jū 莒 jǔ 蒟 jǔ 踽 jǔ 屦 jù 遽 jù。

爸爸：第七十八课？

女儿：正形声字有：蠢 chūn 莼 chún；

准形声字有：璀 cuǐ；

非形声字有：鹑 chún 榱 cuī 毳 cuì 啐 cuì 淬 cuì 萃 cuì 瘁 cuì。

爸爸：第七十九课？

女儿：正形声字有：厦 xià 嘎 gā(gá,gǎ) 痧 shā 莎 shā(suō) 铩 shā 裟 shā；

非形声字有：呷 xiā 伽 gā(jiā) 茄 gā 旮 gā 尜 gá 噶 gá 孨 gǎ 嘎 shà 唼 shà 歃 shà。

爸爸：第八十课？

女儿：正形声字有：楸 qiū 邱 qiū 鳅 qiū 遒 qiú 逑 qiú 俅 qiú 赇 qiú

225

裘 qiú 泅 qiú 筠 jūn(yún) 皲 jūn；

准形声字有：鳅 qiū 捃 jùn 郡 jùn；

非形声字有：犰 qiú 虬 qiú 疏 qiú 酋 qiú 糗 qiǔ 麇 jūn,qún 浚 jùn, xùn 隽 jùn,juàn。

爸爸：很好。上次作业？

女儿：酋 qiú 长饲养的犰 qiú 狳，受疏 qiú 基污染长出了虬 qiú 须，他认为是件糗 qiǔ 事。

自从皇上招纳英隽 jùn 疏浚 jùn 了河道，麇 jūn 獐就不见了踪影。

爸爸：通过。今天我们重点学与冬同音或近音的字。与冬同音的有正形声字：咚 dōng 氡 dōng。

女儿：咚，象声词，形容重东西落下或击鼓的声音。《三侠五义》："妇人听了，便大叉步儿走上堂来，咕咚一声跪倒。"

爸爸：氡，一种气体元素，有放射性，无色无臭。

上次半口吃了一斤米的谜底是什么？

女儿：断。

爸爸：正确。与断同音的有正形声字：椴 duàn 簖 duàn 煅 duàn。

椴，落叶乔木，像白杨。《太平广记》："遂径往山西寻其迹，果有椴树蕃茂。"

簖，拦河插在水里捕鱼蟹用的竹栅栏：鱼簖。陈忱 chén《水浒后传》："那沿湖的两山百姓，都在太湖中觅衣饭，打鱼笼虾，簖蟹翻凫，撩草刈 yì 蒿，种种不一。"

女儿：煅，放在火里烧。《西游记》："棒是九转镔铁炼，老君亲手炉中煅。"

爸爸：上次"势力偏少一点"的谜底是什么？

女儿：抛。

爸爸：对。与抛同音的有非形声字：脬 pāo，膀胱：尿脬。量词，用于屎尿：一脬屎。《二十年目睹之怪现状》："除了呵外国人的卵脬，便是拍大人先生的马屁,天天拿这两件事当功课做。"

与抛近音的有读袍的非形声字:狍 páo 匏 páo 庖 páo 咆 páo。

狍,鹿一类的动物,比鹿小。《康熙大帝》:"骏马飞奔之处,十几只黄羊,两只狍子被惊得'嗯'的一下从草丛中窜了出来。"

匏,匏瓜,一年生草本植物,果实比葫芦大,对半剖开可做水瓢。《乾隆皇帝》:"乍出京来甜似枣,这才知道,一身到此系如匏。"

女儿:庖,厨房:庖厨。厨师:庖丁。代庖,替人处理或担任事情。《雍正皇帝》:"要是你臬 niè 台和学政都不愿管,那我可就要越俎代庖出面拿人了。"

咆,猛兽怒吼,咆哮。《三国演义》:"果然那马浑身上下,火炭般赤,无半根杂毛;从头至尾,长一丈;从蹄至项,高八尺;嘶喊咆哮,有腾空入海之状。"

爸爸:还有非形声字:疱 pào,皮肤上长的像水泡的小疙瘩。《乾隆皇帝》:"大毛、小毛都出痘儿,透不了疱儿,浑身发热。"

十、文房四艺篇

第八十二课　琴 qín

爸爸：先交作业。

女儿：猪尿脬 pāo 上有个大水疱 pào。

庖 páo 丁咆 páo 哮着把匏 páo 瓜砸向狍 páo 子。

爸爸：好的。今天我们重点学与琴同音或近音的字。与琴同音的有非形声字：芩 qín 覃 qín,tán；正形声字：嗪 qín 噙 qín 檎 qín 溱 qín,zhēn。

芩,黄芩,多年生草本植物,可入药。《林公案》："红百痢加黄芩百芍 sháo。梦遗加龙骨牡蛎 lì。"

覃,姓：覃季。

嗪,有机化合物译音用字。

檎,林檎,落叶小乔木,果实像苹果而小,亦称"沙果"。《西游记》："林檎碧实连枝献,枇杷缃 xiāng 苞带叶擎。"

溱,溱潼,地名,在江苏省泰州市。另读 zhēn,古水名,在今河南省。溱溱,众多,繁盛；出汗的样子；舒展的样子。溱洧 wěi,《诗·郑风》篇名,溱水与洧水,指男女友游、恋爱场所。白居易《宿荥阳》："独有溱洧水,无情依旧绿。"

女儿：噙,含在里面：眼里噙着泪。《西游记》："青鸾舞,彩凤鸣；灵龟捧寿,仙鹤噙芝。"

爸爸:与琴近音的有读钦的非形声字:骎 qīn 衾 qīn。

骎,骎骎,马跑得很快的样子,喻事业进行迅速。《元史演义》:"视其所向,骎骎可畏,其势不至于亡吾社稷,烬吾国家不已也。"

女儿:衾,被子:衾枕。《三刻拍案惊奇》:"房里摆着锦衾绣帐、名画古炉、琵琶弦管。"

爸爸:有读沁的非形声字:吢 qìn;准形声字:搇 qìn。

吢,猫狗呕吐,亦喻漫骂、胡说:满嘴胡吢。《乾隆皇帝》:"少顺嘴胡吢!她是玉女是夜叉关我们屁事?"

搇,用手按:搇钮。搇电铃。《林公案》:"大力只好搇了手印。"

覃,另读谈 tán,深广:覃思。延长,延及:覃恩。《三刻拍案惊奇》:"恰遇建文君即位,覃恩封了父母。"

与其同音的有非形声字:郯 tán 澹 tán,dàn 昙 tán。

郯,郯城,地名,在山东省,地处鲁苏交界,为山东南大门、齐鲁之通衢 qú。

澹,澹台,复姓。另读旦 dàn,恬静、安然的样子:澹泊。水波纡 yū 缓的样子:澹淡。《明史演义》:"雪已初霁,澹澹的露着阳光,景色如绘。"

女儿:昙,昙花,常绿灌木,没有叶子,花大,白色,花期很短。《乾隆皇帝》:"清兵入关,昙花一现的李顺王朝崩溃不可收拾。"

爸爸:与其近音的有读贪的非形声字:坍 tān,崖岸或建筑物或堆起的东西倒塌,从基部崩坏:坍塌。坍台,丢脸。《大唐狄公案》:"突然一声巨响,塔拉的屋子烧坍了,升腾起几柱浓烈的黑烟。"

有读坦的非形声字:钽 tǎn 袒 tǎn 忐 tǎn。

钽,一种金属元素。

袒,脱去上衣,露出身体的一部分:袒露。不公正地维护一方:袒护。偏袒。罗贯中《隋唐两朝志传》:"堂下一呼,众皆袒臂相从。"

女儿:忐,忐忑,心神不安。《西游记》:"八戒闻言,心中忐忑。"

爸爸:今天的谜面是:破解出一半。

轻松成为"字多星"

第八十三课 棋 qí

爸爸:先交作业。

女儿:老覃 qín 家世代种黄芩 qín,医术高明从不满嘴胡吣 qìn。

祖国建设骎 qīn 骎日上,家家户户锦衾 qīn 绣帐。

郯 tán 城外澹 tán 台一族不久就衰败坍 tān 塌了,好光景昙 tán 花一现。

将钽 tǎn 放在袒 tǎn 露的胸膛上,的确让人忐 tǎn 忑不安。

爸爸:很好,通过。今天我们重点学与棋同音或近音的字。与棋同音的有非形声字:颀 qí 圻 qí 耆 qí 畦 qí 岐 qí 蕲 qí 亓 qí 祁 qí 芪 qí 衹 qí 俟 qí,sì;正形声字:其 qí 琪 qí 蜞 qí 綦 qí 淇 qí 祺 qí 琦 qí 锜 qí 蛴 qí 骐 qí 麒 qí。

女儿:颀,身子高:颀长。《大唐狄公案》:"门开了,一位身着玄色轻纱罗裙的颀长女子飘摇进了书斋。"

爸爸:圻,地的边长。圻界,疆界。《前汉演义》:"夫四荒之外,不安其生,封圻之内,勤劳不处,二者之咎,皆由于朕之德薄,不能达远也。"

耆,年老,六十岁以上的人:耆年。《水浒传》:"两县耆老,率领百姓,牵羊担酒,献纳城池。"

畦,田园中分成的小区:菜畦。《大唐狄公案》:"左右两溜禅房破旧不堪,禅房正中各一偏殿,偏殿外原是花畦,篱笆参差。"

女儿:岐,岐山,地名,在陕西省,是中华民族的发祥地之一,是炎帝生息、周室肇 zhào 基之地。

爸爸:蕲,香草,一说药草。蕲春,地名,在湖北省。崔颢《赠怀一上人》:"是日发西秦,东南至蕲春。"

230

亓，姓：亓之伟。

祁，盛大：祁寒。姓。钟嵘《诗品》："若乃春风春鸟，秋月秋蝉，夏云暑雨，冬月祁寒，斯四候之感诸诗者也。"

祇，古代称地神。《荡寇志》："今日便昭告了天地、本处山川神祇。"

俟，万 mò 俟，复姓。另读 sì，依次。等待：俟机。《三国演义》："朕不疑卿；卿且回汉中，俟魏国有变，再伐之可也。"

女儿：萁，豆茎：豆萁。《大唐狄公案》："口头遗言几乎无一不导致煮豆燃萁，同室操戈，他一世为官，这个道理焉能不知？"

爸爸：琪，美玉。《三刻拍案惊奇》："疏疏散散，列几树瑶草琪花；下下高高，出几座危楼高阁。"

蜞，蟛蜞，蟹的一种，体小。皮日休《病中有人惠海蟹转寄鲁望》："族类分明连琐结，形容好个似蟛蜞。"

綦，青黑色：綦巾。极，很：綦难。綦切。姓。《聊斋志异》："十余月，竟无耗问。妻翘盼綦切。"

淇，淇水，水名，源出河南省淇山，流入卫河。《三国演义》："遏淇水入白沟，以通粮道，然后进兵。"

祺，吉祥，安详。刘基《二鬼》："雍雍熙熙，不冻不饥，避刑远罪趋祥祺。"

芪，黄芪，多年生草本植物，茎横卧地上，根可入药。芪母，多年生草本植物，亦称"知母"。《红楼梦》："遂开了几样药名，不过是人参、当归、黄芪等类之剂。"

琦，美玉。珍奇，美好：琦玮。戴复古《读放翁先生剑南诗草》："入妙文章本平澹，等闲言语变瑰琦。"

锜，古代一种三足的釜。常见于人名：李锜。

蛴，蛴螬，金龟子的幼虫，俗称"土蚕"。李贺《勉爱行二首送小季之庐山》："荒沟古水光如刀，庭南拱柳生蛴螬。"

女儿：骐，有青黑色纹理的马：骐骥。荀子《劝学》："骐骥一跃，不能十步;驽马十驾,功在不舍。"

麒,麒麟,古代传说以为仁兽、瑞兽,形状像鹿而独角。《三国演义》:"自魏王即位以来,麒麟降生,凤凰来仪,黄龙出现,嘉禾蔚生,甘露下降。"

爸爸:上次"破解出一半"的谜底是什么?

女儿:确。

爸爸:对。与确同音的有非形声字:悫 què 榷 què 阕 què。

悫,诚实,谨慎:法正则民悫。《聊斋志异》:"侄颇慧,记算无讹;又诚悫,凡出入,一锱铢必告。"

榷,渡水的横木。专卖:榷货。榷场,征收专卖税的交易场所。商讨:商榷。《元史演义》:"阿合马竭智尽能,想出了两条计策:一条是冶铁;一条是榷盐。"

阕,停止,终了:乐阕。歌曲或词,一首为一阕;一首词的一段亦称一阕,前一段称"上阕",后一段称"下阕"。《明史演义》:"到了歌阕已终,尚觉余音绕梁,袅袅盈耳。"

与确近音的有读缺的非形声字:阙 quē,què 炔 quē。

阙,缺点,错误。阙如:空缺,欠缺。另读 què,皇宫门前两边供瞭望的楼:宫阙。皇帝居处,借指朝廷:阙下。《三国演义》:"又操持部曲精兵七百,围守宫阙,外托宿卫,内实拘执。"

女儿:炔,一类有机化合物。

爸爸:还有非形声字:逡 qūn,退让,退却:逡巡。《三宝太监下西洋记》:"任寒暑更变,随乌兔逡巡。"

今天的谜面是:销售一半。

十、文房四艺篇

第八十四课　书 shū

爸爸：先交作业。

女儿：岐 qí 山有一亓 qí 姓耆 qí 老,身材颀 qí 长,善于在菜畦 qí 种黄芪 qí。

万 mò 俟 qí 将军在蕲 qí 春拜完神祇 qí,冒着祁 qí 寒,直奔圻 qí 界。

商榷 què 歌阕 què 的价格,需要有诚悫 què 的态度。

关于炔 quē 这类化合物的知识,我付诸阙 quē 如。

群 qún 龙无首,只好逡 qūn 巡。

爸爸：可以。今天我们重点学与书同音或近音的字。与书同音的有非形声字:倏 shū 纾 shū 姝 shū 摅 shū 毹 shū;正形声字:菽 shū。

倏,极快地,忽然:倏尔。《醒世恒言》:"时光迅速,倏忽又经年余。"

纾,缓和,解除:毁家纾难。宽裕,宽舒。延缓。《元史演义》:"文宗以西南平靖,外患已纾,倒也可以放心。"

姝,美丽,美好:姝丽。美女:丽姝。《元史演义》:"到年将弱冠时,想得个美貌妇女作为配偶,无如部落中少有丽姝,所以因循迁延。"

摅,发表或表示出来:摅怀。熊大木《大宋中兴通俗演义》:"想我乡里皆出摅忠报国之士,岂有偕妻小而为鼠窃之事乎?"

毹,氍 qú 毹,毛织的地毯。《元史演义》:"宝珠玉带氍毹币帛,又值钞十余万贯。"

女儿：菽,豆的总称。《康熙大帝》:"夫田地乃养生之本,布帛菽粟,膏腴 yú 纨绢皆从土出。"

爸爸："销售一半"的谜底是什么?

233

女儿:哨。

爸爸:正确。与哨同音的有正形声字:潲 shào;非形声字:劭 shào 邵 shào 睄 shào。

潲,雨点被风吹得斜洒。泔水:潲水。《乾隆皇帝》:"三个人的袍摆裤脚和官靴都被潲雨和潦水打湿。"

劭,劝勉,自强。美好,高尚:年高德劭。《大唐狄公案》:"倪寿乾乃当世伟人,冰清玉洁,年高德劭。"

女儿:邵,古地名,在今山西省垣曲县。姓:邵雍。

爸爸:睄,略看一眼。鸡林冷血生《英雄泪》:"但见那海水洋洋无边岸,睄不着江村茅舍与人烟。"

与哨近音的有读梢的非形声字:筲 shāo 鞘 shāo,qiào 艄 shāo。

筲,一种盛饭用的竹筐:筲箕。水桶:水筲。《封神演义》:"道友乃斗筲之器,此事非是他能,乃仗武王洪福,姜尚之德耳。"

鞘,拴在鞭子末端的细皮条:鞭鞘。另读俏 qiào,装刀、剑的套子:剑鞘。《三国演义》:"一拥入成都,刀不出鞘,弓不上弦,可坐而定也。"

女儿:艄,船尾:船艄。舵:掌艄。艄公。安遥时《包公案》:"那两个艄子,一姓陈,一姓翁,皆是不善之徒。"

爸爸:有读勺的非形声字:苕 sháo,tiáo 韶 sháo 芍 sháo。

苕,红苕,甘薯的别称。另读条 tiáo,古书上指凌霄花。苕子,一年生或二年生草本植物,茎细长,羽状复叶,花紫色,可作绿肥。苏轼《山雨潇潇过》:"苕岸霜花尽,江湖雪阵平。"

女儿:韶,古代乐曲名。美:韶光。《醒世恒言》:"生得丰资韶秀,一表人才,兼之学富五车,才倾八斗,同辈之中,推为才子。"

芍,芍药,多年生草本植物,夏初开大花。《儒林外史》:"竹子后面映着些矮矮的朱红栏杆,里边围着些未开的芍药。"

爸爸:今天的谜面有两个,一是"枕前几度表芳心",二是"手不到位"。

第八十五课　画 huà

爸爸：先交作业。

女儿：国土倏 shū 忽沦陷,舒丽姝 shū 在纺织氍毹 shū 之余,常攎 shū 毁家纾 shū 难之怀。

他睄 shào 了一眼年高德劭 shào 的邵 shào 老。

艄 shāo 公一鞭鞘 shāo 将水筲 shāo 打落江中。

韶 sháo 山的红苕 sháo 甜美、芍 sháo 药艳丽。

爸爸：好的。今天我们重点学与画同音或近音的字。与画同音的有正形声字：嫿 huà,娴静,美好。婏 guǐ 嫿,娴静美好。《大唐狄公案》："然女白兰却生性婏嫿,素来娇羞婉娩 miǎn,从不越轨造次。"

与画近音的有读猾的正形声字：铧 huá 骅 huá。

铧,安装在犁上用来破土的铁片：犁铧。《乾隆皇帝》："你占我一耩 jiǎng,我犁你一铧,旱天浇水,雨天排涝争沟夺闸也就难免。"

女儿：骅,骅骝,骏马名。《三国演义》："一将手执大斧,飞骤骅骝,直取崔勇。"

爸爸：上次"枕前几度表芳心"的谜底是什么？

女儿：杭。

爸爸：正确。与杭同音的有正形声字：绗 háng；非形声字：颃 háng。

绗,做棉衣、棉褥时粗针大线使布和棉花连在一起。

颃,颈项,咽喉。颉颃,鸟飞上飞下。《大唐狄公案》："峭崖前后,山鸟归巢,千翼颉颃,鸣声如雷。"

与杭近音的有非形声字：沆 hàng,沆瀣 xiè,夜间的水气,露水。沆瀣一气,喻气味相投的人勾结在一起。《民国演义》："黎总统亦曾加入国民党,党同道合,自然沆瀣相投。"

"手不到位"的谜底是什么?

女儿:应该是抔。

爸爸:对。抔 póu,用手捧东西。量词,指土、沙一类的东西:一抔土。《前汉演义》:"倒不如小民百姓,死后葬身,五尺桐棺,一抔黄土,或尚可传诸久远呢!"

与抔同音的有非形声字:裒 póu 掊 póu,pǒu。

裒,聚集:裒集。减少:裒多益寡,减有余以补不足。《三国演义》:"愿君侯裒多益寡,非礼勿履;然后三公可至,青蝇可驱也。"

掊,用手扒土。聚敛:掊敛。王安石《兼并》:"俗吏不知方,掊克乃为材。"另见掊 pǒu,抨击:掊击。

今天的谜面是:这个人了不得,边更新边改革。

十一、文房四宝篇

第八十六课　笔 bǐ

爸爸:现在复习前面的生字。第八十一课?

女儿:正形声字有:咚 dōng 氡 dōng 椴 duàn 簖 duàn 煅 duàn;

非形声字有:脬 pāo 狍 páo 麅 páo 庖 páo 咆 páo 疱 pào。

爸爸:第八十二课?

女儿:正形声字有:嗪 qín 噙 qín 檎 qín 溱 qín(zhēn);

准形声字有:揿 qìn;

非形声字有:芩 qín 覃 qín,tán 骎 qīn 衾 qīn 吣 qìn 郯 tán 澹 tán,dàn 昙 tán 坍 tān 钽 tǎn 袒 tǎn 忐 tǎn。

爸爸:第八十三课?

女儿:正形声字有:其 qí 琪 qí 蜞 qí 綦 qí 淇 qí 祺 qí 琦 qí 锜 qí 蛴 qí 骐 qí 麒 qí;

非形声字有:颀 qí 圻 qí 耆 qí 畦 qí 岐 qí 蕲 qí 亓 qí 祁 qí 芪 qí 祇 qí 俟 qí,sì 悫 què 榷 què 阕 què 阙 quē,què 炔 quē 逡 qūn。

爸爸:第八十四课?

女儿:正形声字有:菽 shū 潲 shào;

非形声字有:倏 shū 纾 shū 姝 shū 摅 shū 毹 shū 劭 shào 邵 shào 睄 shào 筲 shāo 鞘 shāo,qiào 艄 shāo 苕 sháo,tiáo 韶 sháo 芍 sháo。

爸爸:第八十五课?

女儿:正形声字有:嫿 huà 铧 huá 骅 huá 绗 háng;

非形声字有:颃 háng 沆 hàng 抔 póu 裒 póu 掊 póu,pǒu。

爸爸:很好。上次作业?

女儿:沆 hàng 瀣两相投,颉颃 háng 共翱翔。

哪怕是一抔 póu 黄土,也不要掊 póu 敛,而要裒 póu 多益寡。

爸爸:通过。今天我们重点学与笔同音或近音的字。与笔同音的有非形声字:俾 bǐ;正形声字:秕 bǐ 吡 bǐ 妣 bǐ。

俾,使:俾众周知。《水浒传》:"俾令义士宋公明等,早得释罪获恩,建功立业。"

秕,籽实不饱满:秕子。秕政,不良的政治措施。《民国演义》:"夫民国肇 zhào 造,首在与民更始,而更始之道,尤莫先于革除秕政。"

吡,吡啶,有机化合物,有恶臭。

女儿:妣,原指母亲,后称已经死去的母亲:如丧考妣。《康熙大帝》:"一旦榜上无名,神色猝变,如丧考妣。"

爸爸:与笔近音的有非形声字:蹩 bié,跛 bǒ,扭伤了脚腕子:蹩脚,跛脚;质量不好或技艺低劣、本领不高。《乾隆皇帝》:"这么个油头滑脑的瘪三,给我的马弁当跟班也觉得蹩脚,居然在自己跟前没上没下跳踉指挥!"

上次"这个人了不得,边更新边改革"的谜底是什么?

女儿:鞭。

爸爸:正确。与其同音的有正形声字:笾 biān;准形声字:煸 biān 鳊 biān;非形声字:砭 biān。

笾,古代祭祀和宴会时盛果品等的竹器。韦应物《送陆侍御还越》:"置榻宿清夜,加笾宴良辰。"

煸,把菜肴放在热油里炒到半熟,以备再加作料烹熟:煸锅。罗贯中《三遂平妖传》:"即将百姓无辜,被妖人煸惑之情,写表再奏朝廷。"

女儿:鳊,鳊鱼,生活在淡水中,为重要经济鱼类之一。

爸爸：砭，我国古代用以治病的石针。用石针扎皮肉治病，引申为刺或规劝：针砭。《江湖奇侠传》："也不用药石针砭，口对着朱复的口，度了一会气。"

有读匾的正形声字：褊 biǎn，衣服狭小。狭小，狭隘：褊狭。《醒世恒言》："若又峻拒不许，外人只道我心胸褊狭，不能容物了。"

有读变的非形声字：<u>卞 biàn 弁 biàn</u>；正形声字：<u>抃 biàn 苄 biàn 忭 biàn 汴 biàn</u>。

卞，急躁：卞急。姓。钟毓龙《上古秘史》："大概目疾都由肝胆二经而起，故卞急躁怒。"

弁，古代的一种帽子。旧时称低级武官：马弁。《醒世恒言》："他虽是武弁出身，却从幼聪明好学，深知典籍。"

抃，拍手，鼓掌：抃舞。李绛 jiàng《李相国论事集》："今日中使某至，奉宣圣旨，恩私俯降，抃跃难胜。"

苄，苄基，一种有机化合物的基。

忭，高兴，喜欢：欢忭。钟惺《夏商野史》："纣王见其仪容娇艳，花貌绝群，不胜欢忭。"

女儿：汴，河南省开封市的别称。白居易《长相思·汴水流》："汴水流，泗水流，流到瓜洲古渡头，吴山点点愁。"

爸爸：今天的谜面是"书香门第"。

轻松成为"字多星"

第八十七课 墨 mò

爸爸:先交作业。

女儿:我要让你的蹩 bié 脚把戏俾 bǐ 众周知。

面对大家的针砭 biān,这个马弁 biàn 立即卞 biàn 急躁怒。

爸爸:可以。今天我们重点学与墨同音或近音的字。与墨同音的有非形声字:殁 mò 貊 mò;正形声字:靺 mò 瘼 mò 獏 mò 耱 mò 蓦 mò 秣 mò。

殁,死:病殁。《两晋秘史》:"臣料燕王若殁,内难必作,此时乃可图也!"

貊,我国古代称东北方的民族。《元史演义》:"其间或有戎狄蛮貊,入寇中原,然亦忽盛忽衰,自来自去。"

靺,靺鞨 hé,我国古代东北方的民族。《二十四史通俗演义》:"靺鞨遣使入贡,时远方诸国来朝者甚众,服装诡异。"

瘼,病,疾苦:民瘼。《元史演义》:"陛下初登大宝,未曾轸 zhěn 恤民瘼,先自劳动大役,恐妨害农务,致失民望。"

獏,哺乳动物,体型类似犀。《东周列国志》:"此兽其名曰'獏',秉天地之金气而生,头小足卑,好食铜铁。"

耱,用荆条等编成的一种农具,功用和耙相似。例:耕翻平整,耙耱保墒,有利丰收。

女儿:蓦,突然,意外:蓦地。辛弃疾《元夕》:"众里寻他千百度,蓦然回首,那人却在,灯火阑珊处。"

爸爸:秣,牲口的饲料:粮秣。喂牲口:厉兵秣马。《元史演义》:"益发秣马厉兵,专待金兵再到,与他厮杀。"

有读馍的非形声字：麼 mó；准形声字：谟 mó 嫫 mó；正形声字：嬤 mó。

麼，细小，如：麼虫。《南北史演义》："炀帝虽有所闻，尚说是幺 yāo 麼小贼，不足为虑，所以再出东征。"

谟，计谋，策略：宏谟。《东周列国志》："堪笑浅夫多自用，谁能舍己听忠谟？"

嫫，嫫母，传说中的丑妇，传为黄帝之妻。《南北史演义》："天下难道有许多美女么？大约连嫫母、无盐，都采取了来。"

女儿：嬤，旧时称奶妈，老年妇女。《红楼梦》："宝玉要吃茶，一连叫了两三声，方见两个老嬤嬤走进来。"

爸爸：上次"书香门第"的谜底是什么？

女儿：闵 mǐn。

爸爸：对。闵，忧患，凶丧：闵凶。平江不肖生《张文祥刺马案》："似这般冷落凄闵的景象，自有浏阳县以来，不曾有过。"

与闵同音的有非形声字：黾 mǐn；准形声字：抿 mǐn 泯 mǐn。

黾，黾勉，努力，勉力。《大唐狄公案》："冯相公许多藏书，黾勉勤学，十分可敬。"

抿，刷，抹：抿头发。收敛，稍稍合拢：抿嘴。收敛嘴唇，少量沾取：抿酒。《江湖奇侠传》："怎么，你只把这杯酒抿了一抿，连一口酒都没有吃得呀。"

女儿：泯，消灭，丧失：泯灭。《三国演义》："倘耻心未泯，犹有男子胸襟，早与批回，依期赴敌。"

爸爸：有读民的非形声字：旻 mín；正形声字：珉 mín 岷 mín。

旻，天，天空，苍旻。元稹《代曲江老人百韵》："陵园深暮景，霜露下秋旻。"

珉，像玉的石头。《山海经》记载："山南面多出产黄金，山北面多出产白色珉石。"

女儿: 岷,岷山,山名,在四川省北部,绵延于四川、甘肃两省交界的地方。岷江,水名,在四川省。毛泽东《七律·长征》:"更喜岷山千里雪,三军过后尽开颜。"

爸爸: 有读名的正形声字:溟 míng 暝 míng 瞑 míng 螟 míng 茗 míng。

溟,溟溟,形容潮湿、潮润,昏暗。海:东溟。《儒林外史》:"十里之内,降真香烧的有如烟雾溟蒙。"

暝,日落,天黑:日将暝。黄昏:暝色。《元史演义》:"碉门地震,有声如雷,昼色晦暝,天全道山亦爆裂,飞石毙人。"

瞑,瞑瞑,形容昏花迷离。闭眼:瞑目。《三国演义》:"卿等皆国家柱石之臣也,若能同心辅朕之子,朕死亦瞑目矣!"

螟,螟虫,螟蛾的幼虫,危害农作物。螟蛉,一种绿色小虫,喻抱养的孩子。《三国演义》:"关公以将军乃螟蛉之子,不可僭 jiàn 立。"

女儿: 茗,茶树的嫩芽。茶:香茗。《康熙大帝》:"当年在京与君品茗论兵,共谈国事,不想一晃数载,今日竟以兵戎相见,真是沧桑多变啊。"

爸爸: 还有准形声字:酩 mǐng,酩酊 dǐng,醉得迷迷糊糊的。《包公案》:"却令左右抬过齐整筵席,亲劝袁秀才饮得酩酊大醉,密令左右扶向僻处,用麻绳绞死。"

今天的谜面是"半新半旧一辆车"。

第八十八课　纸 zhǐ

爸爸：先交作业。

女儿：戎貊 mò 大当家的因麽 mó 虫叮咬而病殁 mò。

面对霜露下秋旻 mín 的冷落凄闵 mǐn 景象，他仍然黾 mǐn 勉勤学不辍。

爸爸：很好。今天我们重点学与纸同音或近音的字。与纸同音的有正形声字：咫 zhǐ 酯 zhǐ。

女儿：咫，我国古代长度单位：咫尺。《雍正皇帝》："因为藩台和巡抚之间，虽然只有一步之差，却是咫尺天涯。"

酯，有机化合物的一类。

爸爸：与纸近音的有读直的正形声字：埴 zhí；非形声字：跖 zhí 摭 zhí 躑 zhí。

埴，黏土。埏 shān 埴，指用水和粘土，揉成可制器皿的泥坯。陶冶；培育。《荀子》："故陶人埏埴而为器，然则器生于陶人之伪，非故生于人之性也。"

跖，踏，踩。《明史演义》："高掌远跖的朱元帅，无西顾忧，遂亲督诸将，进取集庆路，真个是水陆并行，兵威浩荡。"

摭，拾取，摘取：采摭。《明史演义》："南京员外郎彭纲等，见李俊入奏有效，都摭拾时弊，次第奏陈。"

躑，躑躅 zhú，徘徊不进。《民国演义》："沿途躑躅，穷无所归，好似倦鸟失巢，惶急无主。"

上次"半新半旧一辆车"的谜底是什么？

女儿：暂。

爸爸：对。与暂同音的有正形声字：瓒 zàn；非形声字：錾 zàn。

瓒，古代祭祀用的一种像勺子的玉器。《二刻拍案惊奇》："言寄华受了封侯锡命，绿拔衮 gǔn 冕，鸾路乘马，彤弓卢矢，左建朱钺 yuè，右建金戚，手执圭瓒，道路辉煌。"

錾，凿金石用的工具：錾子。在金石上雕刻：錾字。《红楼梦》："从搭连中取出一面镜子来，两面皆可照人，镜把上面錾着'风月宝鉴'四字。"

女儿：还有吗？

爸爸：有非形声字：糌 zān 簪 zān。

糌，糌粑，青稞麦炒熟后磨成的面，是我国藏族人的主食。《乾隆皇帝》："刮耳崖的青稞和其他能吃的，酥油糌粑、茶，要留出足够两个月用的。"

女儿：簪，用来绾 wǎn 住头发的一种首饰：簪子。插，戴：簪戴。《三国演义》："张辽低头急躲，一箭射中头盔，将簪缨射去。"

爸爸：有非形声字：昝 zǎn；准形声字：趱 zǎn 攒 zǎn，cuán。

昝，姓：昝商。

趱，赶，快走：趱路。《施公案》："那丹徒原差奉了施公之命，哪敢怠慢，日夜趱赶，不日已到镇江。"

攒，积聚，积蓄：积攒。另读 cuán，凑集，拼凑，簇拥：攒凑。《三国演义》："郃 hé 飞马翻身，背射一箭，也中红心。四枝箭齐齐的攒在红心里。"

爸爸：今天的谜面是：儿女相逢泪双行。

第八十九课　砚 yàn

爸爸：先交作业。
女儿：高掌远跖 zhí 的他,因采摭 zhí 风土人情而沿途踯 zhí 躅。
昝 zǎn 大娘用簪 zān 子在糌 zān 粑上錾 zàn 字。
爸爸：有这样的事？通过。今天我们重点学与砚同音或近音的字。与砚同音的有非形声字：<u>彦 yàn 晏 yàn 谳 yàn 赝 yàn</u>；准形声字：<u>酽 yàn 焱 yàn</u>；正形声字：<u>餍 yàn 滟 yàn</u>。

彦,古代指有才学、德行的人：俊彦。《两晋秘史》："今皇舆 yú 东返,俊彦盈朝,将举六师以清建业,诸贤何颜复见中州之士耶？"

晏,迟,晚：晏起。天清无云：天清日晏。《醒世恒言》："要早起晏息,不许贪眠懒怠偷工。"

谳,审判定罪：谳问。《雍正皇帝》："皇上发话说,一定要从重谳狱,不得姑息。"

赝,假的,伪造的：赝币。《大唐狄公案》："御珠很可能最终是件赝品,而这故事不过是一场假戏,一个骗局。"

酽,汁液浓,味厚,引申指颜色的浓：酽茶。《红楼梦》："一时薛林二人也吃完了饭。又酽酽的沏上茶来,大家吃了。"

焱,火花,火焰。白居易《开元寺东池早春》："旧游成梦寐,往事随阳焱。"

餍,吃饱。满足：餍足。《大唐狄公案》："我焉敢夺人所好,以餍私欲。"

女儿：滟,滟滪堆,江心突起的巨石,在四川省奉节县东瞿塘峡峡口,旧为长江三峡著名的险滩。

爸爸：上次"儿女相逢泪双行"的谜底是什么？

女儿：姚。

爸爸：正确。与姚同音的有正形声字：峣 yáo；非形声字：爻 yáo 瑶 yáo 鳐 yáo 珧 yáo 铫 yáo，diào 徭 yáo。

峣，高的样子。《乾隆皇帝》："峣峣易折，皎皎易污，是为造化所忌。"

爻，组成八卦中每一卦的长短横道：爻象。《刘墉传奇》："周易文王马前课，六爻之中定吉凶。麻衣神相分贵贱，善断富贵与穷通。"

瑶，美玉，喻美好，珍贵，光明洁白：琼瑶。瑶族，少数民族，主要分布于广西壮族自治区和湖南、云南、广东、贵州等省。《济公全传》："内中坐定一个女子，真真是梨花面，杏蕊腮，瑶池仙子，月殿嫦娥，不如也。"

鳐，鱼类的一科，生活在海洋中，有的种类有一对能发电的器官。《上古秘史》："这鱼名叫文鳐鱼，能游，亦能飞，常从这面的西海游到那边的东海。"

珧，江珧，软体动物，是珍贵的海味品。舒岳祥《蜡梅咏》："若将形色定品格，何得江珧比荔枝。"

铫，古代一种大锄。姓。另读 diào，煮开水熬东西用的器具：铫子。《儒林外史》："房中间放着一个大铜火盆，烧着通红的炭，顿着铜铫，煨着雨水。"

女儿：徭，古代统治者强制人民承担的无偿劳动：徭役。《三国演义》："又幸连年大熟，老幼鼓腹讴歌，凡遇差徭，争先早办。"

爸爸：与姚近音的有读妖的非形声字：幺 yāo，小，排行最末的：幺妹。数目一。《红楼梦》："干看着人家逞才卖技办事，呼幺喝六弄手脚，心里早已不自在。"

有读咬的非形声字：杳 yǎo 窈 yǎo。

女儿：杳，无影无声：杳无音信。幽暗，深广：杳渺。《三国演义》：

"当时手足似瓜分,信断音稀杳不闻。今日君臣重聚义,正如龙虎会风云。"

窈,窈窕,形容女子文静而美好。《醒世恒言》:"眼横秋水,如月殿姮娥,眉插春山,似瑶池玉女,说不尽的风流万种,窈窕千般。"

爸爸:有读药的非形声字:<u>鞽 yào 曜 yào 鹞 yào</u>。

鞽,靴或袜子的筒儿:高鞽儿靴子。《雍正剑侠图》:"一身米色绸长衫,白绵绸裤褂,高鞽白袜子,大红缎子朱履。"

曜,照耀;明亮。《醒世恒言》:"壁砌生光,琐窗曜日,工巧之极,自古未之有比也。"

鹞,一种凶猛的鸟,样子像鹰,比鹰小,捕食小鸟,通常称"鹞鹰"。《儒林外史》:"马兵穿了油靴,步兵穿了鹞子鞋,一齐打从这条路上前进。"

今天的谜面是:窝前一羊不入群。

十二、四则篇

第九十课　加 jiā

爸爸:先交作业。

女儿:张俊彦 yàn 为谳 yàn 问清楚这件赝 yàn 品的来历,已经多日早起晏 yàn 息了。

过去,瑶 yáo 族人会看爻 yáo 象,不吃鳐 yáo 鱼、江珧 yáo,常年用铫 yáo 锄地做徭 yáo 役。

长相窈 yǎo 窕的幺 yāo 妹多年杳 yǎo 无音信。

马兵穿着高鞒 yào 靴子,步兵穿着鹞 yào 子鞋,曜 yào 曜阳光下分外英武。

爸爸:通过。今天我们重点学与加同音或近音的字。与加同音的有非形声字:葭 jiā;准形声字:浃 jiā;正形声字:跏 jiā 痂 jiā 迦 jiā 珈 jiā 笳 jiā 镓 jiā 袈 jiā 枷 jiā。

葭,初生的芦苇:葭芦。《醒世恒言》:"若不弃微贱,永结葭莩 fú,死且不恨。"

浃,湿透:汗流浃背。《元史演义》:"这是皇恩周浃,臣当代为叩谢。"

跏,跏趺 fū,佛教徒的一种坐法,即双足交叠而坐。《喻世明言》:"偈 jì 毕,跏趺而化。"

痂,伤或疮口血液、淋巴液等凝结成的东西,伤口或疮口痊愈后,自行脱落:结痂。《乾隆皇帝》:"用温盐水棉团蘸着给哥儿洗,不要抹擦,一点点蘸,将来脱痂了疤小。"

迦,译音字,用于专名。《元史演义》:"帝师祖奉释迦,是天下僧人的宗师,我祖奉孔子,是天下儒人的宗师,彼此各有所宗,各不为礼,想帝师亦应原谅!"

珈,古代妇女的一种头饰。元结《说洄溪招退者》:"糜 mí 色如珈玉液酒,酒熟犹闻松节香。"

笳,胡笳,我国古代北方民族的一种乐器,类似笛子。《醒世恒言》:"又有个蔡琰 yǎn,制《胡笳十八拍》,流传后世。"

镓,一种金属元素,质地柔软。

女儿:袈,袈裟,僧尼披在外面的一种法衣。《大唐狄公案》:"却原来是如意法师的一堆破袈裟,袈裟上放着一只木鱼和一串念珠。"

枷,旧时一种套在脖子上的刑具:枷锁。《雍正皇帝》:"这案子该着刑部的人来问,立刻用大枷拷起来送到京城去!"

爸爸:上次"窝前一羊不入群"的谜底是什么?

女儿:窘。

爸爸:对。与窘同音的有非形声字:颎 jiǒng 炅 jiǒng,guì 迥 jiǒng 炯 jiǒng。

颎,光;明亮。常见于人名:段颎。

炅,火光。李白《上云乐》:"碧玉炅炅双目瞳,黄金拳拳两鬓红。"另读桂 guì,姓。

女儿:迥,远:迥异。《红楼梦》:"俄见一僧一道远远而来,生得骨格不凡,丰神迥别,说说笑笑来至峰下,坐于石边,高谈快论。"

炯,光明,明亮:炯然。《雍正皇帝》:"炯炯的目光好像要穿透外面那沉沉的黑夜。"

爸爸:与窘近音的有非形声字:扃 jiōng,从外面关门的闩、钩等:扃键。上扃,关门。门户。云扃,高山上的屋门,借指高山上的屋室,隐者的屋门或寺院的门。《醒世恒言》:"见城门已扃,即投旅店安歇。"

第九十一课 减 jiǎn

爸爸：现在复习前面的生字。第八十六课？

女儿：正形声字有：秕 bǐ 吡 bǐ 妣 bǐ 迬 biān 褊 biǎn 抃 biàn 苄 biàn 忭 biàn 汴 biàn；

准形声字有：煸 biān 鳊 biān；

非形声字有：俾 bǐ 蟞 bié 砭 biān 卞 biàn 弁 biàn。

爸爸：第八十七课？

女儿：正形声字有：鞨 mò 瘼 mò 貘 mò 糢 mò 蓦 mò 秣 mò 嬤 mó 珉 mín 岷 mín 溟 míng 瞑 míng 暝 míng 螟 míng 茗 míng；

准形声字有：谟 mó 嬤 mó 抿 mǐn 泯 mǐn 酩 mǐng；

非形声字有：殁 mò 貊 mò 麽 mó 闵 mǐn 黾 mǐn 旻 mín。

爸爸：第八十八课？

女儿：正形声字有：咫 zhǐ 酯 zhǐ 埴 zhí 瓚 zàn；

准形声字有：趱 zǎn 攒 zǎn(cuán)；

非形声字有：跖 zhí 摭 zhí 踯 zhí 錾 zàn 糌 zān 簪 zān 昝 zǎn。

爸爸：第八十九课？

女儿：正形声字有：餍 yàn 滟 yàn 峣 yáo；

准形声字有：酽 yàn 焱 yàn；

非形声字有：彦 yàn 晏 yàn 谳 yàn 赝 yàn 爻 yáo 瑶 yáo 鳐 yáo 珧 yáo 铫 yáo, diào 徭 yáo 幺 yāo 杳 yǎo 窈 yǎo 鞠 yào 曜 yào 鹞 yào。

爸爸：第九十课？

女儿：正形声字有：跏 jiā 痂 jiā 迦 jiā 珈 jiā 笳 jiā 镓 jiā 袈 jiā 枷 jiā；

准形声字有:浹 jiā;

非形声字有:葭 jiā 颎 jiǒng 炅 jiǒng, guì 迥 jiǒng 炯 jiǒng 扃 jiōng。

爸爸:很好。上次作业?

女儿:蒹葭 jiā 苍苍,佳人在水一方。

造访高山云扃 jiōng,果然迥 jiǒng 然不同,但见白天日光颎 jiǒng 颎,夜晚灯火炅 jiǒng 炅,老和尚也整天目光炯 jiǒng 炯。

爸爸:有点牵强,算你通过。今天我们重点学与减同音或近音的字。与减同音的有非形声字:蹇 jiǎn 謇 jiǎn 睑 jiǎn 戬 jiǎn;准形声字:裥 jiǎn 梘 jiǎn 笕 jiǎn 锏 jiǎn。

蹇,跛,行走困难:蹇足。迟钝,不顺利:时乖命蹇。《三国演义》:"玄德曰:'命途多蹇,所以至此。'"

謇,口吃,言辞不顺利:謇吃。正直:謇谔 ě。《后汉书·韦彪传》:"又谏议之职,应用公直之士,通才謇正,有补益于朝者。"

女儿:睑,眼皮:眼睑。《乾隆皇帝》:"还不到五十岁的人,眼睑已经松弛,胡须也带了杂色。"

爸爸:戬,剪除,剪灭。幸福,吉祥:戬福,幸福吉祥。戬谷,福禄。《南齐书·海陵王纪》:"思与黎元,共绥 suí 戬福。"

裥,衣服上的褶子:打裥。《大唐狄公案》:"秋月身穿满月一天星杭绸百裥罗裙,银光闪闪。"

梘,同"笕"。引水的竹、木管子。林弼《龙州》:"水梘枝枝横槛 jiàn 似,禾囷 qūn 个个小亭如。"

笕,连接起来引水用的长竹管。陆游《闭户》:"地炉枯叶夜煨 wēi 芋,竹笕寒泉晨灌蔬。"

女儿:锏,古代的一种兵器,像鞭,四棱。《大唐狄公案》:"如今遇上强手,更兼徒手对双刀,何不用此杀手锏胜他?"

爸爸:与减近音的有读兼的非形声字:缄 jiān 湔 jiān 菅 jiān;准形

声字:<u>鞯</u> jiān <u>鞬</u> jiān <u>犍</u> jiān,qián;正形声字:<u>蒹</u> jiān <u>缣</u> jiān <u>搛</u> jiān <u>鲣</u> jiān <u>笺</u> jiān。

缄,捆东西的绳索。书信:缄扎。封,闭:缄口。《三刻拍案惊奇》:"君臣不合,可以隐在林下,朋友不合,可以缄口自全。"

湔,湔洗,洗濯 zhuó,除去耻辱:湔雪。《醒世恒言》:"粗衣不烦小娘子费心,小可自会湔洗。"

女儿:菅,多年生草本植物:草菅人命。《雍正皇帝》:"你们既没有顺天府的传票,就是私意捉人、草菅人命。"

爸爸:鞯,垫马鞍的东西:鞍鞯。《小五义》:"跨下一匹白马,鞍鞯鲜明,项带双踢胸,乃大人的官座。"

鞬,马上的盛弓器。《两晋演义》:"泛舟江沚,首尾齐举,臣愿执橐 gāo 鞬以从,廓清河朔不难矣。"

犍,阉割过的牛。陆游《遣兴》:"筋骸尚给春耕在,便买乌犍亦未迟。"另读前 qián,犍为,地名,在四川省。

蒹,没有长穗的芦苇。《乾隆皇帝》:"无数水禽或翱翔盘旋掠水觅食,或浮游在蒹葭野荷间拍翅追逐。"

缣,双丝的细绢:缣素。《三国演义》:"操尽驱兵士担土泼水;为无盛水之具,作缣囊盛水浇之,随筑随冻。"

搛,用筷子夹:搛菜。《红楼梦》:"凤姐先忙着要干净家伙来,替宝玉搛菜。"

鲣,鲣鱼,身体呈纺锤形,头大嘴尖,生活在热带海洋中。

女儿:笺,注释:笺注。小幅华贵的纸张,古时用以题咏或写书信:信笺。《三国演义》:"却说陆逊已定了破蜀之策,遂修笺遣使奏闻孙权,言指日可以破蜀之意。"

爸爸:与减近音的有读建的非形声字:<u>堼</u> jiàn <u>僭</u> jiàn;准形声字:<u>饯</u> jiàn <u>谏</u> jiàn;正形声字:<u>踺</u> jiàn <u>毽</u> jiàn <u>腱</u> jiàn。

堼,斜着支撑。打堼拨正,建筑用词。用土石挡水。

僭,超越本分:僭盗。《三国演义》:"舍弟见操僭越,故不觉发怒耳。"

女儿:饯,设酒食送行:饯别。用蜜或糖浸渍果品,又指蜜或糖浸渍的果品:蜜饯。《三国演义》:"后军装载资粮饯帛一千余辆,来接玄德。"

谏,旧时称规劝君主或尊长,使改正错误:谏劝。《三国演义》:"贾诩 xǔ 屡谏不听。"

踺,踺子,体操运动及舞蹈的一个翻身动作。

毽,一种用脚踢的玩具,用皮或布裹铜钱,钱孔中扎有鸡毛:毽子。《乾隆皇帝》:"玩得兴起时,那四十斤石锁在他手中上下翻飞轻如羽毽。"

爸爸:腱,一种连接肌肉和骨骼的由结缔组织所构成的纤维束或膜,质地坚韧:肌腱。《雍正剑侠图》:"前胸宽,背膀厚,虎体熊腰,真是四楞胳膊起青线,浑身的腱子肉!"

今天的谜面是:一串窝窝头。

轻松成为"字多星"

第九十二课 乘 chéng

爸爸：先交作业。

女儿：他时乖命蹇 jiǎn，缺少戬 jiǎn 福，言语謇 jiǎn 塞，眼睑 jiǎn 下垂。

是草菅 jiān 人命，还是湔 jiān 雪前耻，他缄 jiān 口不辩。

打牮 jiàn 拨正不是你的事，你这是僭 jiàn 越职守。

爸爸：可以。今天我们重点学与乘同音或近音的字。与乘同音的有正形声字：埕 chéng 晟 chéng，shéng；非形声字：枨 chéng 丞 chéng。

埕，福建和广东沿海一带饲养蛏 chēng 类的田：蛏埕。酒瓮。安遥时《包公案》："准备醇酒加毒药，装进小泥埕。"

晟，姓。另读圣 shèng，光明。旺盛，兴盛。常见于人名：李晟。

枨，用东西触动：枨触。纪昀《阅微草堂笔记》："连日听君讽诵，枨触夙 sù 心，思一晤谈，以消郁结。"

女儿：丞，帮助，辅佐：府丞。《三国演义》："丞相所敬者，惟将军耳。"

爸爸：与乘近音的有读撑的非形声字：琤 chēng 蛏 chēng 柽 chēng 瞠 chēng。

琤，琤琤，象声词，玉器相击声，琴声或水流声。孟郊《听琴》："前溪忽调琴，隔林寒琤琤。"

蛏，蛏子，软体动物，介壳长方形，生活在沿海泥中，味鲜美。《红楼梦》："海参五十斤。鹿舌五十条。牛舌五十条。蛏干二十斤。"

柽，柽柳，落叶灌木，全树耐碱抗旱，适于造防沙林，亦称"红柳"。《新唐书·吐蕃传下》："河之西南，地如砥，原野秀沃，夹河多柽柳。"

女儿：瞠，直看，瞪着眼睛：瞠目结舌。《雍正皇帝》："就连明秀也瞠目结舌，不知怎样才好。"

爸爸："一串窝窝头"的谜底是什么？

女儿：一个串，加窝的头，当然是窜了。

爸爸：聪明。与窜同音的有非形声字：爨 cuàn，灶，烧火做饭：分居各爨。《东周列国志》："百姓无地可栖，无灶可爨，皆构巢而居，悬釜 fǔ 而炊。"

与窜近音的有非形声字：氽 cuān；准形声字：镩 cuān 撺 cuān 蹿 cuān。

氽，烹调方法，把食物放在开水里稍微一煮：氽丸子。天虚我生《泪珠缘》："原来那年，他奔叔子的丧去，不料被飓风翻了船，随波氽去。"

镩，一种铁制凿冰工具，称"冰镩"。《雍正剑侠图》："这杵 chǔ 跟大冰镩似的，正杵在姚恒嘴唇的当中间儿，上下嘴唇破了甭说，把这门牙给杵下三个来。"

撺，抛掷。撺掇 duo，怂恿，从旁鼓动人。《三国演义》："儒大怒，双手扯住太后，直撺下楼。"

女儿：蹿，向上跳：蹿跳。喷射：蹿火。《康熙大帝》："张建勋手疾眼快，蹿过来一脚踏住，又俯身捡了起来，放在手中端详着，原来是一枚用红线系着的罗汉钱。"

第九十三课　除 chú

爸爸：先交作业。

女儿：丞 chéng 相所言,棖 chéng 触凤心。

蛏 chēng 子叮柽 chēng 柳能发出琤 chēng 琤的声音,真让人瞠 chēng 目结舌。

分居各爨 cuàn 第一天,家家汆 cuān 青菜。

爸爸：通过。今天我们重点学与除同音或近音的字。与除同音的有非形声字：<u>刍 chú 蜍 chú 躇 chú</u>；正形声字：<u>蹰 chú 滁 chú</u>。

刍,喂牲畜的草,亦指用草料喂牲口：反刍。刍议,常用来谦称自己的言论。《水浒传》："次日五更造饭,军士饱餐,马食刍料,平明合战。"

蜍,蟾蜍,两栖动物,俗称"癞蛤蟆"。《康熙大帝》："偶尔一个明闪照在身上,正像一只铁铸的蟾蜍。"

躇,踌 chóu 躇,迟疑不决,徘徊不进。《三国演义》："正踌躇间,忽报赵云有书荐西川一人来降。"

蹰,蹰躇,来回走动。《警世通言》："徐信闻言,甚踟蹰不安,将自己虞城失散,到睢阳村店遇见此妇始末,细细述了。"

女儿：滁,滁河,水名,源出安徽省,流至江苏省入长江。古州名,在安徽省东部。欧阳修《醉翁亭记》："环滁皆山也。"

爸爸：与除近音的有读出的非形声字：<u>樗 chū</u>,樗树,即"臭椿"。樗栎 lì,喻无用之材,亦作自谦之辞。《西游记》："我弟子虚度一生,山门也不曾出去,诚所谓坐井观天,樗朽之辈。"

有读chǔ的非形声字：<u>楮 chǔ 褚 chǔ,zhǔ 杵 chǔ</u>。

楮,落叶乔木,树皮是制造桑皮纸和宣纸的原料。纸的代称：楮币。

《三国演义》:"羽但怀异心,神人共戮。披肝沥胆,笔楮难穷。"

褚,姓。另读 zhǔ,用丝绵装衣服。黄庭坚《伤歌行四首》:"诸妹欲归囊褚单,值我薄宦多艰难。"

女儿: 杵,舂米或捶衣的木棒:杵臼。《三国演义》:"牧野一战血流杵,鹰扬伟烈冠武臣。"

爸爸: 有读触的非形声字:搐 chù 怵 chù 俶 chù;准形声字:黜 chù 绌 chù。

搐,牵动,肌肉抖动:抽搐。《雍正皇帝》:"他伏身在龙案上,浑身上下都在剧烈地颤抖、抽搐着,泪水也喷涌而出。"

怵,恐惧:怵惕,恐惧警惕。《大唐狄公案》:"自思来者不善,心中不免犯怵。"

俶,开始:俶扰,开始扰乱。俶乱,诡奇杂乱。《民国演义》:"民国肇造,已逾十年,东北纷争,西南俶扰,兵戈水火,民不聊生,大好河山,自为分裂。"

黜,降职或罢免:罢黜。《三国演义》:"操乃免其死,黜罢爵禄。"

女儿: 绌,不足,不够:左支右绌。《大唐狄公案》:"我们现今已是捉襟见肘,左支右绌,若再遇胡兵犯扰,洗劫此城,我等势孤力单,情势实危殆矣!"

爸爸: 今天的谜面是:大雨到,鹭鸟飞。

十三、五常篇

第九十四课 礼lǐ

爸爸：先交作业。

女儿：蟾蜍 chú 在樗 chū 树下踌躇 chú，并不是反刍 chú。

褚 chǔ 将军手执杵 chǔ 木降魔杵 chǔ。

面对如此俶 chù 乱形势，他心中怵 chù，四肢不由自主地抽搐 chù。

爸爸：可以。今天我们重点学与礼同音或近音的字。与礼同音的有非形声字：醴lǐ 澧lǐ 鳢lǐ；准形声字：逦lǐ。

醴，甜美的泉水：醴泉。美酒。《三国演义》："遂设牲醴祭祀，刻沉香木为躯，以王侯之礼，葬于洛阳南门外。"

澧，澧水，水名，位于湖南省西北部，流域跨越湘鄂两省边境。《隋唐演义》："行至长安城西，列阵于澧水之东，李嗣业领前军。"

鳢，鳢鱼，身体圆筒形，青褐色，头扁，性凶猛，亦称"黑鱼"。

女儿：逦，迤逦，曲折连绵。《大唐狄公案》："兰坊城东一片重峦叠嶂，四乘马车正穿山越岭向城池方向缓缓迤逦而行。"

爸爸：与礼近音的有读历的正形声字：砺lì 蛎lì 粝lì 呖lì 苈lì 枥lì 疬lì 溧lì 篥lì 傈lì 笠lì 茘lì；非形声字：疠lì。

女儿：砺，粗磨刀石：砺石。磨，砥砺。《西游记》："汝等皆是一类邪物，这般诱我！当时只以砥砺之言，谈玄谈道可也，如今怎么以美人局来骗害贫僧！是何道理！"

爸爸：蛎，牡蛎，软体动物，有两个贝壳，生活在浅海泥沙中，亦称"海蛎子"。《三刻拍案惊奇》："牡蛎粉身报主，大贝驼臂控弓。田螺滚滚犯雄锋，簇拥着中军老蚌。"

粝，粗糙的米：粝食。《三国演义》："晚宿于瓦屋中，野老进粟饭，上与后共食，粗粝不能下咽。"

呖，呖呖，象声词，形容鸟类清脆悦耳的叫声。《乾隆皇帝》："东侧小门是来府拜见夫人的内眷，也是呖呖莺莺笑语寒暄之声不绝。"

苈，葶苈，一年生草本植物。卢照邻《怀仙引》："石濑 lài 溠溇横石径，松萝幂苈掩松门。"

女儿：枥，马槽。曹操《龟虽寿》："老骥伏枥，志在千里。"

爸爸：疬，瘰 luǒ 疬，病名。有些地区称"老鼠疬"。

溧，溧水、溧阳，均为地名，均在江苏省。《明史演义》："元璋又饬 chì 徐达等，分道略地，溧水、溧阳、句容、芜湖等处，接连攻下，拟进取集庆路。"

篥，觱 bì 篥，一种簧管乐器，又名"笳管"。《英烈传》："约至三更时分，郭英吹了一声觱篥，朱军将火器四下里一齐举放。"

僳，僳僳族，我国少数民族，主要分布于云南省。

女儿：笠，用竹篾或棕皮编制的遮阳挡雨的帽子：斗笠。《儒林外史》："头戴一顶毡笠子，身穿箭衣，腰插弹弓一张，脚下黄牛皮靴。"

莅，到。莅临。《三国演义》："乱贼诬伊尹，奸臣冒霍光。可怜聪明主，不得莅朝堂。"

爸爸：疠，恶疮，瘟疫：疠疫。《元史演义》："加以水土不服，瘴疠交侵，未免日有死亡，不得已议定退兵。"

上次"大雨到，鹭鸟飞"的谜底是什么？

女儿：露。

爸爸：正确。与露同音的有准形声字：瘘 lòu 蝼 lòu。

259

瘘,中医指颈部生疮,久而不愈,常出脓水。《镜花缘》:"或成痰饮,或成痞胀,或成瘘痹。"

女儿:镂,雕刻:镂花。《雍正皇帝》:"诏命服上压着一顶镂花金座朝冠,三颗玉米子儿大的东珠中间,攒了一颗樱桃大的红宝石,颤巍巍地在灯下闪闪发光。"

爸爸:与露近音的有读娄的正形声字:蒌 lóu 耧 lóu 髅 lóu 蝼 lóu 喽 lóu,lou。

蒌,多年生草本植物,多生于水滨,亦称"白蒿"。《林公案》:"热痰加川贝母瓜蒌霜,寒痰加半夏南星。"

耧,播种用的农具,前边牵引,后边人扶,可同时完成开沟和下种两项工作:耧车。《氾 fán 胜之书》:"秋锄以棘柴耧之,以壅 yōng 麦根。"

髅,死人头骨,骷髅。《西游记》:"我们和尚家和你这粉骷髅做甚夫妻! 放我师父走路!"

蝼,蝼蛄,昆虫,亦称"土狗"。蝼蚁,用以代表微小的生物,喻力量薄弱或地位低微的人。《儒林外史》:"自古蝼蚁尚且贪生,你怎么讲出这样话来!"

女儿:喽,喽啰。《乾隆皇帝》:"守山的喽啰见五千人马从山脚下驿道上过,以为又是护粮队伍,紧忙跑回山顶临时修的木栅寨向罗耀祖禀告。"另读 lou,助词,相当于"啦"。

爸爸:有准形声字:䁖 lōu,眍 kōu 䁖凹 wǎ 相,形容眼窝深陷的面孔。例:这男人眍䁖凹相,可能是外国人。

有读娄的准形声字:嵝 lǒu,岣嵝,山名,在湖南省。衡山七十二峰之一,亦用以代指衡山。

第九十五课　义 yì

爸爸：先交作业。

女儿：伙食粗粝lì,易患瘴疠lì。

醴lǐ泉注入澧lǐ水滋养鲜美的鳢lǐ鱼。

爸爸：好。今天我们重点学与义同音或近音的字。与义同音的特别多,有非形声字：<u>义 yì 肄 yì 弋 yì 诣 yì 佾 yì 劓 yì 峄 yì 怿 yì 驿 yì 轶 yì 佚 yì 羿 yì 翌 yì 瘗 yì 翊 yì 熠 yì</u>;正形声字：<u>呓 yì 弈 yì 奕 yì 刈 yì 洇 yì 挹 yì 悒 yì 缢 yì 螠 yì 镒 yì 嗌 yì 臆 yì 薏 yì 癔 yì 蜴 yì 埸 yì</u>;准形声字：<u>懿 yì 殪 yì 裔 yì</u>。

乂,治理,安定。割。《醒世恒言》:"即位之后,海内乂安,朝廷无事。"

肄,学习,练习:肄业。《明史演义》:"弘遇遂延艺师乐工,指授各技,一经肄习,无不心领神会。"

弋,用带绳子的箭射鸟:弋获。射。巡。《雍正皇帝》:"自己又脱掉靴子,光着脚,在大殿里来回巡弋。"

女儿：诣,到,旧时特指到尊长那里去:诣前请教。学业或技艺所达到的程度:造诣。《三国演义》:"表不信,亲诣馆舍观之,果有诗四句。"

爸爸：佾,古代乐舞的行列:八佾。《大唐狄公案》:"再细数黑子,纵横各八格,布局在八佾图阵内。"

劓,古代割掉鼻子的一种酷刑。割除。《明史演义》:"寻被贼劓鼻削耳,遂惨死城下。"

峄,峄山,在山东省邹城市东南,亦称"邹山"。《二十年目睹之怪现状》:"藩台有意弄一个苦缺给他,就委他署了一个兖州府的峄县。"

怿,欢喜。《元史演义》:"会出猎柳林,偶受感冒,不怿累日,遂思巡幸上都,游春解闷。"

女儿:驿,旧时供传递公文的人中途休息、换马的地方,亦指供传递公文用的马:驿站。《三国演义》:"督邮未及开言,早被张飞揪住头发,扯出馆驿,直到县前马桩上缚住。"

轶,超过:轶才,出众的才能。散失:轶事。《雍正皇帝》:"大至督抚将帅,小到茶肆耳语,以至秦楼楚馆的轶闻趣事,士大夫的往来过从等等。"

爸爸:佚,散失。放荡;放纵。安逸。苏轼《教战守》:"安于佚乐。"

羿,古人名,传说是夏代有穷国的君主,善于射箭,亦称"后羿"。《三国演义》:"落日果然欺后羿,号猿直欲胜由基。"

翌,明(天、年):翌日。《明史演义》:"翌晨,天忽大雾,四面阴霾。"

翳,用羽毛做的华盖。遮蔽,障蔽:荫翳。眼角膜上所生障碍视线的白斑:白翳。《元史演义》:"只见林木荫翳,道路泥泞,骑兵步兵,统不便行走。"

翊,辅佐,帮助:翊赞。范成大《吴船录》:"登峨眉,北望牛心,众峰环翊,遂作庵居,已而为寺。"

熠,光耀,鲜明:熠熠。《大唐狄公案》:"一对淡灰眸子闪出一种峻幽的熠熠冷光,令人往往不寒而栗。"

呓,梦中说话:呓语。《乾隆皇帝》:"王仁从没见过他这样儿的,像是走神儿又像梦呓,吓了一跳。"

女儿:弈,古代称围棋。下棋:对弈。《三国演义》:"公饮数杯酒毕,一面仍与马良弈棋,伸臂令佗割之。"

爸爸:奕,大。美貌。《醒世恒言》:"许氏三兄弟,都做了大官,虽然他不以富贵骄人,自然声势赫奕。"

刈,割草或谷类:刈除。《三国演义》:"民因兵至,逃避在外,不敢刈麦。"

浥,湿润。坑洼地。王维《送元二使安西》:"渭城朝雨浥轻尘,客舍青青柳色新。"

挹,把液体盛出来:挹取。《上古秘史》:"一路平畴绿野,高下参差,麦浪迎风,桃枝挹露,更是分外有趣。"

悒,忧愁,不安:忧悒。《大唐狄公案》:"狄夫人跪拜领命,悒悒退下。"

缢,吊死,用绳子勒死:缢杀。《三国演义》:"命将蔡邕下狱中缢死。"

螠,无脊椎动物的一纲,生活在海底泥沙中,又称海肠子。

镒,古代重量单位,合二十两或二十四两。《东周列国志》:"定要白璧百双,黄金万镒,每岁输谷三万钟,以为酬谢之礼。"

嗌,咽喉。另读爱 ài,咽喉窒塞,噎。《聊斋志异》:"生闻之闷闷,嗌不容粒。"

女儿:臆,胸:胸臆,指心里的话或想法。主观地,缺乏客观依据的:臆造。《雍正皇帝》:"朝廷不能只凭臆断,就扣下了年羹尧这样的大臣。"

爸爸:薏,薏苡,多年生草本植物,颖果卵形,灰白色,像珍珠,称"薏米"。《西游记》:"捣碎茯苓并薏苡,石锅微火漫炊羹。"

癔,癔病,一种精神病,患者平时喜怒无常,感觉过敏。《乾隆皇帝》:"发了半日癔症,跳到海子里洗澡去了。"

蜴,蜥蜴,爬行动物,通称四脚蛇。李贺《钓鱼诗》:"斜竹垂清沼,长纶贯碧虚。饵悬春蜥蜴,钩坠小蟾蜍。"

埸,田界。疆界,边境:疆埸。《两晋演义》:"我乃疆埸外将,未敢与闻内事。"

懿,美好:嘉言懿行。《西游记》:"我等奉王母懿旨,到此摘桃设宴。"

殪,死,杀死。屈原《国殇》:"凌余阵兮躐 liè 余行,左骖 cān 殪兮右刃伤。"

女儿:裔,衣服的边缘。后代子孙:后裔。《三国演义》:"袁本初四世三公,门多故吏,汉朝名相之裔,可为盟主。"

爸爸:今天的谜面是:一字真奇怪,头上用草盖,九粒小豆子,三根豆芽菜。

第九十六课 仁 rén

爸爸:现在复习前面的生字。第九十一课?

女儿:正形声字有:蒹 jiān 缣 jiān 搛 jiān 鲣 jiān 笺 jiān 踺 jiàn 毽 jiàn 腱 jiàn;

准形声字有:裥 jiǎn 枧 jiǎn 笕 jiǎn 锏 jiǎn 鞯 jiān 鞬 jiān 犍 jiān(qián)饯 jiàn 谏 jiàn;

非形声字有:蹇 jiǎn 謇 jiǎn 睑 jiǎn 戬 jiǎn 缄 jiān 湔 jiān 菅 jiān 牮 jiàn 僭 jiàn。

爸爸:第九十二课?

女儿:正形声字有:埕 chéng 晟 chéng(shéng);

准形声字有:镩 cuān 撺 cuān 蹿 cuān;

非形声字有:枨 chéng 丞 chéng 琤 chēng 蛏 chēng 柽 chēng 瞠 chēng 爨 cuàn 氽 cuān。

爸爸:第九十三课?

女儿:正形声字有:蹰 chú 滁 chú;

准形声字有:黜 chù 绌 chù;

非形声字有:刍 chú 蜍 chú 躇 chú 樗 chū 楮 chǔ 褚 chǔ,zhǔ 杵 chǔ 搐 chù 怵 chù 俶 chù。

爸爸:第九十四课?

女儿:正形声字有:砺 lì 蛎 lì 粝 lì 呖 lì 苈 lì 枥 lì 疬 lì 溧 lì 篥 lì 猁 lì 笠 lì 苙 lì 蒌 lóu 耧 lóu 髅 lóu 蝼 lóu 喽 lóu(lou);

准形声字有:逦 lǐ 瘘 lòu 镂 lòu 瞜 lōu 嵝 lǒu;

非形声字有:疠 lì 醴 lǐ 澧 lǐ 鳢 lǐ。

爸爸:第九十五课?

女儿:正形声字有:呓 yì 弈 yì 奕 yì 刈 yì 浥 yì 挹 yì 悒 yì 缢 yì 螠 yì 镒 yì 嗌 yì 臆 yì 薏 yì 癔 yì 蜴 yì 埸 yì;

准形声字有:懿 yì 殪 yì 裔 yì;

非形声字有:乂 yì 肄 yì 弋 yì 诣 yì 佾 yì 劓 yì 峄 yì 怿 yì 驿 yì 轶 yì 佚 yì 羿 yì 翌 yì 翳 yì 翊 yì 熠 yì。

爸爸:很好。上次作业?

女儿:从前,十日熠 yì 熠,天下大旱,君王不怿 yì,停演八佾 yì 之舞,废止劓 yì 刑,深入驿 yì 站,巡弋 yì 到峄 yì 山,广泛收罗散佚 yì 的人才。后羿 yì 知道这件轶 yì 事后,日夜肄 yì 习箭法,造诣 yì 渐深,在别人翊 yì 赞下连射九日。翌 yì 日,天气变得荫翳 yì 凉爽,四海乂 yì 安。

爸爸:很好。今天我们重点学与仁同音或近音的字。与仁同音的有非形声字:<u>壬 rén</u>,天干的第九位,用作顺序第九的代称。壬人,巧言谄媚的人。《汉书》:"是故壬人在位,而吉士雍蔽。"

与仁近音的有读忍的准形声字:<u>荏 rěn</u>;非形声字:<u>稔 rěn</u>。

荏,一年生草本植物,亦称"白苏"。柔,软弱:色厉内荏。荏苒 rǎn,时间在不知不觉中渐渐过去。《三国演义》:"玄德回新野之后,光阴荏苒,又早新春。"

稔,庄稼成熟:丰稔。熟悉,习知:稔熟。《雍正皇帝》:"照你这说法,只要念几句咒语,就能够天下太平,四海丰稔了。"

有非形声字:<u>塄 léng 崚 léng</u>。

塄,田地边上的小坡:地塄。例:农民在收割时都来不及回家吃饭,就在地塄上简单吃几口。

崚,崚嶒 céng,山高峻重叠。《红楼梦》:"往前一望,见白石崚嶒,或如鬼怪,或如猛兽,纵横拱立,上面苔藓成斑,藤萝掩映。"

女儿:描写得真的很生动。

爸爸:上次"一字真奇怪,头上用草盖,九粒小豆子,三根豆芽菜"的谜底是什么?

女儿:猜不出。

爸爸:是蕊 ruǐ,推敲一下是不是?

女儿:太形象了。

爸爸:与蕊近音的有非形声字:蕤 ruí,草木的花下垂的样子。葳 wēi 蕤,草木茂盛的样子。《大唐狄公案》:"草木葳蕤,花果点缀,十分庄雅。"

有读锐的非形声字:芮 ruì 蜹 ruì 睿 ruì。

芮,系盾的绶带。姓。虞 yú 芮,指能谦让息讼者。余邵鱼《周朝秘史》:"时有虞芮二国百姓,相争界上之田,积年不决,虞侯秘与芮侯共质成于西伯。"

蜹,昆虫,体长二、三毫米,吸人畜的血液。《包公案》:"当午时候,忽有一群蝇蜹逐风而来,将包公马头团团围了三匝 zā。"

女儿:睿,深明,通达:睿智。《大唐狄公案》:"狄县令睿智过人,海内称誉;小民虽幽伏边陲,也知敬重。"

爸爸:很好。今天的谜面是"激战之前"。

第九十七课　智 zhì

爸爸:先交作业。

女儿:远离壬 rén 人,天下才能丰稔 rěn。

地塄 léng 尽头,怪石崚 léng 嶒。

芮 ruì 家花园草木葳蕤 ruí,蚋 ruì 蝇不生,足见其治家睿 ruì 智。

爸爸:通过。今天我们重点学与智同音或近音的字。与智同音的有非形声字:炙 zhì 豸 zhì 帙 zhì 痔 zhì 陟 zhì 栉 zhì 夃 zhì 雉 zhì 觯 zhì;正形声字:轾 zhì 桎 zhì 郅 zhì 蛭 zhì 痣 zhì 鸷 zhì 踬 zhì;准形声字:贽 zhì 鸷 zhì。

爸爸:炙,烤:炙手可热。烤肉:脍炙人口。《元史演义》:"朴不花内事嬖 bì 后,外结权相,气焰熏灼,炙手可热。"

豸,古书上说的没有脚的虫:虫豸。《大唐狄公案》:"只幽伏在水曲破船上度岁月,世世代代,像虫豸一样受人驱赶虐杀。"另读 zhài,冠豸山,山名,在福建省连城县。

帙,书、画的封套,用布帛制成。整理书籍。《三刻拍案惊奇》:"他将各部真经,装造成帙,盛以木函,拜辞各檀 tán 越名宿,复归英山。"

女儿:痔,肛门因血行障碍而引起的一种病:痔疮。《大唐狄公案》:"你如何吮痈 yōng 舐 shì 痔,与之朋比为奸,到时亦自有分晓。"

爸爸:陟,登高:陟山。晋升,进用:黜 chù 陟,指官吏的进退升降。《三国演义》:"宫中府中,俱为一体;陟罚臧否,不宜异同。"

女儿:栉,梳子和篦子的总称,喻像梳齿那样密集排列着:栉比。梳头:栉发。《雍正皇帝》:"朕在外面栉风沐雨地巡河工,访民情,你们却坐在北京城里想着点子糊弄朕!"

爸爸：彘，猪：狗彘不如。《西游记》："泼猴！野彘！老大无知！你怎敢打破我门！"

雉，鸟，雄的羽毛很美，尾长；雌的淡黄褐色，尾较短。通称"野鸡"。城墙：雉堞。《三国演义》："护躯银铠砌龙鳞，束发金冠簪雉尾。"

觯，古代酒器，青铜制，盛行于商代晚期和西周初期。《醒世恒言》："有拒歌者，罚一巨觯。酒到不干，颜色不乐，并唱旧曲者，俱照此例。"

轾，轩轾，喻高低优劣。《乾隆皇帝》："与太子分庭抗礼，彼有好竽我有好瑟争胜斗奇难分轩轾。"

桎，古代拘束犯人两脚的刑具：桎梏。《明史演义》："我中国桎梏人才的方法，莫甚于科举一道。"

郅，最，极：郅治。《荡寇志》："陛下敬天法祖，圣明郅治，亿万年太平无疆。"

女儿：蛭，水蛭，环节动物，尾端有吸盘，生活在池沼或水田中，能吸人畜的血。俗称"蚂蟥"。《乾隆皇帝》："南路行军在沼泽地，毒虫、水蛭、蜈蚣渐多。"

爸爸：痣，人体皮肤所生的有色斑点，没有痛痒等感觉。《包公案》："妾真夫右臂有黑痣可验。"

骘，排定：评骘高低。阴骘，犹阴德，指只是自己知道、不令他人知道的功德事。《儒林外史》："阴骘就像耳朵里响，只是自己晓得，别人不晓得。"

踬，被东西绊倒：颠踬。事情不顺利，受挫折：踬踣 bó。《元史演义》："大众沿山奔窜，马多颠踬，被床兀儿痛杀一阵，十死八九。"

贽，古代初次拜见尊长所送的礼物：贽见，拿着礼物求见。《三国演义》："吾愿取此二人，以为贽见之礼。"

女儿：鸷，凶猛的鸟，如鹰。凶猛：勇鸷。阴鸷，阴险、凶狠。《雍正皇帝》："但雍正那阴鸷狠辣、把恩怨看得极重的性格，方苞也是清楚的。"

爸爸：上次"激战之前"的谜底是什么？

女儿：沾。

爸爸：对。与沾同音的有正形声字：谵 zhān；非形声字：旃 zhān 詹 zhān。

谵，多说话，特指病中说胡话：谵妄。《乾隆皇帝》："疯魔谵语的，自打嘴巴胡吃药，也就羽化了。"

旃，古代一种赤色曲柄的旗。勉旃，希望你奋发有为。旃檀，古书上指檀香。《包公案》："况你夫妇早出夜回，亦非士大夫体统。日后务宜勉旃，毋惑妄诞。"

詹，姓。说话烦琐，喋喋不休的样子。詹事，官名，即给事、执事，掌皇后、太子家中之事。《隋唐演义》："遂改容礼之，拜为詹事主簿。"

与沾近音的有读战的非形声字：湛 zhàn 蘸 zhàn。

湛，深：精湛。《醒世恒言》："劝君莫设虚言誓，湛湛青天在上头。"

蘸，在液体、粉末或糊状的东西里沾一下就拿出来：蘸糖吃。《三侠五义》："于是研墨蘸笔，先度量了尺寸，注写明白。"

今天的谜面是：上边推下边扔，都是一手造成。

女儿：好的。

第九十八课 信 xìn

爸爸：先交作业。

女儿：为编写长篇巨帙 zhì,他不顾痔 zhì 疮发作,栉 zhì 风沐雨外出考察,饿则炙 zhì 烤虫豸 zhì、野彘 zhì、山雉 zhì,皇帝知道后扬觯 zhì 奖赏,并陟 zhì 升一级。

对他的精湛 zhàn 技艺,詹 zhān 事蘸 zhàn 笔写字予以勉旃 zhān。

爸爸：好的。今天我们重点学与信同音或近音的字。与信同音的有非形声字：<u>囟 xìn</u>,囟门,婴儿头顶骨未合缝的地方。《荡寇志》："早被欧阳寿通一鞭打着囟门,脑浆迸裂。"

女儿：与信近音的有读星的正形声字：<u>惺 xīng</u>,领会：惺悟。清醒：惺惺。《大唐狄公案》："狄公在木板门上扣了半日,总算开了,见是一个睡眼惺忪、衣衫不整的高个男子。"

爸爸：有读刑的正形声字：<u>硎 xíng</u>；非形声字：<u>陉 xíng 饧 xíng 荥 xíng,yíng 邢 xíng</u>。

硎,磨刀石。《后汉演义》："云长的宝刀,翼德的利矛,初发新硎,连毙剧贼,就是刘玄德的双剑,也得诛寇数人,发了一回大利市。"

陉,山脉中断的地方。井陉,山名,太行山的支脉,有要隘名井陉口,又称土门关。《上古秘史》："此种嵌在山中之河谷,北方俗语叫作沟,太行山一带的专名,叫作陉。"

饧,糖稀。糖块等变软：糖饧了。精神不振,眼睛半睁半闭：眼睛发饧。《红楼梦》："不知宝玉口内还说些什么,只觉口齿绵缠,眼眉愈加饧涩,忙伏侍他睡下。"

荥,荥阳,地名,在河南。《三国演义》："布引铁骑掩杀,操军大败,回望荥阳而走。"另读 yíng，荥经，地名，在四川。

女儿：邢，姓。邢台，古称顺德府，位于河北省南部。《康熙侠义传》："话说二马到了邢台县东升店门首，二人下了事，赶车的一摇鞭进店，二马在后面跟随。"

爸爸：有读醒的非形声字：擤 xǐng，捏住鼻子，用气排出鼻涕：擤鼻涕。《红楼梦》："说到这里，那声儿便哽咽起来。说着，又擤鼻涕。"

有读幸的准形声字：荇 xìng；正形声字：悻 xìng。

荇，荇菜，多年生草本植物，浮在水面，根生水底，夏天开黄花，全草可入药。《红楼梦》："再看那岸上的蓼 liǎo 花苇叶，池内的翠荇香菱，也都觉摇摇落落。"

悻，怨恨，恼怒：悻悻而去。《后汉演义》："说至此，面色如铁，非常森严，诸将不敢再言，悻悻退出。"

上次"上边推下边扔，都是一手造成"的谜底是什么？

女儿：应该是㧘。

爸爸：完全正确。与㧘同音的有非形声字：偕 xié 勰 xié；正形声字：缬 xié 撷 xié。

女儿：偕，共同，在一起：偕老。《醒世恒言》："却说秦重和莘氏，夫妻偕老，生下两孩儿，俱读书成名。"

爸爸：勰，同"协"，多用于人名。如贾思勰。

缬，有花纹的纺织品。周必大《文忠集》："是时秋卉红，岭谷堆缬绣。"

女儿：撷，摘下，取下：采撷。《红楼梦》："宝玉又将盆内的一枝并蒂秋蕙，用竹剪了下来，与他簪在鬓上。"

爸爸：与㧘近音的有读歇的非形声字：揳 xiē 楔 xiē。

揳，捶打，特指把钉、橛 jué 等捶打到其他东西里面去：在墙上揳个钉子。

女儿：楔，填充器物的空隙使其牢固的木橛、木片等：楔子。《初刻拍案惊奇》："满槽多是土砖块一般大的金银,不计其数。旁边又有小块零星楔着。"

爸爸:有读泻的非形声字:<u>榭 xiè 燮 xiè 亵 xiè 渫 xiè 绁 xiè 薤 xiè 瀣 xiè</u>;正形声字:廨 xiè 澥 xiè 獬 xiè 躞 xiè 邂 xiè。

女儿:榭,建筑在台上的房屋:水榭。《康熙大帝》："西花厅外是淙淙 cóng 大雨,疾雷闪电不时划破夜空,隔岸的水榭上铮铮嘣嘣的琵琶声和着清脆的歌声,真是别有一番风味。"

爸爸:燮,谐和,调和:燮理。《封神演义》："老丞相燮理阴阳,调和鼎鼐,奸者即斩,佞者即诛,贤者即荐,能者即褒,君正而首相无言,君不正以直言谏主。"

女儿:亵,轻慢,亲近而不庄重:亵渎。污秽,淫秽:猥亵。《雍正皇帝》："让人只要一见就难以忘却,却又不敢有丝毫亵渎。"

爸爸:渫,除去,淘去污泥。泄,疏通。渫血,血流遍地。秦观《春日杂兴十首》："不食自清渫,莫服更幽闲。"

绁,绳索,系牲口的缰绳:缧 léi 绁,捆绑犯人的绳索。《三国演义》："不期曹丞相使人赚至许昌,言汝背反,下我于缧绁,赖程昱 yù 等救免。"

薤,薤露,古代挽歌名。多年生草本植物,地下有鳞茎,鳞茎和嫩叶可食。《三国演义》："更兼庵前有一等草,名曰薤叶芸香。人若口含一叶,则瘴气不染。"

瀣,夜间的水气。沆瀣:指唐时的崔沆、崔瀣。比喻臭味相投的人结合在一起。《后汉演义》："独见了刘备关羽,却是流瀣相投,格外莫逆。"

廨,官署,旧时官吏办公处所的通称:公廨。《大唐狄公案》："禀毕,二人于庙院中稽首对揖,各回公廨。"

澥,糊状物或胶状物由稠变稀:糨糊澥了。渤澥,即渤海。陆龟蒙《新沙》："渤澥声中涨小堤,官家知后海鸥知。"

獬,獬豸,古代传说中的异兽,能辨曲直,见有人争斗就用角去顶坏人。《三国演义》:"玄德视其人,身长八尺,面如獬豸,乃河北名将文丑也。"

蹀,蹀躞 dié,小步行走。徘徊。李白《古风其二十二》:"胡马顾朔雪,蹀躞长嘶鸣。"

女儿: 邂,邂逅,不期而会。《儒林外史》:"先生是海内英豪,千秋快士!只道闻名不能见面,何图今日邂逅高贤!"

爸爸: 今天的谜面是"拾草"。

十四、五谷篇

第九十九课 稻 dào

爸爸：先交作业。

女儿：我相信婴儿的囟 xìn 门不能按。

老邢 xíng 从井陉 xíng 赶到荥 xíng 阳,累得眼睛发饧 xíng,直擤 xǐng 鼻涕。

贾思勰 xié 向往凤凰颉 xié 颃,夫妻偕 xié 老。

在墙上揳 xiē 个楔 xiē 子。

他俩沆瀣 xiè 相投,共同燮 xiè 理朝政,因亵 xiè 渎皇帝,一个在水榭 xiè 渫 xiè 血,一个唱完《薤 xiè 露》就遭缧绁 xiè。

爸爸：通过。今天我们重点学与稻同音或近音的字。与稻同音的有非形声字：纛 dào 焘 dào,tāo。

纛,古代军队里的大旗。古代用毛羽做的舞具或帝王车舆上的饰物。《元史演义》："突然间火炬齐明,仰见蒙古军的大纛旗上,悬着一颗血淋淋的首级。"

焘,覆盖：焘育,天地养育万物。《文忠集》："敢谓伏蒙尊号皇帝陛下,覆焘之恩,幽微必及,召从庐次,复以官联。"

与稻近音的有读刀的非形声字：氘 dāo,氢的同位素之一,用于热核反应。

有准形声字：捯 dáo,两手不住倒换着拉回线、绳等：捯回风筝。追溯,追究原因:捯根儿。《续小五义》:"柳青在先,蒋平在后,捯铁链而上。"

有读多的非形声字:裰 duō 掇 duō。

裰,直裰,古代士子、官绅穿的长袍便服,亦指僧道穿的大领长袍。缝补破衣:补裰。《儒林外史》:"杜公孙穿着是莺背色的夹纱直裰,手摇诗扇,脚踏丝履,走了进来。"

女儿:掇,拾取,摘取:掇拾。撺掇,挑唆;怂恿。《醒世恒言》:"这些帮闲的要自脱干系,撺掇债主,教人来过家取讨银子,若不还银,要收田产。"

爸爸:有读夺的非形声字:铎 duó,大铃,形如铙 náo、钲 zhēng 而有舌,盛行于春秋至汉代:铃铎。温庭筠《商山早行》:"晨起动征铎,客行悲故乡。"

有读朵的非形声字:埵 duǒ;正形声字:哚 duǒ。

埵,土堆。堤:埵防。萨埵,梵语,摩诃萨埵之简称,即大士,大菩萨。黄庭坚《赠嗣直弟颂十首》:"涪陵萨埵子,且道也旁行。"

女儿:哚,吲哚,一种有机化合物。

还有读舵的准形声字:剁 duò,用刀向下砍:剁肉。《三国演义》:"若刘备能勾回荆州,成王霸之业,一剑挥石为两段。如死于此地,剑剁石不开。"

爸爸:焘,另读 tāo,人名用字。

与其同音的有:非形声字:绦 tāo 饕 tāo 韬 tāo。

绦,用丝线编织成的花边或扁平的带子,可以装饰衣物:绦带。《三侠五义》:"赵爷听了不容分说,便叫从人将拴老道的丝绦那一头儿,也把李保拴上,带着就走,竟奔开封府而来。"

饕,饕餮 tiè,传说中的一种凶恶贪食的野兽,古代铜器上面常用它的头部形状做装饰;喻凶恶贪婪的人或喻贪吃的人。《大唐狄公案》:"大铜钟呈青绿色,外面雕镂着古色古香的饕餮纹和夔 kuí 纹以及一组组阴阳八卦的图案。"

女儿：韬，弓或剑的套子。隐藏，隐蔽：韬光养晦。用兵的谋略：韬略。《三国演义》："闻令兄卧龙先生熟谙韬略，日看兵书，可得闻乎？"

爸爸：与其近音的有读桃的非形声字：<u>洮 táo 嚎 táo</u>。

洮，盥洗。洗去杂质。《全后汉文》："解释先圣之积结，洮汰学者之累惑，使基业垂于万世。"临洮，地名。李白《子夜四时歌·冬歌》："裁缝寄远道，几日到临洮。"

女儿：嚎，嚎嚎，大声叫或哭喊。《雍正皇帝》："苏舜卿号嚎大哭，哭得那个惨哪！"

爸爸：上次"拾草"的谜底是什么？

女儿：搭。

爸爸：对。与搭同音的有非形声字：<u>褡 dā 嗒 dā，tà 耷 dā</u>。

褡，褡裢，一种中间开口而两端装东西的口袋，大的可以搭在肩上，小的可以挂在腰带上。《三侠五义》："先将抱着的银子放在桌上，又接了小二拿的褡连。"

嗒，象声词，形容马蹄声、钟表声、机关枪声等。《刘墉传奇》："刘大人，瞧罢掏出毛竹板，咭哩呱嗒响连声。"另读 tà，嗒然，形容懊丧的样子。

女儿：耷，耷拉，向下垂。《乾隆皇帝》："只是那旗打湿了，时舒时卷地耷在杆上。"

爸爸：与搭近音的有读达的非形声字：<u>妲 dá 笪 dá 怛 dá 靼 dá</u>；正形声字：<u>鞑 dá 跶 dá</u>。

妲，妲己，古人名，商代纣王的宠妃。《西游记》："妖娆娇似天台女，不亚当年俏妲姬。"

笪，一种用粗竹篾编成的像席的东西，晾晒粮食用。姓。李春芳《海公案》："取了六张竹笪，把六个尸首盛着。"

怛，忧伤，悲苦：怛伤。怛忧。惊惧。《清史演义》："且谕旨中含有慈祥恻 cè 怛意思,颇不愧庙号仁宗的仁字。"

鞑,鞑靼,旧时称蒙古族人。《包公案》:"你九名小卒,怎能杀退三千鞑子?"

还有准形声字跶 da,遛跶,散步。曹绣君《古今情海》:"便常常到那楼下遛跶,有时还停下来抬头往上望。"

第一百课　黍 shǔ

爸爸：先交作业。

女儿：打着焘 dào 育万物的纛 dào 旗,氘 dāo 已经被过度利用。

他拾掇 duō 整齐,身穿夹纱直裰 duō,马挂铎 duó 铃,在埵 duǒ 防上奔驰。

他熟谙韬 tāo 略,曾用丝绦 tāo 扎成饕 tāo 餮怪物,吓得临洮 táo 兵号啕 táo 大哭。

妲 dá 己看到笪 dá 将军带着靼 dá 鞑人来了,非常怛 dá 忧,褡 dā 裢松了,脑袋耷 dā 拉了,呱嗒呱嗒 dā 地落眼泪。

爸爸：可以。今天我们重点学与黍同音或近音的字。与黍同音的生字我们在学习鼠字时已经学过。与黍近音的有读赎的正形声字:塾 shú;准形声字:秫 shú;非形声字:孰 shú。

塾,旧时私人设立的教学的地方:私塾。《三侠五义》:"就在孤山西冷桥租了几间茅屋,一半与女儿居住,一半立塾课读。"

秫,黏 nián 高粱,可以做烧酒,有的地区泛指高粱:秫秸。《三宝太监下西洋记》:"小的地方上气候常热,田禾勤熟。又且煮海为盐,酿秫为酒。"

女儿：孰,谁,哪个。什么:是可忍,孰不可忍?《三国演义》:"贤弟有擎天驾海之才,四海孰不钦敬?"

爸爸：有读树的正形声字:沭 shù;非形声字:腧 shù 澍 shù 戍 shù。

沭,沭河,水名,源于山东省,流经江苏省入新沂河。《民国演义》:"余如当涂、宿迁、南通及沭阳等处所驻张军,亦相继为乱。"

腧,人体上的穴道:腧穴。《雍正剑侠图》:"如华盖穴、咽喉穴、涌泉穴、阴交穴、肾腧、命门、天聪、百会、承泣、四白,这些穴道点上,轻则重伤,重则丧命。"

澍,及时的雨:澍雨。《后汉演义》:"臣动兵涉夏,连获甘澍,岁时丰稔,人无疵疫。"

女儿:戍,军队防守:卫戍。《三国演义》:"臣以为东益巴丘之戍,西增白帝之守,皆事势宜然,俱不足以相问也。"

爸爸:有读苏的非形声字:<u>稣 sū 窣 sū</u>。

稣,耶稣,是基督宗教里的核心人物。《二十四史通俗演义》:"有位朱九涛先生,信奉耶稣,到处劝人行道。"

女儿:窣,突然钻出来,引申为纵跃。形容细小的声音,如:窣窣。《乾隆皇帝》:"号门子外还有窸窸窣窣的声音,像是有人在搓洗什么。"

爸爸:有读素的正形声字:<u>嗉 sù 愫 sù 僳 sù</u>;非形声字:<u>簌 sù 涑 sù 觫 sù 谡 sù 夙 sù</u>。

嗉,鸟类喉咙下装食物的地方:鸡嗉子。贪梦道人《彭公案》:"石铸使出了黄鹦掐嗉,就把那人揪下水去。"

愫,真实的心情,诚意:情愫。《乾隆皇帝》:"有的时候,人的脸就是一部书,一台戏,千言万语无限心思情愫都一目了然。"

僳,僳僳族。

簌,簌簌,象声词,形容风吹叶子等的声音;亦形容眼泪纷纷落下的样子。《三侠五义》:"只见陈林扑簌簌泪流满面,双膝跪倒,放声大哭。"

涑,涑水,水名,在山西省,流经闻喜县、夏县、运城市、临猗县至永济市伍姓湖后汇入黄河。王洧《湖山十景·南屏晚钟》:"涑水崖碑半绿苔,春游谁向此山来。"

觫,恐惧颤抖的样子。如:觳 hú 觫,因恐惧而发抖的样子。《元史演义》:"那女子更觳觫万状,抖做一团,勉强说了饶命二字。"

谡,起,起来。肃敬的样子。谡谡:形容挺劲有力,挺拔。《大唐狄公案》:"二人引狄公来到屋后高台边,只见后园四周均是谡谡长松。"

女儿：夙，早：夙夜。素有的，旧有的：夙怨。《三国演义》："奉明命欲图吕布，敢不夙夜用心。但备兵微将少，不敢轻动。"

爸爸：今天的谜面是"咬去一口"。

第一百〇一课 稷 jì

爸爸：现在复习前面的生字。第九十六课？

女儿：准形声字有：荏 rěn；

非形声字有：壬 rén 稔 rěn 塄 léng 崚 léng 蕤 ruí 芮 ruì 蚋 ruì 睿 ruì。

爸爸：第九十七课？

女儿：正形声字有：轾 zhì 栀 zhì 郅 zhì 蛭 zhì 痣 zhì 鸷 zhì 踬 zhì 谵 zhān；

准形声字有：贽 zhì 鸷 zhì；

非形声字有：炙 zhì 豸 zhì 帙 zhì 痔 zhì 陟 zhì 栉 zhì 彘 zhì 雉 zhì 觯 zhì 旃 zhān 詹 zhān 湛 zhàn 蘸 zhàn。

爸爸：第九十八课？

女儿：正形声字有：惺 xīng 硎 xíng 悻 xìng 缬 xié 撷 xié 廨 xiè 澥 xiè 獬 xiè 躞 xiè 邂 xiè；

准形声字有：荇 xìng；

非形声字有：囟 xìn 陉 xíng 饧 xíng 荥 xíng, yíng 邢 xíng 擤 xǐng 偕 xié 飔 xié 揳 xiē 楔 xiē 榭 xiè 燮 xiè 褻 xiè 渫 xiè 绁 xiè 薤 xiè 瀣 xiè。

爸爸：第九十九课？

女儿：正形声字有：哚 duǒ 鞑 dá 跶 dá；

准形声字有：捯 dáo 剁 duò；

非形声字有：纛 dào 焘 dào, tāo 氘 dāo 裰 duō 掇 duō 铎 duó 埵 duǒ 绦 tāo 饕 tāo 韬 tāo 洮 táo 啕 táo 褡 dā 嗒 dā, tà 耷 dā 妲 dá 笪

dá 怛 dá 靼 dá。

爸爸：第一百课？

女儿：正形声字有：塾 shú 沭 shù 嗉 sù 愫 sù 傃 sù；

准形声字有：秫 shú；

非形声字有：孰 shú 腧 shù 澍 shù 戍 shù 稣 sū 窣 sū 簌 sù 涑 sù 觫 sù 谡 sù 夙 sù。

爸爸：很好。上次作业？

女儿：戍 shù 边屯垦，常遇澍 shù 雨，好似腧 shù 穴打通，孰 shú 能不胜。

马谡 sù 失街亭误了大事，他觳觫 sù 万状，窸窸窣窣 sū 抖个不休，扑簌簌 sù 泪流满面，面向涑 sù 水，拜了耶稣 sū，只叹建功立业夙 sù 愿难酬。

爸爸：好的。今天我们重点学与稷同音或近音的字。稷，古代一种粮食作物，指粟或黍属。社稷，指国家。《三国演义》："董卓欺主弄权，社稷旦夕难保。"

与稷同音的有非形声字：霁 jì 鲚 jì 罽 jì 偈 jì 蓟 jì 伎 jì；正形声字：悸 jì 洎 jì 覬 jì 暨 jì 骥 jì 荠 jì，qí 鬓 jì。

霁，雨雪停止，天放晴：雪霁。怒气消除：色霁。《元史演义》："留驻一日，又复启行，天气尚是未霁，但觉得风雨沾衣，蒿艾满目。"

鲚，鲚鱼，长约十厘米，银白色，生活在海洋中，俗称"凤尾鱼"。沈明臣《萧皋别业竹枝词十首》："麦叶蛏肥客可餐，楝花鲚熟子盈盘。"

罽，用毛做成的毡子一类的东西。鱼网。《后汉演义》："广德料不能敌，遣使乞降，并出长子为质，每岁贡给罽絮等物。"

偈，佛经中的唱词。《醒世恒言》："上面一个圆圈，圈外有一点，上下有四句偈曰：丹只是剑，剑只是丹。得剑知丹，得丹知剑。"

蓟，多年生草本植物，花紫色，可入药，亦称"大蓟"。蓟州，地名。杜甫《闻官军收河南河北》："剑外忽传收蓟北，初闻涕泪满衣裳。"

伎,技巧,才能:伎俩。古代称以歌舞为业的女子。《三国演义》:"其女自幼进入府中,教以歌舞,年方二八,色伎俱佳,允以亲女待之。"

悸,因害怕而自觉心跳:惊悸。《元史演义》:"略言陛下惊悸,国当有厄,非大作佛事,及普救罪囚,恐难禳 ráng 灾徼 jiǎo 福。"

洎,到,及:自古洎今。《民国演义》:"洎乎清帝退位,成为民国,而人民所受之痛苦,较前尤甚。"

觊,希望得到。觊觎 yú,非分的希望或企图。《雍正皇帝》:"先帝晏驾之时,内有诸王虎视眈眈觊觎帝位,外有强敌重兵压境的西疆之危。"

女儿:暨,和,及,与。到,至:暨今。《西游记》:"金阙银銮并紫府,琪花瑶草暨琼葩。"

爸爸:髻,盘在头顶或脑后的发结:发髻。《济公全传》:"头挽牛心发髻,品貌端方,长的不俗。"

骥,好马,喻贤能:骥途,喻锦绣前途。《荀子》:"骐骥一跃,不能十步;驽马十驾,功在不舍。"

荠,荠菜。另读 qì,荸 bí 荠。

上次"咬去一口"的谜底是什么?

女儿:交。

爸爸:对。与交同音的有非形声字:<u>艽 jiāo</u>;正形声字:<u>鹪 jiāo 鲛 jiāo 姣 jiāo 蛟 jiāo 茭 jiāo</u>。

艽,秦艽,草名,多年生草本,根入药。《药性赋》:"秦艽攻风逐水,又除肢节之痛。"

鹪,鹪鹩,鸟,亦称"巧妇"。烟霞散人《钟馗斩鬼传》:"俺的原身是田间鼹鼠,曾与鹪鹩赌赛,他欲巢遍林上,我欲饮干奈河。"

鲛,鲛鱼,即"鲨鱼"。鲛绡,用以泛指薄纱。《大唐狄公案》:"只见到纯玉小姐用鲛绡手帕包裹的一叠诗笺,诗笺上都签有王仙穹的名号。"

女儿:姣,美好:姣美。《大唐狄公案》:"席间那四名女子面目姣好,善舞能歌,想来是鄄 juàn 城坊司的名姬班头。"

蛟,古代传说中一种能发洪水的龙:蛟龙得水。《三国演义》:"撞破铁笼逃虎豹,顿开金锁走蛟龙。"

爸爸:茭,喂牲畜的干草。茭白,可做蔬菜。《施公案》:"怪不得说出家人是茭瓜心,原来你便是这样。"

与交近音的有读狡的非形声字:敫 jiǎo 湫 jiǎo,qiū;准形声字:铰 jiǎo 佼 jiǎo 皎 jiǎo。

敫,姓:敫单。

湫,低洼:湫隘。另读 qiū,水潭:大龙湫。《三国演义》:"某把龙湫水口,忽有黄祖部将甘宁来降。"

女儿:铰,用剪刀的两刃相夹切,用剪刀剪:把绳子铰开。《红楼梦》:"想到其间,便要把自己的青丝铰去,要想出家。"

佼,美好:佼好。《乾隆皇帝》:"刘墉和福康安实在要算这一代的佼佼者了。一文一武,都要栽培重用。"

皎,洁白,明亮:皎洁。《醒世恒言》:"麟凤之姿,皎皎绝尘,虽潘安、卫玠 jiè,无以过也。"

爸爸:有读叫的非形声字:藠 jiào 峤 jiào,qiáo;准形声字:噍 jiào 醮 jiào 徼 jiào。

藠,薤 xiè 的别称:藠子,藠头,鳞茎可作酱菜。

峤,山道。另读 qiáo,山尖而高:峤岳。苏轼《菩萨蛮》:"峤南江浅红梅小。小梅红浅江南峤。窥我向疏篱。篱疏向我窥。老人行即到。到即行人老。离别惜残枝。枝残惜别离。"这是一首回文诗。上片,以拟人的手法,写梅与人传情,赞美了梅一样高洁的人格。下片,从时空变化的角度,作者叮嘱要把握住有限的时光,珍重自己,爱惜余年。

噍,吃东西,嚼:倒噍,反刍。噍类,能吃东西的动物,特指活着的人。《明史演义》:"皇上春秋日高,喜怒不测,我辈恐无噍类了。"

醮,古代婚娶时用酒祭神的礼:再醮,再婚。道士设坛念经做法事:

打醮。《三国演义》:"吾已令人设醮于郡之玉清观内,汝可亲往拜祷,自然安妥。"

徼,边界:徼外。巡逻,巡察:徼巡。《林公案》:"居官每黑夜潜行,躬自徼察,无敢因缘为奸。"

今天的谜面是:远离闹市。

十四、五谷篇

第一百〇二课　麦 mài

爸爸：先交作业。

女儿：大雪刚霁 jì，蓟 jì 州一艺伎 jì 就边说偈 jì 词，边用罻 jì 网捕鲚 jì 鱼。

敦 jiǎo 老伯常在湫 jiǎo 隘口、峤 jiào 道旁，采摘秦艽 jiāo 和藠 jiào 头做酱菜。

爸爸：通过。今天我们重点学与麦同音或近音的字。与麦同音的有非形声字：劢 mài；正形声字：唛 mài。

劢，努力。王令《赠刘成文》："常思得英奇，肝肺相诱劢。"

唛，译音字，意思为商标，进出口货物包装上的标记。又指麦克风、话筒。

与麦近音的有读买的正形声字：荬 mǎi，苣荬菜，一种野生的多年生草本植物。舒岳祥《四月初一日积雨新霁偶成》："青梅成后少佳果，苦荬出来无好蔬。"

女儿：有非形声字：霾 mái，空气中因悬浮着大量的烟、尘等微粒而形成的混浊形象：阴霾。《雍正皇帝》："只见阴霾的天空下，云层似乎是压得更低了。"

爸爸：上次"远离闹市"的谜底是什么？

女儿：门。与门同音的有正形声字：扪 mén，按，摸：扪心自问。《大唐狄公案》："陶甘上前，抚扪着那铁门琢磨了半晌，不禁丧气地摇了摇头。"

爸爸：与门近音的有非形声字：懑 mèn；正形声字：焖 mèn。

懑，烦闷，生气：愤懑。《大唐狄公案》："她年事已高，官司屡次打不

287

赢,悲耻交加,愤懑郁结,精神开始失常。"

女儿:焖,盖紧锅盖,用微火把饭菜煮熟:黄焖鸡。《乾隆皇帝》:"纪昀看时,是一只羊乳红焖肘子。"

爸爸:有读萌的正形声字:艨 méng;非形声字:瞢 méng 甍 méng 虻 méng。

艨,艨艟 chōng,古代一种战船。《元史演义》:"文炳令弟文用等,驾着艨艟大舰,鼓棹 zhào 渡江,自率马军在岸搏战。"

瞢,目不明:目光瞢然。钟毓龙《上古秘史》:"一则晨光熹 xī 微,二则倦眼迷瞢。"

甍,屋脊。《大唐狄公案》:"碧瓦凝月,红灯高悬。隆起的甍脊、飞起的檐角上都装饰了灯彩,五色斑驳,气象华丽。"

女儿:虻,昆虫的一科,生活在野草丛里,雄的吸植物的汁液,雌的吸人、畜的血,如牛虻。

爸爸:有读猛的准形声字:懵 měng 勐 měng 艋 měng 蠓 měng 獴 měng 蜢 měng。

懵,一时的心乱迷糊。无知。欺骗。《大唐狄公案》:"懵懵懂懂地被人摆布了这半日,泼头一阵冷雨倒有点将他打清醒了些。"

勐,勇猛。我国少数民族傣语称小块的平地。

艋,舴 zé 艋,小船。李清照《武陵春·风住尘香花已尽》:"只恐双溪舴艋舟,载不动、许多愁。"

蠓,昆虫的一科,比蚊子小,褐色或黑色。《乾隆皇帝》:"遮天蔽日都是老树林子,满林都是青蛇瘴疠,蚊子蠓虫儿蝎子小咬……"

獴,哺乳动物的一属,头小,吻尖,身体长,脚短,耳朵小。蛇獴不但吃毒蛇,而且是捕捉鼠类的能手。

女儿:蜢,蚱蜢,一种危害农作物的昆虫。杨万里《早起》:"霜中蚱蜢冻欲死,紧抱寒梢不放渠。"

第一百〇三课　豆 dòu

爸爸：先交作业。

女儿：到处雾霾 mái,仿佛十面埋伏。

烦闷容易导致愤懑 mèn。

牛虻 méng 瞢 méng 然,撞上甍 méng 脊。

爸爸：可以。今天我们重点学与豆同音或近音的字。与豆同音的有非形声字：<u>窦 dòu</u>,孔、洞：狗窦。人体某些器官或组织的内部凹入的部分：鼻窦。端倪：疑窦。《包公案》："天下有这样事！阳间弊窦多端,阴司益发不好。"

与豆近音的有正形声字：<u>蔸 dōu 篼 dōu</u>。

蔸,指某些植物的根和靠近根的茎：禾蔸。量词,相当于"丛"或"棵"：两蔸白菜。《江湖奇侠传》："前日去看时,连树蔸都不知掘到那里去了。"

篼,篼子,走山路坐的竹轿,一般用竹椅捆在两根竹竿上做成。盛东西用的竹器,亦有用藤或柳条做成的：背篼。

另外,"都"字作全、完全用时读 dōu。另读 dū,都市。一国的最高行政机关所在的地方,京城：首都。

与其同音的有：非形声字：<u>毐 dū</u>;正形声字：<u>嘟 dū</u>。

毐,用指头、棍棒等轻击轻点：毐点,指画家随意点染。在方言中意为指点。例如,高人一毐点,你就豁然开朗了。

女儿：嘟,嘟囔,自言自语,含抱怨的意思。象声词：喇叭嘟嘟响。《大唐狄公案》："又不甘心撒手离去,站立一旁,嘟囔着牢骚。"

爸爸：与其近音的有读独的非形声字：<u>髑 dú 黩 dú 渎 dú 椟 dú 犊</u>

dú 牍 dú。

髑，髑髅 lóu，死人的头骨，骷 kū 髅。《醒世恒言》："髑髅暴露，堪怜昔日英雄；白骨抛残，可惜当年壮士。"

黩，污辱，玷污：黩货，贪财，贪污。随随便便，滥用：黩武。《元史演义》："加以穷兵黩武，暴敛横征，外患未靖，而内乱迭作，谁为为之，以至于此！"

渎，水沟，小渠，亦泛指河川：沟渎。轻慢，对人不恭敬：亵渎。《三国演义》："今彼不辞而去，乱言片楮 chǔ，冒渎钧威，其罪大矣。"

椟，柜子，匣子：买椟还珠。《警世通言》："妾椟中有玉，恨郎眼内无珠。"

女儿：犊，小牛：牛犊。王绩《野望》："牧人驱犊返，猎马带禽归。"

牍，古代写字用的木片：文牍。《雍正皇帝》："他文牍极熟，办事迅速，而且知识渊博，精神矍铄。"

爸爸：有读堵的非形声字：笃 dǔ，忠实，一心一意：笃信。厚实，结实。病沉重：病笃。《三国演义》："近闻刘景升病在危笃，可乘此机会，取彼荆州为安身之地，庶可拒曹操也。"

有读杜的非形声字：蠹 dù，蛀蚀器物的虫子：书蠹。蛀蚀：流水不腐，户枢不蠹。《元史演义》："你蠹国殃民，罪不胜言，恨不即斩你以谢天下！"

今天的谜面：一是"大米向外出口"，二是"烟火熄灭始放心"，三是"衣服撕两半，露出大口子"。

十五、五官篇

第一百〇四课　耳 ěr

爸爸：先交作业。

女儿：狗窦 dòu 鼻窦不是黄豆黑豆。

画家随意乩 dū 点，即现城门阇 dū 台。

军阀穷兵黩 dú 武，笃 dǔ 信武力，导致牛犊 dú 稀缺，文牍 dú 散失，髑 dú 髅遍地，实乃亵渎 dú 上苍、蠹 dù 国殃民、买椟 dú 还珠的蠢事。

爸爸：说得好。通过。今天我们重点学与耳同音或近音的字。与耳同音的有正形声字：洱 ěr 珥 ěr 铒 ěr 迩 ěr。

洱，洱海，湖名，在云南省，是一个有着迤逦风光的风景区。《乾隆皇帝》："洱海能治好，就是给云南人办一件大好事。"

珥，用珠子或玉石做的耳环。日、月两旁的光晕：日珥。《儒林外史》："陈木南看涂九公子时，乌帽珥貂，身穿织金云缎夹衣，腰系丝绦，脚下朱履。"

铒，一种金属元素，属稀土金属。

女儿：迩，近：遐迩闻名。《三国演义》："今岁旦在迩，使备悒 yì 怏不已。"

爸爸：与耳近音的有读而的正形声字：鸸 ér，鸸鹋，鸟，似鸵鸟，善于奔跑，不能飞翔。鹦 yì 鸸，燕子的别名。苏轼《南禅长老和诗不已故作六虫篇答之》："鹦鸸恋庭宇，倏忽来千转。"

上次"大米向外出口"的谜底是什么?

女儿:不知道。

爸爸:噢 ō,你分析一下对不对?

女儿:太对了。这个谜语很精巧。

爸爸:噢,表示醒悟或惊讶,如:噢,原来你是个将军!
与噢近音的有读欧的正形声字:瓯 ōu 沤 ōu,òu 讴 ōu。

瓯,小盆。金瓯,指国土。浙江省温州市的别称。《大唐狄公案》:"正是这个当家和尚将我引进方丈,一瓯清茶,几碟果品,延款甚是殷勤。"

沤,水泡:浮沤。《康熙侠义传》:"人间富贵花间露,纸上功名水上沤。"另读 òu,长时间地浸泡:沤肥。

女儿:讴,歌唱:讴歌。何其芳《回答》:"应该有不朽的诗篇来讴歌他们,使他们的名字流传到千年万载。"

爸爸:有读偶的非形声字:耦 ǒu 熰 ǒu。

耦,两个人在一起耕地。耦合,物理学上指彼此影响以至联合起来的现象。《前汉演义》:"一日在田内耦耕,扶犁叱牛,呼声相应。"

熰,柴草未充分燃烧而产生大量的烟:熰了一屋子烟。

女儿:有准形声字:怄 òu,故意惹人恼怒,或使人发笑,逗弄:怄气。《红楼梦》:"原来袭人实未睡着,不过故意装睡,引宝玉来怄他顽。"

爸爸:"烟火熄灭始放心"的谜底是什么?

女儿:恩。

爸爸:对。与恩同音的有正形声字:蒽 ēn,有机化合物。

女儿:与恩近音的有准形声字:摁 èn,用手按压:摁电铃。《乾隆皇帝》:"乔家瑞写据画押摁手印儿,带着家人脚步杂沓离去。"

爸爸:与恩近音的有非形声字:嗯 ǹg,表示答应。又读 ńg,表示疑问。还读 ňg,表示出乎意外或认为不该是这样。《大唐狄公案》:"狄夫人'嗯'了一声,头都没有抬一抬。"

"衣服撕两半,露出大口子"的谜底是什么?

女儿:哀。

爸爸:正确。与哀近音的有正形声字:暧 ài 砹 ài 叆 ài 嫒 ài。

暧,日光昏暗:暧昧,态度、用意不明朗,行为不光明,不可告人。《元史演义》:"我如不耐寡居,何妨再醮,乃作此暧昧情事!"

砹,一种放射性元素。

女儿:叆,叆叇 dài,云彩很厚的样子。《西游记》:"只见那彩雾朦朦山岭暗,祥云叆叆树林愁。"

爸爸:嫒,令嫒,尊称别人的女儿。《林公案》:"此事使不得,一则家中已有糟糠,二来令嫒有恩于我,正当香花供奉,岂敢生此妄想。"

有非形声字:欸 ǎi,欸乃,象声词,指摇橹声。柳宗元《渔翁》:"烟销日出不见人,欸乃一声山水绿。"另读 èi,叹词,表示招呼、诧异、应声或同意。又读 ěi,叹词,表示不以为然:欸,你话可不能这样讲呀!

有非形声字:皑 ái,洁白的样子,多形容霜雪:皑皑白雪。《乾隆皇帝》:"一颗颗殷红的浆果半隐半现挂在枝间,点缀在这白皑皑的银色世界里,令人眼目一清。"

有准形声字:嗳 ǎi,ài;非形声字:霭 ǎi。

嗳,嗳气,打嗝儿,胃里的气从嘴里出来,并发出声音。叹词,表示否定或不同意:嗳,别这么说。另读 ài,叹词,表示懊恼、悔恨:嗳,我真不该听他的!

女儿:霭,云气:暮霭。柳永《雨霖铃·寒蝉凄切》:"念去去,千里烟波,暮霭沉沉楚天阔。"

爸爸:好!

轻松成为"字多星"

第一百〇五课　眼 yǎn

爸爸：先交作业。

女儿：噢 ō，耦 ǒu 合的耦不是配偶的偶，也不是爊 ǒu 烟的爊。

皑 ái 皑白雪消融时，欸 ǎi 乃一声山水绿，暮霭 ǎi 沉沉楚天阔。

去摁 èn 电铃。嗯 ǹg 哪！

爸爸：很好。今天我们重点学与眼同音或近音的字。与眼同音的有非形声字：<u>奄 yǎn 兖 yǎn 郾 yǎn 偃 yǎn</u>；正形声字：<u>罨 yǎn</u>；准形声字：<u>琰 yǎn 鼹 yǎn 俨 yǎn 魇 yǎn</u>。

女儿：奄，覆盖：奄有天下。忽然，突然：奄忽。气息微弱：奄奄一息。《三国演义》："是夜，天愁地惨，月色无光，孔明奄然归天。"

兖，兖州，地名，在山东省，古九州之一，在今山东西部与山东河北交界处，在古黄河与古济水之间。《三国演义》："曹兵之去，止为吕布袭兖州故也。今因岁荒罢兵，来春又必至矣。"

爸爸：郾，周代燕国自称为"郾"。地名。《后汉演义》："郾城最强，次为宛 wǎn 城，何人敢率兵进击？"

偃，仰面倒下，放倒：偃旗息鼓。停止：偃武修文。《三国演义》："将营内旗枪，尽皆倒偃，金鼓不鸣。"

罨，捕鱼或捕鸟的网，亦指用罨捕取。覆盖，掩盖。白居易《宿杜曲花下》："斑竹盛茶柜，红泥罨饭炉。"

琰，琰圭，上端尖的圭。琰琰，有光泽的样子。美玉。黄庭坚《再和元礼春怀十首》："风光琰琰动春华，回首烟波万里赊 shē。"

鼹，鼹鼠，哺乳动物，俗称"地排子"。王浚卿《冷眼观》："正如鼹鼠饮河，满腹即止，又有甚么惊天动地的大事业可以做得出来呢？"

俨,恭敬,庄重:俨然。《三宝太监下西洋记》:"今得三位仙长俨然降临,非独寡人之幸,实一国军民之幸也!"

女儿:魇,梦中惊叫,或觉得有什么东西压住不能动弹:梦魇。《西游记》:"原来那师父被妖术魇住,不能行走,心上明白,只是口眼难开。"

爸爸:与眼近音的有读焉的正形声字:嫣 yān 鄢 yān;准形声字:恹 yān 阉 yān 崦 yān;非形声字:阏 yān 湮 yān 胭 yān。

女儿:嫣,容貌美好,多指笑容:嫣然一笑。《林公案》:"红娥见他如此情形,不觉嫣然一笑道。"

爸爸:鄢,周代诸侯国名,在今河南省鄢陵县一带。《三国演义》:"丕令彰回鄢陵自守,彰拜辞而去。"

女儿:恹,恹恹,病态。《初刻拍案惊奇》:"王生在狱中,又早恹恹的挨过了半年光景,劳苦忧愁,染成大病。"

爸爸:阉,割去男人的或雄性动物的生殖器:阉鸡。太监,封建时代的宦官:阉人。《雍正皇帝》:"明代的太监干政,阉官祸国,在中国封建历史上是出了名的。"

崦,崦嵫 zī,山名,在甘肃省。泛指山。《三国演义》:"正赶之间,一声鼓响,山崦内一彪刀手拥出,为首一员大将,乃关云长也。"

阏,阏氏 zhī,汉时匈奴单于之正妻的称号。另读 è,壅塞:阏塞。阏积。《清史演义》:"自广东禁外人入城后,浮言互煽,彼此壅阏,致有今日之衅。"

女儿:这个字我从来没读对过。

爸爸:下次就不会读错了。湮,埋没:湮灭。淤塞,堵塞。《大唐狄公案》:"谁知一腔热志,竟此湮没……"

女儿:胭,胭脂,一种红色颜料,可作化妆用品。《大唐狄公案》:"雅淡梳妆,丰韵自饶,尤胜胭脂三分,一对眼睛由于气愤,闪熠出逼人的冷气。"

轻松成为"字多星"

第一百〇六课　鼻 bí

爸爸：现在复习前面的生字。第一百〇一课？

女儿：正形声字有：悸 jì 洎 jì 觊 jì 暨 jì 骥 jì 荠 jì，qí 髻 jì 鹣 jiāo 鲛 jiāo 姣 jiāo 蛟 jiāo 茭 jiāo；

准形声字有：铰 jiǎo 佼 jiǎo 皎 jiǎo 噍 jiào 醮 jiào 徼 jiào；

非形声字有：霁 jì 鲚 jì 蓟 jì 偈 jì 蓟 jì 伎 jì 艽 jiāo 敫 jiǎo 湫 jiǎo(qiū) 蟜 jiào 峤 jiào(qiáo)。

爸爸：第一百〇二课？

女儿：正形声字有：唛 mài 荬 mǎi 扪 mén 焖 mèn 艨 méng；

准形声字有：懵 měng 勐 měng 艋 měng 蠓 měng 獴 měng 蜢 měng；

非形声字有：劢 mài 霾 mái 懑 mèn 瞢 méng 甍 méng 虻 méng。

爸爸：第一百〇三课？

女儿：正形声字有：蔸 dōu 篼 dōu 嘟 dū；

非形声字有：窦 dòu 斢 dū 髑 dú 黩 dú 渎 dú 椟 dú 犊 dú 牍 dú 笃 dǔ 蠹 dù。

爸爸：第一百〇四课？

女儿：正形声字有：洱 ěr 珥 ěr 铒 ěr 迩 ěr 鸸 ér 瓯 ōu 沤 ōu(òu) 讴 ōu 蒽 ēn 暧 ài 砹 ài 叆 ài 嫒 ài；

准形声字有：怄 òu 摁 èn 嗳 ǎi, ài；

非形声字有：噢 ō 耦 ǒu 熰 ǒu 嗯 ǹg 欸 ǎi 皑 ái 霭 ǎi。

爸爸：第一百〇五课？

女儿：正形声字有：罨 yǎn 嫣 yān 鄢 yān；

准形声字有:琰 yǎn 黶 yǎn 儼 yǎn 魘 yǎn 懕 yān 阉 yān 崦 yān；
非形声字有:奄 yǎn 兗 yǎn 鄢 yǎn 偃 yǎn 阏 yān 湮 yān 胭 yān。

爸爸:很好。上次作业?

女儿:兗 yǎn 州奄 yǎn 奄一息,鄢 yǎn 城偃 yǎn 旗息鼓,阏 yān 氏湮 yān 没在胭 yān 脂中。

爸爸:你这场景很宏大,通过。今天我们重点学与鼻同音或近音的字。与鼻同音的有非形声字:荸 bí,荸荠 qí,多年生草本植物,长在低洼地,地下茎扁圆形,皮赤褐色或黑褐色,肉白色,味清甜,可作蔬菜或水果。

与鼻近音的有读必的正形声字:毖 bì 陛 bì 薜 bì 铋 bì 筚 bì 荜 bì 跸 bì 哔 bì 襞 bì 躄 bì；准形声字:濞 bì 滗 bì；非形声字:髀 bì 婢 bì 蓖 bì 篦 bì 算 bì 愎 bì 敝 bì 畀 bì 弼 bì 裨 bì,pí。

女儿:毖,谨慎:惩前毖后。《民国演义》:"以为元首恭己,总揆 kuí 得人,议会重开,惩前毖后,必能立定国是,计日成功。"

陛,陛下,对国王或皇帝的敬称。《三国演义》:"臣愿与贼决死战,以保陛下!"

爸爸:薜,薜荔,常绿灌木。《西游记》:"道旁荆棘牵漫,岭上松楠秀丽。薜萝满目,芳草连天。"

铋,一种金属元素。

筚,用荆条、竹子等编成的篱笆或其他遮拦物:筚门。《春秋左传正义》:"楚之熊绎,始封于楚,辟在荆山,筚路蓝缕,以居草莽。"

荜,同"筚"。用荆条竹木之类编成的篱笆。《康熙大帝》:"公子枉驾寒舍,蓬荜生辉。"

跸,帝王出行时清道,禁止行人来往:警跸。泛指帝王出行的车驾:驻跸。《三国演义》:"杨奉保驾至华阴驻跸。"

哔,哔叽,一种斜纹的纺织品。

襞,衣服和肠、胃等内部器官上的褶子:胃襞。《大唐狄公案》:"洪参军扯定狄公身上一领水绿软缎官袍用力抖直,轻轻抚平襞折。"

嬖,宠幸:嬖爱。《元史演义》:"莫谓误君由嬖幸,君昏何自望臣良?"

濞,漾濞,地名,在云南省,是博南古道、茶马古道上的重镇。

滗,挡住渣滓或泡着的东西,把液体倒出。《明史演义》:"俟米溶成液,滗出清汁,流入银瓶,取出温服,味如醍醐。"

女儿:髀,大腿,亦指大腿骨:髀肉复生。《三国演义》:"因见己身髀肉复生,亦不觉潸 shān 然流涕。"

婢,被役使的女子:奴婢。《三国演义》:"主公有一妹,极其刚勇,侍婢数百,居常带刀。"

篦,一种齿比梳子密的梳头用具,称"篦子"。白居易《琵琶行》:"钿头云篦击节碎,血色罗裙翻酒污。"

爸爸:蓖,蓖麻,一年生或多年生草本植物,种子称"蓖麻子"。《千金翼方》:"蓖麻子,味甘辛平有小毒。"

箅,箅子,有空隙而能起间隔作用的片状器具。炉箅子,炉膛和炉底之间承煤漏灰的铁匣子;另指一种中国传统油炸食品。张杰鑫《三侠剑》:"因为这窗户十分高,上面有铁箅子。"

愎,固执任性:刚愎自用。《林公案》:"这义律为人刚愎自用,对于人情世故,一些儿也不懂得。"

女儿:敝,破旧,坏:敝俗。谦辞,用于与自己有关的事物:敝人。《三国演义》:"今丞相平南方回,军马疲敝,只宜存恤,岂可复远征?"

爸爸:畀,给与:投畀豺虎。《元史演义》:"这官人将日月擎来,料是畀汝,汝的后福不浅哩。"

弼,辅佐:弼士。《水浒传》:"辽国狼主,自按上界'北极紫微大帝',总领镇星,左右二丞相,按上界'左辅''右弼'星君。"

女儿:裨,增添,补助:大有裨益。另读 pí,古代的次等礼服。副,偏,小:裨将。《三国演义》:"城上矢石如雨,有两员裨将畏避而回,操掣剑亲斩于城下。"

爸爸：有非形声字：<u>贲</u> bì，bēn。

贲，文饰，装饰得很好：贲临，贵宾盛装来临。另读 bēn，贲门，指胃上端的开口。虎贲：勇士。《三国演义》："操卧于毡车之中，左右虎贲军护卫而行。"

与其同音的有非形声字：<u>栟</u> bēn；正形声字：<u>锛</u> bēn。

栟，栟茶，地名，在江苏省。另读栟 bīng，即棕榈。白居易《西湖晚归回望孤山寺赠诸客》："卢橘子低山雨重，栟榈叶战水风凉。"

女儿：锛，木工用的一种工具，用时向下向内用力砍，称"锛子"。《施公案》："进了闹厢，入门闹市，耳内听得斧锛之声。"

爸爸：与其近音的有读本的非形声字：<u>畚</u> běn；正形声字：<u>苯</u> běn。

畚，畚箕，用木、竹、铁片做成的撮垃圾、粮食等的器具。《说岳全传》："即去取了一个畚箕，走出门来，竟到水口边满满的畚了一箕的河沙。"

女儿：苯，一种有机化合物，无色液体，有特殊的气味。

爸爸：有读笨的非形声字：<u>坌</u> bèn，尘埃。聚积。粗劣。翻土，刨：坌地。《三国演义》："飞辩骋词，溢气坌涌；解疑释结，临敌有余。"

今天的谜面有四个，一是"两口一个劳力"，二是"归航之前有人找"，三是"虽吃大亏，但受表扬"，四是"一人坐云端、一人依云边"。

轻松成为"字多星"

第一百〇七课　口 kǒu

爸爸：先交作业。

女儿：敝 bì 人从不刚愎 bì 自用,善于听弼 bì 士意见并畀 bì 付丰厚酬劳。曾因髀 bì 肉复生,听其建议令奴婢 bì 用箅 bì 子蘸荸 bì 麻油梳头,早餐多吃荸 bí 荠和炉箅 bì 子,确实大有裨 bì 益。

虎贲 bēn 将军在栟 bēn 茶令军士用畚 běn 箕取土,结果尘坌 bèn 四起。

爸爸：胡编乱造,算你及格。今天我们重点学与口同音或近音的字。没有口的同音字,与口近音的有读抠的非形声字:眍 kōu,眼睛深陷的样子:眍眼。《彭公案》:"鸡眉眼眍,塌鼻梁儿鼻涕流。脑袋小,黑又瘦,大麻子似酱稠 chóu,多亏他把粉搽得厚。"

女儿：有读寇的正形声字:蔻 kòu,豆蔻,植物名。比喻处女。称女子十三四岁为豆蔻年华。姜夔《扬州慢·淮左名都》:"纵豆蔻词工,青楼梦好,难赋深情。二十四桥仍在,波心荡、冷月无声。"

爸爸："两口一个劳力"的谜底是什么?

女儿：咖。

爸爸：对。与咖同音的有非形声字:喀 kā;准形声字:咔 kā,kǎ。

喀,喀嚓,象声词,形容折断的声音。《三侠五义》:"只听得喀嚓的一声,把窗户上大玻璃打破,掷进一个毛茸茸、血淋淋的人头来。"

女儿：咔,撞击发出的声音,如:咔的一声关上抽屉。《康熙大帝》:"说着从袖中抽出一枝大号雪狼毫湖笔,就着灯影里'咔'的一声折成两截。"另读 kǎ,译音用字,咔叽。

爸爸："归航之前有人找"的谜底是什么?

女儿:好像是伉。

爸爸:对,是伉 kàng,对等、相称:伉俪 lì,指配偶、夫妇。正直、刚直:伉直。《清史演义》:"只这位道光帝伉俪情深,时常哀戚。"

"虽吃大亏,但受表扬"的谜底是什么?

女儿:夸。

爸爸:正确。与夸近音的有读垮的准形声字:侉 kuǎ,口音与本地语音不合:侉子。《乾隆皇帝》:"他们说我是宁波侉子,我说他们是宁波酸丁。"

女儿:有读挎的准形声字:胯 kuà,腰和大腿之间的部分:胯裆。《三国演义》:"城门上崩下一条火梁来,正打着曹操战马后胯,那马扑地倒了。"

爸爸:"一人坐云端,一人依云边"的谜底是什么?

女儿:侩。

爸爸:对。侩 kuài,以拉拢买卖,从中获利为职业的人:市侩,亦指唯利是图,庸俗可厌的人。《后汉演义》:"市侩家也不应如此,堂堂帝室,乃有这般笑话,真是古今罕闻。"

与侩同音的有正形声字:哙 kuài 狯 kuài 脍 kuài。

哙,咽下去。喙 huì,鸟兽嘴。常见于人名,樊哙。

狯,狡猾:狡狯。《大唐狄公案》:"我也万万没想到林藩那贼子竟还有这险恶一招,其狡狯狠毒可见。"

女儿:脍,细切的肉:脍炙人口。《儒林外史》:"恰好侍席的管家捧上头一碗脍燕窝来上在桌上。"

爸爸:与侩近音的有非形声字:扲 kuǎi 蒯 kuǎi。

扲,搔,轻抓。用胳膊挎着。例:他扲着篮子。

蒯,蒯草,多年生草本植物。姓。柳宗元《游南亭夜还叙志七十韵》:"安将蒯及菅,谁慕粱与膏。"

今天的谜面是:月下沉思。

轻松成为"字多星"

第一百〇八课　身 shēn

爸爸:先交作业。

女儿:那个鸡眉眍 kōu 眼的人在抠鼻孔。

喀 kā 嚓与咔嚓差不多。

他扐 kuǎi 着一篮子蒯 kuǎi 草。

爸爸:很好。今天我们重点学与身同音或近音的字。与身同音的有非形声字:娠 shēn 莘 shēn, xīn。

娠,胎儿在母体中微动,泛指怀孕:妊娠。《儒林外史》:"当下就有了娠。到十个月满足,生下这位虞博士来。"

莘,长。莘莘,众多,如莘莘学子。《乾隆皇帝》:"纪昀文章道德为天下多少读书人瞩目,又是多少莘莘学子心仪向往的楷模啊!"姓。另读 xī,细莘,一种中药草。莘庄,地名,在上海市。

今天我们集中学习一下容易读错的地名,比如:

儋(单)州,在海南省;

洮(桃)水,在甘肃省;

长汀(厅)县,在福建省;

邕(庸)江,在广西壮族自治区;

珲(浑)春,在吉林省;

瑷珲(爱辉),今作爱辉,在黑龙江省;

桓(环)仁,在辽宁省;

蓟(记)州区,在天津市;

巴彦淖(闹)尔,在内蒙古;

北碚(倍),涪(服)陵,在重庆市;

勐(猛)腊,漾濞(必),在云南省;

喀(咖)什,但当地人称"哈什";巴音郭楞(棱,棱角的棱),在新疆维吾尔自治区;

婺(雾)江,鹜(务)源,弋(易)阳,在江西省;

郴(押)州,耒(磊)阳,汨(密)罗,在湖南省;

东莞(管),番禺(潘于),泷(双)水,在广东省;

洪洞(同),忻(新)州,隰(习)县,繁峙(是),在山西省;

监(健)利,黄陂(皮),蕲(其)春,郧(云)阳,在湖北省;

邳(批)州,过去称邳县,盱眙(需移),邗(含)江,栟(奔)茶,在江苏省;

沔(勉)县,现改称勉县;郿(眉)县,现作"眉县",柞(乍)水,豳(宾)州,现在彬州,在陕西省;

丽(离)水,剡(扇)县,现嵊州,嵊(胜)县,现嵊州,台(胎)州,鄞(银)州,潎(敢)浦,在浙江省;

蚌埠(蹦步),歙(射)县,黟(依)县,亳(泊)州,枞(宗)阳,澶(蝉)渊,在安徽省;

藁(搞)城,郏(夹)县,井陉(形),乐(涝)亭,滦(銮)河,涿(卓)鹿,涿州,在河北省;

浚(训)县,泌(必)阳,渑(免)池,濮(仆)阳,睢(虽)县,武陟(致),荥(形)阳,洧(伟)川,羑(有)里,在河南省;

珙(巩)县,夔(魁)州,阆(浪)中,岷(民)江,郫(皮)县,犍(钱)为,邛崃(穷来),汶川(问穿),荥(迎)经,筠(军)连,雒(洛)县,在四川省;

茌(迟)平,莒(举)县,郓(眷)城,临朐(渠),单(善)县,莘(深)县,郯(潭)城,兖(眼)州,芝罘(服),淄(资)川,淄(资)博,郓(运)城,菏(何)泽,在山东省;

女儿:太有用了,看样子我以前读错了很多,郯城我就错读成炎城。

爸爸:下次就不会了,我们言归正传。与身近音的有读孙的非形声字:飧 sūn;正形声字:荪 sūn 狲 sūn。

飧,晚饭,亦泛指熟食,饭食。如莲居士《说唐合传》:"吩咐饱飧战饭,三更时分,杀到唐营。"

荪,古书上说的一种香草。李白《书情题蔡舍人雄》:"倒海索明月,凌山采芳荪。"

女儿:狲,猢 hú 狲,猕猴的一种。《西游记》:"你这猢狲杀生害命,连累了我多少,如今实不要你了!"

爸爸:有读损的非形声字:隼 sǔn;正形声字:榫 sǔn。

隼,鸟类的一科,上嘴呈钩曲状,饲养驯熟后,可以帮助打猎。《乾隆皇帝》:"双眉紧锁,鹰隼一样的目光直凝前方。"

榫,器物两部分利用凹凸相接的凸出的部分:榫子。《乾隆皇帝》:"乾隆这才意识到要和皇后的话接卯对榫。"

上次"月下沉思"的谜底是什么?

女儿:腮。

爸爸:对。与腮同音的有非形声字:鳃 sāi;正形声字:噻 sāi。

鳃,多数水生动物的呼吸器官。《醒世恒言》:"竟把一根草索贯了鱼鳃,放在舱里。"

噻,噻唑 zuò,有机化合物。

十六、五金篇

第一百〇九课 金 jīn

爸爸：先交作业。

女儿：战乱期间,为了保护这位妊娠 shēn 的老师,莘 shēn 莘学子们那天饱飧 sūn 晚饭后,鹰隼 sǔn 一样注视着四周。

鱼鳃 sāi 与哺乳动物的腮不是一回事。

爸爸：可以。今天我们重点学与金同音或近音的字。与金同音的有正形声字：<u>衿 jīn</u> <u>矜 jīn</u>。

衿,古代服装下连到前襟的衣领:青衿,代称秀才。系衣裳的带子。曹操《短歌行》:"青青子衿,悠悠我心。"

女儿：矜,怜悯,怜惜:矜恤。自尊,自大,自夸:骄矜。庄重,拘谨:矜持。《三国演义》:"关公平日刚而自矜,故今日有此祸。"

爸爸：与金近音的有读仅的非形声字:<u>堇 jǐn</u>;正形声字:<u>瑾 jǐn</u> <u>槿 jǐn</u> <u>馑 jǐn</u>。

堇,堇菜,多年生草本植物。《初刻拍案惊奇》:"我闻堇汁最毒,饮之立死。若非真仙,必是下不得口。好歹把这老头儿试一试。"

瑾,美玉,亦喻美德:瑾瑜。《喻世明言》:"幸而全君清德若瑾瑜,弃妾性命如土芥 jiè。"

槿,木槿,落叶灌木或小乔木。《乾隆皇帝》:"柳腰儿斜倚栏杆外,又将那木槿花儿抓下来。"

女儿:馑,荒年:饥馑。《雍正皇帝》:"河道可修,饥馑可赈,兵事可备——我胤 yìn 祯上可对列祖列宗,下可对亿兆百姓!"

爸爸:有读 jìn 的准形声字:妗 jìn 靳 jìn 觐 jìn;正形声字:烬 jìn 荩 jìn 浕 jìn 缙 jìn 噤 jìn。

妗,舅母。妻兄、妻弟的妻子:大妗子。《雍正皇帝》:"还带着姨太太和三姑六婆、七大妗子八大姨、师爷书办的。"

靳,吝惜,不肯给予:靳秘,吝惜而不外传。《林公案》:"乃听尔年年贩运出洋,绝不靳惜,恩莫大焉。"

觐,朝见君主或朝拜圣地:朝觐。《三国演义》:"今闻天子还都,特来朝觐,官封正议郎。"

女儿:烬,物体燃烧后剩下的东西:灰烬。《雍正皇帝》:"当年若不是托了皇上的洪福,臣早就化作灰烬了。"

爸爸:荩,一年生草本植物,亦称"黄草"。忠诚。《两晋秘史》:"汝等善事太子,各宜尽忠荩之志,休怀不义之心。"

浕,浕水,水名,在湖北省枣阳市;水名,在陕西省勉县。房玄龄等《晋书》:"盛遣军临浕口,南梁州刺史王敏退守武兴。"

女儿:缙,缙绅,古代称官僚或做过官的人。《雍正皇帝》:"请你待读书人和缙绅们好一点,因为这是国家元气所在呀。"

爸爸:噤,闭口不说话:噤若寒蝉。因寒冷而咬紧牙关或牙齿打战:寒噤。《元史演义》:"不能下山督战,只好上山固守,奈何噤不发声?"

今天的谜面是:兔钻穴中。

第一百一十课　银 yín

爸爸：先交作业。

女儿：堇 jǐn 菜不是木槿。

爸爸：简洁,好。今天我们重点学与银同音或近音的字。与银同音的有非形声字：狺 yín 訚 yín 垠 yín 龈 yín。

狺,狺狺,狗叫的声音,借指攻击性的言论。《聊斋志异》:"犬泅出,至有人处,狺狺哀吠。"

訚,中正,和悦。和悦而正直地争辩。谦和而恭敬的样子。曹操《气出唱》:"吹我洞箫,鼓瑟琴,何訚訚!"

女儿：垠,边,岸,界限:一望无垠。《大唐狄公案》:"大清川上下碧波无垠、风光旖旎 yǐnǐ 更会令她们心注神往,猜测不已。"

龈,牙龈,通称"牙床"。《乾隆皇帝》:"他学着阿桂,吊着眉斜视人,咬着牙龈一副沉思模样。"

爸爸：与银近音的有读因的非形声字：堙 yīn;正形声字：氤 yīn 铟 yīn 愔 yīn 喑 yīn 洇 yīn。

堙,堵塞:堙室。《前汉演义》:"今日堑山,明日堙谷,性命却拼了无数,直道终不得完工。"

氤,氤氲,烟云弥漫。《大唐狄公案》:"在林木疏密处隐隐可见到一片沼泽地,水气氤氲间深绿浅翠,别有一番景色。"

铟,一种金属元素。

愔,愔愔,形容安静和悦,静寂,深沉。愔然,形容沉默无声或安静。陆游《秋夜》:"老觉人间岁月遒 qiú,愔愔窗户一灯幽。"

女儿：喑,哑,不能说话:喑哑难言。龚自珍《杂诗》:"九州生气恃风雷,万马齐喑究可哀。"

泅,墨水着纸向周围散开。《红楼梦》:"树木山石,也还都有葐蒀wěngwèi泅润之气,那里像个衰败之家!"

爸爸:有读引的非形声字:尹 yǐn;正形声字:吲 yǐn。

尹,治理。官名:令尹。《水浒传》:"解去开封府,分付腾府尹好生推问,勘理明白处决!"

吲,吲哚,常用来制香料、染料和药物。

有读印的正形声字:茚 yìn;准形声字:窨 yìn;非形声字:胤 yìn。

茚,有机化合物,无色液体。

窨,地下室:地窨子。藏在地窨里。窨藏。窨井,为便于检查、疏通地下管线而设置的井状构筑物。《刘埔传奇》:"到后来,越闹越大,大家起盖地窨子暗室,窝藏强人,坐地分赃。"

胤,后代:胤嗣。《醒世恒言》:"此女廉吏血胤,无惭阀阅。愿亲家即赐为儿妇,以践始期。"

上次谜语猜得怎样?

女儿:"兔钻穴中"的谜底是冤。

爸爸:对。与冤同音的有非形声字:箢 yuān 鸢 yuān。

箢,箢篼 dōu,竹篾等编成的盛东西的器具。例:用箢篼将小麦中的小石子拣掉。

鸢,鸟,捕食蛇、鼠、蜥蜴、鱼等,俗称"老鹰"。纸鸢,风筝。《施公案》:"此种机关譬如那诸葛亮木牛流马,墨于案的飞鸢,也是这个道理。"

与冤近音的有读元的非形声字:爰 yuán 垣 yuán;正形声字:湲 yuán 媛 yuán,yuàn 塬 yuán 螈 yuán 沅 yuán 黿 yuán 橼 yuán 辕 yuán。

爰,于是。改易,更换。《初刻拍案惊奇》:"只缘择婿者,原乏知人之鉴,遂使图婚者,爰生速讼之奸。"

女儿：垣，矮墙，墙：城垣。《三国演义》："玄德与关、张引本部军来至小沛，修葺 qì 城垣，抚谕居民。"

爸爸：湲，水流声。《西游记》："峰排突兀，岭峻崎岖。深涧下潺湲水漱，陡崖前锦绣花香。"

媛，婵媛，姿态美好，牵连，相连。另读 yuàn，美女：名媛。《隋唐演义》："贾兄是个义气的人，尊嫂与令媛，必替兄安顿妥当，且莫愁烦。"

塬，我国西北部黄土高原地区因冲刷形成的高地，四边陡，顶上平：塬地。《田家诗》："父耕塬上田，子斫 zhuó 山下荒。"大意是：父亲在塬上耕田，儿子在塬下开荒。

蝾，蝾 róng 螈，两栖动物。状如蜥蜴，生活在水中。《大唐狄公案》："一只大蝾螈慢慢露出水面，体长足有五尺，看了令人害怕。"

沅，沅江，水名，发源于贵州省，流经湖南省入洞庭湖。古时州、路、府名。《三国演义》："于是沅、湘一带，直抵广州诸郡，守令皆望风赍 jī 印而降。"

鼋，大鳖：鼋鱼。《醒世恒言》："岂知网着一个癞头鼋，被他把网都牵了去，连赵干也几乎掉下江里。"

橼，枸 jǔ 橼，又名"佛手柑"。刘恂《岭表录异》："枸橼，子形如瓜，皮似橙而金色，故人重之，爱其香气。"

女儿：辕，车前驾牲畜的两根直木：车辕。旧时指军营、官署的外门，借指衙署：辕门，行辕。《三国演义》："令左右接过画戟，去辕门外远远插定。"

爸爸：有读院的准形声字：瑗 yuàn；非形声字：掾 yuàn 垸 yuàn。

掾，原为佐助的意思，后为副官佐或官署属员的通称：掾史。《三国演义》："以毛玠 jiè 为东曹掾，崔琰为西曹掾，司马懿为文学掾。"

瑗，大孔的璧。蘧 qú 瑗，春秋时期卫国大夫，封"先贤"。苏轼《次韵曹九章见赠》："蘧瑗知非我所师，流年已似手中蓍 shī。"

垸,湖南、湖北两省在湖泊地带挡水的堤圩,亦指堤所围住的地区:堤垸。

今天的谜面有两个,一是"个个见了开口笑",二是"打破框框,疏通才路"。

十六、五金篇

第一百一十一课　铜 tóng

爸爸：现在复习前面的生字。第一百〇六课？

女儿：正形声字有：毖 bì 陛 bì 薜 bì 柲 bì 箄 bì 萆 bì 跸 bì 哔 bì 襞 bì 嬖 bì 锛 bēn 苯 běn；

准形声字有：濞 bì 滗 bì；

非形声字有：荸 bí 髀 bì 婢 bì 庳 bì 笓 bì 箅 bì 愎 bì 敝 bì 畀 bì 弼 bì 裨 bì，pí 贲 bì，bēn 栟 bēn 畚 běn 坌 bèn。

爸爸：第一百〇七课？

女儿：正形声字有：蔻 kòu 伉 kàng 侩 kuài 哙 kuài 狯 kuài 脍 kuài；

准形声字有：咔 kā(kǎ) 侉 kuǎ 胯 kuà；

非形声字有：眍 kōu 喀 kā 扢 kuǎi 蒯 kuǎi。

爸爸：第一百〇八课？

女儿：正形声字有：荪 sūn 狲 sūn 榫 sǔn 噻 sāi；

非形声字有：娠 shēn 莘 shēn(xīn) 飧 sūn 隼 sǔn 鳃 sāi。

爸爸：第一百〇九课？

女儿：正形声字有：衿 jīn 矜 jīn 瑾 jǐn 槿 jǐn 馑 jǐn 烬 jìn 荩 jìn 浕 jìn 缙 jìn 噤 jìn；

准形声字有：妗 jìn 靳 jìn 觐 jìn；

非形声字有：堇 jǐn。

爸爸：第一百一十课？

女儿：正形声字有：氤 yīn 铟 yīn 愔 yīn 喑 yīn 洇 yīn 吲 yǐn 茚 yìn 湲 yuán 媛 yuán(yuàn) 塬 yuán 螈 yuán 沅 yuán 鼋 yuán 橼 yuán 辕 yuán；

准形声字有:窨 yìn 瑗 yuàn;

非形声字有:狺 yín 訚 yín 垠 yín 龈 yín 堙 yīn 尹 yǐn 胤 yìn 箢 yuān 鸢 yuān 爰 yuán 垣 yuán 掾 yuàn 垸 yuàn。

爸爸:很好。上次作业?

女儿:一望无垠 yín 的原野上,一条狗呲着牙龈 yín 对着正訚 yín 訚切磋的夫子们狺 yín 狺狂吠。

赵匡胤 yìn 命令府尹 yǐn 带人堙 yīn 山堙 yīn 谷。

听说掾 yuàn 曹要推行爰 yuán 田,毁堤垸 yuàn,建城垣 yuán,男人们立即放下纸鸢 yuān,女人放下箢 yuān 箕,都聚来反对。

爸爸:很好。今天我们重点学与铜同音或近音的字。与铜同音的有正形声字:茼 tóng 酮 tóng 砼 tóng 潼 tóng 僮 tóng,zhuàng;非形声字:佟 tóng。

茼,茼蒿,一年生或二年生草本植物,茎叶嫩时可食。

酮,有机化合物的一类,是一个羰 tāng 基和两个烃 tīng 基连接而成的化合物。

砼,该字的创造者是著名结构学家蔡方荫教授,他用"人工石"三字构形会意代替"混凝土",从此,"砼"被广泛采用。

僮,封建时代受奴役的未成年人:书僮。《三国演义》:"若聚五家僮仆,可得千余人。"

女儿:潼,潼关,关名,在陕西省东部;地名,在陕西省东部。《三刻拍案惊奇》:"潼关烽火彻甘泉,由来倾国遗恨在婵娟。"

爸爸:佟,姓:佟寿。

与铜近音的有正形声字:嗵 tōng,象声词。《乾隆皇帝》:"我夜里常做恶梦,醒来还吓得心里嗵嗵直跳。"

女儿:有读痛的非形声字:恸 tòng,极悲哀,大哭:恸哭。《三国演义》:"孔明祭毕,伏地大哭,泪如涌泉,哀恸不已。"

爸爸:僮,另读 zhuàng,僮族,我国少数民族,今改作"壮族"。

与其同音的有非形声字：戅 zhuàng，刚直：戅直。另读杠 gàng，傻，愣，鲁莽：戅头戅脑。《后汉演义》："臣自知愚戅，谨冒死上陈。"

与其近音的有非形声字：罡 gāng，天罡，古星名，即北斗七星的柄。罡风，道教称高空的风，现有时指强劲的风。《三国演义》："罡星在西方，太白临于此地，当有不吉之事，切宜慎之。"

上次"个个见了开口笑"的谜底是什么？

女儿：应该是吞。

爸爸：对。与吞同音的有非形声字：暾 tūn，暾暾，形容日光明亮温暖，火光炽 chì 盛。刚升起的太阳：朝暾。韩邦庆《海上花列传》："那时宿雨初晴，朝暾耀眼，正是清和天气。"

与吞近音的有读屯的正形声字：鲀 tún 饨 tún。

鲀，鱼名，种类很多，一般血液和内脏有剧毒。蒋华子《春晚谣》："汀洲三月杨花飞，河鲀出水江鲚 jì 肥。"

女儿：饨，馄饨，一种用薄面片包上馅做成的食品。

爸爸："打破框框，疏通才路"的谜底是什么？

女儿：团。

爸爸：对。与团同音的有非形声字：抟 tuán，把东西揉弄成球形：抟纸团。凭借。《三国演义》："吊君弱冠，万里鹏抟；定建霸业，割据江南。"

与团近音的有非形声字：疃 tuǎn，禽兽践踏的地方。村庄，多用于地名：白家疃，在北京市。《七侠五义》："自从他父子如此，人人把个下家疃改成'扁加团'了。"

有非形声字：湍 tuān，急流，急流的水：湍急。《林公案》："上游高峻，下游特低，故水势非常湍急。"

今天的谜面有两个：一是"半数抽股"，二是"冬天患了病，总感特别痛"。

轻松成为"字多星"

第一百一十二课　铁 tiě

爸爸：先交作业。

女儿：佟 tóng 先生失声恸 tòng 恸哭。

他就像天罡 gāng 星下凡，行事戆 gàng 头戆脑。

朝暾 tūn 耀眼，水势湍 tuān 急，白家疃 tuǎn 上空雄鹰抟 tuán 翼。

爸爸：可以。今天我们重点学与铁同音或近音的字。与铁同音的生字不多，与铁近音的有读贴的正形声字：萜 tiē，有机化合物的一类，多为有香味的液体，松节油、薄荷油等都是含萜的化合物。

非形声字：饕 tiē，贪，贪食。贪财为饕，贪食为餮。《大唐狄公案》："柳大人一不饮酒饕餮，二不贪货爱财，学养贯素，持身清正。"

读题的非形声字：缇 tí 鳀 tí 醍 tí，tǐ 鹈 tí 绨 tí，tì 荑 tí，yí。

缇，橘红色：缇衣。《元史演义》："诏旨不得不下，饬 chì 缇骑至四川，逮问世延。"

鳀，鳀鱼，体长十余厘米，银灰色，生活在海中。《搜神记》："子路引之，没手仆于地。乃是大鳀鱼也。长九尺余。"意思就是：子路便伸手去拉它，手全都伸了进去，那人便倒在地上，竟是一条大鳀鱼，长九尺多。

女儿：传说中的鳀鱼精？

爸爸：对。醍，醍醐，古代指从牛奶中提炼出来的酥油，佛教喻最高的佛法，如"醍醐灌顶"。《儒林外史》："少卿妙论，令我闻之如饮醍醐。"另读 tǐ，较清的浅红色酒。

鹈，鹈鹕 hú，水鸟，喜群居，捕食鱼类。苏轼《画鱼歌》："渔人养鱼如养雏，插竿冠笠惊鹈鹕。"

绨，光滑厚实的丝织品：绨袍。另读 tì，比绸子厚实而粗糙的纺织品,用丝做经,用棉线做纬:线绨。《前汉演义》:"安世持身节俭,身衣弋绨,妻虽贵显,常自纺绩。"

荑,茅草的嫩芽。柔荑:草木嫩芽,用来比喻女性的手。《后汉演义》:"布见她一双柔荑,已是销魂,再睁眼看那芳容,真个国色天姿。"另读 yí,割除田里的野草,引申为削平:芟 shān 荑。

女儿:还有吗?

爸爸:有读梯的非形声字:锑 tī,一种金属元素。

读替的非形声字:悌 tì 逖 tì 倜 tì 嚏 tì。

悌,敬爱哥哥,引申为顺从长上:孝悌。《雍正皇帝》:"皇上您全孝全悌,为臣子时,竭忠尽智以辅佐太子;为君王时,则又善保安养他。"

逖,远。王方庆《魏郑公谏录》:"盖闻主圣于上,臣忠于下,非圣无以纳忠,非忠无以感圣。逖观前载,罔弗由兹。"

女儿:倜,倜傥,洒脱,不拘束。《儒林外史》:"老弟,许久不见,风采益发倜傥。"

爸爸:嚏,喷嚏,鼻黏膜受到刺激而引起的一种猛烈带声的喷气现象。《雍正剑侠图》:"时间不大,听见里边打了两个喷嚏,就知道成功啦。"

上次"半数抽股"的谜底是什么?

女儿:投。

爸爸:正确。与投同音的有非形声字:骰 tóu,骰子,骨制的赌具,俗称"色子"。《大唐狄公案》:"观前那破旧的木棚下聚着一堆衣衫褴褛的赌徒在掷骰子。"

另一个谜底是什么?

女儿:"冬天患了病,总感特别痛"的谜底是疼。

爸爸:对。与疼同音的有非形声字:滕 téng,水向上腾涌。中国周代诸侯国名,在今山东省滕州市一带。姓。王勃《滕王阁诗》:"滕王高阁临江渚,佩玉鸣鸾罢歌舞。"

与疼近音的有非形声字:熥 tēng,把熟的食物蒸热。

轻松成为"字多星"

第一百一十三课　锡 xī

爸爸：先交作业。
女儿：即使再饕餮 tiè，也不能食䭴 tiē 吃铁 tiě。
她身着缇 tí 衣绨 tí 袍，用柔荑 tí 喂鹈 tí 鹕，用鳀 tí 鱼炼醍 tí 醐。
祖逖 tì 风流倜 tì 傥，孝悌 tì 兄长，但一接触到锑 tī，就会打喷嚏 tì。
低头掷骰 tóu 子。
滕 téng 王阁上烚 tēng 红薯。

爸爸：通过。今天我们重点学与锡同音或近音的字。与锡同音的有非形声字：兮 xī 奚 xī 醯 xī 翕 xī；正形声字：樨 xī 螅 xī 汐 xī 窸 xī。

兮，文言助词，相当于现代的"啊"或"呀"。荆轲《易水歌》："风萧萧兮易水寒，壮士一去兮不复还。"

奚，古代指被役使的人：奚奴。文言疑问代词，相当于"胡""何"。奚落，讥诮 qiào；讽刺。《醒世恒言》："况杀百命不足供君一膳，鬻 yù 万鸟不能致君之富，奚不别为生业？"

醯，醋。《阅微草堂笔记》："湛然净绿，莹澈如琉璃，兰气扑鼻，用以代醯，香沁齿颊，半日后尚留余味。"

翕，合，聚，和顺：翕动。《元史演义》："并续开经筵，慎选儒臣进讲，中外翕然，称为贤相。"

樨，木樨，常绿小乔木或灌木，开白色或暗黄色小花，有特殊的香气，通称"桂花"。《南村辍耕录》："前芙蓉，后木樨。玉质亭，梅绕之。"

螅，水螅，腔肠动物，身体圆筒形，褐色，口周围有触手，附在水沟中的水草或枯叶上。威廉·霍顿《海边漫步》:"它们名叫水螅虫或珊瑚虫。这儿有段大些的,看,多美丽的东西啊!"

汐,夜间的海潮:潮汐。钟毓龙《上古秘史》:"群龙及各种大动物均由此进出,便是潮汐涨落。"

女儿:窸,窸窣,象声词,形容摩擦等轻微细小的声音。《乾隆皇帝》:"阿桂欠身坐下,从怀中取出一张纸,窸窸窣窣展开。"

爸爸:与锡近音的有读喜的非形声字:玺 xǐ 葸 xǐ 铣 xǐ,xiǎn;正形声字:禧 xǐ 屣 xǐ。

玺,印,自秦代以后专指帝王的印:玉玺。《三国演义》:"卓叱左右扶帝下殿,解其玺绶,北面长跪,称臣听命。"

葸,害怕,畏惧:畏葸不前。《民国演义》:"倘再退缩畏葸,贻误戎机,军法俱在,懔 lǐn 之慎之!"

铣,一种用圆形能旋转的多刃刀具切削金属的专用设备,称"铣床"。在铣床上加工金属工件:铣削。另读 xiǎn,有光泽的金属:铣铁。

女儿:禧,福,吉祥:年禧。喜庆:禧贺。新禧。《康熙大帝》:"今日李大人荣升志禧,又全家团圆,双喜临门。"

爸爸:屣,鞋:敝屣。《隋唐演义》:"安能如大英雄,看得富贵功名,犹如敝屣。"

有读细的非形声字:舄 xì 饩 xì 郤 xì 阋 xì 禊 xì;正形声字:潟 xì。

舄,鞋。《醒世恒言》:"腰系黄绦,足穿朱舄,手中执着如意,有神游八极之表。"

饩,古代祭祀或馈赠用的活牲畜。赠送人的粮食或饲料。廪饩,供给粮食之类的生活物资。《东周列国志》:"庄公抚慰一番,仍令冯住居馆舍,厚其廪饩。"

郤,古地名,在今山西省沁水下游一带。隔阂。《史记·项羽本纪》:"今者有小人之言,令将军与臣有郤。"

阋,争吵:阋墙,引申为内部不和。《民国演义》:"名为政见,实为意见,名为救国,实为祸国,于是阋墙煮豆,一发难收。"

禊,古代春秋两季在水边举行的清除不祥的祭祀:修禊。《兰亭序》:"暮春之初,修禊事也。"

潟,咸水浸渍的土地:潟卤 lǔ。《史记》:"故太公望封于营丘,地潟卤,人民寡,于是太公劝其女功,极技巧,通鱼盐。"

今天的谜面一是"一头小牛个子低,站着只有一尺一",二是"先后上沙场"。

十七、五味篇

第一百一十四课　甜 tián

爸爸：先交作业。

女儿：受此奚 xī 落鼻翕 xī 张,且把醯 xī 兮 xī 全喝光。

用铣 xǐ 床铣削玉玺 xǐ,后果的确令人畏葸 xǐ。

古人为防止兄弟因舄 xì 袜、廪饩 xì 等小事生郤 xì,滋生阋 xì 墙煮豆之祸,常在水边修禊 xì 祭祀。

爸爸：可以。今天我们重点学与甜同音或近音的字。与甜同音的有非形声字：闐 tián;正形声字：湉 tián 畋 tián。

闐,充满:宾客闐门。《醒世恒言》:"只见人烟辏 còu 集,语话喧闐,甚是热闹。"

湉,湉湉,形容水面平静。王安石《禁直》:"翠木交阴覆两檐,夜天如水碧湉湉。"

畋,打猎。《元史演义》:"不事游畋,不喜征伐,不崇货利,可谓元代守文令主。"

与甜近音的有读舔的非形声字：忝 tiǎn 殄 tiǎn 腆 tiǎn。

忝,辱,有愧于,常用作谦辞:忝在知交。《三国演义》:"备惧无德忝帝位。"

女儿：殄,尽,绝:殄灭。暴殄天物,任意糟蹋东西。《三国演义》:"臣愿与司马懿同领大军,径入汉中,殄灭奸党,以清边境。"

爸爸:腴,丰厚,美好。胸部或腹部挺出:腴着胸脯。《隋唐演义》:"只见杯盘罗列,水陆毕具,极其丰腴。"

上次"先后上沙场"的谜底是什么?

女儿:汤。

爸爸:对。与汤同音的有非形声字:羰 tāng;准形声字:蹚 tāng 嘡 tāng 镗 tāng,táng。

羰,羰基,是由碳酸减去氢氧原子团而成的复基。

女儿:蹚,从有水、草的地方走过去:蹚水过河。用犁、锄等把土翻开,把草锄掉:蹚地。《康熙大帝》:"酒无好酒,宴无好宴,这浑水我不蹚。"

爸爸:嘡,象声词,形容打钟、敲锣一类的声音。《小五义》:"'嘡啷啷'把剑一丢,撒腿就跑。"

镗,镗鞳 tà,钟鼓的声音或敲锣的声音。苏轼《石钟山记》:"有窾 kuǎn 坎镗鞳之声,与向之噌吰 chēng hóng 者相应,如乐作焉。"另读 táng,加工零件内孔的一种方法,镗床。

与汤近音的有读堂的正形声字:搪 táng 瑭 táng 溏 táng 樘 táng 螳 táng。

搪,挡,抵拒:搪风。支吾,敷衍 yǎn:搪塞。均匀地涂上泥或涂料:搪瓷。《郭公案》:"今生许多财帛,负债不还,反把假收票在此抵搪。"

瑭,指一种玉。常见于人名:石敬瑭。

溏,泥浆。不凝结、半流动的:溏心儿。《本草纲目》:"下半天发热恶寒,小腹急,大便溏黑。"

樘,门框或窗框:门樘。又作量词。门扇、窗扇、门框、窗框一副称一樘。如:一樘门。

女儿:螳,螳螂,昆虫,头呈三角形,前脚呈镰刀状。捕食害虫,对农业有益,俗称"刀螂"。《民国演义》:"张、李二人,能有多大本领?螳臂当车,自不量力。"

爸爸:有读淌的非形声字:<u>耥 tǎng 帑 tǎng 傥 tǎng</u>。

耥,用于水稻中耕,除草、松土的农具:耥耙。

帑,古代指收藏钱财的府库或钱财。《元史演义》:"太后亦为动容,令颁给国帑,抚恤工役家属。"

傥,洒脱不拘,不拘于俗。倜傥,洒脱;不拘束。《雍正剑侠图》:"面如冠玉,剑眉朗目,鼻直口正,大耳有轮,是一个倜傥不群的英俊青年。"

上次"一头小牛个子低,站着只有一尺一"的谜底是什么?

女儿:特。

爸爸:正确。与特同音的有非形声字:<u>忑 tè 慝 tè 忒 tè,tuī</u>。

女儿:忑,忐忑,心神不安。《西游记》:"八戒闻言,心中忐忑,默对行者道。"

爸爸:慝,奸邪,邪恶,灾害。《管子》:"如此,则国平而民无慝矣。"

忒,差错:差忒。另读推 tuī,太:风忒大。《三国演义》:"哥哥心肠忒好。虽然如此,也要准备。"

与其近音的有读退的正形声字:<u>煺 tuì</u>,宰杀的猪、鸡等用滚水烫后去掉毛:煺猪。《雍正剑侠图》:"咱们准备几十只鸡,把鸡毛给煺了,把腔开了。"

轻松成为"字多星"

第一百一十五课 酸 suān

爸爸：先交作业。

女儿：他虽宾客阗 tián 门，酒食丰腆 tiǎn，但因厌恶其暴殄 tiǎn 天物的奢侈行为，我不愿忝 tiǎn 列其间。

不管你如何倜傥 tǎng 不群，你也不能用公帑 tǎng 生产羰 tāng 基，购买耥 tǎng 耙。

每当见到贪慝 tè 的人、差忒 tè 的事，我都感到忐忑 tè 不安。

爸爸：好的。今天我们重点学与酸同音或近音的字。与酸同音的有非形声字：狻 suān，狻猊 ní，传说中的一种猛兽。《西游记》："行者见了，迎着风，把头一晃，又变作一只金眼狻猊，声如霹雳，铁额铜头。"

女儿：与酸近音的有读栓的非形声字：闩 shuān，横插在门后使门推不开的棍子。用闩插上门：闩门。《大唐狄公案》："他赶紧溜进后院，绕过马厩，拔了角门门闩，闪出身去。"

爸爸：有正形声字：刷 shuā，鸟理毛。下雨时的象声词。《雍正皇帝》："只有殿外那'刷刷'作响的雨声、雷声，不停地传进人们的耳鼓，震得人心里更不安宁。"

还有读梭的非形声字：睃 suō 羧 suō 嗍 suō 桫 suō 娑 suō 蓑 suō。

睃，斜着眼睛看。《大唐狄公案》："他恍忽见郭夫人一对深黑明亮的大眼睛正紧紧睃着自己，心中不由一慌，只感窘迫尴尬。"

羧，羧基，碳酸失去氢原子团而成的一价基。

嗍，用唇舌裹食，吮吸：嗍奶。《太平广记》："正好是中书舍人裴坦起草诏书，他忸怩嗍笔许久不肯下笔。"

桫，桫椤 luó，蕨 jué 类植物，木本，茎高而直，叶片大。梅尧臣《桫椤树》:"桫椤古树常占岁,在昔曾看北海碑。"

娑,婆娑,轻扬、松散的样子。《大唐狄公案》:"头顶松柏阴翳 yì,夭矫婆娑,本来就不明的山道顿时变得更暗淡了。"

女儿:蓑,用草或棕毛做成的防雨器具:蓑笠。《雍正皇帝》:"秋水漫岗,遮不尽碧树凋零蓑草黄!"

有读锁的非形声字:唢 suǒ,唢呐,管乐器,形状像喇叭,正面有七孔,背面一孔。《乾隆皇帝》:"忽然,远处传来唢呐笙篁 huáng 齐奏声,鞭炮开锅粥似地响成一片。"

爸爸:读虽的非形声字:睢 suī 眭 suī 荽 suī;正形声字:濉 suī。

睢,仰视:睢盱。地名,睢宁,睢县。《明史演义》:"不过上仗主宠,下剥民财,逞权威,斥忠直,暴戾恣睢已耳。"

眭,目光深注的样子。姓。刘安《淮南子》:"今人之所以眭然能视,营然能听,形体能抗,而百节可屈伸,察能分白黑、视丑美,而知能别同异、明是非者,何也? 气为之充而神为之使也。"

女儿:荽,芫 yán 荽:一年生草本植物,通称"香菜"。《儒林外史》:"古人所谓五荤者,葱、韭、芫荽之类,怎么不戒?"

爸爸:濉,濉河,水名,源出安徽省,流至江苏省入洪泽湖。罗贯中《隋唐两朝志传》:"李密掩杀败军,直出濉水之上。"

有读随的非形声字:绥 suí,安抚:绥抚。绥远。安好:顺颂台绥。《隋唐演义》:"忆昔滕王元婴,东征西讨,做下多少功业,后来为此地刺史,牧民下士,极尽抚绥。"

有读岁的非形声字:谇 suì;正形声字:燧 suì 邃 suì。

谇,责骂:谇语。《乾隆皇帝》:"大遭乾隆垢谇,被骂得狗血淋头。"

燧,上古取火的器具:燧石。古代告警的烽火:烽燧。《民国演义》:"都城以外,烽燧时惊,蒙藏边藩,相继告警。"

女儿:邃,深远:深邃。《康熙大帝》:"此地宫禁深邃,又不过分冷僻,道路环回,可藏龙卧虎,是张网捕鳌的好地方。"

爸爸:今天的谜面有两个,一是"清除污水",二是"见火就烤"。

第一百一十六课　苦 kǔ

爸爸:现在复习前面的生字。第一百一十一课?

女儿:正形声字有:茼 tóng 酮 tóng 砼 tóng 潼 tóng 僮 tóng(zhuàng)囆 tōng 魨 tún 饨 tún;

非形声字有:佟 tóng 恸 tòng 戆 zhuàng 罡 gāng 暾 tūn 抟 tuán 疃 tuǎn 湍 tuān。

爸爸:第一百一十二课?

女儿:正形声字有:萜 tiē;

非形声字有:饕 tiè 缇 tí 鳀 tí 醍 tí,tǐ 鹈 tí 绨 tí,tì 荑 tí(yí) 锑 tī 悌 tì 逖 tì 倜 tì 嚏 tì 骰 tóu 滕 téng 熥 tēng。

爸爸:第一百一十三课?

女儿:正形声字有:榸 xī 螅 xī 汐 xī 窸 xī 禧 xǐ 屣 xǐ 潟 xì;

非形声字有:兮 xī 奚 xī 醯 xī 螽 xī 玺 xǐ 葸 xǐ 铣 xǐ(xiǎn) 舄 xì 饩 xì 郄 xì 阋 xì 禊 xì。

爸爸:第一百一十四课?

女儿:正形声字有:湉 tián 畋 tián 搪 táng 瑭 táng 溏 táng 樘 táng 螳 táng 煺 tuì;

准形声字有:蹚 tāng 嘡 tāng 镗 tāng(táng);

非形声字有:阗 tián 忝 tiǎn 殄 tiǎn 腆 tiǎn 羰 tāng 耥 tǎng 帑 tǎng 傥 tǎng 忑 tè 慝 tè 忒 tè,tuī。

爸爸:第一百一十五课?

女儿:正形声字有:唰 shuā 濉 suī 燧 suì 邃 suì;

非形声字有:狻 suān 闩 shuān 唆 suō 羧 suō 嗍 suō 桫 suō 娑 suō

324

蓑 suō 唢 suǒ 眭 suī 睢 suī 荽 suī 绥 suí 谇 suì。

爸爸：很好。上次作业？

女儿：把狻 suān 猊闩 shuān 在门外。

羧 suō 基酸 suō 了一眼桫 suō 椤树下，树影婆娑 suō，有孩子嗍 suō 奶，有汉子吹唢 suǒ 呐，有老人戴蓑 suō 笠。

老眭 suī，你如再说睢 suī 宁的芫荽 suī 不如绥 suí 远的好吃，小心我谇 suì 骂你。

爸爸：难为你东拉西扯，算通过。今天我们重点学与苦同音或近音的字。与苦同音的没有，与苦近音的有读枯的非形声字：刳 kū 骷 kū。

刳，从中间破开再挖空：刳木为舟。《醒世恒言》："负心贼已被咱刳腹屠肠，今携其首在此。"

女儿：骷，骷髅，没有皮肉、毛发的全副骨骼或头骨。《红楼梦》："拿起来，向反面一照，只见一个骷髅立在里面。"

爸爸：读库的非形声字：喾 kù 绔 kù。

喾，传说中的上古帝王名。《二十四史通俗演义》："从来五帝之说，纷纷莫定。有以黄帝、颛顼 zhuān xū、帝喾、帝尧、帝舜为五帝者。"

女儿：绔，套裤。纨绔子弟，只知享受，什么事也不能干的富贵人家子弟。《大唐狄公案》："我很快便排除了官门纨绔、浪荡公子犯案的可能。"

爸爸：上次"清除污水"的谜底是什么？

女儿：简单，亏。

爸爸：对。与亏同音的非形声字：悝 kuī 岿 kuī。

悝，嘲笑，诙谐。常见于人名：李悝。张衡《东京赋》："由余以西戎孤臣，而悝缪公于宫室。"

女儿：岿，高大屹立的样子：岿然不动。《乾隆皇帝》："同朝为官的革的革、罢的罢、抄的抄、杀的杀，唯独他荣宠始终，岿然不动。"

爸爸：与亏近音的有读葵的正形声字：蝰 kuí 喹 kuí；非形声字：夔

kuí 奎 kuí 睽 kuí 睽 kuí 揆 kuí 逵 kuí 馗 kuí。

蚖,蚖蛇,一种毒蛇,生活在森林里或草地上。《大唐狄公案》:"只见一条三尺长短的赤色蚖蛇正于腐叶之上爬过,一眨眼便钻进树根处一洞中不见了。"

喹,喹啉,有机化合物,医药上做防腐剂,工业上可制染料。

夔,夔夔,敬谨恐惧的样子。古代传说中的一种龙形异兽。《荡寇志》:"身披一副连环锁子黄金甲,腰系一条镀金夔龙钩心带,前后两面青铜护心镜。"

奎,奎宁,药名,是治疗疟疾的特效药,亦称"金鸡纳霜"。

暌,隔离:暌违。《清史演义》:"南北暌隔,彼此相持,商辍于途,士露于野。"

睽,不顺,乖离。睽睽,张大眼睛注视的样子,如"众目睽睽"。《雍正皇帝》:"若是旨意里说,将把我绑赴西市,在万目睽睽之下明正典刑,我现在就磕头谢恩奉诏。"

逵,通各方的道路。荻岸散人《平山冷燕》:"长安城中,九门八逵,六街三市,有三十六条花柳巷,七十二座管弦楼。"

揆,揣测:揆度。道理,准则:千载一揆。管理,掌管:揆百事。旧称总揽政务的人,如宰相等:阁揆。《说岳全传》:"尧舜有五臣以揆持百事,而内外平成。"

女儿:馗,四通八达的大道。见于人名。钟馗,民间传说中一个专捉鬼怪的人物,旧时民间有悬挂钟馗像以驱除邪祟的风俗。

爸爸:有非形声字:傀 kuǐ 跬 kuǐ。

傀,傀儡。《民国演义》:"王士珍老成稳健,不肯再居炉火,做人傀儡。"

女儿:跬,半步。一时的,眼前的:跬誉。《聊斋志异》:"故天子一跬步,皆关民命,不可忽也。"

爸爸:有读傀的非形声字:匮 kuì 篑 kuì 愦 kuì 喟 kuì 聩 kuì。

匮,缺乏:匮乏。《荡寇志》:"不料此地城郭如此坍坏,钱粮如此匮乏。"

篑,古代盛土的筐子:功亏一篑。《民国演义》:"浮图七级,重在合尖,为山九仞,功亏一篑。"

愦,昏乱,糊涂:昏愦。《三侠五义》:"包公见别古年老昏愦,也不动怒,便叫左右撵去便了。"

女儿:喟,叹气的样子:喟然长叹。《三国演义》:"孔明喟然叹曰:'臣自出茅庐,得遇大王,相随至今,言听计从。'"

聩,聋:昏聩。《雍正皇帝》:"皇上此言,真是震聋发聩,臣听了很是感动。"

爸爸:"见火就烤"的谜底是?

女儿:考。

爸爸:对。与考同音的有正形声字:<u>栲 kǎo</u>,栲栳,常绿乔木,木材坚硬。一种用竹子或柳条编的盛东西的器具,形状像斗,亦称"笤斗"。《乾隆皇帝》:"乾隆再仔细看,只见树杈高处枝叶间隐着一个栲栳大的鸟窠 kē。"

与考近音的有非形声字:<u>尻 kāo</u>,屁股,脊骨的末端:尻骨,坐骨。《西游记》:"转上四个老猴,两个是赤尻马猴,两个是通背猿猴。"

还有读靠的正形声字:<u>㸁 kào</u>;非形声字:<u>犒 kào</u>。

㸁,用小火烧菜。例:葱㸁鱼羊鲜。

女儿:犒,用酒食或财物慰劳:犒劳。《三国演义》:"大排筵宴管待,军士都有犒赏。"

爸爸:还有读扩的非形声字:<u>蛞 kuò</u>,蛞蝓 yú,一种软体动物,俗称鼻涕虫。

今天的谜面是"无心恋爱上山游"。

第一百一十七课　辣 là

爸爸:先交作业。

女儿:帝喾 kù 曾将一个残害百姓的纨绔 kù 子弟剖 kū 腹屠肠,只剩骷 kū 髅。

李悝 kuī 面对威胁,岿 kuī 然不动。

钟馗 kuí 掌揆 kuí 百事,曾在众目睽睽 kuí 之下,把暌 kuí 违多年的李逵 kuí 用奎 kuí 宁药死夔 kuí 龙的事处理得清清楚楚。

傀 kuǐ 儡不敢擅自行动一跬 kuǐ 步。

因为皇帝年老昏愦 kuì,加上粮食匮 kuì 乏,此役功亏一篑 kuì,让人喟 kuì 然长叹,教训至今震聋发聩 kuì。

用赤尻 kāo 马猴犒 kào 劳你。

蛞 kuò 蝓昂首阔步。

爸爸:很好。今天我们重点学与辣同音或近音的字。与辣同音的有非形声字:剌 là 镴 là;正形声字:瘌 là。

剌,乖戾,违背。剌戾。另读 lá,割开,划开。《雍正剑侠图》:"嗨,我剌下肉来,你随便给。"

镴,铅和锡的合金,可以焊接金属:镴枪头。《南北史演义》:"累得心惊肉跳,始终未敢动手。原来是银样镴枪头。"

女儿:瘌,瘌痢,生在人头上的皮肤病。亦称"秃疮"。《喻世明言》:"平昔百姓中秃发瘌痢,尚然被他割头请功,况且见在战阵上拿住,那管真假,定然不饶的。"

爸爸:与辣近音的有读垃的非形声字:邋 lā,邋遢,不利落,不整洁。《大唐狄公案》:"他穿着邋遢,上衣搭褂,纽扣散解,敞着个大肚子。"

非形声字:旯 lá,旮旯,角落:犄旮旯里旮旯。偏僻之地:山旮旯。《刘墉传奇》:"大人迈步走进去,坐在旮旯那一边。"

准形声字:鞡 la,靰 wù 鞡,同"乌拉"。《乾隆皇帝》:"张若澄捧着一双靰鞡草木履,轻轻地放在地上。"

准形声字:啷 lāng,摇铃的声音:当啷。器物撞击的声音:哐啷。啷当,表示年龄的大约数。《刘墉传奇》:"哗啷啷,铁索套在脖子上,吓得那,道婆子个个把魂惊。"

有读狼的正形声字:螂 láng;非形声字:稂 láng 锒 láng。

螂,虫名,有螳螂、蟑螂等。《元史演义》:"螳螂捕蝉,不知黄雀已在其后。"

稂,害禾苗的杂草:稂莠。《三宝太监西洋记》:"门里闪出一个不稂不莠、不三不四、不上串的癞痢头来。"

女儿:锒,锒铛,囚锁犯人的铁链。《乾隆皇帝》:"一转顾间都成了铁索锒铛的阶下囚,身份犹如云泥之隔。"

爸爸:有读浪的非形声字:阆 làng 蒗 làng 莨 làng,liáng。

阆,门高的样子。没有水的城壕。阆苑,传说中神仙居住的地方,旧时诗文中常用来指宫苑。《三侠五义》:"他说里面阆苑琼楼,奇花异草,奥妙非常。"

蒗,蒗荡渠,古运河,战国以来为中原水道交通干线。《清史稿》:"秦鸿沟,汉蒗荡渠,东流曰官渡水,曰阴沟。"

莨,莨菪 dàng,多年生草本植物,种子和根茎、叶均可入药。《上古秘史》:"还有一种叫作莨菪草,它的根极像人形。"另读 liáng,薯莨,多年生草本植物,可入药。

上次"无心恋爱上山游"的谜底是什么?

女儿:峦。

爸爸:对。与峦同音的有非形声字:挛 luán 孪 luán 栾 luán 挛 luán 銮 luán 脔 luán 鸾 luán;正形声字:滦 luán。

女儿：孪,双生,一胎两个:孪生子。《大唐狄公案》:"她还有一个孪生妹子,名绯红。"

爸爸：娈,美好:娈女。《三刻拍案惊奇》:"如今世上有一种娈童,修眉曼脸,媚骨柔肠,与女争宠,这便是少年中女子。"

栾,落叶乔木。姓。月光,团聚。孟郊《惜苦》:"可惜大雅旨,意此小团栾。"

挛,手脚蜷曲不能伸开:痉 jìng 挛。《大唐狄公案》:"雷太监变了脸色,气喘吁吁,全身痉挛不止。"

銮,一种铃铛:銮铃。古代帝王的车驾上有銮铃,故亦作帝王车驾的代称:銮驾。《三国演义》:"帝不敢不从,随即上逍遥马,带宝雕弓、金鈚 pī 箭,排銮驾出城。"

脔,切成小块的肉。《元史演义》:"最宝贵的禁脔,犹令尝试,何况珍玩。"

女儿：鸾,传说凤凰一类的鸟:鸾凤。《三国演义》:"以某比之,譬犹驽马并麒麟、寒鸦配鸾凤耳。"

爸爸：滦,滦河,水名,是河北省北部的主要水源,有著名的引滦入津工程。滦州,地名。《三侠五义》:"只见白福提着灯笼,托着包袱,嘴里哼哼着唱滦州影。"

与峦近音的有读仑的正形声字:囵 lún。

女儿：囵,囫 hú 囵,完整;整个儿:囫囵吞枣。《西游记》:"恨不得囫囵吞行者,活活泼泼擒住小沙僧。"

第一百一十八课　咸 xián

爸爸：先交作业。

女儿：他举止乖剌 là,衣着邋 lā 遢,喜欢在旮旯 lá 玩镴 là 枪头。

浪 làng 荡渠旁有阆 làng 苑,长有莨 làng 菪草,误食后会稂 láng 莠不分,甚至锒 láng 铛入狱。

他见孪 luán 生弟弟沦为娈 luán 童,为了一脔 luán 肉,便效仿鸾 luán 凤,身挂銮 luán 铃在栾 luán 树下跳舞,气得他浑身痉挛 luán。

爸爸：有点意思。今天我们重点学与咸同音或近音的字。与咸同音的有正形声字：娴 xián 鹇 xián 痫 xián；非形声字：挦 xián 舷 xián 涎 xián。

女儿：娴,熟练：娴于辞令。文雅：娴丽。《三国演义》："二人弓马熟娴,武艺精通。"

爸爸：鹇,白鹇,鸟,尾长,是有名的观赏鸟。《乾隆皇帝》："穿着八蟒五爪袍子白鹇补服,黑红脸膛上一双三角眼,瞳仁黑得乌亮。"

痫,癫痫,俗称羊癫风。《包公案》："你儿子莫非原有疯痫疾否？"

挦,扯,拔毛发：挦鸡毛。摘取：挦字摘句。《西游记》："抱腿的抱腿,扯腰的扯腰,抓眼的抓眼,挦毛的挦毛。"

女儿：舷,船、飞机等的左右两侧：舷窗。《乾隆皇帝》："排浪一层层带着细碎琳琅美玉相撞的声音,在长啸一样的江涛中,轻轻击拍着船舷。"

涎,唾沫,口水：垂涎三尺。《康熙大帝》："这里的叫卖和北京就不一样,倒引得人馋涎欲滴哩。"

爸爸：与咸近音的有读仙的正形声字：酰 xiān；非形声字：籼 xiān

氙 xiān 暹 xiān 跹 xiān 祆 xiān 锨 xiān。

酰,无机或有机含氧酸除去羟基后所余下的原子团。

女儿:籼,籼稻,水稻的一种,米粒细而长。《醒世恒言》:"遂籴 dí 了六十多担籼米,载到杭州出脱。"

爸爸:氙,一种气体元素,无色无臭无味,不易与其他元素化合。

暹,太阳升起。暹罗,泰国的旧称。《元史演义》:"所有印度、暹罗及南洋群岛诸部落,亦闻风入贡,元威算遍及西南了。"

女儿:跹,翩 piān 跹,形容轻快地跳舞。《红楼梦》:"早见那边走出一个人来,蹁跹袅娜,端的与人不同。"

爸爸:祆,祆教,拜火教。《后汉演义》:"臣闻和气应于有德,祆异生乎失政。"

锨,铲东西用的一种工具:铁锨。《康熙侠义传》:"小童儿手拿铁锨,正在那里要挖锅腔儿。"

有读显的非形声字:蚬 xiǎn 狝 xiǎn 燹 xiǎn;准形声字:跣 xiǎn 冼 xiǎn 藓 xiǎn。

蚬,软体动物,栖淡水软泥中,肉可食。《三刻拍案惊奇》:"白蛤 gé 为前队,黄蚬作左冲。"

狝,狝狁 yǔn,我国古代北方的民族,战国后称"匈奴"。诗经《采薇》:"靡家靡 mí 室,狝狁之故。不遑 huáng 启居,狝狁之故。"

燹,野火。多指兵乱中纵火焚烧:兵燹。《二十年目睹之怪现状》:"安庆虽是个省城,然而兵燹之后,元气未复。"

跣,光着脚,不穿鞋袜:跣足。《元史演义》:"可怜这两人蓬头跣足,熬受苦刑,结果是屈打成招。"

女儿:冼,姓:冼星海。

藓,苔藓植物的一纲,常生在阴湿地方。《乾隆皇帝》:"满院寂静花树葱茏,日影透过不算茂密的树干枝桠嫩叶间洒落下来,苔藓茵茵光斑错落。"

爸爸：有读现的非形声字：<u>岘 xiàn 霰 xiàn 苋 xiàn</u>。

岘，岘山，山名，在湖北省。小而高的山岭。《三国演义》："古岘相连紫翠堆，士元有宅傍山隈 wēi。"

霰，在高空中的水蒸气遇到冷空气凝结成的小冰粒，多在下雪前或下雪时出现。霰弹，炮弹的一种，内装黑色炸药和小铅球、钢球，亦称"子母弹"。《乾隆皇帝》："从热河吹过来的霰雾，袅袅如缕，湿气在草上凝成露水。"

女儿：苋，苋菜，一年生草本植物，茎和叶可食。《乾隆皇帝》："见小女儿托着一大篮马齿苋回来，自过了西壁下找火烧水，一边择菜一边热剩饭。"

十八、五行篇

第一百一十九课　木 mù

爸爸：先交作业。

女儿：船家靠着船舷 xián 捋 xián 鸡毛，让人馋涎 xián 欲滴。

袄 xiān 教崇拜氙 xiān 气，喜欢拿着一把铁锨 xiān 翩跹 xiān 起舞，爱吃暹 xiān 罗产的籼 xiān 米。

猃 xiǎn 狁人常燹 xiǎn 烤蚬 xiǎn 子。

岘 xiàn 山常有雾霰 xiàn，马齿苋 xiàn 特好吃。

爸爸：编的不错。金在五金篇中我们已经学过。今天我们重点学与木同音或近音的字。与木同音的非形声字：仫 mù；正形声字：苜 mù 钼 mù。

仫，仫佬族，我国少数民族，分布于广西壮族自治区。

苜，苜蓿，多年生草本植物，可以喂牲口，做肥料。李商隐《九日》："不学汉臣栽苜蓿，空教楚客咏江蓠。"

女儿：钼，一种金属元素。

爸爸：与木近音的有准形声字：氆 mú，氆子，西藏地区产的一种毛织品。罗贯中《残唐五代史演义》："只见景思跨马如氆，从山坡后跑将出来。"

准形声字：哞 mōu，象声词，牛叫的声音。《夜谭随录》："纵使能歌舞，亦不过哞哞作牛鸣，得得效驴跳。"

读谋的正形声字：鍪 móu 侔 móu 眸 móu；非形声字：牟 móu。

鍪，兜鍪，古代打仗时戴的盔 kuī。古代的一种锅。《三国演义》："策手快，掣了太史慈背上的短戟，慈亦掣了策头上的兜鍪。"

侔，相等，齐：相侔。无垢道人《八仙得道》："祖师救人救世，立德立言，功盖宇宙，道侔帝天。"

女儿：眸，眼中瞳 tóng 人，泛指眼睛：明眸皓齿。《三国演义》："自幼能筹画，多谋善用兵。凝眸知地理，仰面识天文。"

爸爸：牟，取，谋求：牟利。姓。《阅微草堂笔记》："彼则惟知牟利，依草附木，怙 hù 势作威。"另读 mù，牟平，地名，在山东省。

还有姥 mú，年老的妇女。另读 lǎo，姥姥，外祖母。《隋唐演义》："我少时没了母亲，见这姥姥，真与我母亲一般。"

与其近音的有读劳的非形声字：醪 láo；正形声字：痨 láo 崂 láo。

醪，浊酒。醇酒。《隋唐演义》："咬金心中欢喜，放开酒量，杯杯满，盏盏干，不知是家酿香醪，十分酒力。"

痨，中医指积劳损削之病：五痨。结核病的俗称：肺痨。《三侠五义》："若不早治，恐入痨症。必须将病源说明，方好用药。"

女儿：崂，崂山，山名，在山东省。《大唐狄公案》："我曾从崂山老道那儿学得这个禁魔真咒，任何妖魔鬼怪都无法近得你身！"

爸爸：有读老的正形声字：栳 lǎo 铑 lǎo 佬 lǎo。

栳，栲栳，用柳条编成的容器，形状像斗。也叫笆斗。《乾隆皇帝》："一溜三开间的门面翘角檐下吊着五盏栲栳大的红灯笼。"

铑，一种金属元素，质坚硬。

女儿：佬，成年的人：阔佬。《大唐狄公案》："只知演戏卖艺，从不为捧场的阔佬财主献媚，更不会去卖身。"

爸爸：有读涝的准形声字：耢 lào，用荆条等编成的一种农具，长方形，用来平整土地。例：他用耢平整麦地。

今天的谜面是：这个战士去参战，左腿受伤已折断。

335

轻松成为"字多星"

第一百二十课　水 shuǐ

爸爸：先交作业。

女儿：仫 mù 佬族种苜蓿牟 móu 利。

家酿香醪 láo，能治肺痨。

爸爸：你这是信口开河，算你通过。今天我们重点学与水同音或近音的字。与水近音的有读税的非形声字：帨 shuì，佩巾。用巾擦手。《二刻拍案惊奇》："飘摇纸带，尽写着梵字金言；绰 chuò 约冥童，对捧着银盆绣帨。"

读吮的非形声字：楯 shǔn，指阑 lán 干：楯轩。另读 dùn，同"盾"。《后汉演义》："绍令部将麹 qū 义，领精兵八百人，左挟楯，右挟弓，作为前驱。"

女儿：还有读顺的非形声字：舜 shùn，传说中的上古帝王：尧舜。《三国演义》："昔舜母梦玉雀入怀而生舜。今得铜雀，亦吉祥之兆也。"

爸爸：上次"这个战士去参战，左腿受伤已折断"的谜底是什么？

女儿：乒。

爸爸：对。与乒同音的有非形声字：雱 pāng；准形声字：滂 pāng。

雱，雨雪下得很大的样子。孔颖达《毛诗正义》："北风其凉，雨雪其雱。兴也。北风，寒凉之风。雱，盛貌。"

女儿：滂，形容水涌出：滂沱。《三国演义》："行了数日，忽值大雨滂沱，行装尽湿。"

爸爸：与其近音的有读旁的非形声字：逄 páng 彷 páng。

逄，姓。逄逄，拟声词。苏轼《满庭芳》："歌舞断，行人未起，船鼓已逄逄。"

女儿：彷，彷徨，犹疑不决，不知道往哪里走好。《康熙大帝》："老九也和他一样，彷徨四顾，六神无主。"

爸爸：有准形声字：<u>耪 pǎng</u>，用锄翻松土地：耪地。《雍正剑侠图》："念书不讲等于种地不耪；练武不拆招，等于没有学！"

今天的谜面是：聊斋。

轻松成为"字多星"

第一百二十一课　火 huǒ

爸爸：现在复习前面的生字。第一百一十六课？

女儿：正形声字有：蝰 kuí 喹 kuí 栲 kǎo 燺 kào；

非形声字有：刳 kū 骷 kū 窟 kù 绔 kù 悝 kuī 岿 kuī 夔 kuí 奎 kuí 睽 kuí 暌 kuí 揆 kuí 逵 kuí 馗 kuí 傀 kuǐ 跬 kuǐ 匮 kuì 篑 kuì 愦 kuì 喟 kuì 聩 kuì 尻 kāo 犒 kào 蛞 kuò。

爸爸：第一百一十七课？

女儿：正形声字有：瘌 là 螂 láng 滦 luán 囵 lún；

准形声字有：鞡 la 啷 lāng；

非形声字有：剌 là 镴 là 邋 lā 旯 lá 稂 láng 锒 láng 阆 làng 浪 làng 莨 làng(liáng) 孪 luán 娈 luán 栾 luán 挛 luán 銮 luán 脔 luán 鸾 luán。

爸爸：第一百一十八课？

女儿：正形声字有：娴 xián 鹇 xián 痫 xián 酰 xiān；

准形声字有：跣 xiǎn 冼 xiǎn 薛 xiǎn；

非形声字有：挦 xián 舷 xián 涎 xián 籼 xiān 氙 xiān 暹 xiān 跹 xiān 祅 xiān 锨 xiān 蚬 xiǎn 狝 xiǎn 燹 xiǎn 岘 xiàn 霰 xiàn 苋 xiàn。

爸爸：第一百一十九课？

女儿：正形声字有：苜 mù 钼 mù 鍪 móu 侔 móu 眸 móu 痨 láo 崂 láo 栳 lǎo 铑 lǎo 佬 lǎo；

准形声字有：毪 mú 哞 mōu 耢 lào；

非形声字有：仫 mù 牟 móu 醪 láo。

爸爸：第一百二十课？

女儿：准形声字有：滂 pāng 耪 pǎng；

非形声字有:悦 shuì 楯 shǔn 舜 shùn 霶 pāng 逄 páng 彷 páng。

爸爸:很好。上次作业?

女儿:制做帨 shuì 巾不用纳税。

舜 shùn 喜欢靠着楯 shǔn 轩唱歌。

雨雪霶霶 pāng,老逄 páng 彷 páng 徨。

爸爸:可以。今天我们重点学与火同音或近音的字。与火近音的有非形声字:耠 huō 嚯 huō。

耠,一种翻土使松的农具,可以代替犁锄等:犁耠。用耠子翻土:他正在田里耠土。

嚯,表示惊讶。《三侠剑》:"嚯!这四条大汉,好像四大天王,一个个五大三粗,膀大腰圆,好像没毛的大山熊!"

女儿:还有吗?

爸爸:有读或的正形声字:藿 huò 嚄 huò;准形声字:攉 huō,非形声字:镬 huò 蠖 huò。

藿,藿香,多年生草本植物,茎叶香气很浓,可入药。《康熙侠义传》:"虽处寂寥之滨,而心中快乐,甘藜藿之食,物外逍遥,荣辱不惊,无观祸害。"

嚄,象声词:他嚄地站起身。叹词,表示赞叹或惊讶。《雍正剑侠图》:"嚄!这气势儿是不小啊!"

攉,把堆在一起的东西铲起来掀到一边去:攉土。牟融《谢惠剑》:"感君三尺铁,挥攉鬼神惊。"

镬,锅:镬盖。古代的大锅:鼎镬。《元史演义》:"这等罪犯,一刀两段,还是给他便宜,快去拿鼎镬来,烹杀了他!"

蠖,尺蠖,蛾的幼虫,生长在树上,行动时身体一屈一伸地前进,是害虫。《三侠五义》:"这宗东西叫尸龟,仿佛金头虫儿,尾巴上发亮,有蠖虫大小。"

上次的谜语猜得怎样?

女儿:"聊斋"的谜底应该是魂。

爸爸:对。与魂同音的有非形声字:珲 hún,huī 馄 hún。

珲,珲春,地名,在吉林省。水名,在吉林省。另读灰 huī,瑷 ài 珲,地名,在黑龙江。今作爱辉。

女儿:馄,馄饨,一种用薄面片包上馅做成的食品。《乾隆皇帝》:"馄饨——热的,一碗保您全身暖,两碗管教一身汗哪哎……"

爸爸:与魂近音的有读昏的正形声字:阍 hūn,宫门:叩阍。守门,守门人:阍者。《大唐狄公案》:"一手钳住了那司阍的管家的脖颈,一手抽出绳索将他严实地捆翻了,扔在地上。"

有读混的非形声字:溷 hùn 诨 hùn。

溷,肮脏,混浊。厕所,猪圈。溷人,糊涂人。《醒世恒言》:"今日如何还容得你在此,便可速回,无得溷我洞府!"

女儿:诨,开玩笑,诙谐可笑的话:诨话。《儒林外史》:"鲍廷玺 xǐ 在河房见了众客,口内打诨说笑。"

爸爸:今天的谜面有两个,一是"有心表态",二是"这边有刀口"。

第一百二十二课　土 tǔ

爸爸：先交作业。

女儿：他秴 huō 地发现一只鼎镬 huò，嚄 huō，里面有一个好大的尺蠖 huò。

有一个珲 hún 春溷 hùn 人，喜欢吃馄 hún 饨，说诨 hùn 话。

爸爸：还行。今天我们重点学与土同音或近音的字。与土同音的有正形声字：钍 tǔ，一种放射性金属元素，灰色，质地柔软，是潜在的核燃料。与土近音的生字以前都学过了。上次"有心表态"的谜底是什么？

女儿：简单，太。

爸爸：对。与太同音的有正形声字：肽 tài 酞 tài 钛 tài。

肽，一种有机化合物，由氨基酸脱水而成。

酞，有机化合物的一类。

女儿：钛，一种金属元素，熔点高。

爸爸：与太近音的有读抬的非形声字：薹 tái；正形声字：跆 tái 邰 tái 炱 tái 鲐 tái。

薹，多年生草本植物，生于水田。蒜、韭、油菜等长出的花茎 tíng。《乾隆皇帝》："一色的知母草，像没有抽薹的青蒜。"

跆，跆藉，践踏。魏源《圣武记》："贼阵乱，自相跆藉。"

邰，古地名，在今陕西省武功县西南。姓。《上古秘史》："第一个姓姜，名嫄 yuán，是有邰国君的女儿，性情清静专一，喜欢农桑之事。"

炱，烟气凝积而成的黑灰：煤炱。《吕氏春秋》："向者煤炱入甑 zèng 中，弃食不祥，回攫 jué 而饭之。"

鲐，鲐鱼，生活在海中，亦称"油筒鱼"。鲐背，谓老人背上生斑如鲐鱼之纹，为高寿之征，代称老人。《上古秘史》："那时这班老者个个是庞眉皓首，鲐背鲵 ní 齿，一齐排班的太学桥边迎接。"

有准形声字：呔 tǎi，指说话带外地口音。另读呆 dāi，促使对方注意的吆喝声。《济公全传》："呔！贼人休走！我二人在此等候多时！"

"这边有刀口"的谜底是什么？

女儿：迢。

爸爸：对。与迢同音的有非形声字：鬄 tiáo 蜩 tiáo 笤 tiáo。

鬄，古代小孩头上扎起来的下垂头发：垂鬄。《儒林外史》："这是我鬄年的相与了。尊大人少时，无人不敬仰是当代第一位贤公子。"

蜩，古书上指蝉。《水浒传》："依旧是销金铄铁般烈日，蜩蝉乱鸣，鸟雀藏匿。"

女儿：笤，扫除尘土的用具。《红楼梦》："他倒没生气，自己还拿笤帚扫了，拿水泼净了地，仍旧两个人很好。"

爸爸：与迢近音的有非形声字：佻 tiāo，轻薄，不庄重：轻佻。《三国演义》："而帝天资轻佻，威仪不恪，居丧慢惰；否德既彰，有忝大位。"

有非形声字：窕 tiǎo，细。有空隙。美好。《大唐狄公案》："冯玉环窈窕的身姿跳跃进了小亭，一阵风一般。如雀儿登枝，十分自在。"

有读跳的非形声字：粜 tiào 眺 tiào。

粜，卖粮食：粜米。《醒世恒言》："虽则粜米为生，一应麦豆茶酒油盐杂货，无所不备，家道颇颇得过。"

女儿：眺，望，往远处看：眺览。《雍正皇帝》："隔着舷舱远眺，只见茫茫天际，云水相连；远近水面，片帆皆无。"

爸爸：今天的谜面一是"交上边裂下边，济左边充中间"，二是"既要主动，又要大方"。

十九、五音篇

第一百二十三课　宫 gōng

爸爸：先交作业。

女儿：抬着一捆抽薹 tái 的青蒜。

窈窕 tiǎo 少女，年刚垂髫 tiáo，一边用笤 tiáo 帚拍蜩 tiáo 蝉，一边远眺 tiào 枱 tiào 米郎，并不显得轻佻 tiāo。

爸爸：说得好。今天我们重点学与宫同音或近音的字。与宫同音的有非形声字：<u>肱 gōng 觥 gōng</u>；准形声字：<u>龚 gōng</u>。

肱，胳膊由肘到肩的部分：肱骨。喻强大、得力的助手：股肱之臣。《三国演义》："瑜以凡才，荷蒙殊遇，委任腹心，统御兵马，敢不竭股肱之力，以图报效。"

觥，古代酒器：觥筹交错。《雍正皇帝》："今天晚上张灯结彩，喜气洋洋，觥筹交错，十分热闹。"

龚，姓。龚黄，典故名，为汉循吏龚遂与黄霸的并称，亦泛指循吏。白居易《郡斋暇日忆庐山草堂》："有期追永远，无政继龚黄。"

与宫近音的有读巩的准形声字：<u>珙 gǒng</u>，古代玉器，大璧。常见于人名。欧阳修《送焦千之秀才》："自吾得二生，粲粲获双珙。"珙桐，落叶乔木，亦称"空桐树"。

上次"交上边裂下边，济左边充中间"的谜底是什么？

女儿：滚。

爸爸:对。与滚同音的有非形声字:衮 gǔn 鲧 gǔn 辊 gǔn 绲 gǔn;正形声字:磙 gǔn。

衮,古代君王等的礼服:衮服。《醒世恒言》:"眉单眼细,貌美神清。身披红锦衮龙袍,腰系蓝田白玉带。"

鲧,古书上说的一种大鱼。中国上古时代神话传说人物,是大禹的父亲。《三国演义》:"愿丞相思舜帝殛 jí 鲧用禹之义,某虽死亦无恨于九泉!"

辊,机器上圆柱形能旋转的东西:辊轴。《雍正剑侠图》:"皮绊胸,皮坐垫,紫檀木的驴宙辊儿,十分神骏。"

绲,织成的带子。一种缝纫方法,沿着衣服等的边缘缝上布条、带子等:绲边。《喻世明言》:"只见一个汉,浑身赤膊,一身锦片也似文字,下面熟白绢绲拽扎着,手把着个笊 zhào 篱。"

磙,用石头做成的圆柱形压、轧 yà 用的器具:石磙。《施公案》:"两手一伸,举起两个极大的石磙,前三后四,乱舞了一回,然后一齐摔下。"

上次"既要主动,又要大方"的谜底是什么?

女儿:不知道。

爸爸:国,你思考一下,对不对?

女儿:太对啦!这个谜语有水平。

爸爸:与国同音的有非形声字:虢 guó;正形声字:帼 guó。

虢,周代诸侯国名。《三国演义》:"今先定西蜀,乘顺流之势,水陆并进,并吞东吴;此灭虢取虞 yú 之道也。"

女儿:帼,古代妇女的头巾、帕:巾帼英雄。《醒世恒言》:"衣冠未必皆男子,巾帼如何定妇人?"

爸爸:与国近音的有读锅的非形声字:聒 guō;正形声字:埚 guō;准形声字:蝈 guō。

聒,声音吵闹,使人厌烦:聒噪。《雍正皇帝》:"现如今外面有许多闲话,聒噪得让人心烦。"

埚,坩 gān 埚,用极耐火的材料所制的器皿或熔化罐。

女儿:蝈,蝈蝈儿,昆虫,身体绿色或褐色,翅短,腹大,善于跳跃,对植物有害。《乾隆皇帝》:"如今都晓得以宽为政,狼叼了一只羊,就敢报个'狼灾',听见蝈蝈叫,就想报个'虫灾',只图买好百姓,捞个好名声儿好升官。"

爸爸:有读果的非形声字:<u>椁 guǒ</u>;正形声字:<u>粿 guǒ 馃 guǒ</u>。

椁,套在棺材外面的大棺材:棺椁。《三国演义》:"然后令长子张苞具棺椁盛贮,令弟张绍守阆中,苞自来报先主。"

粿,米粉或面粉,米食。陈藻《元日平江作》:"草粿京团要贺年,玉融风俗不同天。"

馃,一种油炸的面食:馃子。《小五义》:"大家乱抢一回,就有拿烧饼的,也有拿馃子的。"

今天的谜面是:先报平安。

第一百二十四课　商 shāng

爸爸：先交作业。

女儿：股肱 gōng 之臣，觥 gōng 筹交错。

鲧 gǔn 穿的衮 gǔn 龙袍，是用辊 gǔn 轴绲 gǔn 边的。

虢 guó 国夫人见到棺椁 guǒ，仍聒 guō 噪不休。

爸爸：可以。今天我们重点学与商同音或近音的字。与商同音的有非形声字：殇 shāng 觞 shāng；正形声字：熵 shāng 墒 shāng。

殇，未成年而死：幼子早殇。为国战死者：国殇。《明史演义》："且因所生皇五子慈焕，及皇六七子，均先后殇逝，尤觉悲不自胜。"

觞，古代酒器：举觞称贺。欢饮，进酒：觞饮。《三国演义》："今夜奉命劫寨，请诸公各满饮一觞，努力向前。"

熵，物理学上指热能除以温度所得的商，标志热量转化为功的程度。

女儿：墒，田地里土壤的湿度：墒情。《乾隆皇帝》："四月以来雨水虽少，地里底墒不错，都奏称如若不遭风灾，夏收可望九成。"

爸爸：上次的谜底是什么？

女儿："先报平安"的谜底是抨 pēng。

爸爸：对。抨，弹劾：抨击。《两晋演义》："范宁尤抗直敢言，无论亲贵，遇有坏法乱纪，必抨击无遗。"

与抨同音的有非形声字：嘭 pēng 怦 pēng。

嘭，象声词。《雍正皇帝》："只听'嘭'的一声，立刻便烈焰冲天，刮刮杂杂、哔哔剥剥地烧了起来。"

女儿：怦，象声词，形容心跳：怦然心动。《雍正皇帝》："他想起梦中所见,心头还在怦怦地跳着。"

爸爸:与抨近音的有读朋的正形声字:堋 péng 蟚 péng 硼 péng。

堋,分水堤。射击瞄准用的土墙。杜纲《南史演义》:"领军腹大,是佳射堋。"

蟚,蟚蜞,螃蟹的一种,身体小。《南村辍耕录》:"松江之上海、杭州之海宁人皆喜食蟚蜞螯,名曰鹦哥嘴。"

女儿:硼,一种非金属元素。

爸爸:还有读碰的非形声字:椪 pèng,椪柑,柑的一种。浙江衢州是著名的椪柑之乡。

爸爸:今天专门给你讲讲巧记元素周期表各元素读音的方法。元素周期表中所列各元素的名称,大多是根据形声字构成法造出来的。"钅"为固体金属,例如铜、铑;"石"为类金属,例如硅、碳;"气"为气体,例如氧、氟;"氵"和"水"为液体,例如汞、溴。由于是形声字,元素的读音绝大多数都按声旁来发音,个别例外。

女儿:毕竟数量太多,让人头疼。

爸爸:掌握方法就容易多了,我推荐给你一个好方法,这是我从网上看到的,对记忆元素周期表很有帮助。这个有心人把元素周期表的前89种元素用谐音标出,我将它稍稍改编了一下。比如:第一周期氢氦——侵害;第二周期锂铍硼碳氮氧氟氖——鲤皮捧碳蛋养福奶;第三周期钠镁铝硅磷硫氯氩——那美女桂林留绿牙;第四周期钾钙钪钛钒铬锰——嫁给康太反革命,铁钴镍铜锌镓锗——铁姑捏痛新嫁者,砷硒溴氪——生气休克;第五周期铷锶钇锆铌——如此一告你,钼锝钌——不得了,铑钯银镉铟锡锑——老爸引哥迎西提,碲碘氙——地点仙;第六周期铯钡镧铪——(彩)色贝(壳)蓝(色)河,钽钨铼锇——但(见)乌(鸦)(引)来鹅,铱铂金汞铊铅——一铂金供他迁,铋钋砹氡——必不挨冻;第七周期钫镭锕——防雷啊! 你把谐音部分集中读一下。

女儿:侵害,鲤皮捧碳蛋养福奶,那美女桂林留绿牙,嫁给康太反革命,铁姑捏痛新嫁者,生气休克,如此一告你,不得了,老爸引哥迎西提,地点仙,(彩)色贝(壳)蓝(色)河,但(见)乌(鸦)(引)来鹅,一铂金供他迁,必不挨冻,防雷啊!

爸爸:怎么样?有点意思吧。我再略微充实一下,就是一个完整的故事,借此联想,就会很轻松地记下来了。

这个故事题目叫《侵害》:从前,有一个富裕人家,用鲤鱼皮捧碳,煮熟鸡蛋供养着有福气的奶妈,那家有个美丽的女儿叫桂林,留有绿色的牙齿,后来嫁给了一个叫康太的反革命。号称"铁姑"的小姑子不喜欢她,狠狠地捏痛了这个新嫁者,她一生气就休克了。如此一来,娘家要告你们了,不得了。老爸牵引着哥哥迎着西风提腿就跑,跑到一个地点叫仙人居。这里风景优美:彩色贝壳蓝蓝的河,但见一只乌鸦引着一群鹅,还有一所铂金房子供他们迁居,这样必定不会挨冻了,但要注意防雷啊。

女儿:真有趣。

第一百二十五课　角 jué, jiǎo

爸爸：先交作业。

女儿：今日且觞 shāng 饮，慷慨赴国殇 shāng。

见有人抨 pēng 击他家乡的椪 pèng 柑，他心跳怦 pēng 然加速，嘭 pēng 地一声拍案而起。

爸爸：火气挺大的嘛，通过。今天我们重点学与角同音或近音的字。角 jué，演员，或指演员在戏剧中所扮演的人物：角色。较量，竞争：角力。古代五音之一，相当于简谱"3"。另读 jiǎo，牛、羊、鹿等头上长出的坚硬的东西：牛角。几何学指从一点引出两条直线所夹成的平面部分：角度。古代军中的一种乐器：号角。中国货币单位。

与角同音的很多。有非形声字：<u>厥 jué 玦 jué 珏 jué 矍 jué 孑 jué 抉 jué 谲 jué</u>；正形声字：<u>撅 jué 桷 jué 爝 jué 蕨 jué 橛 jué 镢 jué 獗 jué 蹶 jué</u>。

厥，气闭，昏倒：昏厥。其他的，那个的：厥父。乃，于是。《包公案》："我以美衣玉食致汝于极贵之地，何得顾恋寒儒，自丧厥生？"

玦，半环形有缺口的佩玉，古代常用以赠人表示决绝。戴于右拇指助拉弓弦之器。俗称"扳指"。《红楼梦》："便叫鸳鸯开了箱子取出祖上所遗一个汉玉玦，虽不及宝玉他那块玉石，挂在身上却也希罕。"

珏，合在一起的两块玉。常见于人名。陈昌言《赋得玉水记方流》："方珏清沙遍，纵横气色浮。"

矍，矍铄，形容年老而有精神的样子。《大唐狄公案》："鹤衣先生已至耄耋之年，满头银丝，一脸纹皱，但仍唇红齿白，器宇轩昂，一双眼睛矍铄有神。"

孑，孑 jié 孓，蚊子的幼虫，通称跟头虫。《上古秘史》："这个鸟一定

女儿：抉，剔出：抉择。《雍正皇帝》："等春榜放了，我若说得不准，你们抉了我贾士芳的眸子去！"

谲，欺诈，玩弄手段：谲诈。诡谲，奇异多变。《三国演义》："司马懿谲诈无比，孔明尚不能胜，况我兄弟乎？"

爸爸：攫，抓取：攫取。《元史演义》："次日出外了望，遥见有一只黄鹰，攫着野鹜，任情吞噬。"

桷，方形的椽子。《东周列国志》："乃重建桓宫，丹其楹，刻其桷，欲以媚亡者之灵。"

爝，火把，小火：爝火。《英烈传》："譬如爝火之余燃，尚敢与日月争光乎？"

蕨，植物的一大类，生长在森林和山野的阴湿地带。《乾隆皇帝》："不过我还是有些预备的，干蘑菇、蕨菜、萝卜干存得没处放。"

橛，小木桩：橛子。木制的马嚼子。《三侠五义》："难道人家偷驴，我还等着拔橛儿不成。"

镢，镢头，刨土的农具。《红楼梦》："宝玉一见了锹、镢、锄、犁等物，皆以为奇，不知何项所使，其名为何。"

女儿：獗，猖獗，恣意横行。失败：智术浅短，遂用猖獗。《三国演义》："刘琮孺子，听信佞 nìng 言，暗自投降，致使曹操得以猖獗。"

蹶，跌倒。挫折，失败：一蹶不振。竭尽，枯竭。《雍正皇帝》："他像一棵被雷击倒的老树，一蹶不振，再也没了力气了。"

爸爸：与角近音的有准形声字：噘 juē 撅 juē。

噘，同"撅"。翘起，如：噘嘴。《大唐狄公案》："颔 hàn 下一绺山羊胡须随下颚 è 的噘起不时抖动。"

女儿：撅，翘起：撅嘴。撅尾巴。折断：把竹竿撅折了。《大唐狄公案》："马荣性急先将铁棍从微微撅起的荷叶似的铜钟边缘插了进去。"

爸爸：今天的谜面是：布下三面包围圈。

第一百二十六课　徵 zhǐ

爸爸：现在复习前面的生字。第一百二十一课？

女儿：正形声字有：藿 huò 擭 huò 嚄 huò 阍 hūn；

非形声字有：秴 huō 嚯 huō 鑊 huò 蠖 huò 珲 hún，huī 馄 hún 溷 hùn 诨 hùn。

爸爸：第一百二十二课？

女儿：正形声字有：鈶 tǔ 肽 tài 酞 tài 钛 tài 跆 tái 邰 tái 炱 tái 鲐 tái；

准形声字有：呔 tǎi；

非形声字有：薹 tái 髫 tiáo 蜩 tiáo 筶 tiáo 佻 tiāo 窕 tiǎo 粜 tiào 眺 tiào。

爸爸：第一百二十三课？

女儿：正形声字有：磙 gǔn 幗 guó 埚 guō 粿 guǒ 馃 guǒ；

准形声字有：龚 gōng 珙 gǒng 蝈 guō；

非形声字有：肱 gōng 觥 gōng 衮 gǔn 鲧 gǔn 辊 gǔn 绲 gǔn 虢 guó 聒 guō 椁 guǒ。

爸爸：第一百二十四课？

女儿：正形声字有：墒 shāng 墒 shāng 棚 péng 蟛 péng 硼 péng；

非形声字有：殇 shāng 觞 shāng 抨 pēng 嘭 pēng 怦 pēng 椪 pèng。

爸爸：第一百二十五课？

女儿：正形声字有：攫 jué 桷 jué 爝 jué 蕨 jué 橛 jué 镢 jué 獗 jué 蹶 jué；

准形声字有:噘 juē 撅 juē;

非形声字有:厥 jué 珏 jué 玨 jué 矍 jué 孑 jué 抉 jué 谲 jué。

爸爸:很好。上次作业?

女儿:汉字波谲 jué 云诡,常让人无法抉 jué 择,那怕你是矍 jué 铄老翁,也可能被弄得昏厥 jué,比如玉玦 jué 与玉珏 jué、孑 jié 与孓 jué,是否可发一噱 jué?

爸爸:说得好。今天我们重点学与徵同音或近音的字。徵 zhǐ,古代五音之一,相当于简谱"5"。与徵同音的有正形声字:芷 zhǐ 沚 zhǐ 祉 zhǐ 枳 zhǐ。

芷,白芷,多年生草本植物,根可入药。《乾隆皇帝》:"沿扬州北上,过高邮湖,渡洪泽湖,也都是藕箭初展渔歌互答,岸芷汀兰锦鳞游泳。"

沚,水中的小块陆地。李白《古风其四十九》:"归去潇湘沚,沉吟何足悲。"

祉,福;福祉。《警世通言》:"不肖门户贫落,老叔福祉日臻 zhēn,盛衰悬绝,使人欣羡不已。"

女儿:枳,落叶灌木或小乔木,小枝多刺,果实黄绿色,味酸不可食。《喻世明言》:"若将此树移于北方,结成果木,乃名枳实,其色青而臭,其味酸而苦。"

爸爸:与徵近音的有读支的非形声字:卮 zhī 胝 zhī 衹 zhī;正形声字:栀 zhī。

卮,古代盛酒的器皿。《林公案》:"如此则漏卮可塞,银价可平,偷运可绝,烟害亦可断绝,一举而备数善。"

胝,手脚掌上的厚皮,俗称茧子。《郭公案》:"我今在家,胼手胝足,栉风沐雨力农,多少辛苦,方才讨得这口饭吃。"

衹,敬,恭敬;衹奉。《水浒传》:"所赐礼物,不敢衹受。"

女儿:栀,栀子,常绿灌木或小乔木,夏季开白花,有浓香。韩愈《山石》:"升堂坐阶新雨足,芭蕉叶大栀子肥。"

爸爸：徵，另读 zhēng，征召。征兆。《醒世恒言》："其时正是曹丕篡汉，欲收人望，遂下书徵聘。"

与其同音的有正形声字：钲 zhēng 峥 zhēng 铮 zhēng。

钲，古代的一种乐器，在行军时敲打。《元史演义》："左右列二金甲神，一悬钟，一悬钲，夜间由神人司更。"

峥，峥嵘，高峻、突出。不平凡，不寻常，如"峥峥岁月"。《隋唐演义》："见殿宇峥嵘，厅堂宏敞，不是等闲气像。"

女儿：铮，铮铮，象声词，金属撞击声。喻刚正不阿，如"铮铮铁骨"。《儒林外史》："都是我们五门四关厢里铮铮响的乡绅。"

爸爸：与其近音的有读证的准形声字：诤 zhèng，谏，照直说出人的过错，叫人改正：诤谏。《隋唐两朝志传》："以国法诛之，有何谏诤？且满朝文武众多，岂惜一韩愈哉。"

有读增的正形声字：罾 zēng 缯 zēng。

罾，古代一种用木棍或竹竿做支架的方形渔网。《荡寇志》："在渡船上望见下流头溪滩上一条大汉，在那里扳罾取鱼。"

缯，古代对丝织品的总称：缯彩。《古文观止》："昔契丹和宋，止岁输以金缯；回纥助唐，原不利其土地。"

还有读赠的准形声字：甑 zèng；非形声字：锃 zèng。

甑，古代蒸饭的一种瓦器。甑子，蒸饭用的木制桶状物，有屉 tì 而无底。《三国演义》："又城南乡民造饭，饭甑之中，忽有一小儿蒸死于内。"

女儿：锃，器物等经过擦磨或整理后闪光耀眼：锃亮。《乾隆皇帝》："又取出一个用得明光锃亮的铜烟锅，足有拳头来大，装满了烟，打着火。"

爸爸：上次的谜底是什么？

女儿："布下三面包围圈"的谜底是匝 zā。

爸爸：正确。匝，周，绕一圈。环绕，满：柳荫匝地。匝道，环行路。

《元史演义》:"武仙率兵来争,匝月间经十七战,都得胜仗。"

与匝同音的有非形声字:臢 zā;正形声字:咂 zā。

臢,腌臢。《水浒传》:"每日只说梁山泊好汉,原来只是这等腌臢草寇,何足为道!"

女儿:咂,舌头与腭接触发声,表示赞叹或羡慕:咂嘴。吸,小口儿喝:咂一口酒。《西游记》:"道士舀出一钟来,喝下口去,只情抹唇咂嘴。"

第一百二十七课　羽 yǔ

爸爸：先交作业。

女儿：他胼手胝 zhī 足衹 zhī 奉父母,从不稍碰酒卮 zhī,但对宫、商、角、徵 zhǐ、羽倒很用心。

赠给他一个锃 zèng 亮的钢制饭甑。

昔日腌臜 zā 荒芜,如今柳荫匝 zā 地。

爸爸：很好。今天我们重点学与羽同音或近音的字。与羽同音的有非形声字:庾 yǔ 圄 yǔ 龃 yǔ 铻 yǔ,wú 伛 yǔ 俣 yǔ 圉 yǔ 窳 yǔ;正形声字:瘐 yǔ。

庾,露天的谷仓:庾积。杜牧《阿房宫赋》:"钉头磷磷,多于在庾之粟粒。瓦缝参差,多于周身之帛缕。"

女儿：圄,囹圄,监狱。白居易《赠袁右丞》:"化行人无讼,囹圄千日空。"

爸爸：龃,龃 jǔ 龉,上下齿不相对应。不相投合,抵触。《后汉演义》:"君子与君子,有时为了学说不同,政见不同,却互生龃龉。"

铻,鉏 jǔ 铻,不相配合。另读 wú,锟 kūn 铻,亦作"昆吾",古剑名。《大唐狄公案》:"只是命中注定你的青锋锟铻不该为老贼的污血所染。"

伛,驼背:伛人。《聊斋志异》:"诸官赴宴所,道人伛偻出迎。"

俣,大:俣俣,魁伟的样子,常见于人名。黄庭坚《会稽竹箭为蕲春傅尉作》:"硕人俣俣舞公庭,长咏国风三叹息。"

圉,养马的地方:圉人。边陲。防御。《明史演义》:"吾与足下,东西境也,睦邻守圉,保境息民,古人所贵,吾甚慕焉。"

窳,恶劣,粗劣:窳劣。《民国演义》:"赏罚之颠倒如此,政治之窳败,可胜言哉?"

女儿:瘐,瘐死,古代指囚犯因受刑、冻饿、生病而死在监狱里。《二十年目睹之怪现状》:"那门丁熬刑不过,便瘐死了。"

爸爸:与羽近音的有读迂的准形声字:<u>纡 yū</u>,弯曲,绕弯:纡曲。行动缓慢:纡缓。《醒世恒言》:"但见稠阴夹道,曲径纡回,旁边多少旧碑,七横八竖。"

有读于的非形声字:<u>臾 yú 禺 yú 俞 yú 虞 yú 雩 yú</u>;准形声字:<u>妤 yú 狳 yú</u>;正形声字:<u>竽 yú 盂 yú 欤 yú 玙 yú 谀 yú 腴 yú 萸 yú 崳 yú 蝓 yú 揄 yú 觎 yú 嵛 yú 瑜 yú</u>。

女儿:臾,须臾,片刻,一会儿。《三国演义》:"帝惊倒,左右急救入宫,百官俱奔避。须臾,蛇不见了。"

爸爸:禺,古书中的一种猴。番 pān 禺,地名,在广东省,素有"文化之乡"的美誉。

俞,文言叹词,表示允许:俞允。安。姓。通"愉"。元稹 zhěn《后湖》:"下里得闻之,各各相俞俞。"

虞,预料:不虞。忧虑:无冻馁之虞。欺骗:尔虞我诈。《三国演义》:"小卒之言,未可深信。倘有疏虞,水陆二军尽皆休矣。"

雩,古代为求雨而举行的一种祭祀:雩禳,出雨消灾。《东周列国志》:"庄公三十一年,一冬无雨,欲行雩祭祈祷。"

妤,婕 jié 妤,汉代宫中女官名。《隋唐演义》:"当初炀帝有夫人、美人、昭仪、充华、婕妤、才人等名,安顿各宫。"

狳,犰 qiú 狳,一种哺乳动物。《上古秘史》:"这兽名叫犰狳,其鸣声就是这二字,见则蝗虫为害,是有害之兽,请杀去吧。"

女儿:竽,古代吹奏乐器,像笙,有三十六簧:滥竽充数。杜甫《后出塞五首》:"渔阳豪侠地,击鼓吹笙竽。"

爸爸:盂,盂兰盆会,每逢农历七月十五日佛教徒为超度祖先亡灵所举行的仪式。一种盛液体的器皿:痰盂。《醒世恒言》:"那人倾一盏糖水在铜盂儿里,递与那女子。"

欤,文言助词,表示疑问、感叹、反诘等语气。《三国演义》:"吾闻昔日武王伐纣,作乐象功,此亦非仁者之兵欤?"

玙,古代的一种佩玉,喻美好的人物。刘禹锡《武陵书怀五十韵》:"鸢飞入鹰隼,鱼目俪玙璠 fán。"

女儿:谀,谄媚,奉承:阿谀奉承。《三国演义》:"汝既为谄谀之臣,只可潜身缩首,苟图衣食。"

腴,腹下的肥肉。肥胖:丰腴。土地肥沃:膏腴。《三国演义》:"公尊颜充腴,以何调理而至此?"

萸,茱 zhū 萸。苏轼《浣溪沙》:"可恨相逢能几日,不知重会是何年。茱萸仔细更重看。"

爸爸:嵎,山弯曲的地方。《后汉演义》:"怎奈岭路崎岖,蛮众负嵎自固,官兵不能与敌,战辄 zhé 失利,反为所围。"

蝓,蛞 kuò 蝓,软体动物,身体像蜗牛,但没有壳,俗称"鼻涕虫"。刘基《二鬼》:"生甲必龟贝,勿生蝓与蜞。"

揄,揄扬,宣传,发扬,赞扬。拉,引。《元史演义》:"一班行尸走肉的人物,乐得揶揄数语。"

觎,觊觎,非分的希望。《雍正皇帝》:"阿其那等觊觎大位,二十年如一日地锲而不舍。"

嵛,昆嵛,山名,在山东省。李志常《长春真人西游记》:"在王重阳的教导下,丘处机和他的三个师兄马钰、谭处端、王处一等在昆嵛山、登州等地修行了两年。"

女儿:瑜,玉的光泽,喻优点:瑕瑜互见。瑜伽,调息、静坐的修行方法。《三国演义》:"倘内事不决,可问张昭;外事不决,可问周瑜。"

爸爸:还有读玉的非形声字:<u>驭 yù 昱 yù 鹆 yù 鹬 yù 阈 yù 蜮 yù 煜 yù 燠 yù 熨 yù,yùn 聿 yù 饫 yù 妪 yù 彧 yù 毓 yù 鬻 yù 蓣 yù 峪 yù</u>;正形声字:<u>煜 yù 钰 yù 堉 yù 澦 yù</u>;准形声字:<u>谕 yù</u>。

女儿：驭，驾驶马车：驾驭。统率，控制。《三国演义》："发付孟获领众自回，嘱其勤政驭下，善抚居民，勿失农务。"

爸爸：昱，日光，光明：昱昱，明亮的样子。常见于人名。范成大《新岭》："瞳瞳赤帜张，昱昱金钲上。"

鸲，鸲 qú 鹆，又叫"八哥儿"。《喻世明言》："这小鸟儿，又非鹦哥，又非鸲鹆，却会说话。"

女儿：鹬，鸟，羽毛茶褐色，嘴、脚都很长，常在水边或田野中捕吃小鱼、小虫和贝类：鹬蚌相争，渔翁得利。《民国演义》："广州英租界及上海法租界内的德国产业，为什么让与英、法？这岂不是鹬蚌相争，渔翁得利的明证吗？"

爸爸：阈，门坎。界限：视阈。《文忠集》："游圣门而入其阈，洞际天人之交。"

蜮，传说中一种在水里暗中害人的怪物：鬼蜮。《民国演义》："正当推诚布公，与天下以更新之机，何苦为此鬼蜮情形，草菅人命乎？"

煨，在带火的灰里烧熟东西：煨白薯。《儒林外史》："那些先生们说是单吃人参，又会助了虚火，往常总是合着黄连煨些汤吃，夜里睡着，才得合眼。"

燠，热：燠热。《大唐狄公案》："街上燠热得像个火炉，那匹坐骑在烈日下嘶鸣不已。"

熨，熨帖，用字、用词合适，恰当，妥帖。心情安宁、舒畅。另读 yùn，烧热后用来烫平衣服的金属器具，称"熨斗"。用烙铁、熨斗烫平：熨衣服。《江湖奇侠传》："柳迟觉得童子手到之处，和熨斗擦过一般，一股热气，直透骨髓。"

聿，文言助词，无义，用于句首或句中。古代称笔，用笔写文章。《封神演义》："你心迷酒色，荒乱国政，独不思先王克勤克俭，聿修厥德，乃受天明命。"

饫，古代家庭私宴的名称。饱食。《东汉秘史》："遂令本县厨子给食与十余万人,皆得饱饫。"

女儿:妪,年老的女人:老妪。杜甫《石壕吏》:"老妪力虽衰,请从吏夜归。急应河阳役,犹得备晨炊。"

爸爸:彧,有文采,茂盛:彧彧。常见于人名。《诗·小雅》:"疆场翼翼,黍稷彧彧。"

毓,同"育",多用于人名。《明史演义》:"然亦可以见景帝之深心,投鼠而辄忌器,纳妾而思毓麟。"

鬻,卖:鬻歌。《三国演义》:"昔黄巾造反,其原皆由十常侍卖官鬻爵,非亲不用,非仇不诛,以致天下大乱。"

菀,古同"蕴",郁结,积滞。苏轼《鸣泉思》:"鸣泉鸣泉,能使我菀结而华颠。"另读 wǎn,紫菀,多年生草本植物,叶有锯齿,根和根茎可入药。

女儿:峪,山谷,多用于地名:嘉峪关。《三国演义》:"来日再战,汝可诈败,引入山峪,出奇兵以胜之。"

爸爸:煜,照耀。《历代游记选》:"电与雷相后先,电尤奇幻,光煜煜入水中,深入丈尺。"

钰,宝物,珍宝。坚硬的金属。常见于人名:李廷钰。

坮,肥沃的土壤。常见于人名:朱载坮。

滪,滟 yǎn 滪堆,古称犹豫石,俗称燕窝石,位于瞿塘峡口,因航运障碍,于 1958 年冬被炸除。

女儿:谕,告诉,使人知道:面谕。明白,理解。《三国演义》:"商议已定,密谕军士勿得泄漏。"

爸爸:今天的谜面是:一对明月,完整无缺,落在山下,四分五裂。

二十、五脏篇

第一百二十八课　心 xīn

爸爸：先交作业。

女儿：政治窳 yǔ 败,庾 yǔ 仓空虚,上下龃龉 yǔ,左右龃铻 yǔ,伛 yǔ 偻守圄 yǔ,俣 yǔ 俣进圉圄 yǔ。

番禺 yú 俞 yú 家庄,零 yú 禳消灾,须臾 yú 大雨倾盆,化解了冻馁之虞 yú。

东汉末年,皇帝不聿 yù 修政德,视阈 yù 狭窄,卖官鬻 yù 爵,大臣难驭 yù,到处鹬 yù 蚌相争,鬼蜮 yù 横行。一日,天光昱昱 yù,燠 yù 热得像个火炉,荀彧 yù 正在煨 yù 白薯,逗鸲鹆 qúyù,邻家老妪 yù 劝他走出山峪 yù,为收拾钟灵毓 yù 秀的河山,为百姓饱饫 yù 奋力一搏。他听得十分熨 yù 帖,菀 yù 积多年的心结立刻化解。

爸爸：不错,不错。今天我们重点学与心同音或近音的字。与心同音的有非形声字：鑫 xīn 歆 xīn。

鑫,商店字号及人名常用字,取金多兴盛的意思。例：谭鑫培。

歆,喜爱,羡慕：歆羡。祭祀时神灵享受祭品、香火：歆享。《民国演义》："妒忌人未有不带歆羡者,盖妒忌多由于歆羡而生也。"

上次谜语猜得怎样？

女儿："一对明月,完整无缺,落在山下,四分五裂"的谜底是崩。

爸爸：对。与崩同音的有正形声字：嘣 bēng,象声词,形容东西跳动或爆裂声:心里嘣嘣直跳。《乾隆皇帝》:"只听那鼎'咯嘣'一声,仿佛要炸裂开似的,轻轻晃动一下,却又稳稳站住了。"

女儿:与崩近音的有非形声字:甮 béng,不用:你甮说。《乾隆皇帝》:"你甮跟我嬉皮笑脸。"

爸爸:有非形声字:琫 běng,古代刀鞘上端的装饰。《字林》:"琫,佩刀下饰也,天子以玉,诸侯以金。"

还有读泵的准形声字:镚 bèng;非形声字:甏 bèng 迸 bèng。

镚,原指清末发行的无孔的小铜币,今泛指小的硬币:钢镚儿。《乾隆皇帝》:"你还是老样子,只是胡子长了,走街上扔镚儿碰上了,你认不出我,我一眼就能认出你来!"

甏,瓮一类的器皿。惜红居士《李公案》:"见靠窗一张大炕,后半间缸、甏、筐、担,并破桌子、烂板凳,推了个历乱。"

女儿:迸,爆开,溅射:迸发。《三国演义》:"周瑜大叫一声,金疮迸裂。"

爸爸:今天的谜面是:一千口刀。

轻松成为"字多星"

第一百二十九课　肝 gān

爸爸：先交作业。

女儿：谭鑫 xīn 培被多人歆 xīn 羡。

甭 béng 管是玉琫 běng 还是陶甏 bèng，受力都会迸 bèng 裂。

爸爸：可以。今天我们重点学与肝同音或近音的字。与肝同音的有正形声字：<u>坩 gān 苷 gān 泔 gān 疳 gān 玕 gān 矸 gān 酐 gān</u>。

坩，坩埚，用来熔化金属或其他物质的器皿，能耐高热。李时珍《本草纲目》："先把丹、矾两药放在坩埚里，烧炭煅红，放冷两天，再加入石亭脂，共研为末，和米饭少许，捏成丸子，如绿豆大。"

苷，甘草。甙的别称，一类化合物。

泔，泔水，洗过米或洗碗洗菜用过的水。《乾隆皇帝》："倒出去的泔水，猪都吃醉了，满院里哼哼着乱转。"

疳，疳积，中医指小儿的肠胃病。《醒世恒言》："原来那人已有两个儿女，正害着疳膨食积病症。"

玕，琅 láng 玕，像珠子一样的美石。钟惺《夏商野史》："一见此台高耸广阔，尽饰琅玕白玉，皆络翡翠珠玑。"

矸，矸石，夹杂在煤里的石块。裴骃 yīn 等《史记三家注》："南山矸，白石烂，生不遭尧与舜禅。"

女儿：酐，酸酐，一类化合物。

爸爸：与肝近音的有读gǎn的正形声字：<u>澉 gǎn</u>；非形声字：<u>擀 gǎn</u>。

澉，澉浦，地名，在浙江省海盐县。红烧羊肉及羊肉芋艿是澉浦地区的传统名肴 yáo。

女儿：擀，用棍棒碾轧：擀面条。《乾隆皇帝》："榔头铡刀锄头镰刀……连擀面杖菜刀都用上了,滔天洪水般样涌上来。"

爸爸:有读赣的准形声字:<u>绀 gàn 旰 gàn</u>;非形声字:<u>淦 gàn</u>。

绀,红青,微带红的黑色:绀紫。《三宝太监下西洋记》:"身长九尺,面如满月,凤眼龙眉,美髯绀发,顶九气玉冠,披松罗皂服。"

旰,晚,天色晚。旰食宵衣:天晚才吃饭,天未亮就穿衣起床。《儒林外史》:"朕即祚 zuò 以来,四十余年,宵旰兢兢,不遑 huáng 暇食。"

淦,水渗入船中。起伏很大的浪。新淦,古地名。《清史演义》:"复取宜黄、崇仁、新淦等县,江西军务,渐有起色。"

女儿:还有吗?

爸爸:有读该的非形声字:<u>陔 gāi 垓 gāi 赅 gāi</u>。

陔,台阶,层次。田间的土岗子。阵陔,阵前。张九龄《呈耿广州》:"揽辔 pèi 但荒服,循陔便私第。"

垓,荒远之地,一方广大区域。界限。指战场、陆地:垓心,战地中心。《三国演义》:"并合蒋钦等三路军马,喊声震地,鼓角喧天,将关公困在垓心。"

赅,完备:言简意赅。包括,兼:以偏赅全。《明史演义》:"简而不漏,约而能赅。"

上次"一千口刀"的谜底是?

女儿:刮。

爸爸:对。与刮同音的有正形声字:<u>胍 guā</u>;非形声字:<u>栝 guā 鸹 guā</u>。

胍,有机化合物,是制药工业上的重要原料。

栝,栝楼,也作"瓜蒌",一种多年生草本植物,中医用来做镇咳祛痰药。杜纲《南史演义》:"此宰相种也。栝柏豫章,虽小已有栋梁气矣,终当任人家国事。"

女儿:鸹,老鸹,"乌鸦"的俗称。《乾隆皇帝》:"天下老鸹一般黑,有紫黑的、墨黑的、漆黑的,我算白脖儿花老鸹罢……"

爸爸：与刮近音的有读寡的非形声字：剐 guǎ，被尖锐的东西划破：剐破。封建时代一种残酷的死刑，把人的身体割成许多块：剐刑。《三国演义》："卓大怒，命牵出剖剐之。孚至死骂不绝口。"

读挂的非形声字：诖 guà，失误：诖误。《刘墉传奇》："因为他押运漕粮来到通州，遭了漕粮的诖误，把个千总丢咧。"

今天的谜面有两个：一是"半借半骗"，二是"省下一分"。

第一百三十课　脾 pí

爸爸：先交作业。

女儿：擀 gǎn 面杖搅不起淦 gàn 浪来。

阵陔 gāi 前的动员言简意赅 gāi；冲到垓 gāi 心捉主将。

他诖 guà 误失算，本想用栝 guā 楼诱捕老鸹 guā，不料反被它刮 guā 破了脸皮。

爸爸：可以。今天我们重点学与脾同音或近音的字。与脾同音的正形声字：铍 pí；非形声字：琵 pí 枇 pí 毗 pí 蚍 pí 貔 pí 蜱 pí 郫 pí 鼙 pí 罴 pí。

铍，一种金属元素，是坚硬质轻的金属之一。

女儿：琵，琵琶，弦乐器。《康熙大帝》："刀裁鬓角，刘海蓬松，眉目如画，步履轻盈，她手抱琵琶，款款地走上前来见礼。"

枇，枇杷，一种常绿乔木，其果实可食。《乾隆皇帝》："我识字不多，原来以为琵琶就是枇杷果树那两个字儿呢！"

爸爸：毗，接连：毗邻。辅助：毗佐。《东周列国志》："夫秦、晋两国，毗邻并立，势不相下，晋益强，则秦益弱矣。"

蚍，蚍蜉，大蚂蚁。《文忠集》："蚍蜉与蚁子，为物固已微。"

貔，貔子，即"黄鼬 yòu"。貔貅 xiū。《元史演义》："我看这朔漠地方，野兽虽多，恰没有绝大貔貅，若有了一头，怕不将羊儿羔儿吃个净尽！"

蜱，蜘蛛一类的动物，也叫壁虱、草别子，会传染疾病。

郫，郫都区，地名，在四川省。《二刻拍案惊奇》："在下益州成都郫县自有田宅庄房，尽可居住。"

鼙,古代军中的一种小鼓。《民国演义》:"岁月将阑,登极期日近一日,不料外面的鼙鼓声,竟动地而来。"

女儿:罴,哺乳动物,体大,肩部隆起,能爬树、游水,亦称"棕熊"。毛泽东《冬云》:"独有英雄驱虎豹,更无豪杰怕熊罴。"

爸爸:与脾近音的有读批的非形声字:<u>丕 pī 砒 pī 纰 pī,pí</u>;正形声字:邳 pī;准形声字:噼 pī。

丕,大:丕业。《西游记》:"切惟朕以凉德,嗣 sì 续丕基,事神治民,临深履薄,朝夕是惴 zhuì。"

砒,砒霜,无机化合物,剧毒。《乾隆皇帝》:"这人真是天医星下凡,连砒霜他都敢试!"

纰,布帛丝缕等破坏散开:线纰了。纰漏,因疏忽而产生的错误疏漏。《民国演义》:"其他钳束行政,播弄私权,纰缪尚多,不胜枚举。"另读 pí,在衣冠或旗帜上镶边。

女儿:邳州,地名,在江苏省徐州市。姓。《三国演义》:"不若分兵屯小沛,守邳城,为犄角之势,以防曹操。"

噼,噼啪,象声词,形容爆裂或拍打的声音。《乾隆皇帝》:"一声焦雷,震得大地簌簌发抖,噼里啪啦的冰雹已铺天盖地砸落下来。"

爸爸:有读匹的非形声字:<u>圮 pǐ 痞 pǐ</u>;准形声字:<u>癖 pǐ</u>。

圮,塌坏,倒塌。破裂,分裂。毁灭,断绝。《大唐狄公案》:"那里原来是一幢古老的园邸 dǐ,但残破荒圮早已不住人家。"

痞,中医指胸腹间气机阻塞不舒的一种自觉症状,有的仅有胀满的感觉,称"痞积"。恶棍,流氓:地痞。郭小亭《济公全传》:"余通出去,就找了些地痞光棍,有二十多位,都是不法之徒。"

女儿:癖,对事物的偏爱成为习惯:癖习。《大唐狄公案》:"然痴情男女偏有保存信物旧赠之癖,也是常事,多不足为怪。"

爸爸:有读屁的非形声字:<u>睥 pì 埤 pì 淠 pì 媲 pì</u>。

睥,睥睨 nì,眼睛斜着向旁边看,形容傲慢的样子。《后汉演义》:

"卓已得知封侯消息,便即志高气盈,睥睨一切。"

埤,埤堄 nì,城上矮墙。傅若金《登岳阳楼》:"阑干映水迥,埤堄与云连。"

淠,淠河,古称比水,在安徽省,源出大别山,流入淮河。顾祖禹《读史方舆纪要》:"又桃溪,在城东北三十里,发源于六安州之淠河,亦流入于巢湖。"

女儿:媲,并,比,匹敌:媲美。《大唐狄公案》:"天底下没有一个人可同她媲美,曾经沧海,我看轻了天下的江河湖泊。"

爸爸:还有非形声字:苤 piě,苤蓝,二年生草本植物,茎扁球形,可食。《乾隆皇帝》:"像粉丝,却透着浅黄,像苤兰丝,却又半透明。"

女儿:非形声字:瞥 piē,短时间地大略看看:瞥见。《康熙大帝》:"康熙瞥一眼鳌拜,见鳌拜一本正经地站着,嘴角挂着一丝笑意。"

爸爸:上次"半借半骗"的谜底是什么?

女儿:偏。

爸爸:对。与偏同音的有非形声字:犏 piān,犏牛,公黄牛和母牦牛交配所生的第一代杂种牛,比牦牛驯顺,比黄牛力气大。《明史》:"官兵击破之,获马一百二十,犏牛三百,牦牛九十。"

与偏近音的有非形声字:谝 piǎn,花言巧语。显示,夸耀:谝能。《荡寇志》:"儿子好谝个荫生官儿做做。"

还有非形声字:胼 pián 骈 pián 蹁 pián。

胼,胼胝 zhī,手上脚上因为劳动或运动被摩擦变硬了的皮肤。《大唐狄公案》:"倪夫人本为一胼手胝足的山野村姑,有何见识!"

骈,两马并驾一车。两物并列,成双的,对偶的:骈句。《民国演义》:"素来冷落的黎宅门口,顿时车马骈集,十分热闹起来。"

女儿:蹁,走路脚不正的样子。蹁跹,形容旋转舞蹈。《红楼梦》:"早见那边走出一个人来,蹁跹袅娜,端的与人不同。"

爸爸:"省下一分"的谜底是什么?

女儿：盼。

爸爸：对。与盼同音的有准形声字：襻 pàn；非形声字：泮 pàn 袢 pàn。

襻，扣住纽扣的套：扣襻。扣住，使分开的东西连在一起。《官场现形记》："偏偏顶襻又断了,亏得裁缝现成,立刻拿红丝线连了两针。"

泮，散，解：冰泮。泮宫。古代的学校。《醒世恒言》："正值宗师考取童生。文秀带病去赴试,便得入泮。"

袢，袷 qiā 袢，维吾尔、塔吉克等民族所穿的对襟长袍。《西游记》："只见那黑汉子,穿的是黑绿纻丝袢袄,罩一领鸦青花绫披风。"另读 fán，夏天穿的白色内衣。溽热，如：袢暑。

与盼近音的有读盘的准形声字：蟠 pán；非形声字：蹒 pán 磐 pán 爿 pán。

蟠，屈曲，环绕，盘伏：龙蟠虎踞。《三国演义》："只见一条大青蛇,从梁上飞将下来,蟠于椅上。"

爿，劈开的成片的木柴。量词，指商店、田地、工厂等：一爿商店。《大唐狄公案》："穿过赵公庙,前行没多路,向北转折便看见一爿大客店。"

女儿：蹒，蹒跚，走路一瘸 qué 一拐的样子；走路缓慢、摇摆。《乾隆皇帝》："看样子都累得要死,平平的地,人人都走得脚步蹒跚。"

磐，大石，纡回层迭的山石：磐石。《三国演义》："某有一计,令西蜀之兵不犯东吴,荆州如磐石之安。"

爸爸：今天的谜面是：引水浇菜田。

第一百三十一课　肺 fèi

爸爸:现在复习前面的生字。第一百二十六课?

女儿:正形声字有:芷 zhǐ 沚 zhǐ 祉 zhǐ 枳 zhǐ 栀 zhī 钲 zhēng 峥 zhēng 铮 zhēng 罾 zēng 缯 zēng 吨 zā;

准形声字有:诤 zhèng 甑 zèng;

非形声字有:徵 zhǐ 卮 zhī 胝 zhī 祇 zhī 锃 zèng 匝 zā 臜 zā。

爸爸:第一百二十七课?

女儿:正形声字有:瘐 yǔ 竽 yú 盂 yú 欤 yú 玙 yú 谀 yú 腴 yú 萸 yú 崳 yú 蝓 yú 揄 yú 觎 yú 嵛 yú 瑜 yú 煜 yù 钰 yù 堉 yù 澦 yù;

准形声字有:纡 yū 妤 yú 狳 yú 谕 yù;

非形声字有:庾 yǔ 圄 yǔ 龉 yǔ 铻 yǔ(wú) 伛 yǔ 俣 yǔ 圉 yǔ 窳 yǔ 臾 yú 禺 yú 俞 yú 虞 yú 雩 yú 驭 yù 昱 yù 鹆 yù 鹬 yù 阈 yù 蜮 yù 煨 yù 燠 yù 熨 yù,yùn 聿 yù 饫 yù 妪 yù 彧 yù 毓 yù 鬻 yù 蓣 yù 峪 yù。

爸爸:第一百二十八课?

女儿:正形声字有:嘣 bēng;

准形声字有:镚 bèng;

非形声字有:鑫 xīn 歆 xīn 甭 béng 琫 běng 蚌 bèng 迸 bèng。

爸爸:第一百二十九课?

女儿:正形声字有:坩 gān 苷 gān 泔 gān 疳 gān 玕 gān 矸 gān 酐 gān 澉 gǎn 胍 guā;

准形声字有:绀 gàn 旰 gàn;

非形声字有:擀 gǎn 淦 gàn 陔 gāi 垓 gāi 赅 gāi 栝 guā 鸹 guā 剐 guǎ 诖 guà。

爸爸:第一百三十课？

女儿:正形声字有:铍 pí 邳 pī;

准形声字有:噼 pī 癖 pǐ 襻 pàn 蟠 pán;

非形声字有:琵 pí 枇 pí 毗 pí 蚍 pí 貔 pí 螕 pí 郫 pí 鼙 pí 罴 pí 丕 pī 砒 pī 纰 pī,pí 圮 pǐ 痞 pǐ 睥 pì 埤 pì 渒 pì 媲 pì 苤 piě 瞥 piē 犏 piān 谝 piǎn 胼 pián 骈 pián 蹁 pián 泮 pàn 袢 pàn 蹒 pán 磐 pán 爿 pán。

爸爸:很好。上次作业？

女儿:郫 pí 县一仙人,立于枇 pí 杷树下,手弹琵 pí 琶,与其毗 pí 邻的蚍 pí 蜉螕 pí 虫纷纷毙命,貔 pí 貅熊罴 pí 也如闻鼙 pí 鼓落荒而逃。

曹丕 pī 找到曹植的纰 pī 漏后,想以砒 pī 霜害他。

他家道颓圮 pǐ 后,成了小地痞 pǐ。

他登上埤 pì 堄,远望渒 pì 河,就以为可以同泰山媲 pì 美、睥 pì 睨一切了。

他瞥 piē 了一眼那棵苤 piě 蓝。

他胼 pián 手胝足,壮得像犏 piān 牛,但骈 pián 文写得好,舞姿也很蹁 pián 跹,这绝不是瞎谝 piǎn。

他身穿破袢 pàn 袄,脚步蹒 pán 跚,以卖柴爿 pán 为生,但想入泮 pàn 读书的决心磐 pán 石一般坚定。

爸爸:你这是批发呀,很好。今天我们重点学与肺同音或近音的字。与肺同音的有非形声字:芾 fèi,fú 狒 fèi;准形声字:疿 fèi。

芾,小树干及小树叶。苏轼《和赵景贶 kuàng 栽桧》:"乃知蔽芾初,甚要封植勤。"另读伏 fú,草木茂盛。

女儿:狒,狒狒,哺乳动物,身体形状像猴,面形似狗,多产在非洲。如:《小狒狒历险记》。

疿,疿子。平江不肖生《江湖奇侠传》:"原来王二胸脯上果然是好好的,不但不见有甚么毒疮,连疿子也没有一颗。"

爸爸:与肺近音的有读非的正形声字:鲱 fēi 扉 fēi 绯 fēi 霏 fēi。

鲱,鲱鱼,亦称"青鱼"。吕熊《女仙外史》:"衬着八团紫鲱烁日逞体袍,护着一轮秋兔凝霜照胆镜。"

扉,门扇:柴扉。《醒世恒言》:"大雄殿外,彩云缭绕罩朱扉;接众堂前,瑞气氤氲笼碧瓦。"

女儿:绯,红色:绯红。《水浒传》:"上笼着一领绯红团花袍,上面垂两条绿绒缕领带。"

霏,飘扬:烟霏云敛。云气:夕霏。霏霏,雨、雪、烟、云很盛的样子。《三国演义》:"行无数里,忽然朔风凛凛,瑞雪霏霏:山如玉簇 cù,林似银妆。"

爸爸:有读肥的准形声字:腓 féi;正形声字:淝 féi。

腓,胫骨后的肉,亦称"腓肠肌",俗称"腿肚子"。《清史演义》:"江忠源率兵驰逐,途遇秀全断后军,鏖战被刺,伤腓坠马,逃免回营。"

女儿:淝,淝水,水名,在安徽省。《乾隆皇帝》:"蜀汉夷陵大战、秦晋淝水之战,都是少年将军指挥以弱胜强以少胜多。"

爸爸:有读匪的准形声字:悱 fěi 斐 fěi 榧 fěi 蜚 fěi,fēi 翡 fěi。

悱,想说可是不能够恰当地说出来:悱恻。《清史演义》:"唱得异常悱恻,居然空中应响,起了一个大霹雳,时人因称他作谭叫天。"

斐,显著,有文彩的:斐然。《大唐狄公案》:"他父亲宗法孟却是个深孚人望的君子,官声清正,政绩斐然。"

榧,常绿乔木,种子有很硬的壳,通称"香榧"。打榧子,一种手指动作,拇指贴紧中指面,用力摩擦闪开,使中指打在掌上发声。《红楼梦》:"给你个榧子吃。我都听见了。"

蜚,昆虫名,草螽。蜚蠊,即蟑螂。另读 fēi,指无根据的、无缘无故的:流言蜚语。蜚声,闻名于。《大唐狄公案》:"邵、张两大人风流儒雅,蜚声朝野,都有高明的自制。"

女儿:翡,翡翠,矿物,可做装饰品,亦称"硬玉"。《大唐狄公案》:"里面疏落有致陈列着许多古玩瓷器和西洋舶来的翡翠盘、玛瑙杯、玻璃缸。"

爸爸:上次"引水浇菜田"的谜底是什么?

女儿:藩 fān,篱笆:藩篱。封建时代称属国属地或分封的土地,借指边防重镇:藩属。《三国演义》:"渊深通韬略,善晓兵机,曹操倚之为西凉藩蔽。"

与藩同音的有正形声字:幡 fān,用竹竿等挑起来直着挂的长条形旗子。幡然,迅速而彻底地。《三国演义》:"曹操拦住,大杀一阵,斩首万余级,夺得旗幡、金鼓、马匹极多。"

爸爸:与其近音的有读凡的非形声字:樊 fán;准形声字:璠 fán 燔 fán;正形声字:蘩 fán 钒 fán。

樊,笼子:樊笼。篱笆:樊篱。陶渊明《归园田居》:"久在樊笼里,复得返自然。"

璠,美玉。玛璠,比喻美德或品德高洁的人。李白《赠别从甥高五》:"鱼目高泰山,不如一玛璠。"

燔,烤。焚烧。《三宝太监下西洋记》:"燔炙牛羊,百般海品,无不具备。"

蘩,白蒿。苹蘩,借指能遵祭祀之仪或妇职等。白居易《井底引银瓶》:"聘则为妻奔是妾,不堪主祀奉苹蘩。"

女儿:钒,一种金属元素,银白色。

爸爸:有读饭的准形声字:畈 fàn 梵 fàn。

畈,成片的田,多用于地名。《林公案》:"从汉川以下,号为汉渎 dú 尾闾 lú,向不设堤,叫作丁畈,由此而上,沔 miǎn 阳高于汉川。"

梵,关于古代印度的:梵语。《元史演义》:"自昼至暮,把阿弥陀佛及救苦救难观世音等梵语,总要念到数万声。"

有读方的正形声字:枋 fāng 钫 fāng。

枋,方柱形木材,古书上说的一种树,木材可做车。《西游记》:"只见猪八戒腆着肚子,倚在门枋上哼哩。"

钫,一种放射性元素。

还有准形声字:鲂 fáng,鲂鱼,与鳊鱼相似,银灰色,腹部隆起,生活在淡水中。李海观《歧路灯》:"那是走各大衙门的,非海参河鲂席不吃。"

读仿的准形声字:<u>昉 fǎng 舫 fǎng</u>。

昉,明亮,起始。《民国演义》:"乡举里选,昉自古制,而后世不行,良由古时选举,已多流弊,后人不得不量为变通,非好事蔑古也。"

女儿:舫,船:画舫。《大唐狄公案》:"运河上下船舫鸦轧,首尾相接。"

第一百三十二课　肾 shèn

爸爸:先交作业。

女儿:蔽芾 fèi 甘棠,狒 fèi 狒徜徉。

久在樊 fán 笼里,复得返自然。

爸爸:通过。今天我们重点学与肾同音或近音的字。与肾同音的有准形声字:瘆 shèn 胂 shèn;非形声字:蜃 shèn。

瘆,使人害怕,可怕:瘆得慌。《乾隆皇帝》:"立时岑寂下来,静得令人心里发瘆。"

胂,有机化合物的一类,大多剧毒。

女儿:蜃,蛤蜊。蜃景,亦称"海市蜃楼"。《隋唐演义》:"景像必非蜃楼海市,规模无异蓬岛瀛洲。"

爸爸:与肾近音的有读审的准形声字:哂 shěn 谂 shěn。

哂,微笑。哂纳:微笑着收下。讥笑:哂笑。《元史演义》:"这等乃无稽谰言,不值一哂。"

谂,谂熟,十分熟悉。规谏,劝告。思念。《民国演义》:"读诸公致元首电,敬谂开诚表示,共导和平,至深佩慰。"

还有非形声字:嵊 shèng,嵊山,山名,在浙江省舟山群岛。嵊州,地名,在浙江省,是越剧故乡。

二十一、六亲篇

第一百三十三课　父 fù

爸爸:先交作业。

女儿:我对嵊 shèng 山谂 shěn 熟,所谓此地有海市蜃 shèn 楼的说法,不值一哂 shěn。

爸爸:可以。今天我们重点学与父同音或近音的字。与父同音的有非形声字:<u>阜 fù 讣 fù 赙 fù</u>;正形声字:<u>鲋 fù 蝮 fù 馥 fù 驸 fù</u>。

女儿:阜,土山:高阜。盛,多,大:物阜民丰。《三国演义》:"恩化及乎四海兮,嘉物阜而民康。"

讣,报丧,报丧的通知:讣告。《三国演义》:"就葬刘表之柩于襄阳城东汉阳之原,竟不讣告刘琦与玄德。"

爸爸:赙,拿钱财帮助别人办理丧事:赙金。《明史演义》:"居正病逝,神宗震悼辍朝,遣司礼太监护丧归葬,赐赙甚厚。"

鲋,即"鲫鱼"。涸辙之鲋:喻处在困难中急待援助的人。《康熙大帝》:"我们不能做涸辙之鲋,相濡以沫,就散处江湖,翘首相望吧。"

蝮,蝮蛇,体色灰褐,头部略呈三角形,有毒牙。《后汉演义》:"遂使九州幅裂,强敌虎争,华夷鼎沸,蝮蛇塞路。"

馥,香气:馥郁,香气浓烈。《醒世恒言》:"此时月色倍明,室中照耀,如同白日。满座芳香,馥馥袭人。宾主酬酢,杯觥交杂。"

女儿:驸,驸马,原为官名,后为帝王女婿的专称。《三国演义》:"夏侯驸马素不曾经战,今付以大任,非其所宜。"

爸爸:与父近音的有读夫的准形声字:跗 fū 稃 fū;正形声字:呋 fū 跌 fū 麸 fū。

跗,脚背,足上:跗骨。花萼。杜牧《张好好诗》:"翠苗凤生尾,丹叶莲含跗。"

稃,小麦等植物的花外面包着的硬壳:内稃。《水浒传》:"我前日要籴 dí 些麦稃,一地里没籴处,人都道你屋里有。"

呋,呋喃,有机化合物。

跌,跌坐,佛教徒盘腿端坐的姿势。碑下的石座:魑 chī 首龟跌。《醒世恒言》:"秋公正在房中跌坐,忽然祥风微拂,彩云如蒸,空中音乐嘹亮。"

女儿:麸,麸子,小麦磨面过箩后剩下的皮,亦称"麸皮"。《三侠五义》:"黑驴一夜未吃麸料,信步由缰,出了东山口外,故在此处仍是啃青。"

爸爸:有读弗的非形声字:孚 fú 袚 fú 绂 fú 黻 fú 罘 fú 凫 fú 宓 fú 匐 fú 涪 fú 幞 fú;准形声字:苻 fú 蚨 fú;正形声字:氟 fú 茀 fú 怫 fú 祓 fú 服 fú 桴 fú 荸 fú 郛 fú 蜉 fú。

女儿:孚,信用。为人所信服:深孚众望。《东周列国志》:"荀林父新将中军,威信未孚于众。"

爸爸:袚,古代用斋戒沐浴等方法除灾求福,亦泛指扫除:袚除,古代除凶去垢的仪式。《二十年目睹之怪现状》:"烧路头,祀财神也,亦袚除不祥之意。"

绂,古代系印纽的丝绳,亦指官印:印绂。朱绂,古代礼服上的红色蔽膝,后多借指官服,或指做官。《聊斋志异》:"又一重门,见有王者,珠冠绣绂,南面坐。"

黻,黼 fǔ 黻,古代礼服上黑与青相间的花纹,借指爵禄,辅佐。荻岸散人《平山冷燕》:"圣人之才参赞化育,贤人之才敦立纲常,天子之才治平天下,宰相之才黼黻皇猷yóu,英雄豪杰之才斡旋事业,学士大夫之才奋力功名。"

罘,芝罘,地名,在山东省,是全国著名的海珍品基地和名优果品之乡。

凫,水鸟,俗称"野鸭"。浮游,凫水。《元史演义》:"谁料他却不慌不忙,从水中卸了军装,凫水逸去。"

宓,古同"伏","伏羲"亦作"宓羲"。另读mì,安静。姓。《大唐狄公案》:"这类江湖的女戏子舞台上忽而公主佳丽,金枝玉叶,忽而瑶台仙姬,洛女宓妃,忽而红粉英雄,巾帼女侠。"

女儿:匐,匍匐,爬,手足并行。《三侠五义》:"随着王朝来至公堂,双膝跪倒,匍匐在地。"

涪,涪江,水名,在四川省中部,注入嘉陵江。涪陵,地名,在重庆市,榨菜很有名。《三国演义》:"前寨紧靠涪江,若决动江水,前后以兵塞之,一人无可逃也。"

爸爸:幞,幞头,古代男子用的一种头巾。《儒林外史》:"应天府尹大人戴着幞头,穿着蟒袍,行过了礼,立起身来,把两把遮阳遮着脸。"

苻,即"白英",又名鬼目草。姓:苻坚。萑huán苻,泽名,后以称盗贼出没之处,盗贼;草寇。《官场现形记》:"自从到任之后,悬赏购线捕拿巨盗,久已萑苻绝迹,闾阎相安。"

蚨,青蚨,古书上说的一种虫。古代用作钱的别称。《乾隆皇帝》:"把家产抄了个底朝天,只寻得几件打了补丁的破内衣和两串青蚨。"

女儿:氟,一种气体元素,淡黄色,味臭、性毒。

爸爸:茀,道路上杂草太多,不便走。治,清除。纷乱:茀离。《大唐狄公案》:"老爷,前面路窄道茀,轿、马怕是过不得,不如步行前往,也省得一路碍手碍脚。"

怫,忿怒的样子:怫然作色。《隋唐演义》:"罗公认是秦琼心上所发,见了诗怫然不快。"

茯，茯苓，寄生在松树根上的一种块状菌类植物，可入药，亦可食。《西游记》："又叙了坐次，忽见那赤身鬼使，捧一盘茯苓膏，将五盏香汤奉上。"

菔，莱菔，萝卜。《小五义》："原来是一盘子炒咸食，一盘子青黄豆，招了点红萝菔丁儿，勾了点团粉，就叫豆儿酱。"

桴，房屋的次栋，即二栋。击鼓的槌：桴鼓相应。小竹筏或小木筏。《林公案》："公宣谕德威，缮守备，于虎门各海口，添建炮台，设木桴铁索。"

莩，芦苇秆里面的薄膜：葭莩。另读 piǎo，同"殍"。《三国演义》："是岁大荒，百姓皆食枣菜，饿莩遍野。"

郛，古代城圈外围的大城：郛郭。《元史演义》："幸徐州尚有内城，外郛虽破，内城尚可自保。"

女儿：蜉，蜉蝣，昆虫，幼虫生在水中，成虫生存期极短，交尾产卵后即死。《乾隆皇帝》："没有八王议政，凭我们几个蚍蜉，能成什么气候！"

爸爸：有读府的准形声字：拊 fǔ 釜 fǔ；正形声字：滏 fǔ 黼 fǔ 腑 fǔ。

拊，拍：拊掌大笑。《三国演义》："昔先帝败军于楚，当此之时，曹操拊手，谓天下已定。"

女儿：釜，古代的一种锅：釜底抽薪。《雍正皇帝》："他这次召诸王进京，就是要破釜沉舟，恢复八王议政制度。"

爸爸：黼，古代礼服上绣的半黑半白的花纹。黼藻，指华美的辞藻。曾巩《送郑州邵资政》："笑谈成黼藻，咳唾落琼瑰。"

滏，滏阳河，水名，在河北省。《三国演义》："可取小路，从西山出滏水口去劫曹营，必解围也。"

女儿：腑，中医学将胃、胆、三焦、膀胱、大肠、小肠合称"六腑"。《雍正皇帝》："他就觉得心头阵阵的难受，五脏六腑全像是被烈火烧着似的。"

爸爸:很好,我们再认一个,非形声字:缶 fǒu,古代一种大肚子小口儿的盛酒瓦器。《东周列国志》:"穿井者得土缶,内有羊一只,不知何物?"

今天的谜面是:休要哀离别。

轻松成为"字多星"

第一百三十四课　母 mǔ

爸爸：先交作业。

女儿：宓 fú 羲头戴幞 fú 头，珠冠绣绂 fú，为祓 fú 除匪患，在芝罘 fú 匍匐 fú，在涪 fú 江凫 fú 水，真是黼黻 fú 皇猷，深孚 fú 众望。

谁上高阜 fù 发讣 fù 告，就厚奖一缶 fǒu 赙 fù 金。

爸爸：通过。今天我们重点学与母同音或近音的字。与母同音的有正形声字：拇 mǔ；非形声字：牡 mǔ。

拇，手、脚的大指：拇指。《七侠五义》："抢了鱼不算，还把我削去四指，光光的剩下了一个大拇指头。"

女儿：牡，雄性的鸟或兽，与"牝"相对。《水浒传》："牧童樵子离庄，牝牡牛羊出圈。几缕晓霞横碧汉，一轮红日上扶桑。"

爸爸：上次"休要哀离别"的谜底是？

女儿：褒，这个谜语很有意思。

爸爸：的确是这样。与褒同音的有正形声字：龅 bāo 孢 bāo；准形声字：煲 bāo。

龅，突出唇外的牙齿：龅牙。例：美人三分龅，别逗了。

女儿：孢，孢子，某些低等动物和植物在无性繁殖或有性生殖中产生的脱离亲本后能直接或间接发育成新个体的单细胞或少数细胞组成的繁殖体。孢子植物主要包括藻类植物、菌类植物、地衣植物、苔藓植物和蕨类植物五类。

爸爸：煲，壁较陡直的锅：电饭煲。用煲煮或熬：煲粥。不题撰人《鬼神传》："先生又出一对：'屋上鳌鱼难煲难蒸难待客。'赐德对曰：'祠前狮子不行不舞不惊人。'"

与褒近音的有读保的非形声字:鸨 bǎo;正形声字:褓 bǎo 葆 bǎo。

鸨,鸟,比雁略大,不善于飞,而善于走,能涉水。指开设妓院的女人:鸨母。《大唐狄公案》:"妓馆老鸨胁逼志英卖身典押,志英抵死不从。"

女儿:褓,包裹婴儿的布或被。《雍正皇帝》:"桑成鼎抱着那卷宗,好像是抱着一个尚在襁褓中的孩子。"

葆,草茂盛的样子,草木丛生的样子。羽葆,帝王仪仗中以鸟羽联缀为饰的华盖。保持:永葆。《乾隆皇帝》:"信幡红旗导引着,又是羽葆如林,从门中涌出。"

爸爸:有读报的非形声字:趵 bào;准形声字:鲍 bào。

趵,跳跃。趵突,喷涌;奔突:趵突泉。《大唐狄公案》:"低头见刘飞波,青筋怒趵,紫涨了脸面。"

鲍,鲍鱼。姓。《雍正剑侠图》:"与小人交如进鲍鱼之肆,久而不闻其臭,则与之俱化矣。"

第一百三十五课　兄 xiōng

爸爸：先交作业。

女儿：牡 mǔ 丹不分公母。

老鸨 bǎo 发怒,青筋怒趵 bào。

爸爸：今天我们重点学与兄同音或近音的字。与兄同音的有非形声字：芎 xiōng,川芎,又称芎藭 qióng,植物名,多年生草本,叶似芹,有香气。《上古秘史》："朕听说这座山上多蘪 mí 芜、芎藭等香草,又多怪神。"

与兄近音的有读消的非形声字：枵 xiāo 枭 xiāo 鸮 xiāo 哓 xiāo 骁 xiāo;正形声字：魈 xiāo 绡 xiāo 蛸 xiāo 逍 xiāo。

枵,空虚：枵腹。《民国演义》："但用兵必先筹饷,总教兵饷有了着落,将士不致枵腹,才能效命戎行,不虑艰阻了。"

枭,一种与鸱鸺 xiū 相似的鸟。勇健：枭勇。枭雄。古代刑罚,把头割下来悬挂在木上：枭首。《三国演义》："操令将吕布缢死,然后枭首。"

鸮,鸟名,俗称猫头鹰。《前汉演义》："又见白昼多鼠,曳尾画地,庭树集鸮,恶声惊人。"

哓,哓哓,因为害怕而乱嚷乱叫的声音;争辩不止的声音,如"哓哓不休"。《民国演义》："梁士诒 yí 等本欲与辩,奈老袁已有悔意,未便哓哓力争。"

女儿：骁,好马。勇健：骁勇。《三国演义》："吕布骁勇,若更结连袁术,纵横淮、泗,急难图矣。"

爸爸：魈,山魈,猕猴的一种。传说中山里的鬼怪。《大明奇侠传》："月落深林,鬼魅妖狐结队出;夜深岭上,山魈异兽逐群来。"

女儿:绡,生丝。生丝织物:绡头,古代束发的头巾。《大唐狄公案》:"身上只穿一件杏红轻绡薄衫,下面系着水绿绉裙。"

爸爸:蛸,螵 piāo 蛸,螳螂的卵块。《三刻拍案惊奇》:"可带海螵蛸骨进去,遇差错可以擦去。"另读 shāo ,蟏蛸。

逍,逍遥,自由自在,无拘无束。《济公全传》:"得逍遥,且逍遥,逍遥之人乐陶陶。"

有读消的非形声字:崤 xiáo,崤山,山名,在河南省。《三国演义》:"长安有崤函之险;更近陇右,木石砖瓦,克日可办,宫室营造,不须月余。"

有读小的非形声字:筱 xiǎo,细竹子,亦称"箭竹"。同"小",多用于人名。李白《金门答苏秀才》:"缘溪见绿筱,隔岫窥红蕖。"

轻松成为"字多星"

第一百三十六课 弟 dì

爸爸:现在复习前面的生字。第一百三十一课?

女儿:正形声字有:鲱 fēi 扉 fēi 绯 fēi 霏 fēi 淝 féi 藩 fān 幡 fān 蘩 fán 钒 fán 枋 fāng 钫 fāng;

准形声字有:瘭 fèi 腓 féi 悱 fěi 斐 fěi 棐 fěi 蜚 fěi(fēi)翡 fěi 璠 fán 燔 fán 畈 fàn 梵 fàn 鲂 fáng 昉 fǎng 舫 fǎng;

非形声字有:芾 fèi,fú 狒 fèi 樊 fán。

爸爸:第一百三十二课?

女儿:准形声字有:瘆 shèn 胂 shèn;

非形声字有:蜃 shèn 哂 shěn 谂 shěn 嵊 shèng。

爸爸:第一百三十三课?

女儿:正形声字有:鲋 fù 蝮 fù 馥 fù 驸 fù 呋 fū 趺 fū 麸 fū 氟 fú 莩 fú 怫 fú 袱 fú 蒮 fú 枹 fú 荸 fú 稃 fú 烰 fú 黼 fǔ 腑 fǔ;

准形声字有:跗 fū 稃 fū 苻 fú 蚨 fú 拊 fǔ 釜 fǔ;

非形声字有:阜 fù 讣 fù 赙 fù 孚 fú 祓 fú 绂 fú 黻 fú 罘 fú 凫 fú 宓 fú 匐 fú 涪 fú 幞 fú 缶 fǒu。

爸爸:第一百三十四课?

女儿:正形声字有:姆 mǔ 鲍 bāo 孢 bāo 褓 bǎo 葆 bǎo;

准形声字有:煲 bāo 鲍 bào;

非形声字有:牡 mǔ 鸨 bǎo 趵 bào。

爸爸:第一百三十五课?

女儿:正形声字有:魈 xiāo 绡 xiāo 蛸 xiāo 逍 xiāo;

非形声字有:芎 xiōng 枵 xiāo 枭 xiāo 鸮 xiāo 哓 xiāo 骁 xiāo 崤

xiáo 筱 xiǎo。

爸爸:很好。上次作业？

女儿:川贝不是川芎 xiōng 的兄弟。

崤 xiáo 山筱 xiǎo 将军,一代枭 xiāo 雄,十分骁 xiāo 勇,曾枵 xiāo 腹作战,惊得庭树集鸮 xiāo,哓 xiāo 哓不休。

爸爸:很好。今天我们重点学与弟同音或近音的字。与弟同音的有非形声字:棣 dì;正形声字:娣 dì 睇 dì 碲 dì 谛 dì。

棣,棣棠,落叶灌木。同"弟",棣友,兄弟友爱。《郭公案》:"角弓外向,棠棣中枯。不念父功刻苦,惟知财利迷心。"

娣,古代称丈夫的弟妇:娣姒 sì,妯娌。《元史演义》:"面上似属通融,意中不无芥蒂。这是娣姒常态。彼此相见,免不得暗嘲热讽,冷语交侵。"

睇,斜着眼看,看:睇望。《大唐狄公案》:"心中好不喜欢,不由撩云鬓,含情凝睇康文秀,脸上飞起一层鲜艳红霞。"

碲,一种非金属元素。

女儿:谛,仔细:谛听。道理:真谛。《醒世恒言》:"前三拜,后三拜,礼佛三拜,三三九拜,合掌抱膝谛听。"

爸爸:与弟近音的有读低的非形声字:镝 dī 氐 dī,dǐ。

镝,金属元素。另读 dí,箭头,亦指箭:鸣镝。《三国演义》:"且今日宋谦死于锋镝之下,皆主公轻敌之故。"

氐,我国古代民族,居住在今西北一带。《二十四史通俗演义》:"吐蕃帅吐谷浑、党项、氐、羌二十余万众,弥漫数十里。"另读 dǐ,根本。

女儿:还有吗？

爸爸:有读敌的非形声字:狄 dí 籴 dí 嫡 dí 翟 dí,zhái;正形声字:荻 dí。

狄,我国古族名。秦汉以后,我国对北方少数民族的统称。《隋唐演义》:"从古圣帝明王,未有不并包夷狄,而共一胞与者也。"

籴,买进粮食,与"粜 tiào"相对:籴米。《喻世明言》:"凑了二三千金本钱,来走襄阳贩籴些米豆之类,每年常走一遍。"

嫡,封建宗法制度中指正妻:嫡庶。正妻所生的:嫡子。亲的,血统最近的:嫡亲。系统最近的,正统的:嫡系。《三国演义》:"天子乃先帝嫡子,初无过失,何得妄议废立!"

翟,长尾山雉。李白《山鹧鸪词》:"山鸡翟雉来相劝,南禽多被北禽欺。"另读宅 zhái,姓。

女儿:荻,多年生草本植物,生在水边,似芦苇。《后汉演义》:"盖选得轻舸十艘,预备燥荻枯柴,满载船中,灌以火油,上覆赤幔。"

爸爸:还有读底的正形声字:邸 dǐ 柢 dǐ 砥 dǐ 骶 dǐ 诋 dǐ。

邸,高级官员的住所。《醒世恒言》:"某去年承师相厚恩,未及出京,在邸中忽患眼痛。"

柢,树木的根;引申为基础:根深柢固。《红楼梦》:"论起荣华富贵,原不过是过眼烟云;但自古圣贤,以人品根柢为重。"

女儿:砥,细的磨刀石:砥石,砥砺。砥柱中流,像砥柱山那样屹立在黄河激流中,喻中坚人物或力量所起的支柱作用。《雍正皇帝》:"他自己就可扬威中原,一举成为雍朝的中流砥柱。"

爸爸:骶,腰部下面尾骨上面的部分:骶骨。骶骨具有明显的性别差异,男性长而窄,女性短而宽,以适应女性分娩的需要。

诋,毁谤:诋毁。《元史演义》:"你等谤朕犹可,诋僧及佛,实是有罪,朕不便宽恕!"

今天的谜面是:独唱一曲吓跑狗。

二十一、六亲篇

第一百三十七课　妻 qī

爸爸：先交作业。

女儿：氐 dī 人与夷狄 dí 棣 dì 棠情深,好像嫡 dí 亲兄弟,你籴 dí 我籴,我买你籴 dí,从不锋镝 dī 相向。

爸爸：可以。今天我们重点学与妻同音或近音的字。与妻同音的有正形声字：萋 qī,萋萋,形容草生长茂盛的样子,如"芳草萋萋"。崔颢《黄鹤楼》："晴川历历汉阳树,芳草萋萋鹦鹉洲。日暮乡关何处是？烟波江上使人愁。"

与妻近音的有读气的非形声字：葺 qì 碛 qì 憩 qì；准形声字：槭 qì 汔 qì 讫 qì。

葺,原指用茅草覆盖房子,后泛指修理房屋：修葺。《三国演义》："东都荒废久矣,不可修葺；更兼转运粮食艰辛。"

碛,水中沙堆,引申为沙漠：沙碛。《林公案》："遇到沙碛缺水地方,教民植杆开河,振兴水利。"

憩,休息：少憩。《三国演义》："云纵马过桥,行二十余里,见玄德与众人憩于树下。"

槭,落叶小乔木。树枝光秃的样子,树叶凋落。白居易《庭松》："疏韵秋槭槭,凉阴夏凄凄。"

汔,接近,庶几。《诗经》："民亦劳止,汔可小康；惠此中国,以绥 suí 四方。"

女儿：讫,完结,终了：收讫。截止：起讫。《三国演义》："言讫,相抱而哭,昏绝于地。"

爸爸：与妻紧密相关的是妾。读妾的有准形声字：趄 qiè,jū；非形声字:挈 qiè 箧 qiè 惬 qiè 郄 qiè 锲 qiè。

趄,倾斜:趄坡,趄着身子。《大唐狄公案》:"紫兰小姐伸手将他轻轻一推,衙官趔趄几步,险些儿仰八叉倒下。"另读居 jū,趑 zī 趄,想前进又不敢前进。形容疑惧不决,犹豫观望。

挈,带,领,用手提着:提挈。《醒世恒言》:"因安禄山作乱,车驾幸蜀,在下挈家避难江南。"

箧,箱子一类的东西:书箧。《元史演义》:"便下令伐木编箧,内置辎重器械,外裹牛羊兽皮,就马尾系着,驱马泅水。"

惬,满足,畅快:惬意。《雍正皇帝》:"刘墨林可真是觉得忙累,可他忙得惬意,累得顺心。"

郄,姓。郄诜,古代名士,借指特别出众的人才。郄诜第,借指科举及第。岑参《送薛彦伟擢第东归》:"时辈似君稀,青春战胜归。名登郄诜第,身著老莱衣。"

女儿:锲,用刀子刻:锲而不舍。《康熙大帝》:"这些年来,你受了那么多的苦,却仍然锲而不舍地干。"

爸爸:上次"独唱一曲吓跑狗"的谜底是什么?

女儿:蛐,蛐蛐儿,蟋蟀的俗称。蛐蟮,即"蚯蚓"。《大唐狄公案》:"与其听念经,不如躲来这里听蛐蛐鸣哀,也宽心些。"

爸爸:与蛐同音的有准形声字:祛 qū;非形声字:黢 qū 蛆 qū。

祛,除去,驱逐:祛暑。《康熙大帝》:"小人略通医道,愿以金匮秘方,为亲王祛此病魔!"

黢,形容黑:黢黑。黑黢黢。《乾隆皇帝》:"剃得黢青的头后甩一条油光水滑的辫子,三十六七的人了,仍旧双眸如星面似冠玉。"

女儿:蛆,苍蝇的幼虫。《醒世恒言》:"寒冷难熬,如蛆虫般,搅做一团,苦楚不能尽述。"

爸爸:与蛐近音的有读渠的非形声字:瞿 qú 朐 qú 劬 qú 鸲 qú 璩 qú 蘧 qú;正形声字:蕖 qú 磲 qú 癯 qú 氍 qú 衢 qú。

瞿，惊骇、惊喜、惊视的样子。姓。《明史演义》："遥见数里以外，尘土飞扬，差不多有千军万马，急奔而来，不禁瞿然道。"

朐，屈曲的干肉。临朐，地名，属山东省潍坊市。《吕氏春秋》："宣孟与脯二朐，拜受而弗敢食也。"

劬，过分劳苦，勤劳：劬劳，指父母养育子女的劳苦。《三国演义》："如书到日，可念劬劳之恩，星夜前来，以全孝道。"

鸲，鸲鹆 yù，鸟，能模仿人说话，亦称"八哥儿"。《阅微草堂笔记》："有一砚天然作鹅卵形，色正紫，一鸲鹆眼如豆大，突出墨池中心。"

璩，古代的一种耳环。姓。张镃 zī《题杨诚斋南海朝天二集》："空桑枯竹陶元亭，玉佩琼璩杜拾遗。"

蘧，惊喜的样子：蘧然。《大唐狄公案》："众犯闻言均形容蘧然。"

蕖，芙蕖，荷花的别名。《元史演义》："恰是一个娉 pīng 婷妙女，艳如桃李，嫩若芙蕖。"

磲，砗 chē 磲，次于玉的美石。软体动物，肉可食。《二十年目睹之怪现状》："这洋枪队过完之后，还有一个押队官，戴着砗磲顶子，骑着马。"

女儿：癯，瘦：清癯。《大唐狄公案》："狄公见那宋秀才是一个骨骼宽大但瘦削清癯的年轻人。"

爸爸：氍，氍毹 shū，毛织的地毯。《聊斋志异》："以红锦覆首，凌波微步，挽上氍毹，与生交拜成礼。"

衢，大路，四通八达的道路：通衢。《绿野仙踪》："此地乃数省通衢，不如赶进城去，到店中再说。"

有读取的非形声字：龋 qǔ，龋齿，亦称"蛀齿""虫牙"。《后汉演义》："齿本整齐，巧笑时却微涡 wō 梨颊，好似牙床作痛，叫作龋齿笑。"

还有读去的非形声字：觑 qù 阒 qù。

觑，看，偷看，窥探：觑视。《三国演义》："汝休小觑我。我非俗吏，奈未遇其主耳。"

阒，形容寂静：阒无一人。《大唐狄公案》："待侧耳听时，却又阒寂一片，只有夜风吹动铃铛的丁东声和野草偃伏的瑟瑟声。"

轻松成为"字多星"

第一百三十八课 子 zǐ

爸爸:先交作业。

女儿:在沙碛 qì 地,无法修葺 qì 房屋,只能在户外休憩 qì。

郄 qiè 诜不求别人提挈 qiè,只是锲 qiè 而不舍地带着书箧 qiè 到处求学,非常惬 qiè 意。

黑黢黢 qū 的瞿 qú 塘峡阒 qù 寂一片,临朐 qú 来的璩 qú 夫人劬 qú 劳过度,龋 qǔ 齿发作,忽觑 qù 见鸲 qú 鹆开心地啄食蛆 qū 虫,禁不住蘧 qú 然止疼为笑。

爸爸:这次作业很难,能编成这样也不容易。今天我们重点学与子同音或近音的字。与子同音的有非形声字:訾 zǐ,毁谤,非议。《元史演义》:"宋太宗舍侄立子,后世没有訾议。"另读 zī,钱财:訾算。希求。

与子近音的有读自的非形声字:渍 zì 恣 zì 眦 zì。

渍,浸,沤:浸渍。难以除去的油、泥等:油渍。染,沾染:渍染。地面的积水:渍涝。《雍正皇帝》:"他们衣衫褴褛,早已不能遮体,头发长出二寸多长,汗污血渍,浊臭不堪。"

恣,放纵,无拘束:恣意。《三国演义》:"而公恣其跋扈,如不听闻,岂报国效忠之臣哉?"

女儿:眦,眼角:眦裂,形容愤怒到极点。《乾隆皇帝》:"你别瞧他似乎是个行伍粗人,赏起人来也豪爽,其实心性儿最是睚眦计较细如毫发的人。"

爸爸:有读遮的正形声字:蜇 zhē,毒虫叮刺。《乾隆皇帝》:"叶天士像被马蜂猛地蜇了一下,变貌失色向后跳开一步,几乎撞倒了倚立的宫女。"另读 zhé,海蜇。

与其同音的有读哲的非形声字:<u>磔 zhé 辄 zhé 蛰 zhé 谪 zhé</u>。

磔,古代一种酷刑,把肢体分裂:磔刑。《大唐狄公案》:"磔刑即五马分尸或五牛分尸,用五匹马或五头牛拴了案犯人头与四肢,将人体分开。"

女儿:辄,总是,就:动辄得咎。《三国演义》:"唤典韦就中军帐房外宿卫。他人非奉呼唤,不许辄入。"

蛰,动物冬眠,藏起来不吃不动:入蛰。蛰伏。《大唐狄公案》:"那么蛰居深宫的三公主又是如何知道他的一到来呢?"

谪,谴责,责备:众人交谪。封建时代特指官吏降职,调往边外地方:谪迁。《醒世恒言》:"后来东坡为吟诗触犯了时相,连遭谪贬。"

爸爸:与其近音的有读者的非形声字:<u>褶 zhě</u>;正形声字:<u>赭 zhě 锗 zhě</u>。

褶,衣服折叠而形成的印痕:百褶裙。《儒林外史》:"一个个装扮起来,都是簇新的包头,极新鲜的褶子。"

赭,红褐色:赭石。《醒世恒言》:"头裹金花幞 fú 头,身穿赭衣绣袍,腰系蓝田玉带,足登飞凤乌靴。"

女儿:锗,一种金属元素,是重要的半导体材料。

爸爸:有读这的非形声字:<u>柘 zhè 鹧 zhè</u>。

柘,落叶灌木或乔木,叶可以喂蚕。贾岛《暮过山村》:"萧条桑柘处,烟火渐相亲。"

鹧,鹧鸪,鸟,栖息于生有灌丛和疏树的山地。苏轼《浣溪沙》:"桃李溪边驻画轮。鹧鸪声里倒清尊。夕阳虽好近黄昏。"

还有非形声字:<u>谮 zèn</u>,说别人的坏话,诬陷,中伤:谮言。《三国演义》:"操因疑修谮害曹丕,愈恶之。"

二十二、七色篇

第一百三十九课 赤 chì

爸爸:先交作业。

女儿:皇上见他恣 zì 意妄为,訾 zǐ 议朝政,恨得眦 zì 裂发指,打得他血渍 zì 斑斑。

皇上昏庸,动辄 zhé 得咎,轻则贬谪 zhé,重则磔 zhé 刑,不如蛰 zhé 伏,隐居桑柘 zhè,理理衣褶 zhě,听听鹧 zhè 鸪。

皇上信谮 zèn 言,实在可憎 zēng。

爸爸:跟皇上干上啦?通过。今天我们重点学与赤同音或近音的字。与赤同音的有非形声字:啻 chì 饬 chì 叱 chì 敕 chì 瘛 chì 炽 chì。

啻,不啻,不止,不只。但,只:何啻。《元史演义》:"且借势横行,以滋众怒,盖不啻为丛驱雀,而导蒙古以西略者。"

饬,整顿,使整齐:整饬纪律。谨慎:谨饬。《三国演义》:"此时孔明在成都整饬军马,亲自南征。"

叱,大声呵斥:怒叱。《三国演义》:"叱武士绞死唐妃,以鸩酒灌杀少帝。"

敕,帝王的诏书、命令:敕命。告诫:申敕。《三国演义》:"即日遣使赍 jī 诰敕赴东吴去讫。"

瘛,瘛疭 zòng,中医指手脚痉挛,口歪眼斜的症状,亦称"抽风"。

女儿:炽,热烈,旺盛:炽热。《醒世恒言》:"而又虑贼势方炽,恐京城复如前番不守。"

爸爸：与赤近音的有读吃的非形声字：蚩 chī 鸱 chī 眵 chī 笞 chī 魑 chī 螭 chī；正形声字：嗤 chī 媸 chī；准形声字：哧 chī。

蚩，无知，痴愚：蚩拙。《后汉演义》："观其承受兄教，向众宣言，亦非蚩蚩无知者比。"

鸱，古书上指鹞鹰。《清史演义》："并叫那鸱枭看看，羽毛尚未丰满，就啄他娘的眼睛。"

眵，眼睛分泌出来的液体凝结成的淡黄色的东西，俗称"眼屎"。《康熙大帝》："请主子净面。方睡起来，就带着眼眵糊写字儿，不信就写好了？"

笞，用鞭杖或竹板打：鞭笞。《包公案》："此对必是你请人对的，好好直说出来，免受鞭笞。"

魑，魑魅，传说中指山林里能害人的怪物，如"魑魅魍魉"。《西游记》："僧尼道俗，走兽飞禽，魑魅魍魉，滔滔都奔走那轮回之下。"

螭，古代传说中一种没有角的龙。古建筑或器物、工艺品上常用它的形状作装饰：螭头。《醒世恒言》："螭头高拱，上逼层霄；鸱吻分张，下临无地。"

嗤，讥笑：嗤笑。《三国演义》："意欲弃布他往，却又不忍；又恐被人嗤笑。"

媸，相貌丑陋，与"妍"相对。《元史演义》："远远的恰有几个人影，如何辨别妍媸？"

女儿：哧，象声词：哧哧地笑。《雍正皇帝》："雍正见马齐气得脸都涨红了，他自己倒扑哧一下笑了。"

爸爸：有读测的非形声字：恻 cè，悲痛：恻隐。《醒世恒言》："李亚仙于雪天遇之，便动了一个恻隐之心。"

赤的同义词是红，与红同音的有非形声字：闳 hóng 竑 hóng 蕻 hóng，hòng；正形声字：浤 hóng。

闳,巷门。宏大:闳大广博。《明史演义》:"山上有殿亭六七所,统系金碧辉煌,非常闳丽。"

竑,广大。王之道《次韵陈勉仲登群山观》:"高情渺云外,竑议涉唐汉。"

葓,雪里葓,一种蔬菜。另读 hòng,菜苔。

女儿: 泓,水深而广。《雍正皇帝》:"杨名时是一泓清泉,孙嘉淦 gàn 则是一道瀑布,他们是绝对不一样的。"

爸爸: 与红近音的有读轰的非形声字:薨 hōng 訇 hōng 吽 hōng。

薨,古代称诸侯或有爵位的大官死去。薨薨,成群的昆虫一起飞的声音。《三国演义》:"魏王既薨,天下震动;当早立嗣王,以安众心。"

訇,阿訇,伊斯兰教主持教仪、讲授经典的人。形容大声:訇的一声。《乾隆皇帝》:"只听呼呼訇訇稀里哗啦乱响,也不知是怎样折腾。"

吽,佛教咒语用字。《元史演义》:"口中不知念着什么番语,嘛咪叭吽的说了一回。"

女儿: 还有非形声字:讧 hòng,乱,冲突:内讧。《民国演义》:"美国政府闻中国内讧,极为忧虑,笃望即复归于和好,政治统一。"

爸爸: 今天的谜面是:一曲终了日低沉。

二十二、七色篇

第一百四十课　橙 chéng

爸爸：先交作业。

女儿：对于蚩 chī 拙的鸱 chī 枭、螭 chī 龙，要有一颗炽 chì 热的心，只申敕 chì，不怒叱 chì；对于魑 chī 魅魍魉，则不能有恻 cè 隐之心，不啻 chì 要整饬 chì 纪律，还要鞭笞 chī，让它们瘛 chì 疯发作，眼眵 chī 满面。

爸爸：哈哈，你这是在讲神话。今天我们重点学与橙同音或近音的字。与橙同音的有非形声字：塍 chéng，田间的土埂子，小堤。《林公案》："凡遇河滩宽远、堤塍高厚的，列作平稳段。"

与橙近音的有读逞的准形声字：裎 chěng，chéng；非形声字：骋 chěng。

裎，古代一种对襟单衣。另读 chéng，脱衣露体。《南北史演义》："祖袒 tǎnxī 裸裎，纵酒为乐。"

女儿：骋，奔跑：驰骋。放开，尽量展开：骋目。抒发，发挥：骋志。《三国演义》："韦挟戟骤马，往来驰骋。"

爸爸：还有非形声字：伧 chen，寒伧，丑陋，难看；讥笑，揭人短。《乾隆皇帝》："不觉有几分得意，却不肯落了寒伧相，手摆着，一付雍睦贵重气度。"另读 cāng，古代讥人粗俗，鄙贱：伧夫。

女儿：读擦的非形声字：嚓 cā，物体与物体相擦而过时发出的一种声响。《大唐狄公案》："他急步跳出一个墙阙，追上前去，顾不得树枝'嚓嚓'乱响，腿胫上划破了好几处皮肉。"另读 chā，喀 kā 嚓。

爸爸：上次"一曲终了日低沉"的谜底是什么？

女儿：应该是曹。

爸爸:对。与曹同音的有正形声字:漕 cáo 嘈 cáo 螬 cáo。

漕,利用水道转运粮食:漕运。《两晋秘史》:"幽、冀兵至于彭城,东西万里,水陆并进,运漕万艘。"

螬,蛴螬,金龟子的幼虫。《聊斋志异》:"移时,见足傍有小洞口;心窃喜,以背着石,螬行而入。"

女儿:嘈,杂乱,杂声:嘈杂。《儒林外史》:"偶一听之可也;听久了,也觉嘈嘈杂杂,聒 guō 耳得紧。"

第一百四十一课　黄 huáng

爸爸：现在复习前面的生字。第一百三十六课？

女儿：正形声字有：娣 dì 睇 dì 碲 dì 谛 dì 获 dí 邸 dǐ 柢 dǐ 砥 dǐ 觝 dǐ 诋 dǐ；

非形声字有：棣 dì 镝 dī 氐 dī,dǐ 狄 dí 籴 dí 嫡 dí 翟 dí,zhái。

爸爸：第一百三十七课？

女儿：正形声字有：萋 qī 藄 qú 磩 qú 癯 qú 氍 qú 衢 qú；

准形声字有：槭 qì 汔 qì 讫 qì 趄 qiè(jū) 祛 qū；

非形声字有：葺 qì 碛 qì 憩 qì 挈 qiè 箧 qiè 慊 qiè 郄 qiè 锲 qiè 黢 qū 蛆 qū 瞿 qú 朐 qú 劬 qú 鸲 qú 璩 qú 蘧 qú 龋 qǔ 觑 qù 阒 qù。

爸爸：第一百三十八课？

女儿：正形声字有：蜇 zhē 赭 zhě 锗 zhě；

非形声字有：訾 zǐ 渍 zì 恣 zì 眦 zì 磔 zhé 辄 zhé 蛰 zhé 谪 zhé 褶 zhě 柘 zhè 鹧 zhè 潛 zèn。

爸爸：第一百三十九课？

女儿：正形声字有：嗤 chī 媸 chī 泓 hóng；

准形声字有：𫢶 chī；

非形声字有：瘖 chì 饬 chì 叱 chì 敕 chì 瘛 chì 炽 chì 蚩 chī 鸱 chī 眵 chī 笞 chī 魑 chī 螭 chī 恻 cè 闳 hóng 竑 hóng 蕻 hóng,hòng 薨 hōng 訇 hōng 吽 hōng 讧 hòng。

爸爸：第一百四十课？

女儿：正形声字有：漕 cáo 嘈 cáo 螬 cáo；

准形声字有：䟫 chěng(chéng)；

非形声字有:塍 chéng 骋 chěng 伧 chen 嚓 cā。

爸爸:很好。上次作业?

女儿:田塍 chéng 驰骋 chěng,并不寒伧 chen。

嚓 cā 地一声擦火柴。

爸爸:通过。今天我们重点学与黄同音或近音的字。与黄同音的有正形声字:隍 huáng 遑 huáng 湟 huáng 鳇 huáng 篁 huáng 徨 huáng 潢 huáng 璜 huáng 蟥 huáng。

隍,没有水的城壕:城隍。《济公全传》:"西湖十景,天下第一的城隍山,都是这热闹之处。"

遑,闲暇:不遑。遑遑:匆忙不安定的样子。《三国演义》:"仲达闻阵而惕惕,子丹望风而遑遑!"

湟,湟水,水名,在青海省。《明史演义》:"临洮西通番戎,北界河湟,倘被思齐久踞,联外固内,将来根深蒂结,为患非浅。"

鳇,鳇鱼,形状像鲟鱼,生活在海洋中,夏季在江河中产卵。《红楼梦》:"鲟鳇鱼二百个。各色杂鱼二百斤。"

篁,竹林,泛指竹子:幽篁。《西游记》:"山前有瑶草铺茵,山后有奇花布锦。乔松老柏,古树修篁。"

女儿:徨,彷徨,犹疑不决,不知道往哪里走好。《三国演义》:"故躬破于徐方,地夺于吕布;彷徨东裔 yì,蹈据无所。"

爸爸:潢,积水池;潢污。染纸:装潢。《林公案》:"林公见是三开间敞厅,装潢虽不华丽,却收拾得纤尘不染。"

女儿:璜,半璧形的玉。《雍正皇帝》:"十四爷,您是天璜贵胄,龙生凤养,奴才不敢在这里撒野。"

爸爸:蟥,蚂蟥。《南村辍耕录》:"公问此为何物,始敢言曰:'蚂蟥精也。'"

与黄近音的有读荒的非形声字:肓 huāng,中医指心下膈上的部位:膏肓。《后汉演义》:"何期病入膏肓,命垂旦夕,不及终事陛下,饮恨无穷。"

有读欢的非形声字:獾 huān,哺乳动物,毛灰色,善掘土,穴居山野,昼伏夜出。《西游记》:"那伙群妖,俱是些驴骡犊特、獾狐狢 hé 獐、羊虎麋 mí 鹿等类,已此尽皆剿戮 lù。"

有读环的非形声字:寰 huán 缳 huán 圜 huán,yuán 鬟 huán 洹 huán 桓 huán 萑 huán 鹮 huán 郇 huán,xún。

女儿:寰,广大的地域:人寰。《三国演义》:"且刘豫州未得先生之前,尚且纵横寰宇,割据城池;今得先生,人皆仰望。"

爸爸:缳,绳套:投缳,自缢。《清史演义》:"庆祥坐守孤城,左思右想,无能为计,只认定了一个死字,投缳自尽。"

圜,围绕:转圜。《康熙大帝》:"那老人原来不愿动手,此时见已没有转圜的余地,大喝一声:'吃棍!'"另读 yuán,同"圆"。指天体。

鬟,古代妇女梳的环形发髻:云鬟。《元史演义》:"云鬟半坠,面色微青,睡容中又带惊容,好一幅美人图。"

洹,洹水,水名,在河南省,亦称"安阳河"。《三国演义》:"操折了这一场,遂罢地道之计,退军于洹水之上,以候袁尚回兵。"

桓,古代立在城郭、宫殿、官署、陵墓或驿站路边的木柱:桓表。大:桓治。盘桓,徘徊、逗留。《济公全传》:"我们碰见朋友,暂且不走了,还要盘桓几天,你把上房开了。"

萑,古代指芦苇一类的植物。萑苻,春秋时郑国沼泽名,后代指贼之巢穴或盗贼本身。《两晋演义》:"萑蒲小丑,何知抚字,一味的恃强行凶,到处掠夺。"

鹮,鸟类的一科,身体大,嘴细长而弯曲,腿长,生活在水边,如白鹮、朱鹮。

郇,姓。另读 xún,周代诸侯国名,在今山西省临猗县西南。姓。郇厨,唐代韦陟 zhì,袭封郇国公,厨中多美味佳肴,后以"郇公厨"称膳食精美的人家。《阅微草堂笔记》:"得免君憎,已为大幸,宁敢再入郇厨?"

女儿:还有吗?

爸爸:有读huàn的正形声字:<u>漶 huàn</u>;非形声字:<u>鲩 huàn</u> <u>浣 huàn</u> <u>奂 huàn</u> <u>豢 huàn</u>。

漶,漫漶,模糊不清。《乾隆皇帝》:"左上角敬空那里还盖着一方图章,是真的,只年代久了漶漫不清。"

鲩,鲩鱼,体筒形,生活在淡水中,亦称"草鱼"。汪寄《海国春秋》:"五斤重一尾鲩鱼,二斗米,仍剩二钱五分五厘碎银。"

女儿:浣,洗:浣衣。《醒世恒言》:"任你滴水成冰的天气,少不得向水孔中洗浣污秽衣服,还要憎嫌洗得不洁净,加一场咒骂。"

奂,盛,多。文采鲜明。《大唐狄公案》:"梁府果然崔巍宏构,美轮美奂。金碧相辉,照耀人目。"

爸爸:豢,喂养,特指喂养牲畜:豢养。《元史演义》:"得了此信,遂练兵豢马,造箭制盾,指日兴师南下。"

还有读怀的非形声字:<u>踝 huái</u>,踝骨,脚腕两旁凸起的部分。《林公案》:"肖仲脚步稍迟,被恩爵一刀砍去,正中右脚踝,狂叫一声,翻身落地。"

第一百四十二课 绿 lǜ,lù

爸爸:先交作业。

女儿:他病入膏肓 huāng,令人惊慌。

老郇 huán 喜欢豢 huàn 养野獾 huān、朱鹮 huán、鳏 huàn 鱼,经常盘桓 huán 于萑 huán 苻,妻子美轮美奂 huàn,云鬟 huán 半坠,艳冠寰 huán 宇,整日在洹 huán 水浣 huàn 衣,劝夫转圜 huán 不成,居然投缳 huán 自尽。

上次伤了脚踝 huái,至今难以忘怀。

爸爸:不容易,还能说得过去。今天我们重点学与绿同音或近音的字。绿,读 lǜ 时,指蓝和黄混合成的颜色。另读 lù,绿林。绿营。与绿近音的有准形声字:闾 lǘ;正形声字:榈 lǘ。

闾,古代二十五家为一闾。原指里巷的大门,后指人聚居处:闾巷。《醒世恒言》:"咱乃闾阎无赖,四海无家,无一技一能,何敢当义士之称?"

女儿:榈,棕榈,又称"棕树",常绿乔木。《乾隆皇帝》:"青砖砌起的一带女墙,外边栽的棕榈,里边沿墙连绵匝密都是青旺旺油绿绿的石榴树。"

爸爸:有读吕的正形声字:膂 lǚ;非形声字:捋 lǚ,luō 偻 lǚ,lóu 褛 lǚ。

膂,脊梁骨:膂力,体力。《隋唐两朝志传》:"右军中涌出一少年,面如傅粉,唇若涂朱,身材中等,膂力过人。"

捋,用手指顺着抹过去,整理:捋胡子。《大唐狄公案》:"狄公捋了捋他那又黑又亮的长胡子,慢慢点了点头。"另读 luō,用手握着条状物,顺着移动、抚摩:捋起袖子。用手轻轻摘取:捋取。

偻,脊背弯曲:伛偻。《后汉演义》:"前有导骑一人,伛偻前来,式似曾相识,就近审视,确是同学友孔嵩。"另读 lóu,佝偻病,俗称"软骨病"。

女儿:褛,褴褛,衣服破烂。《济公全传》:"抬头一看,见和尚头上并无金光白气,褴褛不堪,原来是一乞丐。"

爸爸:与绿林的绿同音的有非形声字:<u>辂 lù 戮 lù</u>;正形声字:<u>璐 lù 潞 lù 鹭 lù 渌 lù 逯 lù 箓 lù 麓 lù 辘 lù 漉 lù</u>。

辂,古代车辕上用来挽车的横木。《清史演义》:"辂仗庄严,旌旛 fān 亭盖,车马驼象,非常热闹。"

女儿:戮,杀:戮尸。杀戮。戮力,合力。《三国演义》:"皇天后土,实鉴此心,背义忘恩,天人共戮!"

爸爸:璐,美玉。韦应物《夏冰歌》:"碎如坠琼方截璐,粉壁生寒象筵布。玉壶纨扇亦玲珑,座有丽人色俱素。"

潞,潞河,水名,即北京市通州区以下的北运河。潞江,水名,即云南省的怒江。《济公全传》:"秦琼在潞州城当锏卖马。"

女儿:鹭,鸟类的一科,常见的有"白鹭"。《三侠五义》:"他便在平地上鹭伏鹤行,徘徊了几步。"

爸爸:渌,水清:渌波。渌水,水名,在湖南省。李白《梦游天姥吟留别》:"谢公宿处今尚在,渌水荡漾清猿啼。"

逯,任意地行走。《淮南子》:"居不知所为,行不知所之,浑然而往逯然而来,形若槁木,心若死灰。"

箓,帝王自称其所谓天赐的符命之书,作为御制天下的凭证。簿籍:鬼箓。道教记载上天神名的书。《元史演义》:"服药无灵,结果是一命呜呼,魂登鬼箓。"

麓,山脚下:山麓。《元史演义》:"复东折入潼关,经砥柱山麓,直入河南省,始由高地陡落平原,地势散漫,迁流无定。"

辘,辘轳 lú,安在井上绞起汲水斗的器具。辘辘,象声词,形容车声。《大唐狄公案》:"他忽觉肚内饥肠辘辘,便去一爿又小又脏的饭馆草草进了晚餐。"

女儿:漉,液体慢慢地渗下,滤过:渗漉。《大唐狄公案》:"谯楼底层黑洞洞,湿漉漉,且不及一人高,显然不能住人。"

爸爸:与其近音的有准形声字:<u>撸 lū 噜 lū</u>。

撸,把树枝上的叶子撸下来。撤销职务。训斥,斥责:挨了一顿撸。《三侠剑》:"一个个撸胳臂、挽袖子、瞪眼睛、拍桌子,气愤得不行。"

女儿:噜,噜苏,义同"啰嗦"。《三侠五义》:"生得甚是俏丽,两个眼睛滴溜嘟噜的乱转,已露出是个不良之辈了。"

爸爸:有读卢的正形声字:<u>鲈 lú 垆 lú 栌 lú 鸬 lú 舻 lú 轳 lú 胪 lú 泸 lú</u>。

鲈,鲈鱼,为常见的食用鱼类。《喻世明言》:"吾闻张翰在朝,曾为显官,因思鲈鱼莼菜之美,弃官归乡,彻老不仕。"

垆,黑色坚硬的土:垆土。旧时酒店里安放酒瓮的土台子,亦指酒店:酒垆。《警世通言》:"如今不若开张酒肆,妾自当垆。若父亲知之,必然懊悔。"

栌,落叶灌木,木材黄色。刘禹锡《武陵观火诗》:"腾烟透窗户,飞焰生栾 luán 栌。"

鸬,鸬鹚,水鸟,羽毛黑色,嘴扁而长,尖端有钩,善捕鱼,亦称"鱼鹰"。《二刻拍案惊奇》:"微听得墙内水响,修有一物如没水鸬鹚,从林影中堕地。"

舻,舳 zhú 舻,大船。《两晋秘史》:"贼有十余万,舳舻辎 zī 车千余里,恐寡不敌,众因之犹豫。"

胪,传语,陈述:胪布,宣布,陈述。陈列:胪列。鸿胪,古代官名。《初刻拍案惊奇》:"正是专听春雷第一声,果然金榜题名,传胪三甲。"

女儿:泸,泸水,水名,金沙江在四川省宜宾市以上、四川省和云南省交界处的一段。例:飞夺泸定桥。

爸爸:有读lǔ的正形声字:橹 lǔ 掳 lǔ。

橹,拨水使船前进的工具。《儒林外史》:"河里有些朦胧的月色;这小船乘著月色,摇著橹走。"

女儿:掳,抢取:掳掠。《三国演义》:"并不许一人掳掠,鸡犬不惊,人民皆悦,赍 jī 牛酒到寨劳军。"

爸爸:还有准形声字:氇 lu 辘 lu。

氇,氆 pǔ 氇,藏族地区出产的一种羊毛织品,可以做床毯、衣服等。《阅微草堂笔记》:"一人衣紫氆氇,面及手足皆黑,毛茸茸长寸许,一女子甚姣丽,作蒙古装,惟跣 xiǎn 足不靴,衣则绿氆氇。"

女儿:辘,辘轳。《红楼梦》:"心内一上一下,辗转缠绵,竟像辘轳一般。"

第一百四十三课　蓝 lán

爸爸：先交作业。

女儿：这乞丐,衣衫褴褛 lǚ,身材伛偻 lǚ,不时地捋 lǚ 捋胡须。既要辂 lù 仗庄严,更要戮 lù 力杀敌。

爸爸：可以。今天我们重点学与蓝同音或近音的字。与蓝同音的有非形声字:阑 lán;正形声字:谰 lán 镧 lán 斓 lán。

阑,阑干,同"栏杆";纵横交错,参差错落。残,尽,晚:夜阑人静。《三国演义》:"饮至更阑,方始罢席,宿了一宵。"

谰,抵赖,诬陷:谰言。《明史演义》:"这等无稽谰言,宁值一辩,何必进呈御览,酿成大狱。"

镧,一种金属元素,属稀土金属。

女儿：斓,颜色驳杂,灿烂多彩。《大唐狄公案》:"一声巨响花束顿时变成了一群斑斓的蝴蝶,翩翩乱飞,令人眼花缭乱,应接不暇。"

爸爸：与蓝近音的有读连的非形声字:奁 lián;正形声字:蠊 lián 濂 lián 褡 lián 涟 lián 槤 lián 鲢 lián。

奁,女子梳妆用的镜匣,泛指精巧的小匣子。《三国演义》:"小女颇有妆奁,待过将军府下,便当送至。"

蠊,蜚蠊,俗称蟑螂。

濂,濂江,水名,在江西省。濂溪,水名,在湖南省。常见于人名。鲁迅《莲蓬人》:"扫除腻粉呈风骨,褪却红衣学淡妆。好向濂溪称净植,莫随残叶堕寒塘。"

褡,褡 dā 裢,一种口袋,中间开口,两头装东西。《康熙侠义传》:"将刀往胁下一夹,从跟头褡裢内取出鼻烟壶儿来闻烟,摇头晃脑。"

涟，水面被风吹起的波纹：涟漪。涟水，水名，在湖南省；地名，在江苏省。泪流不断的样子：涟涟。《三侠五义》："山下有潭，曲折回环，清水涟滴。"

梿，古书上说的一种丛生的树。梿枷，同"连枷"，一种用来拍打谷物使脱粒的农具。范成大《石湖集·秋日田园杂兴》："笑歌声里轻雷动，一夜梿枷响到明。"

女儿：鲢，鲢鱼。《济公全传》："这叫浑浊不分鲢共鲤，水清才见两般鱼。"

爸爸：有读脸的准形声字：琏 liǎn，古代宗庙中盛黍稷的器皿。《绿野仙踪》："每忆贤契璠玙 fán yú 国器，定为盛世瑚琏，奈七阅登科录，未睹贤契之名，岂和璧随珠，赏识无人耶？"

读练的准形声字：潋 liàn；非形声字：楝 liàn 殓 liàn。

潋，潋滟，水波相连的样子；形容水势浩大。《喻世明言》："遥望湖光潋滟，山色空蒙。风定渔歌聚，波摇雁影分。"

楝，落叶乔木，种子和树皮都可入药。《乾隆皇帝》："道旁树木愈来愈多，杨柳榆槐楸楝杓柏之外，沿道入庄二里近郊尽是枣树。"

女儿：殓，把尸体装入棺材：入殓。《三国演义》："依法成殓，安置龛 kān 中，令心腹将卒三百人守护。"

第一百四十四课　青 qīng

爸爸：先交作业。

女儿：夜阑 lán 人静,拍遍栏杆。

给她装殓 liàn 时,放进楝 liàn 树做的妆奁 lián。

爸爸：好的。今天我们重点学与青同音或近音的字。与青同音的有正形声字：圊 qīng,厕所：圊肥。《红楼梦》:"从者每人二十大板,革去三月月钱,拨入圊厕行内。"

与青近音的有读情的非形声字：黥 qíng 檠 qíng；准形声字：氰 qíng。

黥,古代在人脸上刺字并涂墨之刑,后亦施于士兵以防逃跑：黥首。《三国演义》:"倘得黥首刖 yuè 足,使续成汉史,以赎其辜,邕 yōng 之幸也。"

檠,灯架,烛台：灯檠。借指灯：孤檠。韩愈《短灯檠歌》:"长檠八尺空自长,短檠二尺便且光。"

女儿：氰,碳与氮的化合物,性很毒。

爸爸：有读请的非形声字：苘 qǐng,苘麻,一年生草本植物。苏轼《浣溪沙》:"麻叶层层苘叶光,谁家煮茧一村香。隔篱娇语络丝娘。"

读庆的准形声字：箐 qìng；非形声字：磬 qìng 綮 qìng 罄 qìng。

箐,山间的大竹林,泛指树木丛生的山谷。《元史演义》:"堡在万山中间,丛林深箐,阴翳 yì 晦暗。"

磬,古代打击乐器。佛寺中使用的一种钵状物,用铜铁铸成,既可作念经时的打击乐器,亦可敲响集合寺众。《三宝太监下西洋记》:"只见半空中呼一阵响风来,把那吸魂的钟、追魂的磬、宝母儿扇三件宝贝,一齐的刮将来。"

綮,筋骨结合处:切中肯綮。《大唐狄公案》:"陶德虽对男女风情之事执冷漠态度,但每有言议,辄中肯綮。"

女儿:罄,为尽,用尽:告罄。《醒世恒言》:"这三万两能勾几时挥霍,不及两年,早已罄尽无余了。"

爸爸:青的同义词是靛,与靛同音的有正形声字:癜 diàn;非形声字:坫 diàn 钿 diàn 簟 diàn。

癜,皮肤病,长紫斑或白斑,俗称"白癜风"。唐芸洲《七剑十三侠》:"那第四个叫白额虎卜英,因他生过白癜风的症候,恰巧额角上一大圈皮肉雪霜也似白的,故有这个混名。"

坫,屏障。《乾隆皇帝》:"葱姜蒜末杂着肉香满街满巷流香四溢,坫板上砍切剁削之声不绝于耳。"

钿,把金属宝石等镶嵌在器物上作装饰:金钿。白居易《长恨歌》:"花钿委地无人收,翠翘金雀玉搔头。"另读 tián,钱,硬币:铜钿。

簟,竹席:竹簟。《儒林外史》:"内有一只大船,挂着四盏明角灯,铺着凉簟子,在船上中间摆了一席。"

女儿:还有吗?

爸爸:有读掂的正形声字:癫 diān,精神错乱失常:疯癫。《三侠五义》:"看他形容虽然憔悴,却不是先前疯癫之状。"

读点的准形声字:踮 diǎn,跛 bǒ 足人走路用脚尖点地:踮脚。《乾隆皇帝》:"把纪昀围得里三层外三层,一个个踮脚伸脖子屏息静听。"

女儿:还有非形声字:嗲 diǎ,形容撒娇的声音或态度:嗲声嗲气。《雍正剑侠图》:"其实这孩子不是傻,说话嗲声嗲气的,才八岁呀。"

爸爸:今天的谜面是:上下都是草,中间活不了。

第一百四十五课　紫 zǐ

爸爸：先交作业。

女儿：他毁灯檠 qíng,损铜磬 qìng,烧了苘 qǐng 麻园,罪行罄 qìng 竹难书,必须处以黥 qíng 刑,这个建议切中肯綮 qìng。

竹簟 diàn 上,坫 diàn 板下,钿 diàn 头银篦压坏了,嗲 diǎ 声嗲气哭开啦。

爸爸：很好。今天我们重点学与紫同音或近音的字。与紫同音的有非形声字：<u>滓 zǐ</u>,渣子,沉淀物:渣滓。《儒林外史》:"拿出一袋子槟榔来,放在嘴里乱嚼,嚼的滓滓渣渣,淌出来,满胡子,满嘴唇。"

与紫近音的有读资的非形声字：<u>赼 zī</u>;准形声字：<u>孜 zī</u>。

赼,赼趄 qiè,行走困难。《乾隆皇帝》:"赼趄艰难之中,奴才不忍母亲给人洗衣缝穷,胡乱寻个差使周济家用。"

女儿：孜,孜孜,勤谨,不懈怠。《雍正皇帝》:"自古以来,像您这样孜孜求治的,连圣祖也包括在内,没有第二人!"

爸爸：有读责的非形声字：<u>迮 zé 舴 zé 笮 zé,zuó</u>;正形声字：<u>帻 zé 赜 zé 簀 zé 啧 zé</u>。

迮,逼迫。仓猝:迮迮。狭窄:山道迮狭。杜甫《溪上》:"古苔生迮地,秋竹隐疏花。"

舴,舴艋 měng,小船。李清照《武陵春·风住尘香花已尽》:"只恐双溪舴艋舟,载不动、许多愁。"

笮,铺在椽上瓦下的苇席或竹席。锦笮,泛指华美的缆绳。另读 zuó,用竹篾拧成的索:笮桥。杜甫《桔柏渡》:"连笮动袅娜,征衣飒飘飘。"

帻,古代的头巾。《大唐狄公案》:"头上青纱皂帻,脚登方平履。"

賾,深奥:探赜索隐。《大唐狄公案》:"又恐怕是柳大人故意与之周旋,以探深赜。"

箦,竹编床席。《红楼梦》:"此时秦钟已发过两三次昏了,移床易箦多时矣。"

啧,争辩,人多嘴杂:啧有烦言。《三侠五义》:"兆兰兆蕙听了,点头咂嘴,啧啧称羡。"

爸爸:有正形声字:昃 zè;非形声字:仄 zè。

昃,太阳偏西:昃食宵衣。《大唐狄公案》:"正是午后,日中稍昃,三三两两的农人都依靠在大树下休憩 qì。"

仄,倾斜:仄立。狭窄:逼仄。仄声,古汉语中"上声""去声""入声"的总称。《三侠五义》:"作诗须得论平仄押韵,对对子就平空的想出来。"

上次的谜底是什么?

女儿:"上下都是草,中间活不了"的谜底是葬。

爸爸:正确。与葬同音的有非形声字:奘 zàng,壮大,多用于人名,如"玄奘"。另读 zhuǎng,粗大:身高腰奘。《西游记》:"翎翅薄如竹膜,身躯小似花心。手足比毛更奘,星星眼窟明明。"

与其近音的有读赃的非形声字:牂 zāng 臧 zāng。

牂,母羊。牂羝 dī 不辨,分不清母羊和公羊,形容愚昧无知。牂柯,意思是指船只停泊时用以系缆绳的木桩。牂柯,指汉代的牂柯郡,位于今贵州省黄平县。白居易《郡中春宴》:"身骑牂柯马,口食涂江鳞。"

臧,善,好:臧否,褒贬,评论,说好说坏。季羡林《西谛先生》:"我们经常高谈阔论,臧否天下人物,特别是古今文学家,直抒胸臆,全无顾忌。"

今天的谜面是:部位相反,主客分明。

二十三、开门七件事篇

第一百四十六课　柴 chái

爸爸：现在复习前面的生字。第一百四十一课？

女儿：正形声字有：隍 huáng 遑 huáng 湟 huáng 鳇 huáng 篁 huáng 徨 huáng 潢 huáng 璜 huáng 蟥 huáng 漶 huàn；

非形声字有：肓 huāng 獾 huān 寰 huán 缳 huán 圜 huán，yuán 鬟 huán 洹 huán 桓 huán 萑 huán 鹮 huán 郇 huán（xún）鲩 huàn 浣 huàn 奂 huàn 豢 huàn 踝 huái。

爸爸：第一百四十二课？

女儿：正形声字有：橹 lǔ 膂 lǚ 璐 lù 潞 lù 鹭 lù 渌 lù 逯 lù 簏 lù 麓 lù 辘 lù 漉 lù 鲈 lú 垆 lú 栌 lú 鸬 lú 舻 lú 轳 lú 胪 lú 泸 lú 橼 lǔ 掳 lǔ；

准形声字有：闾 lǘ 撸 lū 噜 lū 氇 lu；

非形声字有：捋 lǚ，luō 偻 lǚ（lóu）褛 lǚ 辂 lù 戮 lù。

爸爸：第一百四十三课？

女儿：正形声字有：谰 lán 镧 lán 斓 lán 蠊 lián 濂 lián 裢 lián 涟 lián 梿 lián 鲢 lián；

准形声字有：琏 liǎn 潋 liàn；

非形声字有：阑 lán 奁 lián 楝 liàn 殓 liàn。

爸爸：第一百四十四课？

女儿：正形声字有：圊 qīng 癜 diàn 癫 diān；

准形声字有:氰qíng 箐qìng 踮diǎn;

非形声字有:黥qíng 檠qíng 苘qǐng 磬qìng 綮qìng 罄qìng 坫diàn 钿diàn 簟diàn 嗲diǎ。

爸爸:第一百四十五课?

女儿:正形声字有:帻zé 赜zé 簀zé 喷zé 昃zè;

准形声字有:孜zī;

非形声字有:滓zǐ 赵zī 迮zé 舴zé 笮zé,zuó 仄zè 奘zàng 牂zāng 臧zāng。

爸爸:很好。上次作业?

女儿:渣滓zǐ 洞,赵zī 趄难行。

河道逼仄zè,迮zé 狭难过,只得用锦笮zé 拖着舴zé 艋舟。

玄奘zàng 牂zāng 羝不辨,臧zāng 否不分。

爸爸:通过。今天我们重点学与柴同音或近音的字。读柴的非形声字:侪chái,等辈,同类的人们:吾侪。《两晋秘史》:"聪明仁智一二百人,如吾侪之辈,车载斗量,不可胜数!"

女儿:与柴近音的有读拆的非形声字:钗chāi,妇女的一种首饰,由两股簪子合成:金钗。《醒世恒言》:"玉郎即忙除下簪钗,挽起一个角儿,皮箱内开出道袍鞋袜穿起。"

爸爸:非形声字:虿chài,古书上说的蝎子一类的毒虫:蜂虿。《明史演义》:"今胡元乱世,宇宙昏濛,四海有蜂虿之忧,八方有蛇蝎之祸。"

还有非形声字:搋chuāi,搋子,疏通下水道的工具,用木柄插入橡皮碗制成。用手掌压、揉,使搀入的东西和匀:搋面。《施公案》:"登时在小几上取了一条鲫鱼,连头带尾,便向口里一搋。"

女儿:这个字我一直会说不会写。

爸爸:上次"部位相反,主客分明"的谜底是什么?

女儿:陪。

爸爸:对,与陪同音的有非形声字:裴péi,姓:裴松之。

与其近音的有非形声字：<u>呸 pēi 醅 pēi</u>。

呸，叹词，表示斥责或唾弃。《儒林外史》："呸！我早已打算定了，要你瞎忙！"

醅，没滤过的酒。《红楼梦》："此酒乃以百花之蕊、万木之汁，加以麟髓之醅。"

有读沛的正形声字：<u>霈 pèi</u>；非形声字：<u>帔 pèi 旆 pèi 辔 pèi</u>。

霈，大雨，亦喻帝王恩泽：霈泽。自满的样子：霈然自得。《三宝太监下西洋记》："虽不是诸葛亮赤壁鏖 áo 兵，却没个刘江陵返风霈雨。"

帔，古代披在肩背上的服饰：凤冠霞帔。《大唐狄公案》："珠冠璎珞 yīngluò，绣袍彩帔，煞是华丽。"

旆，古代旗末端状如燕尾的垂旒 liú。泛指旌旗。《三国演义》："后会銮驾返旆，群凶寇攻。"

辔，驾驭牲口的嚼子和缰绳：辔头。《三国演义》："布缓辔于土冈之上，眼望车尘，叹惜痛恨。"

轻松成为"字多星"

第一百四十七课 米 mǐ

爸爸：先交作业。

女儿：吾侪 chái 若不平蜂虿 chài 之忧，不如效金钗 chāi 之流，回家搋 chuāi 面。

呸 pēi，好个裴 péi 将军，失了朱旆 pèi，丢了鞍辔 pèi，洒了佳醅 pēi，竟然还得到凤冠霞帔 pèi。

爸爸：很好。今天我们重点学与米同音或近音的字。与米同音的有正形声字：脒 mǐ；非形声字：弭 mǐ。

脒，有机化合物的一类。

弭，平息，停止，消除：弭除。安抚，安定：内弭父兄，外抚诸侯。顺服：弭从。《醒世恒言》："其虎见勤自励到来，把前足跪地，俯首弭耳，口中作声，似有乞怜之意。"

女儿：与米近音的有哪些？

爸爸：读迷的非形声字：祢 mí 縻 mí；准形声字：麋 mí；正形声字：猕 mí 醚 mí。

祢，古代对已在宗庙中立牌位的亡父的称谓。祖祢，祖庙与父庙，先祖和先父，本源、起始。董仲舒《春秋繁露》："然后郊告天地及群神，远追祖祢。"姓。

縻，牛缰线。捆，拴：羁縻。《两晋秘史》："若我强彼弱，无援于外，当羁縻守之，以待其毙。"

麋，麋鹿，哺乳动物，比牛大，俗称"四不像"。《康熙大帝》："而圈地换田之令所到之处，沃野化为麋鹿之乡，阡陌顿生荒榛寒荆。"

女儿：猕，猕猴，哺乳动物，猴的一种，古亦称"沐猴"。《西游记》：

"第四是六耳猕猴,善聆音,能察理,知前后,万物皆明。"

醚,有机化合物的一类。

爸爸:有读蜜的正形声字:嘧 mì;非形声字:谧 mì 汨 mì 幂 mì。

嘧,嘧啶,有机化合物,有刺激性气味。

谧,安宁,平静:静谧。《清史演义》:"方今天下财库,大半聚于东南,当此逐鹿于宁谧之时,欲以四川一隅敌天下,江知无能为也。"

女儿:汨,汨罗江,水名,在湖南省。《乾隆皇帝》:"屈原此日汨罗死,伍员此日胥 xū 江亡。诸君此日忽不见,岂与二子同徜徉?"

爸爸:幂,覆盖东西的巾。覆盖,遮盖。数学上指一个数自乘若干次形式:乘幂,乘方。《隋唐演义》:"愁云幂幂,日色无光;惨雾沉沉,风声甚厉。"

有读民的正形声字:缗 mín,古代穿铜线用的绳子。钓鱼绳。《元史演义》:"其时斗米值十三缗,百姓持钞出籴,钞色晦黑,即不得用。"

还有读免的非形声字:丏 miǎn 渑 miǎn,shéng;正形声字:沔 miǎn 娩 miǎn 冕 miǎn;准形声字:㴐 miǎn 腼 miǎn。

丏,遮蔽,避箭的短墙。丏夺,强取。司马光《言任守忠第三札子》:"濮 pú 王之薨 hōng,守忠监护葬事,卖弄国恩,轻蔑皇族,乘其有丧,丏夺财物。"

渑,渑池,地名,在河南省。《三国演义》:"进使人迎董卓于渑池,卓按兵不动。"另读 shéng,古水名,在今山东省淄博市临淄区一带。

沔,水流充满河道。沔水,水名,在陕西省,是汉水的上流。《三国演义》:"晃却自引精兵五百,循沔水去袭偃城之后。"

娩,妇女生孩子:分娩。《元史演义》:"不多时,即行分娩,产了一个头角峥嵘的婴儿,大众都目为英物。"

冕,古代帝王及地位在大夫以上的官员们戴的礼帽,后专指帝王的皇冠:冠冕。《醒世恒言》:"这人好混帐,吃透了许多东西,到说这样冠冕话!"

湎,沉迷:沉湎。《元史演义》:"陛下即不自爱,独不思祖宗付托,人民仰望,如何重要!难道可长此沉湎么?"

女儿:腼,腼腆,害羞,不自然。《红楼梦》:"比不得做女儿时腼腆温柔,须要拿出些威风来,才钤 qián 压得住人。"

爸爸:还有读面的准形声字:眄 miàn,斜着眼看:眄视。《大唐狄公案》:"两颊 jiá 升起一层浅浅的绯红,顾盼流眄,光采照人。"

第一百四十八课　油 yóu

爸爸：先交作业。

女儿：祢 mí 衡为了弭 mǐ 除羁縻 mí，于愁云幂幂 mì 的静谧 mì 之夜，投身汨 mì 罗江。

董卓于渑 miǎn 池，丏 miǎn 夺财物。

爸爸：全属虚构，算你及格。今天我们重点学与油同音或近音的字。与油同音的字较多，有正形声字：鱿 yóu 莸 yóu 疣 yóu 蚰 yóu 铀 yóu；准形声字：莜 yóu；非形声字：蝣 yóu 猷 yóu 繇 yóu。

女儿：鱿，鱿鱼，软体动物，形状略像乌贼，生活在海洋中，味鲜美。《乾隆皇帝》："还有一盘菜晶莹透亮，像是鱿鱼丝儿，白亮白亮的拌着青椒。"

爸爸：莸，落叶小灌木。古书上指一种有臭味的草：薰 xūn 莸。《隋唐演义》："闻绿林二字，他就有个薰莸不相容的意思。"

疣，一种皮肤病，症状是皮肤上出现黄褐色的小疙瘩，不痛也不痒，俗称"瘊 hóu 子"。《大唐狄公案》："我们两个都竭力排佛、最忌恨那等不耕而食、不织而衣的僧尼，视为身之赘 zhuì 疣，国之蠹 dù 虫。"

蚰，蚰蜒 yán，节肢动物，像蜈蚣而略小。《七侠五义》："谁知黑暗之中，见有白亮亮一条蚰蜒小路儿，他便顺路行去。"

女儿：铀，一种放射性元素，主要用来产生原子能。

爸爸：莜，莜麦，一年生草本植物，种子可磨成面供食用。《绿野仙踪》："天天住的是茅茨之屋，吃的是莜荞之面，他访道心切，到也不以为苦。"

蝣，蜉蝣，虫名，生存期极短，比喻微小的生命。《醒世恒言》："以乾坤为逆旅,以七尺为蜉蝣,真狂士也。"

猷,计谋,打算,谋划:宏猷。罗贯中《残唐五代史演义》:"崇韬深有谋略,辅佐唐主,以成帝业,至是权兼内外,谋猷规益,竭中无隐。"

繇,古同"由",从,自。《醒世恒言》:"别了母妻,繇水路直至扬州马头上。"

第一百四十九课 盐 yán

爸爸：先交作业。

女儿：许繇 yóu 不甘做蜉蝣 yóu，常献宏猷 yóu。

爸爸：可以。今天我们重点学与盐同音或近音的字。读盐的有正形声字：筵 yán；非形声字：妍 yán 芫 yán，yuán。

筵，竹席：筵席。酒席：喜筵。《三国演义》："次日大排筵会，遍请公卿。公卿皆惧董卓，谁敢不到。"

妍，美丽：百花争妍。《元史演义》："俯视有两河萦带，支流错杂，映着那山林景色，倍觉鲜妍。好一幅画图。"

芫，芫荽 sui，一年生或二年生草本植物，叶和茎有特殊香气，可用来调味，俗称"香菜"。另读 yuán，芫花，落叶灌木，开紫色小花。仇远《秣陵》："龟脊羊肠九里汀，芫花灿灿麦青青。"

女儿：芫与元同音，也算正形声字。

爸爸：对。与盐近音的有读烟的准形声字：腌 yān，用盐浸渍食物：腌肉。《西游记》："且捆了，送在后边池塘里浸着，待浸退了毛，破开肚子，使盐腌了晒干，等天阴下酒。"另读 ā，腌臜，不干净的，不痛快。

与其同音的有正形声字：锕 ā，一种放射性元素，由铀衰变而成。

女儿：与锕近音的有哪些？

爸爸：有读安的正形声字：桉 ān；非形声字：谙 ān 鹌 ān。

桉，常绿乔木，树干高而直。同"案"。刘克庄《览镜六首》："昔映仙藜临几桉，今栽甘菊满庭除。"

女儿：谙，熟悉，精通：谙练。熟记，背诵：谙记。《三国演义》："汝自幼饱读兵书，熟谙战法。"

鹌,鹌鹑,鸟,头小尾短。《乾隆皇帝》:"郑二做的青芹爆羊肚儿进了一小碟,鹌鹑蛋白儿紫菜汤也进了半碗……"

爸爸: 有读俺的准形声字:铵 ǎn;非形声字:埯 ǎn 唵 ǎn。

铵,铵根。

埯,点播种子挖的小坑。挖小坑点种:埯瓜。量词,指点种的植物。李新《月下口占戏子温》:"万埯层阴宿雾消,冰轮初上镜天遥。"

唵,用手抓东西吃。佛教咒语用字。《西游记》:"孙大圣寻觅不着,即捻诀,念一声'唵'字真言,拘出一个当坊土地。"

读暗的准形声字:胺 àn,一类有机化合物。

女儿: 还有非形声字:盎 àng,古代的一种盆,腹大口小。充盈:春意盎然。《康熙大帝》:"伍次友到没留心苏麻喇姑的脸色,兴致盎然地逐字逐句鉴赏着粉壁墙上客人留下的诗句。"

第一百五十课 酱 jiàng

爸爸：先交作业。

女儿：百花争妍 yán 时,芫 yán 荽香正浓。

他熟谙 ān 农村生活,对挖坑埯 ǎn 瓜兴致盎 àng 然,最享受的是唵 ǎn 一口炒米,吃一口鹌 ān 鹑。

爸爸：自然闲适,真有趣。今天我们重点学与酱同音或近音的字。与酱同音的有非形声字：绛 jiàng；正形声字：犟 jiàng 糨 jiàng。

绛,赤色,火红。《三国演义》："融每当讲学,必设绛帐,前聚生徒,后陈声妓,侍女环列左右。"

女儿：犟,脾气固执的。犟嘴,顶嘴。《康熙大帝》："下人不敢和大帅犟嘴,只得来求爷赏个脸,搬到厢房去住吧。"

糨,糨糊,用面等做成的可以粘贴东西的糊状物。《乾隆皇帝》："纪昀心里朦朦胧胧,一片空白,模糊得泼了一盆糨糊似的,已听不清他都说了些什么。"

爸爸：与酱近音的有读江的非形声字：礓 jiāng 豇 jiāng。

礓,台阶。一种不透水的矿石,块状或颗粒状：砂礓。《乾隆皇帝》："起初还是干的,潦礓石铺底儿,不知车轧马踏了几百年,整个路都掩在'沟里'。"

女儿：豇,豇豆,一年生蔬菜。《红楼梦》："你只把你们晒的那灰条菜根子和豇豆、扁豆、茄子、胡芦条儿,各样干菜带些来。"

爸爸：有读讲的非形声字：耩 jiǎng；准形声字：膙 jiǎng。

耩,用耧 lóu 播种或施肥：耩粪。《乾隆皇帝》："这一看就知道是官田,撒播的,不用耩,能收一把算一把。"

膙,膙子,手、脚的掌面部分因摩擦而生的硬皮。例:她两手磨出了膙子。

另外,我问你,与酱同音的下降的降,还读什么音?

女儿:降 xiáng,投降。

爸爸:对。与其同音的有非形声字:庠 xiáng,古代称学校:庠序。《醒世恒言》:"九岁精通时艺,十岁进了府庠,次年第一补廪。"

与其近音的有读乡的正形声字:骧 xiāng 蘘 xiāng 缃 xiāng;非形声字:襄 xiāng。

骧,后右蹄白色的马。马奔跑:骧腾。头高昂:骧首。《三国演义》:"今曹公兵屯百万,将列千员,龙骧虎视,平吞江夏,公以为何如?"

蘘,古书上指用以调味的紫苏之类的香草。辛弃疾《水龙吟·断崖千丈孤松》:"叹息蘘林旧隐,对先生、竹窗松户。"

缃,浅黄色:缃帙 zhì,浅黄色书套,借指书卷。牛瑞泉《于公案》:"令人服侍小姐梳洗换衣,腰系缃裙,身穿大红。"

襄,帮助,辅佐:襄理。完成,相助而成。《五代史演义》:"延徽感怀知遇,竭力赞襄,教他战阵,导他侵略。"

还有读响的非形声字:鲞 xiǎng;准形声字:飨 xiǎng 饷 xiǎng。

鲞,剖开晾干的鱼:鲞鱼。泛指成片的腌腊食品:茄鲞。《官场现形记》:"倒合了一句俗话,'鼻子上挂鲞鱼,叫作休想!'"

女儿:飨,用酒食招待客人,泛指请人受用:飨客。祭祀。《三国演义》:"从此天下,更无知音!呜呼痛哉!伏惟尚飨。"

女儿:饷,同"飨",旧时指军警的薪给:饷银。《三国演义》:"杀牛宰马,大饷士卒。开仓赈济百姓,军民大悦。"

爸爸:今天的谜面是"十月十日对号头"。

第一百五十一课　醋 cù

爸爸：现在复习前面的生字。第一百四十六课？

女儿：正形声字有：霈 pèi；

非形声字有：侪 chái 钗 chāi 虿 chài 搋 chuāi 呸 pēi 醅 pēi 裴 péi 帔 pèi 旆 pèi 辔 pèi。

爸爸：第一百四十七课？

女儿：正形声字有：脒 mǐ 獼 mí 醚 mí 嘧 mì 缗 mín 沔 miǎn 娩 miǎn 冕 miǎn；

准形声字有：麋 mí 湎 miǎn 腼 miǎn 眄 miàn；

非形声字有：弭 mǐ 祢 mí 縻 mí 谧 mì 汨 mì 幂 mì 丏 miǎn 渑 miǎn, shéng。

爸爸：第一百四十八课？

女儿：正形声字有：鱿 yóu 莸 yóu 疣 yóu 蚰 yóu 铀 yóu；

准形声字有：莜 yóu；

非形声字有：蝣 yóu 猷 yóu 繇 yóu。

爸爸：第一百四十九课？

女儿：正形声字有：筵 yán 锕 ā 桉 ān；

准形声字有：腌 yān 铵 ǎn 胺 àn；

非形声字有：妍 yán 芫 yán(yuán) 谙 ān 鹌 ān 埯 ǎn 唵 ǎn 盎 àng。

爸爸：第一百五十课？

女儿：正形声字有：犟 jiàng 糨 jiàng 骧 xiāng 葙 xiāng 缃 xiāng；

准形声字有：膙 jiǎng 飨 xiǎng 饷 xiǎng；

非形声字有：绛 jiàng 礓 jiāng 豇 jiāng 耩 jiǎng 庠 xiáng 襄 xiāng

鲞 xiǎng。

爸爸：很好。上次作业？

女儿：砂礓 jiāng 地，要多耩 jiǎng 粪，否则长出的豇 jiāng 豆绛 jiàng 红绛红的。

没钱襄 xiāng 助庠 xiáng 序，只能送上鲞 xiǎng 鱼。

爸爸：还行。今天我们重点学与醋同音或近音的字。与醋同音的有非形声字：蔟 cù 蹙 cù 蹴 cù，jiu 猝 cù。

蔟，蚕在上面做茧的东西，通常用稻草做成：蚕蔟。陆人龙《型世言》："腿上又是鲜血淋漓，蔟藜 lí 刺满脚底，也着不得靴。"

蹙，紧迫：穷蹙。皱，收缩：蹙眉。《三国演义》："貂蝉故蹙双眉，做忧愁不乐之态，复以香罗频拭眼泪。"

蹴，踢：蹴鞠，踢球。踏：一蹴而就。《雍正皇帝》："这是一劳永逸的事啊，哪能就会一蹴而就了？"另读 jiù，圪 gē 蹴，方言，蹲。

女儿：猝，突然：猝然。《康熙大帝》："叶秀才猝不及防，早被死死绑住按跪在地，就地摘了缨帽，没头没脸打了二十个耳光。"

爸爸：与醋近音的有非形声字：徂 cú 殂 cú。

徂，往：自西徂东。过去，逝，开始。徂岁，谓光阴流逝。陆游《道院》："摇落悲徂岁，漂流忆故园。"

殂，死亡：殂陨。《三国演义》："先帝创业未半，而中道崩殂；今天下三分，益州疲敝，此诚危急存亡之秋也。"

上次谜语猜出没有？

女儿："十月十日"加"号"的头，不是朝吗？

爸爸：聪明。与朝同音的有非形声字：晁 cháo，姓。如：晁错。

与朝近音的有非形声字：耖 chào，在耕、耙地以后用的一种把土弄得更细的农具。耖田。《南村辍耕录》："花月妖将家人狐媚，虚耖鬼把仓库潜偷。"

第一百五十二课 茶 chá

爸爸：先交作业。

女儿：摇落悲徂 cú 岁，终难免崩殂 cú。

先帝蹴 cù 鞠口渴之时，忽然箭簇 cù 如雨，他猝 cù 不及防，急得直蹙 cù 眉头。

晁 cháo 盖耖 chào 田，不务正业。

爸爸：很好。今天我们重点学与茶同音或近音的字。与茶同音的有准形声字：槎 chá；正形声字：嵖 chá 猹 chá 楂 chá，zhā 搽 chá。

槎，木筏；浮槎。《三刻拍案惊奇》："疑是气冲岳底，更如灯泛渔槎。"

嵖，嵖岈，嵯 cuó 峨、高峻的样子。山名，在河南省。欧阳修等《新唐书》："唐邓隋节度使李愬 sù 及吴元济战于嵖岈山，败之。"

楂，同"槎"。水中木筏。黄庭坚《送陈季常归洛》："浮楂在江湖，邂近一相触。"

女儿：猹，獾类野兽。鲁迅《故乡》："有一个十一二岁的少年，项带银圈，手捏一柄钢叉，向一匹猹尽力地刺去，那猹却将身一扭，反从他的胯下逃走了。"

搽，涂抹：搽粉。《西游记》："见有一架石床，左右列几个抹粉搽胭的山精树鬼，展铺盖伏侍老魔。"

爸爸：与茶近音的有读插的非形声字：锸 chā；准形声字：馇 chā 碴 chā，chá；正形声字：杈 chā，chà。

锸，铁锹，掘土的工具。《元史演义》："遇有曲折地方，导之使直，随地派工，锹锸兼施。"

馇,熬东西时边煮边搅:馇猪食。

碴,胡子拉碴,形容满脸胡子未加修饰。另读 chá,小碎块,嫌隙。《雍正皇帝》:"所以虽然听出了年羹尧是话中带刺,却不敢接碴。"

女儿:杈,一种用来挑柴草等的农具。另读 chà,树枝的分岔,树干的分枝:树杈。张之路《羚羊木雕》:"一不小心,我的裤子被树杈划了一道长长的口子。"

爸爸:有准形声字:镲 chǎ;正形声字:衩 chǎ、chà。

镲,小钹 bó。《雍正剑侠图》:"教给他打钹、打镲,一样一样乐器,年羹尧全都学会了。"

衩,裤衩,短裤。另读 chà,衣服旁边开口的地方。《施公案》:"身穿箭袖玄色短袄,脚下花脑头战靴,绿洒花兜裆衩裤,身材高大,器宇轩昂。"

还有读岔的正形声字:汊 chà;非形声字:诧 chà 姹 chà。

汊,河流的分岔:湖汊。《施公案》:"在海州境西北二十里一带,支河汊港,四处皆是水道,曲折弯环,颇难认识。"

女儿:诧,惊讶,觉得奇怪:诧谔。《醒世恒言》:"把眼霎霎 shà,把脚踏踏,分明是醒的,怎么有此诧异的事。"

姹,美丽:姹紫嫣红。《镜花缘》:"只见各处花光笑日,蝶意依人,四壁厢娇红姹紫,应接不暇。"

爸爸:楂除读茶外,另读 zhā,山楂。

与其同音的有正形声字:揸 zhā,方言,用手指撮东西,拿取。把手指伸开。《施公案》:"哪知这一件东西,好象渔翁的甩网,金亮亮有二尺大小,揸开五个指头,往头上直落下来。"

与其近音的有读闸的非形声字:铡 zhá 札 zhá。

女儿:铡,一种切草或切其他东西的器具,称"铡刀"。用铡刀切东西:铡草。《刘胡兰》:"她迎着呼呼的北风,踏着烈士的鲜血,走到铡刀跟前。"

札,古时写字的小木简:札记。信件:手札。《三国演义》:"回来正遇吕布之使,呈上书札,玄德大喜。"

爸爸:有读眨的准形声字:砟 zhǎ 拃 zhǎ 拃 zhǎ。

砟,坚硬成块的东西:煤砟。如:炉灰砟儿。

拃,张开大拇指和中指量长度。量词,指张开大拇指和中指两端的距离。《大明奇侠传》:"小娘子故意以两指一竖,复以大二两指慢慢一拃,似若无限含羞,示以二八年华的意思。"

还有读乍的非形声字:咤 zhà;正形声字:蚱 zhà 柞 zhà,zuò。

女儿:咤,叱咤,大声呵斥。沙汀《在祠堂里》:"但她随即就在一种低沉而迫人的叱咤中哑了下去,只剩有一种模糊不明的哽咽了。"另读 chà,诧异,惊奇。

蚱,蚱蜢,昆虫,对农作物有害。《乾隆皇帝》:"我手笔太小,有点拿不出手。土地爷吃蚱蜢,大小是个荤腥供献罢。"

爸爸:柞,柞水,地名,在陕西省。另读坐 zuò,柞蚕。《乾隆皇帝》:"通道南北两侧用木栅隔成大小不等的号子间,各号之间也都是用大腿粗的柞木分界。"

二十四、八卦篇

第一百五十三课 乾 qián

爸爸：先交作业。

女儿：锸 chā 工诧 chà 春景,姹 chà 紫又嫣红。

高举铡 zhá 刀,大声叱咤 zhà,信札 zhá 落地。

爸爸：可以。今天我们重点学与乾同音或近音的字。与乾同音的有非形声字：虔 qián 掮 qián 钤 qián 荨 qián,xún。

女儿：虔,恭敬：虔诚。《醒世恒言》："那船将次倾覆,满船的人尽皆恐惧,虔诚祷告江神,许愿保护。"

爸爸：掮,用肩扛东西：掮客,旧指介绍买卖,取得佣金的人。《施公案》："正在上面鹭行鹤伏,四面兜抄往下面巡看,但见巡丁们掮着兵器,穿来走去,并无动静。"

钤,印章。盖印章：钤印。《明史演义》："所进表文,词多潦草,钤用图书,仍不用明朝正朔。"

荨,荨麻,遍体多刺如接触它们会感到针刺般疼痛。另读寻 xún,荨麻疹,一种过敏性皮疹,俗称风疹疙瘩。

女儿：与乾近音的字有哪些？

爸爸：读浅的正形声字：缱 qiǎn,缱绻 quǎn,情意缠绵,感情好得离不开。《大唐狄公案》："冯先生表示要远走高飞,免得两个缱绻,总非益处。"

读欠的正形声字：芡 qiàn；非形声字：堑 qiàn 椠 qiàn 倩 qiàn 慊 qiàn,qiè 茜 qiàn,xī。

女儿：芡，一年生水草，茎叶有刺，亦称"鸡头"：芡实。烹调时用淀粉加水调成的浓汁：勾芡。《儒林外史》："那湖中菱、藕、莲、芡，每年出几千石。"

爸爸：堑，防御用的壕沟，护城河：堑壕。陷坑，喻挫折。《隋唐两朝志传》："秦王遂深挑沟堑，按兵不动，安抚居民。"

椠，古代以木削成用作书写的版片。简札，书信。《文忠集》："公集传世已久，且最盛，然或非精椠，或初本美而传印模糊有不可辨者，学者病之。"

倩，美好：倩装。请，央求：倩人代笔。《醒世恒言》："当下王臣舍舟登陆，雇倩脚力，打扮做军官模样，一路游山玩水，夜宿晓行。"

慊，不满，怨恨。另读窃 qiè，满足，满意。《后汉演义》："陈寿作《陶谦传》语多不慊，寿推尊曹操，故叙谦多诬，实难尽信。"

茜，红色：茜纱。《红楼梦》："绛芸轩里绝喧哗，桂魄流光浸茜纱。"另读 xī，用于名字。

还有非形声字：悛 quān，悔改：悛改。怙恶不悛，坚持作恶，不肯悔改。《醒世恒言》："有我在日，严加责罚，尚不改悛。我死之后，又何人得而禁之！"

还有读全的正形声字：诠 quán 筌 quán 铨 quán 醛 quán 荃 quán；非形声字：鬈 quán 蜷 quán 颧 quán。

女儿：诠，解释：诠解。《隋唐演义》："论来还该序齿诠次，你的年纪最小，为甚把你列为首唱？"

爸爸：筌，捕鱼的竹器：得鱼忘筌，喻功成而忘其凭借。《大唐狄公案》："我荣保不才，却也非是得鱼忘筌之人，何来恩将仇报？"

铨，衡量轻重：铨衡。古代称量才授官，选拔官吏：铨选。《荡寇志》："他不以为辱，反以为荣。得他老子之力，铨选曹州知府。"

醛,有机化合物的一类,如"乙醛"。

荃,古书上说的一种香草,亦用以喻国君;荃察,旧时书信中请人原谅的敬辞。韩愈《送灵师》:"逐客三四公,盈怀赠兰荃。"

鬈,头发好,引申为美好。头发卷曲。《三宝太监下西洋记》:"帐下闪出一员大将,身长九尺,膀阔三停,黑面鬈髯,虎头环眼,威风凛凛,杀气腾腾。"

女儿:蜷,身体弯曲:蜷伏。《大唐狄公案》:"他屏住了呼吸,蜷缩在破砖堆里警惕地窥视着周围。"

爸爸:颧,颧骨,眼睛下边两腮上面的颜面骨。《刘墉传奇》:"满脸横肉颧骨暗,重眉两道衬贼睛。两耳扇风败家种,五短三粗像貌凶。"

还有读犬的正形声字:甽 quǎn;非形声字:绻 quǎn。

甽,田地中间的沟:甽亩,田地。《隋唐演义》:"只因世乱,盗贼横行,山林甽亩,都不是安身之处。"

绻,缱绻。《封神演义》:"诏书到日,尔西伯侯姬昌速赴都城,以慰朕绻怀,毋得羁迟,致朕伫望。"

今天的谜语有三个,谜面一是"丢了弹弓",二是"四野冰初凝",三是"姜太公得子,老和尚得儿"。

第一百五十四课　兑 duì

爸爸：先交作业。

女儿：这个掮 qián 客,用荨 qián 麻铃 qián 印,很不虔 qián 诚。

他身在堑 qiàn 壕,竹椠 qiàn 传书,对与妻别茜 qiàn 窗、离倩 qiàn 影仍慊 qiàn 慊于怀。

张小全,高颧 quán 骨,长鬈 quán 发,喜蜷 quán 缩,乐缱绻 quǎn,不悛 quān 改。

爸爸：通过。今天我们重点学与兑同音或近音的字。兑,交换:兑换。一种东西掺到另一种东西里去:兑点热水。八卦之一,代表沼泽。

与兑同音的有正形声字:怼 duì;非形声字:碓 duì。

怼,怨恨:怨怼。《雍正皇帝》:"但雷霆雨露皆是君恩,儿臣并没有生出怨怼之心。"

碓,木石做成的捣米器具:碓房。《三侠五义》:"捉住贼的双脚往上一提,出了水面,犹如捣碓一般,立刻将米三提到船上。"

与兑同音或近音的生字很少。上次的谜语猜得怎样?

女儿："丢了弹弓"的谜底是单。

爸爸：对。读单的有正形声字:箪 dān 郸 dān 殚 dān;非形声字:聃 dān 儋 dān 眈 dān。

箪,古代盛饭的圆竹器:箪食壶浆。《后汉演义》:"将军自率益州众士,出向秦川,百姓必且箪食壶浆,欢迎将军。"

郸,郸城,在河南省,位于豫皖两省交界处。邯郸,在河北省,位于晋冀鲁豫四省要冲和中原经济区腹心,是国家历史文化名城。

女儿：殚,竭尽:殚精竭虑。《三国演义》:"伏自建安以来,野战死亡,或门殚户尽;虽有存者,遗孤老弱。"

爸爸:聃,耳朵长而大。常见于人名:老聃。柳宗元《觉衰》:"彭聃安在哉,周孔亦已沉。"

儋,儋州,地名,在海南省。苏轼《自题金山画像》:"问汝平生功业,黄州惠州儋州。"

女儿:眈,注视:虎视眈眈。《乾隆皇帝》:"时而心驰神往,时而攒眉颦 pín 目,目光眈眈看着这位口若悬河的王爷。"

爸爸:与其近音的有读胆的非形声字:賧 dǎn;准形声字:亶 dǎn 疸 dǎn 掸 dǎn。

賧,我国古代南方某些少数民族以财物赎罪称"賧"。魏收《魏书》:"凡蛮夷不受鞭罚,输财赎罪,谓之賧。"

亶,实在,诚然,信然。天亶,谓帝王的天性。《清史演义》:"究竟乾隆帝天亶聪明,口中虽是不言,心中恰是诧异。"

疸,黄疸,病名,病人的皮肤、黏膜和眼球的巩膜等都呈黄色,是由胆红素大量出现在血液中所引起。《林兰香》:"不用黄连医黄疸,且将黄鲴 gù 醉黄精"。

女儿:掸,用鸡毛或布条绑成的除尘用具:掸子。用掸子轻轻拂打或抽。《三侠五义》:"一翻身爬起,提了包裹,掸了掸尘垢,拱了拱手。"

爸爸:还有读旦的非形声字:啖 dàn 菡 dàn;准形声字:惮 dàn。

啖,吃或给人吃:啖饭。《三国演义》:"操贼!欺君罔上,罪不容诛!害我父弟,不共戴天之仇!吾当活捉生啖汝肉!"

菡,菡 hàn 萏,荷花。《大唐狄公案》:"池中菡萏吐艳,水边垂杨袅袅。"

女儿:惮,畏难,怕麻烦。《三国演义》:"昔主公困守荆州,北畏曹操,东惮孙权,赖孝直为之辅翼,遂翻然翱翔,不可复制。"

爸爸:上次"四野冰初凝"的谜底是什么?

女儿:涸。

爸爸：对，凋 diāo，衰落：凋谢。《三国演义》："古之圣帝明王,未有极宫室之高丽,以凋敝百姓之财力者也。"

与凋同音的还有非形声字：碉 diāo 鲷 diāo 貂 diāo。

碉,碉堡,军事上防守用的构筑物。《儒林外史》："我们若从大路去惊动了他,他踞了碉楼,以逸待劳,我们倒难以刻期取胜。"

鲷,真鲷,鱼,身体红色,肉鲜美,通称"加吉鱼"。鲷阳,故郡名,现位于今安徽省临泉县。范晔《后汉书·朱乐何列传》："又修理鲷阳旧渠,百姓赖其利,垦田增三万余顷。"

女儿：貂,哺乳动物的一属,是很珍贵的衣料,我国东北特产之一。《元史演义》："阔里吉思当即奏捷,由成宗赏他貂裘宝鞍,统是世祖遗物。"

爸爸："姜太公得子,老和尚得儿"的谜底是什么?

女儿：应该是党。

爸爸：正确。读党的有正形声字：谠 dǎng,正直的：谠论。《民国演义》："诸君子皆识时俊杰,必能各抒谠论,为国忠谋。"

与党近音的有正形声字：裆 dāng 珰 dāng。

裆,两裤腿相连的地方：裤裆。两腿的中间：腿裆。《施公案》："当时抬起左腿,对定人杰的裆下一脚踢来。"

女儿：珰,古代妇女戴在耳垂上的装饰品。《大唐狄公案》："两片白玉雕出般的耳朵各垂下一叶翡翠明珰。后鬟 huán 间插一凤凰展翅玉搔头。"

爸爸：还有读档的正形声字：挡 dàng 菪 dàng；非形声字：砀 dàng 宕 dàng 凼 dàng。

挡,为便于灌溉而筑的小土堤：筑挡挖塘。多见于地名,黄龙挡。

砀,有花纹的石头。砀山,山名,地名,在安徽省。李白《丁都护歌》："君看石芒砀,掩泪悲千古。"

宕,拖延,搁置：延宕。《大唐狄公案》："几番想要破镜重圆,周氏则模棱两可,拖宕不决。"

莨,莨 làng 菪,多年生草本植物,可入药。《上古秘史》:"还有一种叫作莨菪草,它的根极像人形,假使将它的根叶剪去一点,它竟似觉得痛苦,能够发出一种叹息之声。"

凼,塘,水坑:粪凼。例:小小的水凼是野生鱼虾的天堂。

第一百五十五课　离 lí

爸爸：先交作业。

女儿：不会捣碓 duì，不必怒怼 duì。

老聃 dān 在儋 dān 州，喜爱菌萏 dàn，很少啖 dàn 肉，从不对赕 dǎn 罚之财虎视眈 dān 眈。

碉 diāo 堡里无论养真鲷 diāo，还是水貂 diāo，都会很快凋 diāo 谢。

砀 dàng 山降雨延宕 dàng，造成水凼 dàng 干涸。

爸爸：通过。今天我们重点学与离同音或近音的字。读离的正形声字：鹂 lí 鲡 lí 骊 lí 蓠 lí 缡 lí 藜 lí；非形声字：鳌 lí。

女儿：鹂，黄鹂，鸟，羽毛黄色，鸣声动听悦耳，亦称"黄莺"。杜甫《蜀相》："映阶碧草自春色，隔叶黄鹂空好音。"

爸爸：鲡，鳗 màn 鲡，鳗鱼。又名白鳝，身体长形，表面多黏液，肉味鲜美。《三刻拍案惊奇》："还又有石首、鲳鱼、鳓 lè 鱼、呼鱼、鳗鲡各样，可以做鲞。"

骊，纯黑色的马。传说中黑色的龙：骊珠。《明史演义》："为首一员大将，裹着铁甲，驾着铁骊，持了一柄大刀，飞舞而来。"

蓠，江蓠，红藻的一种。古书上说的一种香草。白居易《竹枝词》："水蓼冷花红簇簇，江蓠湿叶碧凄凄。"

缡，古代妇女出嫁时所系的佩巾：结缡。《红楼梦》："可怜一位如花似月之女，结缡年余，不料被孙家揉搓以致身亡。"

藜，藜芦，多年生草本植物。《三国演义》："见一道人，身披鹤氅，手携藜杖，立于当道，百姓俱焚香伏道而拜。"

黧,黑里带黄的颜色:黧黄。《前汉演义》:"门吏见他面目黧黑,衣衫褴褛,已是讨厌得很,便即喝问何事?"

女儿:与黧近音的有哪些?

爸爸:有读列的非形声字:躐 liè 鬣 liè 埒 liè 捩 liè;正形声字:趔 liè 冽 liè 洌 liè。

躐,超越:躐级。践踏,踩。《明史演义》:"当时布衣蔬食,并不敢有意外妄想,及躐入仕途,性情改变,所以欧阳氏引作规诫。"

鬣,马、狮子等颈上的长毛:鬣鬃。鬣狗,哺乳动物,外形略像狗,吃兽类尸体腐烂的肉。《聊斋志异》:"试以猪鬣毛,撩拨虫须,仍不动。"

埒,矮墙,场地四周的土围墙。田塍 chéng。界限。等同。《明史演义》:"自总督京营后,权力与严嵩相埒,免不得骄傲起来。"

捩,扭转:转捩点,转折点。《老残游记》:"忽见那船上杀了几个人,抛下海去,捩过舵来,又向东边丢了。"

趔,趔趄,身体歪斜,脚步不稳的样子。《乾隆皇帝》:"说着已是走近了,脚下趔趄步儿,满口酒屁臭气,大着舌头,棱着眼问道。"

女儿:冽,寒冷:凛冽。《儒林外史》:"看那山上,树木凋败,又被北风吹的凛凛冽冽的光景,天上便飘下雪花来。"

爸爸:洌,水清,酒清:洌清。《东周列国志》:"军士如其言,果于山腰掘得水泉,其味清洌。"

今天的谜面是:陇东半坡人。

第一百五十六课　震 zhèn

爸爸：现在复习前面的生字。第一百五十一课？

女儿：非形声字有：蔟 cù 蹙 cù 蹴 cù(jiu) 猝 cù 徂 cú 殂 cú 晁 cháo 秒 chào。

爸爸：第一百五十二课？

女儿：正形声字有：嵖 chá 猹 chá 楂 chá,zhā 搽 chá 杈 chā,chà 衩 chǎ,chà 汊 chà 揸 zhā 蚱 zhà 柞 zhà(zuò)；

准形声字有：槎 chá 佗 chā 磋 chā,chá 镲 chǎ 砟 zhǎ 拃 zhǎ；

非形声字有：锸 chā 诧 chà 姹 chà 铡 zhá 札 zhá 咤 zhà。

爸爸：第一百五十三课？

女儿：正形声字有：缱 qiǎn 茜 qiàn 诠 quán 筌 quán 铨 quán 醛 quán 荃 quán 畎 quǎn；

非形声字有：虔 qián 掮 qián 钤 qián 荨 qián(xún) 堑 qiàn 椠 qiàn 倩 qiàn 慊 qiàn,qiè 茜 qiàn(xī) 悛 quān 鬈 quán 蜷 quán 颧 quán 绻 quǎn。

爸爸：第一百五十四课？

女儿：正形声字有：怼 duì 箪 dān 郸 dān 瘅 dān 谠 dǎng 挡 dāng 珰 dāng 铛 dāng 菪 dàng；

准形声字有：亶 dǎn 疸 dǎn 掸 dǎn 惮 dàn；

非形声字有：碓 duì 聃 dān 儋 dān 眈 dān 赕 dǎn 啖 dàn 萏 dàn 凋 diāo 碉 diāo 鲷 diāo 貂 diāo 砀 dàng 宕 dàng 凼 dàng。

爸爸：第一百五十五课？

女儿：正形声字有：鹂 lí 鲡 lí 骊 lí 蒿 lí 缡 lí 藜 lí 趔 liè 洌 liè 冽 liè；

非形声字有:鬣 lí 躐 liè 鬣 liè 埒 liè 挒 liè。

爸爸:很好。上次作业?

女儿:一只鬣 liè 狗,毛色鬣 lí 黄,挒 liè 过身来,躐 liè 上埒 liè 墙。

爸爸:可以。今天我们重点学与震同音或近音的字。与震同音的有非形声字:<u>朕 zhèn 鸩 zhèn 赈 zhèn 圳 zhèn</u>。

朕,我,我的,皇帝自称。《三国演义》:"朕被二贼欺凌久矣!若得诛之,诚为大幸!"

鸩,传说中的一种毒鸟。用鸩的羽毛泡成的毒酒:鸩酒。用毒酒害人。《三国演义》:"董后何罪,妄以鸩死?"

赈,救济:赈济。《济公全传》:"员外何不修些好事,设立个粥厂,赈济这一方之邻里乡党,倒是一件好事。"

女儿:圳,田边水沟,多用于地名:深圳。

爸爸:与震近音的有读贞的正形声字:帧 zhēn 桢 zhēn 祯 zhēn;非形声字:<u>甄 zhēn 砧 zhēn 箴 zhēn 胗 zhēn 榛 zhēn 蓁 zhēn 臻 zhēn</u>。

帧,装帧,指书画、书刊的装潢设计。《乾隆皇帝》:"傅恒接过来看,约有一尺半长,显然是一帧横幅。"

桢,坚硬的木头。古代打土墙时所立的木柱,泛指支柱:桢干,喻能胜重任的人。杜甫《同元使君春陵行》:"复览贼退篇,结也实国桢。"

祯,吉祥:祯祥。《平山冷燕》:"而后天人交感,上气下垂、下气上升,故五色征于云,而祯祥见于天下。"

甄,审查,鉴别:甄别。《儒林外史》:"这一回朝廷奉旨要甄别在监读书的人,所以六堂合考。"

女儿:砧,捶、砸或切东西的时候,垫在下面的器具:砧板。《雍正皇帝》:"我们这些'鱼肉',眼见得已被送上砧板成为刀俎,就是不想跳也不行了。"

爸爸:箴,劝告,劝戒:箴言。《济公全传》:"他放走了大盗窦永衡,捕务废弛,行同市侩,有忝 tiǎn 官箴,任意胡为。"

胗,鸟类的胃:鸡胗。《乾隆皇帝》:"连筋带肉像鸡胗子似的赶紧出锅,用凉开水激淬,才得这个样儿。"

榛,落叶灌木或小乔木,结球形坚果,称"榛子"。丛杂的草木:榛芜。《绿野仙踪》:"一株株含烟笼月,带露迎风,千条万缕,披拂在芜草荒榛之上。"

蓁,草木茂盛的样子,荆棘丛生的样子。《西游记》:"长廊寂静,古刹萧疏;苔藓盈庭,蒿蓁满径;惟萤火之飞灯,只蛙声而代漏。"

女儿:臻,达到:日臻完善。到,来到:百福并臻。《三国演义》:"兵革疲于外,谋臣诛于内;兄弟谗隙,国分为二;加之饥馑并臻,天灾人困。"

爸爸:还有读诊的非形声字:畛 zhěn 轸 zhěn;准形声字:缜 zhěn。

畛,田地间的小路。界限:畛域。《民国演义》:"至地方畛域,党派异同,非所敢择也。"

轸,古代指车箱底部四周的横木;借指车。伤痛:轸怀。《三国演义》:"悬头千余颗于车下,连轸还都,扬言杀贼大胜而回。"

缜,细致:缜密。《包公案》:"小人一路遍问,岂知这贼弥缝如此缜密。"

上次"陇东半坡人"的谜底是什么?

女儿:陇东、半坡、人,是坠。

爸爸:正确。与坠同音的有准形声字:缒 zhuì;非形声字:惴 zhuì。

缒,用绳索拴住人或物从上往下放:缒城而下。《林公案》:"况且驳船与趸船高下相去甚远,不能直接搬运,必须用绳缒,或用木梯升降,盘运非常费力。"

女儿:惴,又忧愁,又恐惧:惴恐。惴惴不安。《大唐狄公案》:"一是玩忽职守,二是怠慢上台,有此两条,他们怎能不提心吊胆,惴惴不安?"

爸爸:与坠近音的有读追的非形声字:隹 zhuī;正形声字:骓 zhuī。

隹,短尾鸟的总称。沈约《宋书》:"张瓘 guàn 在凉州正朝,放隹雀诸鸟,出手便死。"

骓,青白杂色的马。《说岳全传》:"坐下乌骓马,追风通电;手提合扇刀,霹雳飞腾。"

读罪的正形声字:蕞 zuì,小的。又如:蕞尔小邦,形容地域极小的国家。《大唐狄公案》:"钱牟确是智勇双全,但他毕竟在这蕞尔之地土生土长,见得几天世面?"

第一百五十七课　巽 xùn

爸爸：先交作业。

女儿：皇帝自称朕 zhèn，连轸 zhěn 到深圳 zhèn，甄 zhēn 别是非，倾听箴 zhēn 言，赈 zhèn 灾民，鸩 zhèn 贪官，砧 zhēn 板切鸡胗 zhēn，蒿蓁 zhēn 炒榛 zhēn 子，百福并臻 zhēn，畛 zhěn 域巩固。

佳 zhuī 雀乱飞，惴 zhuì 惴不安。

爸爸：还行，这么长，不容易。今天我们重点学与巽同音或近音的字。巽，八卦之一，代表风。《济公全传》："往东南上巽为风一站，用宝剑就地一画，口中念念有词，立刻狂风大作，走石飞沙。"与巽同音的有准形声字：徇 xùn；非形声字：蕈 xùn。

女儿：徇，顺从，曲从：徇私。《三国演义》："居家为父子，受事为君臣。法不徇情，尔宜深戒。"

爸爸：蕈，蕈树，常绿乔木，为优质木材。生长在树林里或草地上的某些高等菌类植物：香蕈。《西游记》："我这山间实是寒薄，没什么香蕈、蘑菇、川椒、大料，只是几品野菜奉献老爷，权表寸心。"

女儿：与巽近音的有哪些？

爸爸：有读勋的非形声字：薰 xūn 埙 xūn；正形声字：曛 xūn 醺 xūn。

薰，古书上说的一种香草，又泛指花草的香气。《醒世恒言》："回到家中，把衣服浆洗得干干净净，买几根安息香，薰了又薰。"

埙，古代用陶土烧制的一种吹奏乐器，圆形或椭圆形，有六孔，亦称"陶埙"。杜牧《寄内兄和州崔员外十二韵》："恩义同钟李，埙篪 chí 实弟兄。"

曛，落日的余光。暮，昏暗：曛黄。《二刻拍案惊奇》："席地而坐，豁了几拳,各各连饮几十大觥。看看日色曛黑,方才住手。"

女儿:醺,醉:微醺。《雍正皇帝》:"一场酒宴下来,竟有些醺醺欲醉。"

第一百五十八课　坎 kǎn

爸爸:先交作业。

女儿:吃香蕈 xùn,薰 xūn 香草,吹陶埙 xūn。

爸爸:好的,有点小资情调。今天我们重点学与坎同音或近音的字。坎,低陷不平的地方,坑穴:坎坷。八卦之一,代表水。指最紧要的地方或时机,当口儿:这话可说到坎儿上了。指坏运气或被迫的处境:今年是他的坎儿。

女儿:与坎同音的有非形声字:侃 kǎn,侃侃,理直气壮,从容不迫的样子,如"侃侃而谈"。文康《儿女英雄传》:"我既这等苦苦相问;你自然就该侃侃而谈。"

爸爸:与坎近音的有读刊的非形声字:戡 kān 龛 kān。

戡,用武力平定叛乱:戡乱。《清史演义》:"训政十年,东南戡定,西北渐平。"

龛,供奉佛像、神位等的小阁子:佛龛。《三宝太监下西洋记》:"那些龛堂都是沉香木头雕刻成的,又且镶嵌许多宝石,制极精巧。"

还有非形声字:阚 kàn 瞰 kàn。

阚,望。姓。《清史演义》:"嗣后阚名希宠之徒,更何所容其觊觎 jìyú 乎?"

女儿:瞰,从高处往下看,俯视:鸟瞰。《雍正皇帝》:"这个山神庙座落在娘子关外一座山头上,居高临下,俯瞰万山。"

爸爸:还有读凯的非形声字:恺 kǎi 闿 kǎi 铠 kǎi 剀 kǎi 锴 kǎi。

恺,快乐,和乐:恺悌,和颜悦色,易于接近。韩愈《荐士》:"微诗公勿诮 qiào,恺悌神所劳。"

闿,开:闿关。岳珂《真宗皇帝御制朱表御书赞》:"宋德茂三世,祥符闿九清。"

铠,铠甲,古代的战衣,可以保护身体。《三国演义》:"尝于朝服内披小铠,藏短刀,欲伺便杀卓。"

剀,剀切,符合事实,如"剀剀中理"。规劝讽喻:以古剀今。《清史演义》:"湖广总督林则徐,说得尤为剀切。"

锴,好铁。常见于人名:蔡廷锴。

女儿:还有非形声字:忾 kài,愤怒,愤恨:同仇敌忾。《乾隆皇帝》:"为将秉公持正,不怀偏私,上下一心才能同仇敌忾。"

爸爸:再凑几个。非形声字:剋 kēi,申斥:挨剋。《明史演义》:"更劾忠贤十大罪:一并帝;二蔑后;三弄兵;四无二祖列宗;五剋削藩封;六无圣;七滥爵;八掩边功;九伤民财;十通关节。"

非形声字:裉 kèn,衣服腋下前后相连的部分:腰裉。《红楼梦》:"身上穿着缕金百蝶穿花大红洋缎窄裉袄,外罩五彩刻丝石青银鼠褂。"

女儿:还有读坑的非形声字:铿 kēng,象声词:大马靴子走在石板路上铿铿地响。铿锵,形容有节奏而响亮的声音。《大唐狄公案》:"狄公缓步走过金玉桥,耳中鼓乐铿锵,鼻前异香馥郁。"

爸爸:今天的谜面是:一点一横长,口子在中央,大口张着嘴,小口里面藏。

二十四、八卦篇

第一百五十九课　艮 gèn, gěn

爸爸：先交作业。

女儿：老阚 kàn 戡 kān 乱,守护佛龛 kān,俯瞰 kàn 万山,侃侃 kǎn 而谈。

蔡廷锴 kǎi 一向恺 kǎi 悌亲民,从不剋 kēi 人,曾身披铠 kǎi 甲,剀 kǎi 切陈词,呼吁闿 kǎi 导民智,同仇敌忾 kài。

大皮鞋铿 kēng 铿响,小裉 kèn 袄闪闪亮。

爸爸：可以。今天我们重点学与艮同音或近音的字。艮 gèn,八卦之一,代表山。《康熙侠义传》："号灯分为八卦,按那'乾、坎、艮、震、巽、离、坤、兑'方位款式,排得可观。"另读 gěn,指食物不易咬动或嚼烂。如:花生米艮了。坦率直言,如:他说话真艮。

女儿：与艮同音的非形声字:亘 gèn,空间和时间上延续不断:横亘。《三国演义》："董贼之罪,弥天亘地,不可胜言!"

爸爸：与艮近音的有准形声字:哏 gén,滑稽,可笑,有趣。滑稽有趣的言语或动作:逗哏。捧哏。又读 hěn,犹狠。叹词,表示愤怒。《西游记》："哏!你这诳上的弼马温,当年撞那祸时,不知带累我等多少,今日又来此欺人!"

上次谜语猜得怎样?

女儿：太简单了,高。

爸爸：对。读高的有非形声字:皋 gāo 睾 gāo;正形声字:橰 gāo 篙 gāo。

皋,水边的高地,岸:江皋。沼泽,湖泊。《西游记》："仙鹤唳时,声振九皋霄汉远;凤凰翔起,翎毛五色彩云光。"

睾,睾丸,雄性动物生殖器官的一部分,能产生精子。《林公案》:"少年一拳不着,即一反腕变个海底捞月的家数,直向和尚小腹下插入,满想这一来定能拧碎他的睾丸。"

槔,桔 jié 槔,井上汲水的一种工具。《红楼梦》:"篱外山坡之下有一土井,傍有桔槔辘轳之属。"

女儿:篙,用竹竿或杉木等制成的撑船工具:竹篙。《儒林外史》:"船家解了缆,放离了马头,用篙子撑了五里多路,一个小小的村落旁住了。"

爸爸:与高近音的有读搞的非形声字:杲 gǎo 藁 gǎo;准形声字:槁 gǎo 缟 gǎo。

杲,日出明亮。《大唐狄公案》:"今日天高云淡,秋阳杲杲,不如趁此晴和天气,去万寿山中寻访鹤衣先生。"

藁,藁本,多年生草本植物,茎直立中空,根可入药。藁荐,草席。《醒世恒言》:"夜间止有一条藁荐,一条破被单遮盖,寒冷难熬,如蛆虫般,搅做一团,苦楚不能尽述。"

槁,枯干:槁木。《济公全传》:"项带大锁,手上有铐,脚上有镣,一脸柏槁,发髦蓬松,一团胡须如乱草一般。"

女儿:缟,未经染色的绢。白色:缟素。《三国演义》:"曹操纵马出阵,身穿缟素,扬鞭大骂。"

爸爸:还有读告的正形声字:郜 gào 诰 gào 锆 gào。

郜,古地名,在今山东省成武县东南。姓。《东周列国志》:"所取郜、防两邑,齐鲁各得其一,寡人毫不敢私。"

诰,古代帝王对臣子的命令:诰命。《三国演义》:"可差使命就送官诰与云长,令先起兵取樊城,使敌军胆寒,自然瓦解矣。"

锆,一种金属元素。

第一百六十课　坤 kūn

爸爸：先交作业。

女儿：艮 gèn 卦代表山,横亘 gèn 在空间。

秋阳杲 gǎo 杲,小狗晒睾 gāo；藁 gǎo 木刺臀,声振九皋 gāo。

爸爸：呵呵,亏你想得出。今天我们重点学与坤同音或近音的字。坤,八卦之一；坤舆 yú。称女性的：坤表。与坤同音的有非形声字：髡 kūn；正形声字：醌 kūn 锟 kūn 琨 kūn 焜 kūn 鲲 kūn。

髡,古代剃去男子头发的一种刑罚：髡首。《三国演义》："又恐其阴魂于九泉之下再与绍相见,乃髡其发,刺其面,毁其尸。"

醌,一类有机化合物。

锟,锟铻,古书上记载的山名,所出铁可造剑,因此宝剑也称"锟铻"。《西游记》："这件兵器,乃锟钢抟 tuán 炼的,被我将还丹点成,养就一身灵气,善能变化,水火不侵。"

琨,美玉：瑶琨。葛洪《抱朴子》："不睹琼琨之熠 yì 烁,则不觉瓦砾之可贱。"

焜,光明。欧阳修《送慧勤归余杭》："文彩莹丹漆,四壁金焜煌。"

女儿：鲲,古代传说中的大鱼：鲲鹏,古代传说中的大鱼大鸟。《庄子》："北冥有鱼,其名为鲲。鲲之大,不知其几千里也。"

爸爸：与坤近音的有读捆的非形声字：阃 kǔn,门槛,门限。《三国演义》："阃以内,孤主之；阃以外,将军制之。"

读宽的正形声字：髋 kuān,髋骨,组成盆骨的大骨,通称"胯骨"。《庄子》："依乎天理,批大郤 xì,导大髋,因其固然。"

还有读筐的非形声字：匡 kuāng；正形声字：诓 kuāng 哐 kuāng。

匡,纠正;匡正。救:匡救。粗略计算,估计,预料:匡算。《三国演义》:"先生自比管、乐,管仲相桓公,霸诸侯,一匡天下;乐毅扶持微弱之燕,下齐七十余城。"

诓,欺骗:诓骗。《大唐狄公案》:"家伯风中残烛,颠顶mānhān糊涂,受人如此诓骗。"

哐,象声词,形容撞击声。《雍正剑侠图》:"'哐啷'一声响,门分左右,出来一位小老道。"

女儿:还有读狂的正形声字:诳 kuáng,欺骗,瞒哄:诳语。诳:说诳。《三国演义》:"赤壁鏖兵,乃周郎之谋也,干汝何事,敢来诳语!"

爸爸:还有非形声字:夼 kuǎng,洼地,多用于地名:大夼,马草夼,均在山东省。

以及读矿的非形声字:邝 kuàng 圹 kuàng 贶 kuàng。

邝,姓:邝美云。

圹,墓穴,亦指坟墓:圹穴。《隋唐演义》:"此乃上古高人的圹穴,不知其姓氏,相传叫作隐士墓。"

贶,赠,赐:厚贶。《三侠五义》:"如此厚贶,却之不恭,受之有愧,权且存留就是了。"

今天是最后一课,作业就在堂上完成。

女儿:好的。请看:如果擅自越阃 kǔn,必将被髡 kūn 首。

邝 kuàng 将军匡 kuāng 正天下立大功,不幸捐躯马草夼 kuǎng,皇上命令要厚贶 kuàng,圹 kuàng 穴大墓占地广。

爸爸:可以。现在复习前面的生字。第一百五十六课?

女儿:正形声字有:帧 zhēn 桢 zhēn 祯 zhēn 骓 zhuī 蕞 zuì;

准形声字有:缜 zhěn 缒 zhuì;

非形声字有:朕 zhèn 鸩 zhèn 赈 zhèn 圳 zhèn 甄 zhēn 砧 zhēn 箴 zhēn 胗 zhēn 榛 zhēn 蓁 zhēn 臻 zhēn 畛 zhěn 轸 zhěn 惴 zhuì 隹 zhuī。

爸爸:第一百五十七课?

女儿：正形声字有：曛 xūn 醺 xūn；

准形声字有：徇 xùn；

非形声字有：蕈 xùn 薰 xūn 埙 xūn。

爸爸：第一百五十八课？

女儿：非形声字有：侃 kǎn 戡 kān 龛 kān 阚 kàn 瞰 kàn 恺 kǎi 闿 kǎi 铠 kǎi 剀 kǎi 锴 kǎi 忾 kài 剋 kēi 裉 kèn 铿 kēng。

爸爸：第一百五十九课？

女儿：正形声字有：槔 gāo 篙 gāo 郜 gào 诰 gào 锆 gào；

准形声字有：哏 gén 槁 gǎo 缟 gǎo；

非形声字有：艮 gèn 亘 gèn 皋 gāo 睾 gāo 杲 gǎo 藁 gǎo。

爸爸：第一百六十课？

女儿：正形声字有：醌 kūn 锟 kūn 琨 kūn 焜 kūn 鲲 kūn 髋 kuān 诓 kuāng 哐 kuāng 诳 kuáng；

非形声字有：髡 kūn 阃 kǔn 匡 kuāng 夼 kuǎng 邝 kuàng 圹 kuàng 贶 kuàng。

爸爸：很好。到此为止，我们圆满完成了预定任务。

女儿：别了，生字！谢谢爸爸，我们以茶代酒，干杯！

爸爸：干杯！

（窗外，天宇澄碧，星汉灿烂，周遭一派祥和。）

二级通用规范汉字检字表

（注音兼顾《新华字典》《通用规范汉字字典》，字右边的号码指正文课目。）

2 画

〔丿〕乂 yì 95

〔一〕乜 miē, niè 74

3 画

〔一〕兀 wù 44　　弋 yì 95

〔乛〕孑 jié 45　　孓 jué 125　　幺 yāo 89

4 画

〔一〕亓 qí 83　　韦 wéi 57　　廿 niàn 16　　丏 miǎn 147　　卅 sà 4　　仄 zè 145　　厄 è 44

〔丿〕仃 dīng 43　　仉 zhǎng 35　　仂 lè 34　　兮 xī 113　　刈 yì 95　　爻 yáo 89

〔丶〕卞 biàn 86　　闩 shuān 115　　讣 fù 133

〔一〕尹 yǐn 110　　夬 guài 72　　爿 pán 130　　毋 wú 56

5 画

〔一〕邗 hán 61　　邛 qióng 14　　艽 jiāo 101　　艿 nǎi 26　　札 zhá 152　　叵 pǒ 28　　匝 zā 126　　丕 pī 130　　匜 yí 2　　劢 mài 102

〔丨〕卟 bǔ 13　　叱 chì 139　　叻 lè 34

〔丿〕仨 sā 4　　仕 shì 12　　仟 qiān 14　　仡 gē, yì 11

仫 mù 119　仞 rèn 48　厃 zhī 126　氐 dī,dǐ 136　犰 qiú 80
刍 chú 93

〔丶〕邝 kuàng 160　邙 máng 68　汀 tīng 43　讦 jié 45
讧 hòng 139　讪 shàn 4　讫 qì 137

〔一〕尻 kāo 116　阡 qiān 14　尕 gǎ 79　弁 biàn 86　驭
yù 127

6 画

〔一〕匡 kuāng 160　耒 lěi 34　玎 dīng 43　玑 jī 71　邢
xíng 98　圩 wéi,xū 60　圬 wū 6　圭 guī 49　扦 qiān 14　圪
gē 11　圳 zhèn 156　圹 kuàng 160　扪 mén 102　圮 pǐ 130
圯 yí 2　芊 qiān 14　芍 sháo 84　芄 wán 15　芨 jī 71
芑 qǐ 8　芎 xiōng 135　芗 xiāng 150　亘 gèn 159　厍 shè 67
夼 kuǎng 160　戍 shù 100　尥 liào 7

〔丨〕乩 jī 71　旯 lá 117　曳 yè 41　岌 jí 45　屺 qǐ 8　凼
dàng 154　囡 nān 26

〔丿〕钇 yǐ 41　缶 fǒu 133　氘 dāo 99　氖 nǎi 26
牝 pìn 42　伎 jì 101　伛 yǔ 127　伢 yá 59　佤 wǎ 56
仵 wǔ 6　伥 chāng 30　伧 cāng,chen 140　伉 kàng 107
伫 zhù 73　囟 xìn 98　余 cuān 92　肌 yuè 17　夙 sù 100　旮
gā 79　刎 wěn 15　犷 guǎng 72　犸 mǎ 68　舛 chuǎn 36
凫 fú 133　邬 wū 6　饧 xíng 98

〔丶〕汕 shàn 4　汔 qì 137　汐 xī 113　汲 jí 45　汜 sì 55
汊 chà 152　忖 cǔn 37　忏 chàn 58　讴 ōu 104　讵 jù 77　祁
qí 83　讷 nè 26

〔一〕聿 yù 127　艮 gěn,gèn 159　丞 dū 103　阱 jǐng 46
阮 ruǎn 20　阪 bǎn 9　丞 chéng 92　妁 shuò 62　牟 móu,mù
119　纡 yū 127　纣 zhòu 19　纥 gē,hé 11　纨 wán 15

轻松成为"字多星"

7 画

〔一〕玕 gān 129　玙 yú 127　抟 tuán 111　抔 póu 85　圻 qí 83　坂 bǎn 9　坍 tān 82　坞 wù 44　抃 biàn 86　抉 jué 125　抧 sǒng 21　芫 yán,yuán 149　邯 hán 61　芸 yún 17　芾 fèi,fú 131　苈 lì 94　苣 jù,qǔ 77　芷 zhǐ 126　芮 ruì 96　苋 xiàn 118　芼 mào 53　苌 cháng 30　苁 cōng 29　芩 qín 82　芪 qí 83　茜 qiàn 153　芟 shān 4　苄 biàn 86　苎 zhù 73　苡 yǐ 41　杌 wù 44　杓 biāo,sháo 9　杞 qǐ 8　杈 chā,chà 152　忑 tè 114　李 bèi 28　邴 bǐng 42　邳 pī 130　矶 jī 71　奁 lián 143　豕 shǐ 21　忒 tè,tuī 114　欤 yú 127　轫 rèn 48　迓 yà 59

〔丨〕邶 bèi 28　忐 tǎn 82　卣 yǒu 59　邺 yè 41　旰 gàn 129　呋 fū 133　呒 mú 68　呓 yì 95　呆 dāi,tǎi 122　呖 lì 94　呃 è,e 44　旸 yáng 69　呲 bǐ 86　町 dīng,tǐng 43　虬 qiú 80　呗 bei 28　吽 hōng 139　吣 qìn 82　吲 yǐn 110　帏 wéi 57　岐 qí 83　岈 yá 59　岘 xiàn 118　岑 cén 54　岚 lán 75　兕 sì 55　囵 lún 117　囫 hú 64

〔丿〕钊 zhāo 19　钋 pō 28　钌 liǎo 7　迕 wǔ 6　氙 xiān 118　氚 chuān 36　牤 māng 68　佞 nìng 16　邱 qiū 80　攸 yōu 33　佚 yì 95　佝 gōu 72　佟 tóng 111　佗 tuó 65　伽 gā,jiā,qié 79　彷 páng 120　佘 shé 67　佥 qiān 14　孚 fú 133　豸 zhì,zhài 97　坌 bèn 106　肟 wò 6　邸 dǐ 136　奂 huàn 141　刨 qú 137　狄 dí 136　犹 yǔn 17　鸠 jiū 10　邹 zōu 19　饨 tún 111　饩 xì 113　饪 rèn 48　饫 yù 127　饬 chì 139

〔丶〕亨 hēng 61　庑 wǔ 6　庋 guǐ 49　疔 dīng 43　疖 jiē 45　肓 huāng 141　闱 wéi 57　闳 hóng 139　闵 mǐn 87

羌 qiāng 8 炀 yáng 69 沣 fēng 23 沅 yuán 110 沔 miǎn 147 沤 ōu,òu 104 沌 dùn,zhuàn 37 沏 qī 8 沚 zhǐ 126 汩 gǔ 40 汨 mì 147 沂 yí 2 汾 fén 汎 fēng 23 汴 biàn 86 汶 wèn 15 沆 hàng 85 沩 wéi 57 泐 lè 34 怃 wǔ 6 怄 òu 104 忡 chōng 29 忤 wǔ 6 忾 kài 158 怅 chàng 30 忻 xīn 47 忪 sōng 21 怆 chuàng 36 忭 biàn 86 忸 niǔ 63 诂 gǔ 40 诃 hē 70 诅 zǔ 73 诋 dǐ 136 诌 zhōu 19 诏 zhào 19 诒 yí 2

〔乛〕孜 zī 145 陇 lǒng 66 陀 tuó 65 陂 bēi,pí,pō 28 陉 xíng 98 妍 yán 149 妩 wǔ 6 妪 yù 127 妣 bǐ 86 妊 rèn 48 妗 jìn 109 妫 guī 49 妞 niū 63 姒 sì 55 妤 yú 127 邵 shào 84 劭 shào 84 刭 jǐng 46 甬 yǒng 33 邰 tái 122 纭 yún 17 纰 pī 130 纴 rèn 48 纶 guān,lún 11 纾 shū 84

8 画

〔一〕玮 wěi 57 玡 yá 59 玭 pín 42 珏 jué 45 玢 bīn,fēn 42 玥 yuè 17 珐 jué 125 盂 yú 127 忝 tiǎn 114 匦 guǐ 49 坩 gān 129 抨 pēng 124 拤 qiá 14 坫 diàn 144 拈 niān 16 垆 lú 142 押 chēn 54 劼 jié 45 拃 zhǎ 152 拊 fǔ 133 坼 chè 36 坻 dǐ,chí 36 㧟 kuǎi 107 坨 tuó 65 坭 ní 16 抿 mǐn 87 坳 ào 3 耶 yē 41 苷 gān 129 苯 běn 106 苤 piě 130 茏 lóng 66 苫 shān,shàn 4 苜 mù 119 苴 jū 77 苒 rǎn 20 苘 qǐng 144 茌 chí 36 苻 fú 133 苓 líng 1 茚 yìn 110 茆 máo 53 茑 niǎo 26 茓 xué 31 茔 yíng 52 茕 qióng 14 萧 fú 133 茗 sháo,tiáo 84 枥 lì 94 枇 pí 130 杪 miǎo 24 杳 yǎo 89 枧 jiǎn 91 杵 chǔ 93 枨 chéng 92 枞 cōng,zōng 29 枋 fāng 131 杻

niǔ,chǒu 51　杷 pá 9　杼 zhù 73　矸 gān 129　砀 dàng 154
刳 kū 116　奄 yǎn 105　瓯 ōu 104　殁 mò 87　郏 jiá 40　轭
è 44　郅 zhì 97　鸢 yuān 110

〔丨〕盱 xū 60　昊 hào 39　昙 tán 82　杲 gǎo 159
昃 zé 145　咂 zā 126　呸 pēi 146　昕 xīn 47　昀 yún 17　旻
mín 87　昉 fǎng 131　炅 guì,jiǒng 90　咔 kā,kǎ 107　畀 bì
106　虮 jǐ 45　咀 jǔ,zuǐ 77　呷 gā,xiā 79　黾 mǐn 87　呱 gū,
guā,guǎ 40　呤 lìng 1　咚 dōng 81　咆 páo 81　咛 níng 16
呶 náo 63　呣 ḿ,m 68　呦 yōu 33　咝 sī 5　岢 kě 22
岿 kuī 116　岬 jiǎ 40　岫 xiù 51　帙 zhì 97　峋 gǒu 72　峁
mǎo 53　刿 guì 49　迥 jiǒng 90　岷 mín 87　剀 kǎi 158　帔
pèi 146　峄 yì 95　沓 dá,tà 65　囹 líng 1　罔 wǎng 15

〔丿〕钍 tǔ 122　钎 qiān 14　钏 chuàn 36　钒 fán 131　钕
nǚ　钗 chāi 146　邾 zhū 73　迮 zé 145　牦 máo 53　竺 zhú
76　迤 yí,yǐ 2　佶 jí 45　佬 lǎo 119　佰 bǎi 13　侑 yòu 33
侉 kuā 107　臾 yú 127　岱 dài 43　侗 dòng 25　侃 kǎn 158
侏 zhū 73　侩 kuài 107　佻 tiáo 122　佾 yì 95　侪 chái 146
佼 jiǎo 101　佯 yáng 69　侬 nóng 66　帛 bó 13　阜 fù 133
侔 móu 119　徂 cú 151　刽 guì 49　郄 qiè 137　怂 sǒng 21
籴 dí 136　瓮 wèng 15　戗 qiāng,qiàng 8　肼 jǐng 46　胀
zhuān 76　肽 tài 122　肱 gōng 123　肫 zhūn 35　剁 duò 99
迩 ěr 104　郇 huán,xún 141　狙 jū 77　狎 xiá 31　狍 páo 81
狒 fèi 131　咎 jiù 10　炙 zhì 97　枭 xiāo 135　饯 jiàn 91　饴
yí 2

〔丶〕冽 liè 155　冼 xiǎn 118　庖 páo 81　疠 lì 94　疝
shàn 4　疡 yáng 69　兖 yǎn 105　妾 qiè 137　劾 hé 70　炜
wěi 57　炖 ōu 104　炖 dùn 37　炘 xīn 47　炝 qiàng 8　炔

泏 quē 83　泔 gān 129　沭 shù 100　泷 lóng,shuāng 66
泸 lú 142　泱 yāng 69　泅 qiú 80　泗 sì 5　泠 líng 1
泺 luò 38　泖 mǎo 53　泫 xuàn 18　泮 pàn 130　沱 tuó 65
泯 mǐn 87　泓 hóng 139　泾 jīng 46　怙 hù 64　怵 chù 93
怦 pēng 124　怛 dá 99　怏 yàng 69　怍 zuò 32　㤘 zhòu 19
怩 ní 16　怫 fú 133　怿 yì 95　宕 dàng 154　穹 qióng 14　宓 mì,fú 133　诓 kuāng 160　诔 lěi 34　诖 guà 129　诘 jié 45
戾 lì 38　诙 huī 49　戽 hù 64　郓 yùn 17　衩 chà,chǎ 152
袄 xiān 118　祎 yī 2　祉 zhǐ 126　祇 qí 83　诛 zhū 73　诜 shēn 58　诟 gòu 72　诠 quán 153　诣 yì 95　诤 zhèng 126
诧 chà 152　浑 hùn 121　诩 xǔ 60

〔㇐〕戕 qiāng 8　孢 bāo 134　亟 jí,qì 45　陔 gāi 129　妲 dá 99　妯 zhóu 19　姗 shān 4　帑 tǎng 114　驽 nǔ 63　孥 nú 63　弩 nú 63　虱 shī 21　迦 jiā 90　迨 dài 43　绀 gàn 129　绁 xiè 98　绂 fú 133　驷 sì 5　驸 fù 133　绉 zhòu 19
绌 chù 93　驿 yì 95　骀 dài,tái 43　甾 zāi,zī 50

9画

〔㇐〕珏 jué 125　珐 fà 23　珂 kē 22　珑 lóng 66
玳 dài 43　珀 pò 28　顸 hān 61　珉 mín 87　珈 jiā 90
拮 jié 45　垭 yā 59　挝 wō 6　垣 yuán 110　挞 tà 65
垤 dié 25　赳 jiū 10　贲 bēn,bì 106　垱 dàng 154　垌 dòng,tóng 25　郝 hǎo 39　垧 shǎng 30　垓 gāi 129　挦 xián 118
垠 yín 110　茜 qiàn,xī 153　荚 jiá 40　荑 tí,yí 112　贳 shì 12　荜 bì 106　苣 jǔ 77　荀 tóng 111　茴 huí 49　茱 zhū 73
荏 tíng 43　荞 qiáo 14　茯 fú 133　荏 rěn 96　荇 xìng 98
荃 quán 153　荟 huì 49　荀 xún 18　茗 míng 87　荠 jì,qí 101
荞 jiāo 101　茨 cí 5　垩 è 44　荥 xíng,yíng 98　荦 luò 38

轻松成为"字多星"

荨 qián,xún 153　荩 jìn 109　剋 kēi 158　荪 sūn 108　茹 rú 20　荬 mǎi 102　荮 zhòu 19　柰 nài 26　栉 zhì 97　柯 kē 22　柘 zhè 138　柩 lóng 66　柩 jiù 10　枰 píng 42　栌 lú 142　柙 xiá 31　枵 xiāo 135　柚 yóu,yòu 33　枳 zhǐ 126　柞 zhà,zuò 152　柝 tuò 65　栀 zhī 126　柢 dǐ 136　栎 lì,yuè 38　枸 gōu,gǒu,jǔ 72　样 bàn 9　柁 tuó 65　枷 jiā 90　柽 chēng 92　剌 lá,là 117　酊 dīng,dǐng 43　郦 lì 38　甭 béng 128　砗 chē 砘 dùn 37　砒 pī 130　斫 zhuó 76　砭 biān 86　飐 fēng 23　奎 kuí 116　奓 dā 99　虺 huī 49　殂 cú 151　殇 shāng 124　殄 tiǎn 114　殆 dài 43　轱 gū 40　轲 kē 22　轳 lú 142　轶 yì 95　轸 zhěn 156　虿 chài 146　毖 bì 106

〔丨〕 觇 chān 58　籴 gá 79　哐 kuāng 160　眄 miàn 147　眍 kōu 107　郢 yǐng 52　眇 miǎo 24　眊 mào 53　眈 dān 154　禺 yú 127　哂 shěn 132　咴 huī 49　曷 hé 70　昴 mǎo 53　昱 yù 127　昵 nì 16　咦 yí 2　哓 xiāo 135　哔 bì 106　畎 quǎn 153　毗 pí 130　呲 cī 5　胄 zhòu 19　畋 tián 114　畈 fàn 131　虼 gè 11　虻 méng 102　盅 zhōng 29　咣 guāng 72　哕 huì,yuè 49　剐 guǎ 129　郧 yún 17　咻 xiū 51　囿 yòu 33　咿 yī 2　哌 pài 47　哙 kuài 107　哚 duǒ 99　咯 gē,kǎ,lo,luò 11　咩 miē 74　咤 zhà 152　哝 nóng 66　哏 gén 159　哞 mōu 119　峙 shì,zhì 12　峣 yáo 89　罘 fú 133　帧 zhēn 156　峒 dòng,tóng 25　峤 jiào,qiáo 101　峋 xún 18　峥 zhēng 126　贶 kuàng 160

〔丿〕 钚 bù 13　钛 tài 122　钡 bèi 28　钣 bǎn 9　钤 qián 153　钨 wū 6　钫 fāng 131　钯 bǎ 9　氡 dōng 81　氟 fú 133　牯 gǔ 40　郜 gào 159　秕 bǐ 86　秭 zǐ 50　竽 yú 127　笈 jí 45　笃 dǔ 103　俦 chóu 51　俨 yǎn 105　俅

qiú 80 俪 lì 38 叟 sǒu 55 垡 fá 23 笕 jiàn 91
俣 yǔ 127 俚 lǐ 34 舣 gǔi 49 俑 yǒng 33 俟 qí,sì 83 逅
hòu 70 徇 xùn 157 徉 yáng 69 舢 shān 4 俞 yú 127 郗
xī 27 俎 zǔ 73 郄 xì 113 爰 yuán 110 郛 fú 133
瓴 líng 1 胨 dòng 25 胪 lú 142 胛 jiǎ 40 胂 shèn 132
胙 zuò 32 胍 guā 129 胗 zhēn 156 胝 zhī 126 朐 qú 137
胫 jìng 46 鸨 bǎo 134 匍 pú 28 狨 róng 66 狯 kuài 107
飚 biāo 9 狩 shòu 62 狲 sūn 108 訇 hōng 139 逄 páng
120 昝 zǎn 88 饷 xiǎng 150 饸 hé 70 饹 gē,le 11
胤 yìn 110

〔丶〕孪 luán 117 娈 luán 117 弈 yì 95 奕 yì 95
庥 xiū 51 疠 lì 94 疣 yóu 148 疥 jiè 45 疭 zòng 29 庠
xiáng 150 竑 hóng 139 彦 yàn 89 飒 sà 4 闼 tà 65 闾
lú 142 闿 kǎi 158 阂 hé 70 羑 yǒu 59 迸 bèng 128 籼
xiān 118 酋 qiú 80 炳 bǐng 42 炻 shí 12 炽 chì 139 炯
jiǒng 90 烀 hū 64 炷 zhù 73 烃 tīng 43 洱 ěr 104 洹
huán 141 洧 wěi 57 洌 liè 155 浃 jiā 90 洇 yīn 110 洄
huí 49 洙 zhū 73 涎 xián 118 洎 jì 101 洫 xù 61
浍 huì 49 洮 táo 99 洵 xún 18 浒 hǔ,xǔ 64 浔 xún 18
浕 jìn 109 洳 rù 20 恸 tòng 111 恓 xī 27 恹 yān 105 恫
dòng 25 恺 kǎi 158 恻 cè 139 恂 xún 18 恪 kè 22 恽
yùn 17 宥 yòu 33 扃 jiōng 90 衲 nà 26 衽 rèn 48
衿 jīn 109 袂 mèi 74 祛 qū 137 祜 hù 64 祓 fú 133 祚
zuò 32 诮 qiào 14 祗 zhī 126 祢 mí 147 诰 gào 159 诳
kuáng 160 鸩 zhèn 156 昶 chǎng 30

〔一〕郡 jùn 80 咫 zhǐ 88 珥 mǐ 147 珂 kē 22
顸 xū 60 陛 bì 106 陟 zhì 97 娅 yà 59 姮 héng 61 娆

ráo 48　姝 shū 84　姣 jiāo 101　姘 pīn 42　姹 chà 152　怼 duì 154　羿 yì 95　食 tái 122　矜 jīn 109　绔 kù 116　骁 xiāo 135　骅 huá 85　绗 háng 85　绛 jiàng 150　骈 pián 130

10 画

〔一〕秒 chào 151　挈 qiè 137　珥 ěr 104　珙 gǒng 123　顼 xū 60　珰 dāng 154　珩 héng 61　珧 yáo 89　珣 xún 18　珞 luò 38　琤 chēng 92　珲 huī,hún 121　敖 áo 3　恚 huì 49　埔 bù,pǔ 28　埕 chéng 92　埘 shí 21　埙 xūn 157　埚 guō 123　挹 yì 95　耆 qí 83　耄 mào 53　埒 liè 155　捋 lǚ,luō 142　贽 zhì 97　垸 yuàn 110　捃 jùn 80　盍 hé 70　荸 bí 106　莆 pú 28　莳 shí,shì 21　莴 wō 6　莪 é 44　莠 yǒu 59　莓 méi 74　莜 yóu 148　莅 lì 94　荼 tú 65　莩 fú 133　荽 suī 115　莸 yóu 148　荻 dí 136　莘 shēn,xīn 108　莎 shā,suō 79　莞 guān,guǎn,wǎn 15　莨 làng,liáng 117　鸪 gū 40　莼 chún 78　栲 kǎo 116　栳 lǎo 119　郴 chēn 54　桓 huán 141　桡 ráo 48　桎 zhì 97　桢 zhēn 156　桤 qī 8　梃 tǐng,tìng 43　栝 guā 129　柏 jiù 10　桁 héng 61　桧 guì,huì 49　桅 wéi 57　栟 bēn,bīng 106　桉 ān 149　栩 xǔ 60　逑 qiú 80　逋 bū 13　彧 yù 127　鬲 gé,lì 11　豇 jiāng 150　酐 gān 129　逦 lǐ 94　厝 cuò 32　孬 nāo 63　砝 fǎ 23　砹 ài 104　砺 lì 94　砧 zhēn 156　砷 shēn 58　砟 zhǎ 152　砼 tóng 111　砥 dǐ 136　砣 tuó 65　剞 jī 71　砻 lóng 66　轼 shì 12　轾 zhì 97　辂 lù 142　鸫 dōng 25　趸 dǔn 37

〔｜〕龀 chèn 54　鸬 lú 142　虔 qián 153　逍 xiāo 135　眬 lóng 66　唛 mài 102　晟 chéng,shéng 92　眩 xuàn 18　眙 yí 2　哧 chī 139　哽 gěng 46　唔 wú 56　晁 cháo 151　晏 yàn 89　鸮 xiāo 135　趵 bào 134　趿 tā 65　畛 zhěn 156

蚨 fú 133　蚜 yá 59　蚍 pí 130　蚋 ruì 96　蚬 xiǎn 118　蚝 háo 39　蚧 jiè 45　唢 suǒ 115　圉 yǔ 127　啫 zào 19　唏 xī 27　盎 àng 149　唑 zuò 32　崂 láo 119　崃 lái 75　罡 gāng 111　罟 gǔ 40　峪 yù 127　觊 jì 101　赅 gāi 129

〔丿〕钰 yù 127　钲 zhēng 126　钴 gǔ 40　钵 bō 13　铍 bó 13　钺 yuè 17　钽 tǎn 82　钼 mù 119　钿 diàn 144　铀 yóu 148　铂 bó 13　铄 shuò 62　铆 mǎo 53　铈 shì 12　铉 xuàn 18　铊 tā,tuó 65　铋 bì 106　铌 ní 16　铍 pí 130　铍 pō 28　铎 duó 99　氩 yà 59　氤 yīn 110　氦 hài 61　牻 mú 119　舐 shì 12　秣 mò 87　秫 shú 100　盉 hé 70　笄 jī 71　笕 jiǎn 91　笊 zhào 19　笏 hù 64　笆 bā 9　俸 fèng　倩 qiàn 153　俵 biào 9　偌 ruò 48　俳 pái 47　俶 chù 93　倬 zhuō 76　倏 shū 84　恁 nèn 26　倭 wō 6　倪 ní 16　俾 bǐ 86　倜 tì 112　隼 sǔn 108　隽 juàn,jùn 80　倌 guān 11　倥 kǒng 22　臬 niè 16　皋 gāo 159　郫 pí 130　倨 jù 77　衄 nǜ 63　颀 qí 83　徕 lái 75　舫 fǎng 131　釜 fǔ 133　奚 xī 113　衾 qīn 82　胯 kuà 107　胱 guāng 72　胴 dòng 25　胭 yān 105　脍 kuài 107　胼 pián 130　朕 zhèn 156　脒 mǐ 147　胺 àn 149　鸱 chī 139　玺 xǐ 113　鸲 qú 137　狷 juàn 10　狲 lì 38　狳 yú 127　猃 xiǎn 118　狺 yín 110　逖 tì 112　桀 jié 45　袅 niǎo 26　饽 bō 13

〔丶〕凇 sōng 21　栾 luán 117　挛 luán 117　亳 bó 13　痄 gān 129　疴 kē 22　疸 dǎn 154　疽 jū 77　痈 yōng 33　疱 pào 81　痂 jiā 90　痉 jìng 46　袞 gǔn 123　凋 diāo 154　颃 háng 85　恣 zì 138　旆 pèi 146　旄 máo 53　旃 zhān 97　阃 kǔn 160　阄 jiū 10　阆 yín 110　阆 làng 117　恙 yàng 69　粑 bā 9　朔 shuò 62　郸 dān 154　烜 xuǎn 18　烨 yè 41　烩

huì 49　烊 yáng, yàng 69　剡 yǎn, shàn 4　郯 tán 82
烬 jìn 109　涑 sù 100　浯 wú 56　涞 lái 75　涟 lián 143　娑
suō 115　涅 niè 16　涠 wéi 57　浞 zhuó 76　涓 juān 10　浥
yì 95　涔 cén 54　浜 bāng 9　浠 xī 27　浣 huàn 141　浚
jùn, xùn 80　悚 sǒng 21　悭 qiān 14　悝 kuī 116　悒 yì 95
悌 tì 112　悛 quān 153　宸 chén 54　窈 yǎo 89　剜 wān 15
诹 zōu 19　冢 zhǒng 29　诼 zhuó 76　袒 tǎn 82　袢 pàn 130
祯 zhēn 156　诿 wěi 57　谀 yú 127　谂 shěn 132　谄 chǎn
58　谇 suì 115

〔一〕屐 jī 71　屙 ē 44　陬 zōu 19　勐 měng 102　奘
zàng, zhuǎng 145　牂 zāng 145　蚩 chī 139　陲 chuí 32
姬 jī 71　娠 shēn 108　娌 lǐ 34　娉 pīng 42　娲 wā 56　娩
miǎn 147　娴 xián 118　娣 dì 136　娓 wěi 57　婀 ē 44　奔
bēn 106　逡 qūn 83　绠 gěng 46　骊 lí 155　绡 xiāo 135　骋
chěng 140　绥 suí 115　绦 tāo 99　绨 tí, tì 112　骎 qīn 82
邕 yōng 33　鸶 sī 5

11 画

〔一〕彗 huì 49　耜 sì 55　焘 tāo 99　舂 chōng 29
琏 liǎn 143　琇 xiù 51　麸 fū 133　掖 yé 41　埴 zhí 88
埯 ǎn 149　捯 dáo 99　掳 lǔ 142　掴 guāi 72　埸 yì 95　埵
duǒ 99　赧 nǎn 26　埤 pì 130　捭 bǎi 13　逵 kuí 116　埝
niàn 16　堋 péng 124　堍 tù 65　掬 jū 77　鸷 zhì 97　掖 yē,
yè 41　捽 zuó 32　掊 pǒu 85　堉 yù 127　掸 dǎn 154
掠 liè 155　掮 qián 153　悫 què 83　埭 dài 43　埽 sào 62
掇 duō 99　掼 guàn 11　聃 dān 154　菁 jīng 46　萁 qí 83
菘 sōng 21　堇 jǐn 109　萘 nài 26　萋 qī 137　菽 shū 84　菖
chāng 30　萜 tiē 112　萸 yú 127　萑 huán 141　菜 fēn 23

菔 fú 133　菟 tù 65　萏 dàn 154　萃 cuì 78　菏 hé 70　菹 zū 73　菪 dàng 154　菅 jiān 91　菀 wǎn 15　萦 yíng 52　菰 gū 40　菡 hàn 61　梵 fàn 131　棰 lián 143　梏 gù 40　觋 xí 27　桴 fú 133　桷 jué 125　梓 zǐ 50　棁 zhuō 76　桫 suō 115　棂 líng 1　啬 sè 67　郾 yǎn 105　匮 guì,kuì 116　敕 chì 139　戚 chǐ 36　鄄 juàn 10　酞 tài 122　酚 fēn 23　戛 gā,jiá 40　硎 xíng 98　硭 máng 68　硒 xī 27　硖 xiá 31　硗 qiāo 14　硐 dòng 25　硇 náo 63　硌 gè 11　鸸 ér 104　瓠 hù 64　匏 páo 81　厩 jiù 10　龚 gōng 123　殒 yǔn 17　殓 liàn 143　殍 piǎo 24　赉 lài 75　雩 yú 127　辄 zhé 138　堑 qiàn 153

〔丨〕眭 suī 115　眦 zì 138　啧 zé 145　晡 bū 13　晤 wù 44　眺 tiào 122　眵 chī 139　眸 móu 119　圊 qīng 144　喏 nuò,rě 48　喵 miāo 24　啉 lín 1　勖 xù 60　晞 xī 27　唵 ǎn 149　晗 hán 61　冕 miǎn 147　啭 zhuàn 76　畦 qí 83　趺 fū 133　啮 niè 16　跄 qiàng 8　蚶 hān 61　蛄 gū 40　蛎 lì 94　蛆 qū 137　蚰 yóu 148　蛊 gǔ 40　圉 yǔ 127　蚱 zhà 152　蛉 líng 1　蛏 chēng 92　蚴 yòu 33　啁 zhāo,zhōu 19　啕 táo 99　唿 hū 64　啐 cuì 78　唼 shà 79　唷 yō 33　啖 dàn 154　啵 bo 13　啶 dìng 43　啷 lāng 117　唳 lì 38　唰 shuā 115　啜 chuài,chuò 32　帻 zé 145　崚 léng 96　崦 yān 105　帼 guó 123　崮 gù 40　崤 xiáo 135　崆 kōng 22　赇 qiú 80　赈 zhèn 156　赊 shē 67

〔丿〕铑 lǎo 119　铒 ěr 104　铗 jiá 40　铙 náo 63　铟 yīn 110　铠 kǎi 158　铡 zhá 152　铢 zhū 73　铣 xǐ,xiǎn 113　铤 dìng,tǐng 43　铧 huá 85　铨 quán 153　铩 shā 79　铪 hā 61　铫 diào,yáo 89　铬 gè 11　铮 zhēng 126　铯 sè

铰 jiǎo 101　铱 yī 2　铳 chòng 29　铵 ǎn 149　铷 rú 20　氪 kè 22　悟 wǔ 56　鸹 guā 129　秾 nóng 66　逶 wēi 57　笺 jiān 91　筇 qióng 14　筈 pǒ 28　笪 dá 99　笮 zé,zuó 145　笠 lì 94　笥 sì 55　笤 tiáo 122　笳 jiā 90　筅 biān 86　笞 chī 139　偾 fèn 23　偃 yǎn 105　偕 xié 98　偈 jì 101　傀 kuǐ 116　偬 zǒng 29　偻 lóu,lǚ 142　皑 ái 104　皎 jiǎo 101　鸻 héng 61　徜 cháng 30　舸 gě 11　舻 lú 142　舴 zé 145　舷 xián 118　龛 kān 158　翎 líng 1　脬 pāo 81　脘 wǎn 15　脲 niào 26　匐 fú 133　猗 yī 2　猡 luó 38　猞 shē 67　猝 cù 151　斛 hú 64　猕 mí 147　馗 kuí 116　馃 guǒ 123　馄 hún 121

〔丶〕鸾 luán 117　孰 shú 100　庹 tuǒ 65　庾 yǔ 127　痔 zhì 97　痍 yí 2　疵 cī 5　翊 yì 95　旌 jīng 46　旎 nǐ 16　袤 mào 53　阇 dū,shé 67　阈 yù 127　阉 yān 105　阊 chāng 30　阋 xì 113　阍 hūn 121　阏 yān 105　羟 qiǎng 8　粝 lì 94　粕 pò 28　敝 bì 106　焐 wù 44　烯 xī 27　焓 hán 61　烽 fēng 23　焖 mèn 102　烷 wán 15　焗 jú 77　渍 zì 138　渚 zhǔ 76　淇 qí 83　淅 xī 27　淞 sōng 21　渎 dú 103　涿 zhuō 76　淖 nào 63　掣 sā,suō 4　淠 pì 130　涸 hé 70　渑 miǎn,shéng 147　淦 gàn 129　淝 féi 131　淬 cuì 78　涪 fú 133　淙 cóng 29　涫 guàn 11　渌 lù 142　淄 zī 50　惬 qiè 137　悻 xìng 98　悱 fěi 131　惝 chǎng 30　惘 wǎng 15　悸 jì 101　惆 chóu 51　惚 hū 64　惇 dūn 37　惮 dàn 154　窕 tiǎo 122　谌 chén 54　谏 jiàn 91　扈 hù 64　皲 jūn 80　谑 xuè　裆 dāng 154　袷 qiā 14　裉 kèn 158　谒 yè 41　谔 è 44　谕 yù 127　谖 xuān 18　谗 chán 58　谙 ān 149　谛 dì 136　谝 piǎn 130

〔一〕逯 lù 142　鄘 méi 74　隈 wēi 57　巢 tiǎo 122　隍

huáng 141　隗 kuí,wěi 57　婧 jìng 46　婊 biǎo 9　婕 jié 45　娼 chāng 30　婢 bì 106　婵 chán 58　孥 nú 63　袈 jiā 90　翌 yì 95　恿 yǒng 33　欸 ǎi,ěi,èi 104　绫 líng 1　骐 qí 83　绮 qǐ 8　绯 fēi 131　绱 shàng 30　骒 kè 22　绲 gǔn 123　骓 zhuī 156　绶 shòu 62　绺 liǔ 7　绻 quǎn 153　绾 wǎn 15　骖 cān 58　缁 zī 50

12 画

〔一〕耠 huō 121　琫 běng 128　琵 pí 130　琶 pá 9　琪 qí 83　瑛 yīng 52　琦 qí 83　琥 hǔ 64　琨 kūn 160　靓 jìng,liàng 46　琰 yǎn 105　琮 cóng 29　瑁 guǎn 11　琬 wǎn 15　琛 chēn 54　琚 jū 77　辇 niǎn 16　鼋 yuán 110　揳 xiē 98　堞 dié 25　搽 chá 152　揸 zhā 152　揠 yà 59　堙 yīn 110　趄 qiè,jū 137　揖 yī 2　颉 jié,xié 45　塄 léng 96　揿 qìn 82　耋 dié 25　揄 yú 127　跫 qióng 14　蛰 zhé 138　塆 wān 15　摒 bìng 42　揆 kuí 116　掾 yuàn 110　聒 guō 123　葑 fēng 23　葚 rèn,shèn 48　靰 wù 44　靸 sǎ 4　葳 wēi 57　葺 qì 137　蒽 xǐ 113　萼 è 44　葆 bǎo 134　葩 pā 9　葶 tíng 43　蒌 lóu 94　萱 xuān 18　戟 jǐ 45　葭 jiā 90　楮 chǔ 93　棼 fén 23　椟 dú 103　棹 zhào 19　椤 luó 38　椎 chuí 32　赍 jī 71　椋 liáng 75　椁 guǒ 123　椪 pèng 124　棣 dì 136　椐 jū 77　鹁 bó 13　覃 qín,tán 82　酤 gū 40　酢 zuò 32　酡 tuó 65　鹂 lí 155　厥 jué 125　殚 dān 154　殛 jí 45　雯 wén 15　雱 pāng 120　辊 gǔn 123　辋 wǎng 15　椠 qiàn 153　辍 chuò 32　辎 zī 50

〔丨〕斐 fěi 131　哨 shào 84　睑 jiǎn 91　睇 dì 136　睃 suō 115　戢 jí 45　喋 dié,zhá 25　嗒 dā,tà 99　喃 nán 26　喱 lí 38　喹 kuí 116　暑 guǐ 49　喈 jiē 45　跖 zhí 88

跗 fū 133　跞 lì,luò 38　跚 shān 4　跎 tuó 65　跏 jiā 90　跆 tái 122　蛱 jiá 40　蛲 náo 63　蛭 zhì 97　蛳 sī 5　蛐 qū 137　蛔 huí 49　蛞 kuò 116　蛴 qí 83　蛟 jiāo 101　蛘 yáng 69　喁 yóng,yú 33　喟 kuì 116　啾 jiū 10　嗖 sōu 55　喑 yīn 110　嗟 jiē 45　喽 lóu,lou 94　嗞 zī 50　喀 kā 107　喔 wō 6　喙 huì 49　嵘 róng 66　嵖 chá 152　崴 wǎi,wēi 57　遄 chuán 36　喾 lì 38　嵛 yú 127　崽 zǎi 50　嵬 wéi 57　崳 yú 127　嵯 cuó 32　嵝 lǒu 94　嵫 zī 50　喔 wò 6　嵋 méi 74　赕 dǎn 154

〔丿〕铻 wú 56　铼 lái 75　铿 kēng 158　锃 zèng 126　锂 lǐ 34　锆 gào 159　锇 é 44　锉 cuò 32　锏 jiǎn 91　锑 tī 112　银 láng 117　锔 jū,jú 77　锕 ā 149　掣 chè 36　矬 cuó 32　氰 qíng 144　毳 cuì 78　毽 jiàn 91　犊 dú 103　犄 jī 71　犋 jù 77　鹄 gǔ,hú 40　犍 jiān,qián 91　稊 jī 71　黍 shǔ　稃 fū 133　稂 láng 117　筚 bì 106　筵 yán 149　筌 quán 153　傣 dǎi 43　傈 lì 94　舄 xì 113　牍 dú 103　傥 tǎng 114　傧 bīn 42　遑 huáng 141　傩 nuó 48　遁 dùn 37　徨 huáng 141　媭 xū 60　畲 shē 67　弑 shì 12　颔 hé 70　禽 xī 113　釉 yòu 33　鹆 yù 127　舜 shùn 120　貂 diāo 154　腈 jīng 46　腌 ā,yān 149　腓 féi 131　腆 tiǎn 114　腴 yú 127　腑 fǔ 133　腚 dìng 43　腱 jiàn 91　鱿 yóu 148　鲀 tún 111　鲂 fáng 131　颖 yǐng 52　猢 hú 64　猹 chá 152　猥 wěi 57　飓 jù 77　觞 shāng 124　觚 gū 40　猱 náo 63　颍 jiǒng 90　飧 sūn 108　馇 chā,zha 152　馊 sōu 55

〔丶〕亵 xiè 98　脔 luán 117　裒 póu 85　痣 zhì 97　痨 láo 119　痦 wù 44　痞 pǐ 130　痤 cuó 32　痫 xián 118　瘀 shā 79　赓 gēng 46　竦 sǒng 21　瓿 bù 13　啻 chì 139　颏

ké 22 鹇 xián 118 阑 lán 143 阒 qù 137 阕 què 83 栖
xī 27 逎 qiú 80 辎 zī 50 焯 chāo,zhuō 76 焜 kūn 160
焙 bèi 28 焱 yàn 89 鹈 tí 112 湛 zhàn 97 渫 xiè 98 湮
yān 105 渑 miǎn 147 湜 shí 12 渭 wèi 57 湍 tuān 111
湫 jiǎo,qiū 101 溲 sōu 55 湟 huáng 141 溆 xù 60
湲 yuán 110 渝 jiān 91 湉 tián 114 渥 wò 6 湄 méi 74
滁 chú 93 愠 yùn 17 惺 xīng 98 愦 kuì 116 惴 zhuì 156
愀 qiǎo 14 愎 bì 106 愔 yīn 110 愲 kù 116 寐 mèi 74 谟
mó 87 扉 fēi 131 裢 lián 143 裎 chéng,chěng 140
祠 jiǎn 91 祾 líng 1 祺 qí 83 谠 dǎng 154 幂 mì 147 谡
sù 100 谥 shì 12 谧 mì 147

〔一〕 遐 xiá 31 孱 càn,chán 58 弼 bì 106 巽 xùn 157
鹭 zhì 97 媪 ǎo 3 媛 yuán,yuàn 110 婷 tíng 43 巯 qiú 80
翚 huī 49 皱 cūn 37 婺 wù 44 骛 wù 44 缂 kè 22 缃
xiāng 150 缄 jiān 91 毳 zhì 97 缇 tí 112 缈 miǎo 24 缌
sī 5 缑 gōu 72 缒 zhuì 156 缗 mín 147 飨 xiǎng 150

13 画

〔一〕耢 lào 119 瑚 hú 64 瑁 mào 53 瑜 yú 127 瑗
yuàn 110 瑄 xuān 18 瑕 xiá 31 遨 áo 3 骜 ào 3
韫 yùn 17 髡 kūn 160 塬 yuán 110 鄢 yān 105 趔 liè 155
赀 zī 145 摅 shū 84 摁 èn 104 蜇 zhē,zhé 138
搋 chuāi 146 搪 táng 114 搐 chù 93 搛 jiān 91 搠 shuò
62 摈 bìn 42 毂 gòu 72 毂 gǔ 40 搦 nuò 48 搡 sǎng 30
蓁 zhēn 156 戡 kān 158 蓍 shī 21 鄞 yín 52 靳 jìn 109
蓐 rù 20 蓦 mò 87 鹋 miáo 24 蒽 ēn 104 蓓 bèi 28 蓖
bì 106 蓊 wěng 15 蒯 kuǎi 107 蓟 jì 101 蓑 suō 115 蒿
hāo 39 蒺 jí 45 蒿 lí 155 蒟 jǔ 77 蒡 bàng 9 蒹 jiān

91 蒴 shuò 62 蒗 làng 117 鎣 yíng 52 颐 yí 2 楔 xiē 98
楠 nán 26 楂 zhā 152 楝 liàn 143 楫 jí 45 楸 qiū 80 椴
duàn 81 槌 chuí 32 楯 dùn,shǔn 120 皙 xī 27 榈 lú 142
槎 chá 152 榉 jǔ 77 楦 xuàn 18 楣 méi 74 楹 yíng 52
椽 chuán 36 裘 qiú 80 剽 piāo 24 甄 zhēn 156 酮 tóng
111 酰 xiān 118 酯 zhǐ 88 酩 mǐng 87 蜃 shèn 132
碛 qì 137 碓 duì 154 硼 péng 124 碉 diāo 154 碚 bèi 28
碇 dìng 43 碜 chěn 54 鹌 ān 149 辏 còu 51

〔丨〕龃 jǔ 77 龅 bāo 134 訾 zǐ 138 粲 càn 58
虞 yú 127 睚 yá 59 嗪 qín 82 骩 wěi 57 嗷 áo 3
嗉 sù 100 睨 nì 16 睢 suī 115 雎 jū 77 睥 pì 130
嘟 dū 103 嗑 kē,kè 22 嗫 niè 16 嗬 hē 70 嗔 chēn 54
嗝 gé 11 戥 děng 25 嗄 shà 79 煦 xù 60 暄 xuān 18 遢
tā 65 暌 kuí 116 跬 kuǐ 116 跶 da 99 跸 bì 106 跐 cī
5 跣 xiǎn 118 跹 xiān 118 跻 jī 71 蛸 shāo,xiāo 135 蜊
lí 38 蜍 chú 93 蜉 fú 133 蜣 qiāng 8 蜿 wǎn 15 蛹
yǒng 33 嗣 sì 55 嗯 ng,ńg,ňg 104 嗥 háo 39 嗲 diǎ 144
嗳 ǎi,ài 104 嗌 ài,yì 95 嗍 suō 115 嗨 hāi,hēi 61
嗐 hài 61 嗤 chī 139 嗵 tōng 111 罨 yǎn 105 嵊 shèng
132 嵩 sōng 21 嵴 jí 45 骰 tóu 112

〔丿〕锗 zhě 138 锛 bēn 106 锜 qí 83 锝 dé 43
锞 kè 22 锟 kūn 160 锢 gù 40 锨 xiān 118 锩 juǎn 10
锭 dìng 43 锱 zī 50 雉 zhì 97 氲 yūn 17 犏 piān 130 歃
shà 79 稞 kē 22 稗 bài 13 稔 rěn 96 筠 jūn,yún 80 筢
pá 9 筮 shì 12 筲 shāo 84 筱 xiǎo 135 牒 dié 25 煲
bāo 134 敫 jiǎo 101 徭 yáo 89 愆 qiān 14 艄 shāo 84
觎 yú 127 毹 shū 84 貊 mò 87 貅 xiū 51 貉 háo,hé 39

颔 hàn 61　媵 còu 51　腩 nǎn 26　腼 miǎn 147　腭 è 44　腧
shù 100　塍 chéng 140　媵 yìng 52　詹 zhān 97　鲅 bà 9
鲆 píng 42　鲇 nián 16　鲈 lú 142　稣 sū 100　鲋 fù 133　鲐
tái 122　肄 yì 95　鹐 qiān 14　飕 sōu 55　觥 gōng 123　遛
liù 7　馐 xiū 51

〔丶〕鹑 chún 78　亶 dǎn 154　瘃 zhú 76　痱 fèi 131　痼
gù 40　痿 wěi 57　瘐 yǔ 127　瘁 cuì 78　瘆 shèn 132
麂 jǐ 45　裔 yì 95　歆 xīn 128　旒 liú 7　雍 yōng 33
阖 hé 70　阗 tián 114　阙 quē, què 83　羧 suō 115
豢 huàn 141　粳 jīng 46　猷 yóu 148　煳 hú 64　煜 yù 127
煨 wēi 57　煅 duàn 81　煊 xuān 18　煸 biān 86　煺 tuì 114
滟 yàn 89　溱 qín, zhēn 82　溘 kè 22　漭 mǎng 68
滢 yíng 52　溥 pǔ 28　溧 lì 94　溽 rù 20　裟 shā 79
溻 tā 65　溷 hùn 121　滗 bì 106　滫 xiǔ 51　溴 xiù 51
滏 fǔ 133　滃 wēng, wěng 15　滦 luán 117　溏 táng 114　滂
pāng 120　滓 zǐ 145　溟 míng 87　滪 yù 127　愫 sù 100　慑
shè 67　慊 qiàn, qiè 153　鲎 hòu 70　骞 qiān 14
窦 dòu 103　窠 kē 22　窣 sū 100　裱 biǎo 9　褚 chǔ, zhǔ 93
裨 bì, pí 106　裾 jū 77　裰 duō 99　禊 xì 113　谩 mán 68
谪 zhé 138

〔一〕媾 gòu 72　嫫 mó 87　媲 pì 130　嫒 ài 104
嫔 pín 42　嫠 chī 139　缙 jìn 109　缜 zhěn 156　缛 rù 20　辔
pèi 146　骝 liú 7　缟 gǎo 159　缡 lí 155　缢 yì 95　缣 jiān
91　骟 shàn 4

14画

〔一〕髯 tāng 114　璈 áo 3　瑶 yáo 89　瑭 táng 114　鳌
áo 3　觏 gòu 72　慝 tè 114　嫠 lí 38　韬 tāo 99　嫒 ài 104

髦 máo 53　摽 biào 9　墁 màn 68　撂 liào 7　摞 luò 38　撄 yīng 52　翥 zhù 73　踅 xué 31　摭 zhí 88　墉 yōng 33　墒 shāng 124　穀 gǔ 40　綦 qí 83　蔫 niān 16　蔷 qiáng 8　靺 mò 87　靼 dá 99　鞅 yāng,yàng 69　靿 yào 89　甍 méng 102　蔸 dōu 103　蔟 cù 151　蔺 lìn 戬 jiǎn 91　蕖 qú 137　蔻 kòu 107　蓿 xu 60　斡 wò 6　鹕 hú 64　蓼 liǎo 7　榛 zhēn 156　榧 fěi 131　榻 tà 65　榫 sǔn 108　榭 xiè 98　槔 gāo 159　榱 cuī 78　槁 gǎo 159　槟 bīn,bīng 42　楮 zhū 73　榷 què 83　樊 bó 13　酽 yàn 89　酶 méi 74　酹 lèi 34　厮 sī 5　碡 zhóu 19　碴 chā,chá 152　碣 jié 45　碲 dì 136　磋 cuō 32　臧 zāng 145　豨 xī 27　殡 bìn 42　霆 tíng 43　霁 jì 101　辕 yuán 110

〔丨〕蜚 fēi,fěi 131　裴 péi 146　翡 fěi 131　觜 zī 50　龈 yín 110　睿 ruì 96　瞜 lōu 94　睽 kuí 116　嘞 lei 34　嘈 cáo 140　嘌 piào 24　喊 qī 8　嘎 gā,gá,gǎ 79　嗳 ài 104　暝 míng 87　踌 chóu 51　踉 liáng,liàng 75　蜞 qí 83　蜥 xī 27　蜮 yù 127　蝈 guō 123　蜴 yì 95　蜱 pí 130　蜩 tiáo 122　蜷 quán 153　蜿 wān 15　螂 láng 117　蜢 měng 102　嘘 shī,xū 60　嘡 tāng 114　锷 è 44　嘣 bēng 128　嘤 yīng 52　嘚 de,děi 43　嗾 sǒu 55　嘧 mì 147　罴 pí 130　罱 lǎn 75　幔 màn 68　嶂 zhàng 35　幛 zhàng 35　赙 fù 133　罂 yīng 52　骷 kū 116　骶 dǐ 136　鹘 gǔ,hú 40

〔丿〕锲 qiè 137　锴 kǎi 158　锶 sī 5　锷 è 44　锸 chā 152　锵 qiāng 8　镁 měi 74　镂 lòu 94　犒 kào 116　箐 qìng 144　箦 zé 145　箧 qiè 137　箍 gū 40　箸 zhù 73　箬 ruò 48　箅 bì 106　箪 dān 154　箔 bó 13　箜 kōng 22　筵 yuán 110　箓 lù 142　毓 yù 127　僖 xī 27　儆 jǐng 46

傈 sù 100　僭 jiàn 91　劁 qiāo 14　僮 tóng, zhuàng 111　魃 bá 9　魆 xū 60　睾 gāo 159　艋 měng 102　鄱 pó 28　膈 gé 11　膑 bìn 42　鲑 guī 49　鲔 wěi 57　鲚 jì 101　鲛 jiāo 101　鲟 xún 18　獐 zhāng 36　觫 sù 100　雒 luò 38　夤 yín 52　馑 jǐn 109

〔丶〕銮 luán 117　塾 shú 100　麽 mó 87　瘌 là 117　瘊 hóu 70　瘘 lòu 94　瘙 sào 62　廖 liào 7　韶 sháo 84　旖 yǐ 41　膂 lǚ 142　阚 kàn 158　鄯 shàn 4　鲞 xiǎng 150　粿 guǒ 123　粼 lín 1　粽 zòng 29　糁 sǎn, shēn 4　槊 shuò 62　鹚 cí 5　熘 liū 7　熥 tēng 112　潢 huáng 141　漕 cáo 140　漶 hū 64　漯 luò, tà 38　漶 huàn 141　潋 liàn 143　潴 zhū 73　漪 yī 2　潞 lù 142　漳 zhāng 35　漩 xuán 18　澉 gǎn 129　潍 wéi 57　慵 yōng 33　搴 qiān 14　窨 yìn 110　寤 wù 44　綮 qìng 144　僭 zèn 138　褡 dā 99　褙 bèi 28　褓 bǎo 134　褛 lǚ 142　褊 biǎn 86　谯 qiáo 14　谰 lán 143　谲 jué 125

〔一〕暨 jì 101　屣 xǐ 113　鹛 méi 74　嫣 yān 105　嫱 qiáng 8　嫖 piáo 24　嫦 cháng 30　嫚 mān, màn 68　嫘 léi 34　嫡 dí 136　鼐 nài 26　翟 dí, zhái 136　瞀 mào 53　骛 wù 44　骠 biāo, piào 9　缥 piāo, piǎo 24　缦 màn 68　缧 léi 34　缨 yīng 52　骢 cōng 29　缪 miào, miù, móu 24　缫 sāo 62

15 画

〔一〕耦 ǒu 104　耧 lóu 94　瑾 jǐn 109　璜 huáng 141　璀 cuǐ 78　璎 yīng 52　璁 cōng 29　璋 zhāng 35　璇 xuán 18　奭 shì 12　髯 rán 20　髫 tiáo 122　撷 xié 98　撅 juē 125　赭 zhě 138　撸 lū 142　鋆 yún 17　撙 zǔn 35　撺 cuān 92　墀

chí 36　聩 kuì 116　觐 jìn 109　鞑 dá 99　蕙 huì 49
鞒 qiáo 14　蕈 xùn 157　蕨 jué 125　蕤 ruí 96　蕞 zuì 156
蕺 jí 45　薨 méng 102　蕃 bō,fán 13　蕲 qí 83　赜 zé 145
槿 jǐn 109　樯 qiáng 8　槭 qì 137　樗 chū 93　樘 táng 114
樊 fán 131　槲 hú 64　醌 kūn 160　醅 pēi 146　餍 yè 41　魇
yǎn 105　餍 yàn 89　磔 zhé 138　磙 gǔn 123　霈 pèi 146
辘 lù 142

〔丨〕龉 yǔ 127　龊 chuò 32　觑 qù 137　瞌 kē 22　瞋
chēn 54　瞑 míng 87　嘭 pēng 124　噎 yē 41　噶 gá 79　颙
yóng 33　暹 xiān 118　噘 juē 125　踔 chuō 32　踝 huái 141
踟 chí 36　蹉 wō 6　踬 zhì 97　踮 diǎn 144　踯 zhí 88　蹀
jiàn 91　踞 jù 77　蝽 chūn 78　蝾 róng 66　蝻 nǎn 26　蝰
kuí 116　蝮 fù 133　蝼 sōu 55　蝓 yú 127　蝣 yóu 148　蝼
lóu 94　噗 pū 28　嘬 zuō 32　颚 è 44　噍 jiào 101
噢 ō 104　噙 qín 82　噜 lū 142　噌 cēng 54　噔 dēng 25　颛
zhuān 76　幞 fú 133　幡 fān 131　嶙 lín 1　嶝 dèng 25　骷
hóu 70　骼 gé 11　骸 hái 61

〔丿〕镊 niè 16　镉 gé 11　镌 juān 10　镍 niè 16　镏 liú,
liù 7　镒 yì 95　镓 jiā 90　镔 bīn 42　稷 jì 篑 zhēn 156　篑
kuì 116　篁 huáng 141　篌 hóu 70　篆 zhuàn 76　牖 yǒu 59
儋 dān 154　徵 zhǐ 126　磐 pán 130　虢 guó 123　鹞 yào 89
膘 biāo 9　滕 téng 112　鲠 gěng 46　鲡 lí 155　鲢 lián 143
鲣 jiān 91　鲥 shí 21　鲧 gǔn 123　鲩 huàn 141　獗 jué 125
獠 liáo 7　觯 zhì 97　馓 sǎn 4　馔 zhuàn 76

〔丶〕麾 huī 49　廛 chán 58　瘛 chì 139　瘼 mò 87　瘢
bān 9　瘠 jí 45　瘤 jī 71　羯 jié 45　羰 tāng 114　遴 lín 1
糌 zān 88　糍 cí 5　糅 róu 48　熜 cōng 29　熵 shāng 124

470

熠 yì 95　澍 shù 100　澌 sī 5　潸 shān 4　潦 liáo 7
潲 shào 84　鋈 wù 44　潟 xì 113　潼 tóng 111　潺 chán 58
憬 jǐng 46　憧 chōng 29　寮 liáo 7　窳 yǔ 127　谳 yàn 89　褴
lán 75　褟 tā 65　褫 chǐ 36　谵 zhān 97

〔㇇〕熨 yù,yùn 127　屦 jù 77　嬉 xī 27　勰 xié 98
戮 lù 142　蝥 máo 53　缬 xié 98　缮 shàn 4　缯 zēng 126
骣 chǎn 58　畿 jī 71

16 画

〔一〕耩 jiǎng 150　耨 nòu 48　榜 pǎng 120　璞 pú 28　璟
jǐng 46　靛 diàn 靨 fán 131　璘 lín 1　聱 áo 3　螯 áo 3
髻 jì 101　髭 zī 50　髹 xiū 51　擀 gǎn 129　熹 xī 27　氆
bèng 128　擞 sǒu,sòu 55　觳 hú 64　磬 qìng 144　颞 niè 16
薤 hóng,hòng 139　鞘 qiào,shāo 84　颟 mān 68　薤 xiè 98
薨 hōng 139　蕖 qíng 144　薏 yì 95　薮 sǒu 55　薛 bì 106
薅 hāo 39　樾 yuè 17　橛 jué 125　橇 qiāo 14　樵 qiáo 14
檎 qín 82　橹 lǔ 142　樽 zūn 35　榠 xī 113　橼 yuán 110　墼
jī 71　橐 tuó 65　翮 hé 70　醛 quán 153　醐 hú 64　醍 tí
112　醚 mí 147　磲 qú 137　赝 yàn 89　飙 biāo 9　殪 yì 95
霖 lín 1　霏 fēi 131　霓 ní 16　錾 zàn 88　辚 lín 1
臻 zhēn 156

〔丨〕遽 jù 77　氅 chǎng 30　瞟 piǎo 24　瞠 chēng 92　瞰
kàn 158　嚯 huō 121　噶 hāo 39　噤 jìn 109　暾 tūn 111　蹀
dié 25　踹 chuài 32　踵 zhǒng 29　踽 jǔ 77　蹉 cuō 32　蹁
pián 130　螨 mǎn 68　蟒 mǎng 68　螈 yuán 110　螅 xī 113
螭 chī 139　螠 yì 95　螟 míng 87　噱 jué,xué 31　噬 shì 12
噫 yī 2　噻 sāi 108　噼 pī 130　罹 lí 38　圜 huán,yuán 141

〔丿〕镯 zhuó 76　镖 biāo 9　镗 tāng,táng 114　馒 màn

轻松成为"字多星"

68 锛 bèng 128 镛 yōng 33 镝 dī,dí 136 镞 zú 73 镠 liú 7 氇 lu 142 氆 pǔ 28 憩 qì 137 穑 sè 67 篝 gōu 72 箣 lì 94 筚 bì 106 篪 chí 36 篙 gāo 159 盥 guàn 11 劓 yì 95 翱 áo 3 魉 liǎng 75 魈 xiāo 135 徼 jiào 101 歙 shè,xī 67 膳 shàn 4 膦 lìn 1 膙 jiǎng 150 鲮 líng 1 鲱 fēi 131 鲲 kūn 160 鲳 chāng 30 鲴 gù 40 鲵 ní 16 鲷 diāo 154 鲻 zī 50 獴 měng 102 獭 tǎ 65 獬 xiè 98 邂 xiè 98

〔丶〕鹧 zhè 138 廨 xiè 98 赟 yūn 17 瘰 luǒ 38 懔 lǐn 1 瘿 yǐng 52 瘵 zhài 50 瘴 zhàng 35 癃 lóng 66 瘳 chōu 51 斓 lán 143 麇 jūn,qún 80 麈 zhǔ 76 嬴 yíng 52 壅 yōng 33 羲 xī 27 糗 qiǔ 80 瞥 piē 130 甑 zèng 126 燎 liáo,liǎo 7 燠 yù 127 燔 fán 131 燧 suì 115 濑 lài 75 濉 suī 115 潞 lù 142 澧 lǐ 94 澹 dàn,tán 82 澥 xiè 98 澶 chán 58 濂 lián 143 褰 qiān 14 寰 huán 141 窸 xī 113 褶 zhě 138 禧 xǐ 113

〔一〕擘 bì 106 犟 jiàng 150 隰 xí 27 嬗 shàn 4 颡 sǎng 30 缱 qiǎn 153 缲 qiāo 14 缳 huán 141

17 画

〔一〕璨 càn 58 璩 qú 137 璐 lù 142 璪 zǎo 19 螫 shì 12 擤 xǐng 98 壕 háo 39 觳 hú 64 馨 qìng 144 擢 zhuó 76 薹 tái 122 鞡 la 117 鞯 jiān 91 薷 rú 20 薰 xūn 157 藓 xiǎn 118 藁 gǎo 159 檄 xí 27 檩 lǐn 1 懋 mào 53 醢 hǎi 61 翳 yì 95 磴 dūn 37 磴 dèng 25 鹩 liáo 7

〔丨〕龋 qǔ 137 龌 wò 6 豳 bīn 42 壑 hè 70 黻 fú 133 嚏 tì 112 嚅 rú 20 蹑 niè 16 蹒 pán 130 蹊 qī,xī 8

蟥 huáng 141　螬 cáo 140　螵 piāo 24　瞳 tuǎn 111
螳 táng 114　蟑 zhāng 35　嚓 cā,chā 140　羁 jī 71　羁 jì 101　罾 zēng 126　嶷 yí 2　黜 chù 93　黝 yǒu 59　髁 kē 22　髀 bì 106

〔丿〕镡 chán,tán,xín 47　镢 jué 125　镣 liào 7　镦 dūn 37　镧 lán 143　镩 cuān 92　锵 qiāng 8　镫 dèng 25　罅 xià 31　黏 nián 16　簌 sù 100　篾 miè 74　篼 dōu 103　簖 duàn 81　簋 guǐ 49　黺 fén 23　黛 dài 43　儡 lěi 34　鹪 jiāo 101　鼾 hān 61　嶓 pó 28　魍 wǎng 15　龠 yuè 17　繇 yóu 148　貘 mò 87　邈 miǎo 24　貔 pí 130　臌 gǔ 40　膻 shān 4　臆 yì 95　臃 yōng 33　鲼 fèn 23　鲽 dié 25　鳀 tí 112　鳃 sāi 108　鳅 qiū 80　鳇 huáng 141　鳊 biān 86　螽 zhōng 29

〔丶〕燮 xiè 98　鹫 jiù 10　襄 xiāng 150　糜 méi,mí 74　縻 mí 147　膺 yīng 52　癍 bān 9　糜 mí 147　懑 mèn 102　濡 rú 20　濮 pú 28　濞 bì 106　濠 háo 39　濯 zhuó 76　蹇 jiǎn 91　謇 jiǎn 91　邃 suì 115　襁 qiǎng 8

〔一〕檗 bò 13　擘 bò 13　孺 rú 20　隳 huī 49　嬷 mó 87　氄 máo 53　鹬 yù 127　鍪 móu 119

18 画

〔一〕鏊 ào 3　鳌 áo 3　鬈 quán 153　鬃 zōng 29　瞽 gǔ 40　鞯 jiān 91　鞨 hé 70　鞠 jū 77　鞧 qiū 80　鞣 róu 48　藜 lí 155　藠 jiào 101　藩 fān 131　醪 láo 119　蹙 cù 151　礓 jiāng 150　燹 xiǎn 118　饕 tiè 112

〔丨〕瞿 qú 137　曛 xūn 157　颢 hào 39　曜 yào 89　蹰 chú 93　蹚 tāng 114　鹭 lù 142　蟛 péng 124　蟪 huì 49　蟠 pán 130　蟮 shàn 4　鹮 huán 141　黠 xiá 31　黟 yī 2　髅

lóu 94　髂 qià 14

〔丿〕镬 huò 121　镭 léi 34　镯 zhuó 76　馥 fù 133　簟 diàn 144　簪 zān 88　鼬 yòu 33　雠 chóu 51　艟 chōng 29　鳎 tǎ 65　鳏 guān 11　鳐 yáo 89

〔丶〕癞 lài 75　癔 yì 95　癜 diàn 144　癖 pǐ 130　糨 jiàng 150　鳖 biē 86　鎏 liú 7　懵 měng 102

〔一〕彝 yí 2　邋 lā 117

19 画

〔一〕鬏 jiū 10　攉 huō 121　攒 cuán, zǎn 88　鞲 gōu 72　鞴 bèi 28　藿 huò 121　蘧 qú 137　蘅 héng 61　麓 lù 142　醮 jiào 101　醯 xī 113　酃 líng 1　霪 yín 52　霭 ǎi 104　霨 wèi 57

〔丨〕黼 fǔ 133　嚯 huò 121　蹰 chú 93　蹶 jué, juě 125　蹽 liāo 7　蹼 pǔ 28　蹴 cù 151　蹾 dūn 37　蹿 cuān 92　蠖 huò 121　蠓 měng 102　蟾 chán 58　蠊 lián 143　蛆 qū 137　髋 kuān 160　鬓 bìn 42

〔丿〕镲 chǎ 152　簦 zhōu 19　籁 lài 75　齁 hōu 70　魑 chī 139　艨 méng 102　鲥 lè 34　鳔 biào 9　鳕 xuě 31　鳗 mán 68　鳙 yōng 33

〔丶〕麒 qí 83　鏖 áo 3　羸 léi 34　爆 kào 116　瀚 hàn 61　瀣 xiè 98　瀛 yíng 52　襦 rú 20　谶 chèn 54

〔一〕襞 bì 106　骥 jì 101　缵 zuǎn 35

20 画

〔一〕瓒 zàn 88　攘 rǎng 20　蘩 fán 131　蘖 niè 16　醴 lǐ 94　霰 xiàn 118

〔丨〕酆 fēng 23　矍 jué 125　曦 xī 27　躅 zhú 76　鼍 tuó 65　巉 chán 58　黩 dú 103　黥 qíng 144　黪 cǎn 58

〔丿〕镳 biāo 9 镴 là 117 鳌 lí 155 纂 zuǎn 35
璺 wèn 15 鼯 wú 56 臜 zā 126 鳜 guì 49 鳝 shàn 4 鳟 zūn 35 獾 huān 141

〔乛〕孀 shuāng 66 骧 xiāng 150

21 画

〔一〕瓘 guàn 11 鼙 pí 130 醺 xūn 157 礴 bó 13

〔丨〕颦 pín 42 曩 nǎng 26

〔丿〕鳢 lǐ 94

〔丶〕癫 diān 144 麝 shè 67 夔 kuí 116 爝 jué 125 灏 hào 39 禳 ráng 20

〔乛〕霸 bèi 28 羼 chàn 58 蠡 lí,lǐ 38

22 画

〔一〕耱 mò 87 懿 yì 95 蘸 zhàn 97 鹳 guàn 11 霾 mái 102

〔丨〕氍 qú 137 饕 tāo 99 躐 liè 155 髑 dú 103

〔丿〕镵 chán 58 穰 ráng 20

〔丶〕饔 yōng 33

〔乛〕鬻 yù 127

23 画

〔一〕鬟 huán 141 趱 zǎn 88 攫 jué 125 攥 zuàn 35 颧 quán 153

〔丨〕躜 zuān 35

〔丿〕黪 yǎn 105

〔丶〕癯 qú 137 麟 lín 1 蠲 juān 10

24 画

〔一〕蠹 dù 103

〔丨〕蹀 xiè 98

〔丿〕衢 qú 137 鑫 xīn 128

〔丶〕灞 bà 9 襻 pàn 130

25 画

〔一〕纛 dào 99 鬣 liè 155 攮 nǎng 26

〔丨〕囔 nāng 26

〔丿〕馕 náng,nǎng 26

〔丶〕戆 gàng,zhuàng 111

30 画

〔丿〕爨 cuàn 92

36 画

〔丿〕齉 nàng 26